바울에 관한 새 관점

기원 · 역사 · 비판

가이 프렌티스 워터스 지음 · 배종열 옮김

개혁주의신학사

Presbyterian and Reformed Publishing

P&R(Presbyterian and Reformed Publishing Company)은
미국 뉴저지 주에 소재한 기독교 출판사로서
웨스트민스터 신앙고백서와 요리문답에 기초하여
성경적인 이해와 경건한 삶을 증진시키는
탁월한 도서들을 출판하고 있습니다.
P&R Korea(개혁주의신학사)는
P&R과 CLC가 공동으로 운영하는 출판사로서
P&R의 도서를 우선적으로 번역출판하고 있습니다.

Justification and the New Perspectives on Paul

by

Guy Prentiss Waters

translated by

Jhong Yeol Bhae

Copyright © 2004 by Guy Prentiss Waters
Originally published in English under the title as
Justification and the New Perspectives on Paul
by Guy Prentiss Waters
Translated and used by the permission of
P&R Publishing Company, P. O. Box 817
Phillipsburg, New Jersey 08865-0817.

All rights reserved.

Korean Edition
Copyright © 2012 by Presbyterian and Reformed Publishing Company
Seoul, Korea

CONTENTS

목차

추천사 1 _ 김근수 박사 6
추천사 2 _ 박형용 박사 7
추천사 3 _ 이승구 박사 8
추천사 4 _ 최갑종 박사 10
추천사 5 _ 더글라스 무, 마크 데버,
          숀 루카스, 도날드 매클라우드, 티모시 조지 13

발간사 _ 리곤 던컨 3세 14
서문 16

1. "용사가 엎드러졌도다": 루터부터 슈바이처에 이르기까지 21

2. 20세기로: 불트만, 데이비스, 케제만 41

3. 새 관점 등장: 크리스터 스텐달 55

4. 근원으로?: 유대교에 대한 샌더스의 입장 73

5. 슈바이처 부흥: 바울에 대한 샌더스의 입장 109

6. 샌더스 이후: 레이제넨과 던 157

7. 교회 등장: N. T. 라이트 199

8. 새 관점 비평 247

9. 개혁파 기독교에서 무엇이 문제가 되는가? 305

참고문헌 336
주제 및 인명 색인 374

REFERENCE
추천사 1

김근수 박사 | 칼빈대학교 신약학 교수
개혁신학회 회장

『바울에 관한 새 관점』이 나오게 됨을 참으로 기쁘게 생각한다. 종교개혁자들의 가르침 가운데 하나는 '오직 성경'(sola Scriptura)이다. 종교개혁자들은 전통이 아니라 성경에 근거하여 바울의 구원론에 올바르게 접근하였다. 그 결과 "믿음으로 의롭다 하심을 얻는다"는 가르침을 줄 수 있었다. 하지만 근래 종교개혁자들의 구원론은 크게 위협을 받고 있다. E. P. 샌더스의 주장으로 크게 증폭된 유대교에 대한 새로운 이해는 이러한 흐름을 바꾸어 놓았다. 샌더스는 바울 당시의 문헌으로 유대교를 재구성하여 바울을 새롭게 해석해 놓았다. 하지만 샌더스의 주장도 궁극적으로는 성경을 기준으로 평가되어야 한다. 성경 밖에서 만들어진 배경하에 성경을 해석할 것이 아니라, 성경으로 배경을 판단해야 한다. 다행히 샌더스의 제자인 워터스가 "바울에 관한 새 관점"(New Perspectives on Paul)을 비판하여 『바울에 관한 새 관점』(Justification and the New Perspectives on Paul)을 썼다. 이 책은 종교개혁자들의 가르침을 이어줄 획기적인 책이 되리라 기대한다.

REFERENCE
추천사 2

박형용 박사 | 합동신학대학원대학교 명예교수

금번에 가이 워터스의 『바울에 관한 새 관점』이 배종열 박사의 번역으로 P&R에서 출간되어 기쁘다. "바울에 관한 새 관점" 논의는 이미 한국 교회에 어느 정도 파장을 일으킨 상태이다. 그러나 "새 관점"에 대한 실체가 한국 교회 내에서 아직 확실하게 정리되지 않은 상태이기 때문에, 이 책은 "새 관점"에 대해 한국 교회가 바로 이해할 수 있도록 길잡이 역할을 할 것이다.

이 책은 신학적 방법론의 역사적 발전과 함께 "새 관점"이 시작된 근원을 밝혀주고, 명명백백하게 그 허점과 약점을 제시해 주며, 성경에 근거한 개혁주의의 관점에서 "새 관점"을 평가한다. 또한 "새 관점"이 성경 이해와 그리스도의 교회에 어떤 해를 끼치는지 그리고 그에 대한 신학적 대안은 무엇인지를 간결하면서도 명료하게 정리해준다. 이 책이 "새 관점"에 대한 이해를 바로 안내해 주리라 확신하면서 이 책을 적극적으로 추천한다. 끝으로 번역하기 쉽지 않은 책을 비교적 평이하게 번역해준 배종열 박사의 노고를 치하하고 싶다.

REFERENCE
추천사 3

이승구 박사 | 합동신학대학원대학교 조직신학 교수

"바울에 관한 새 관점"에 대해서는 우리나라에서도 점점 사람들의 관심이 더해 가고 있다. 이럴 때일수록 무엇이 "새 관점"인지, 과연 "새 관점"을 어떻게 성경적으로 그리고 신학적으로 검토해야 하는지 다양한 입장에서 살펴보는 것이 필요하다고 생각한다. "새 관점"이 나오게 된 배경으로부터 샌더스, 던, 라이트에 이르기까지의 논의를 잘 드러내고, 특별히 이런 이해가 개혁파 기독교에 어떤 심각성을 가져오는지를 잘 논의한 가이 워터스의 책을 번역한 것은 오늘날 한국 교회에 큰 기여가 될 것이다.

  이 책을 통해서 한국 교회의 성도들이 "새 관점"을 비판적으로 볼 수 있게 되길 참으로 바란다. 실질적으로 "새 관점"은 종교개혁을 무위로 돌리려는 시도가 되기 때문이다. N. T. 라이트와 같은 이들은 자신들의 주장이 종교개혁자들보다도 종교개혁의 '오직 성경'의 원리에 더 충실한 것이라고 하지만, 면밀하게 검토해 보면 새 관점은 종교개혁자들의 주장을 파괴할 뿐만 아니라, 성경의 가르침에도 충실하지 않다. 물론 라이트와 같은 이들의 주장이 모두 잘못되었다는 말은 아니다. 성도의 사후 상태와 하나님 나라에 대한 이해에 있어서 라이트는 매우 중요한 지적을 하고 있다. 그러나 이신칭의, 그리스도 재림 이해, 몇몇 성경해석에 대한 그의 주장과 논의는 받아들이기에 무리가 있다. 이에 대한 많은 비판을 시도하는 중요한 일에 이 책은 매우 가치 있는 기여를 하고 있다. 그러므로 "새 관점"에 대해 비판적인 분들이 이 책을 읽는 일도 필요하지만, 근자에 라이트 등의 글을 읽으면서 매우 열광하고 있는 모든 분이 이 책을 꼼꼼하게 읽고 "새 관점"에 대해 다시 깊이 있게 생각해 주기를 간절히 부탁한다.

귀한 책의 번역에 수고한 배종열 교수께 감사드리며 이 책을 모든 분께 추천한다.

REFERENCE
추천사 4

최갑종 박사 | 백석대학교 신약학 교수
한국복음주의신학회 회장

 "바울에 관한 새 관점"은 지난 1980년대 이후 세계 신약학계의 가장 뜨거운 이슈가 되고 있다. 국내에서도 예외가 아니다. 2008년에 한국에서 이 문제가 한국신약학회를 통해 공개적으로 처음 토론되었으며, 2010년에는 한국성경학회, 한국복음주의신학회, 한국개혁신학회의 정기논문발표회 주제가 되기도 하였다. 사실 "새 관점"은 이제 전문적인 신학회의 토론 주제를 넘어 신학교와 일반교회에 이르기까지 폭넓은 관심과 토론의 대상이 되고 있다. 왜 이처럼 "새 관점"이 큰 관심의 대상과 토론이 되고 있는가? 그 주된 이유는 "새 관점"은 "칭의" 혹은 "구원론" 등 성경의 어떤 특정한 주제에만 관련된 것이 아니라 기독교의 세계관, 언약관, 구원관, 종말관 등 신구약성경 전체의 핵심적인 문제들과 관련되어 있기 때문이다.

 국내에 "새 관점"이 소개된 이후 상당한 시간이 지났고, 국내의 신학도들과 목회자들 사이에서 "새 관점"에 대한 관심이 점점 높아져 감에도 불구하고, "새 관점"의 장단점에 대한 포괄적인 소개를 한 연구나 저서는 매우 부족하다. 그동안 "새 관점"의 특정 부분에 대한 전문적인 논문들은 적지 않게 발표되었지만, "새 관점"에 대한 보다 포괄적이고 심층적인 연구서는 소개되지 못하고 있다.

배종열 교수께서 바쁜 가운데도 구미의 "새 관점" 운동에 대한 최근의 매우 신중하고 복음주의적 평가서 중의 하나로 알려진 가이 프렌티스 워터스 박사의 "*Justification and the New Perspectives on Paul*"을 『바울에 관한 새 관점』이란 제목으로 번역, 소개하여 한국 교회 앞에 내놓게 되어 매우 기쁘다. 이 책의 저자인 워터스 박사는 "새 관점" 운동의 창시자로 불리우는 샌더스 박사가 미국 듀크대학교에 신약학 교수로 재직하고 있을 당시 그 문하에서 박사학위과정 공부를 하였기 때문에, 새 관점을 다루기에 적임자라고 볼 수 있을 것이다.

이 책은 크게 두 부분으로 나뉜다. 전반부는 "새 관점"의 핵심적인 논제들을 소개하기 위해 "새 관점"의 기원 및 주창자로 알려진 학자들, 이를테면 슈바이처, 스텐달, 샌더스, 레이제넨, 던, 라이트 등의 주요 입장을 그들의 주요 저서들을 중심으로 나름대로 공정하게 소개하는 데 치중한다. 반면에 후반부는 복음주의적이며 개혁신학노선에 서 있는 미국장로교단(PCA)에 소속된 목사이자 신약교수 입장에서 "새 관점"이 가지고 있는 여러 문제들에 대한 날카로운 비판을 다루고 있다. 이 책의 장점은 "새 관점"을 전반적으로 소개하고 비평하는 것과 함께 신약을 전공한 학자로서 중요한 부분에 대한 성경주해를 통하여 비판을 제기하고 있다는 것이다. 그런 점에서 이 책은 대체로 복음주의 진영에서 환영을 받았다. 하지만 전문적인 학계에서는 "새 관점"에 관하여 우호적이든 비우호적이든 그렇게 환영을 받지 못하였다. 아마도 "새 관점"을 해부하고 난도질하여 "새 관점"이 복음주의 교회 안에서 더 이상 발붙일 장소가 없도록 하려는 그의 기사도

정신에 입각한 지나친 흑백의 단순 논리 때문일 것이다.

사실 "새 관점"은 적지 않은 문제점을 지니고 있음이 분명하다. 그리고 이러한 문제들은 오늘날 교회 안에서 분명 지적되고 공정한 비평을 통해 배척되어야 한다. 그럼에도 불구하고 우리는 그동안 개신교가 제2성전 시대의 유대교의 정체성을 지나칠 정도로 율법주의로 획일화하였던 점에 대하여 "새 관점"이 하나님의 선택과 은혜를 강조하는 유대교의 다양성을 볼 수 있도록 한 점과 성경이 보여주고 있는 기독교 구원관을 지나칠 정도로 수직적으로만 보아 왔던 것에 대하여 그리고 사회적-수평적-교회론적 차원까지 넓게 보아야 하는 동기 부여를 준 사실 등을 어느 정도 인정해야 할 것이다. 그런데 이 책은 "새 관점"에 대한 지나친 비평에 치중하다 보니 이런 점들은 간과할 수밖에 없었던 것 같다.

이 책에 대한 전문적인 학계의 평가와 관계없이 이 책은 나름대로 "새 관점"을 포괄적으로 다루고 있어, 읽어볼 만한 충분한 가치를 지니고 있다. 더구나 "새 관점"에 대한 포괄적인 소개서가 거의 전무한 한국에서는 더 말할 나위가 없다. 바쁜 가운데서 우리말로 번역하여 이 책을 소개하는 해산의 수고를 한 배종열 교수께 깊은 감사를 드린다.

REFERENCE
추천사 5

더글라스 무 박사 | Wheaton College 신약학 석좌교수
새 관점의 학문적인 계보를 설명하고, 새 관점과 전통적인 개혁신학적 사상의 의미와 다양한 차이점들을 중명한다.

마크 데버 박사 | Capital Hill Baptist Church 담임목사
바울과 칭의에 대한 현시대 사람들의 견해를 이해하고 숙고하는 데 도움을 받고 싶은, 나와 다른 목회자들이 찾고 있던 바로 그 책이다.

숀 마이클 루카스 박사 | First Presbyterian Church in Hattiesburg 담임목사
샌더스와 헤이스의 박사과정 학생이었던 가이 워터스는 바울에 대한 새 관점을 분명히 알고 말할 수 있는 탁월한 위치에 서 있다. 이 책은 바울에 대한 20세기 학문의 궤적을 유용하게 개관하고, 샌더스, 던, 라이트의 연구를 날카롭게 비평한다.

도날드 매클라우드 박사 | Free Church of Scotland College 조직신학 교수
우리 시대의 가장 중요한 기독교 담론을 시기적절하고, 유익하며, 이해하기 쉽게 쓴 책이다.

티모시 조지 박사 | Samford University, Beeson Divinity School 학과장
탁월한 연구, 탁월한 저술로 읽을 만한 가치가 있는 책이다.

FOREWORD
발간사

리곤 던컨 3세(J. Ligon Duncan III)
미시시피 잭슨 제일장로교회 담임목사

   2003년에 미시시피 잭슨(Jackson, Mississippi)에 있는 제일장로교회(First Presbyterians Church)의 당회는 교회사역자들과 간사를 위한 사역자평생신학교육 프로그램의 일부이자, 지역신학교 공동체뿐만 아니라 노회 전체(그리고 더 큰 복음적 공동체)에게 줄 수 있는 교육자료로서 존 헌터 강연시리즈(John Hunter Lecture Series)를 시작하였다.
   이 강연시리즈의 이름은 제일장로교회 6대 담임목사인 존 헌터 목사의 이름을 따른 것이다. 헌터는 북아일랜드에서 태어나 자랐고, 켄터키의 댄빌(Danville, Kentucky)에 있는 장로교 신학교에서 신학훈련을 받았으며, 열정적이고 신실하고 능력 있는 하나님 말씀의 설교자로서 37년간(1858-1895) 이 교회의 담임목사로 섬겼다.
   처음 헌터 강연시리즈는 신약성서학의 중요한 쟁점들을 다루었다. 강사는 벨헤이븐대학(Belhaven College) 성서학 조교수인 가이 워터스(Guy Prentiss Waters)였다. 워터스 박사는 "바울에 관한 새 관점"의 기원과 역사에 대한 강연에 약 20시간을 할애했다. 그의 목적은 바울을 연구하는 "새 관점"의 접근방법에 대해 정확히 비평하고 설명하는 것과 이러한 접근방법을 성경적, 신앙고백적, 개혁파적 관점에서 평가하는 것이었다. 워터스 박사는 좀 더 자세하게 다음과 같이 설명했다.

> 이 강연의 목적은 "바울에 관한 새 관점"을 역사적으로 그리고 신학적으로 조망하는 것이다. 따라서 본 연구는 "새 관점"에 대한 신학적이고 역사적이며 문화적인 선행 연구자들을 자세히 살펴볼 것이다. 또한 이른바 "새 관점" 연구의 대표적이고 선도적인 지지자들을 살펴보고 그들 사이의 뉘앙스와 차이점을 탐구할 것이다. 그리고 새 관점을 신학적으로, 주석적으로 비판할 것이다. 마지막으로 본 연구는 "새 관점"이 왜 개혁파 교계에서 이렇게도 열성적으로 받아들여지는지 탐구하고, 그런 다음 새 관점을 받아들이면 개혁파 교계에서 어떤 신학적, 실제적 결과를 가져오게 되는지 평가할 것이다.

제일장로교회 직원, 지역 대학과 신학교 교수, 지역 목사, 신학생, 관심 있는 평신도들이 이 강연에 참석하고 찬사를 아끼지 않았다. 이후 워터스 박사는 강연내용을 수정하여 출판하도록 격려를 받았다. 여러분은 이제 그 수고의 결실을 읽게 된 것이다. 워터스 박사가 이러한 내용에 정통하다는 사실은 곧 드러날 것이다. 이 책은 그의 학식, 판단력, 명석함, 사려 깊음을 철저하게 드러낼 것이다.

PREFACE
서문

    오늘날 교회의 많은 이들은 "바울에 관한 새 관점"(이하 "새 관점")에 대하여 처음 들었을 것이다. 어떤 이들은 학부나 대학원의 신약학 과정에서 이러한 용어를 접했을 것이다. 어떤 이들은 당회나 노회가 새 관점의 성경적, 신학적 파장에 대하여 심사숙고하고 있다고 들었을 것이다. 다른 이들은 더 비공식적인 방법을 통하여, 즉 친구들과의 대화나 인터넷에 실린 글, 인터넷 토론방을 통해 새 관점을 소개 받았을 것이다.

    새 관점의 진원지는 어디인가? 학문적으로 중요한 지지자들은 누구인가? 새 관점은 어떤 성경적, 신학적, 신앙고백적인 쟁점을 제기하는가? 개혁파 공동체에 속한 이들이 복음주의 교회에서 인기를 얻고 있는 이 운동에 왜 관심을 두어야 하는가? 이러한 질문은 교회에 있는 많은 이들이 새 관점에 대하여 제기하는 질문이다. 나는 다음 아홉 개장에서 이 질문에 힘써 답할 것이다.

    이 책은 적어도 다음과 같은 세 가지의 목표를 갖는다. 첫째, 새 관점의 지지자로 알려진 주요 학자들이 바울신학과 관련 쟁점들에 대하여 무엇이라 말하는지 설명하려 한다. 나는 새 관점을 지지하는 학자들의 글을 편견 없이 인용하여 이러한 문헌들을 연구하지 않았을 독자들에게 그 학자들의 논증, 관심, 결론에 대하여 공정한 의미를 알려주려고 노력했다.

둘째, 새 관점이 2세기 이상 먼저 있었던 학문적, 신학적 논의에서 어떻게 출현하게 되었는지 보여주려 한다. 이러한 "역사비평" 논의는 어떤 점에서 보면 새 관점의 윤곽을 정해준 해석학적이고 신학적인 결정을 하게 하였다. 이러한 논의의 배경을 알면 신앙고백에 있어 개혁파적이고 복음주의적인 교회에 속한 자들이 새 관점을 어느 정도 이해하고 있는지 아는 데 도움이 될 것이다.

셋째, 새 관점이 웨스트민스터 표준문서(Westminster Standards)에 제시된 교리들에서 벗어난 사항들을 밝히려 한다. 또한 개혁파 신학이 율법, 하나님의 의, 칭의, 다른 많은 주제들이나 교리들에 대한 바울의 언급들을 설명하는 점에서 새 관점보다 얼마나 뛰어난지 보여주려 한다. 달리 말하면, 새 관점을 비평하는 방식은 신학적일 뿐만 아니라 주석적이 될 것이다.

마지막으로 개혁파적이고 복음주의적인 교회들에 있는 사역자들과 교인들이 왜 새 관점을 매력적으로 느끼고, 그러한 관심이 왜 노만 쉐퍼드(Norman Shepherd)의 신학과 어번에비뉴장로교회(Auburn Avenue Presbyterian Church) 당회 2002년 9월 선언에 드러난 신학에 대한 관심으로 이어지는지 설명하려 한다.

이 시점에서 독자는 이의를 제기할 것이다. "이 책의 저자가 새 관점에 대하여 좋게 말하는 것은 없는가? 개혁파 교인이 알아야 할 것은 아무 것도 없는가?" 이에 대한 나의 대답은 "결코 아니다"이다. 한 가지 예를 들면, 그리스도의 주권이 기독교 신앙과 선포의 초점이라고 N. T. 라이트(N. T. Wright)가 강조한 것에 대하여 나는 매우 감사하게 생각한다. 더욱이 하나님의 백성에 이방인들을 종말론적으로 포함하는 것이 로마서에서 사도 바울의 중요한 관심사라고 라이트가 지적한 것은 옳다. 다른 예로 E. P. 샌더스(E. P. Sanders)를 들 수 있다. 샌더스가 최소한 100년 동안 신약학자들 가운데서 회자되었던 1세기 유대교의 주된 모델이 적절한지에 대해 질문한 것은 옳은 것이다. 논문을 다듬고 교정하는 일로 연구가 한창 뒤늦어졌지만, 샌더스 박사는 1세기 유대교에 대하여 더욱 균형 잡힌 모습을 그리는 데 필요한 학문적 논의를 진작시켰다.

그렇다면 왜 이 책은 새 관점의 평가에 있어 대체로 비판적인가? 몇 가지 이유를 간단히 설명해보겠다. 첫째, 나는 웨스트민스터 표준문서와 완전히 일치한 입장에서 글을 쓰고 있기 때문이다. 나는 교회가 소유한 것 가운데 웨스트민스터 신앙고백서와 대소교리문답서가 가장 철저하고 신실하게 성경의 가르침을 신앙고백적으로 선언했다고 믿는다. 그래서 나는 개혁파 신앙에의 이 헌신, 즉 내가 강조하는 데 성경의 가르침에 철저하게 뿌리를 둔 이 신앙의 헌신을 고려하여 새 관점을 연구하였다. 이에 새 관점이 성경의 가르침 가운데 중요한 몇 가지 사항을 놓치고 있음을 알게 되었다.

둘째, 내가 개혁파 공동체에 속해 있는 사람들을 위하여 이 책을 쓰고 있기 때문이다. 개혁파 교회에 있는 어떤 이는 열정적으로 새 관점을 전파하고, 그 새 관점이 개혁파적이며 성경적인 가르침과 모순되지 않는다고 전파하였다. 하지만 연구를 해보면 새 관점은 세부적이거나 전체적이거나 다 개혁파적이고 성경적인 가르침과는 현저한 차이점이 있음을 알 수 있을 것이다. 새 관점의 구원론은 개신교가 아니라 로마 가톨릭에 가깝다. 이러한 새 관점에 관한 동의는 이신칭의라는 종교개혁 교리와 분리된 이론의 역사비평의 전통에 뿌리를 두고 있다. 새 관점을 열정적이고 무비판적으로 받아들임으로써 벌어지는 교회의 잠재적 위험을 고려해 볼 때, 이 책에서 이러한 동의와 관심을 평가절하할 필요가 있다고 나는 생각했다.

어떤 연구도 독자적으로 이루어지지 않는다. 이러한 연구가 가능하도록 끊임없는 노력과 지원을 해준 여러 사람들에게 빚을 지고 있음을 말하고 싶다. 먼저 내 친구 리곤 던컨 3세에게 감사드린다. 그는 미시시피 잭슨에 있는 제일장로교회(First Presbyterian Church, Jackson, Mississippi) 담임목사로서 부단히 노력하며 더불어 이 프로젝트를 구상했고, 선두에서 이끌었다. 그의 방향 제시와 후원과 격려가 없었다면 이 책은 나오지 못했을 것이다. 인턴 스티븐 틴달과 던컨의 비서인 제니퍼 헨리에게도 특별히 감사드린다. 이들이 인내심을 갖고 한 편집은 매우 귀한 것이다. 특별히 나의 영적인 아버지 제임스 오브라이언에게 감사드린다. 그분은 이 책의 중요한 부분들을 조심성 있고 철저하게 비평적으로 평가해주었다. 또한 미시시피밸리노회(Mississippi Valley Presbytery, PCA)에 감사드린다. 많은 분들이 이 책의 뼈대가 된 2003년 가을 강연회에 참석하여 이 프로젝트가 진행되는 동안에 나를 격려해 주었다. 또한 벨헤이븐대학의 행정부서와 교수진에 감사드린다. 그들은 이 프로젝트 동안 나에게 도움과 격려를 주었다. 마지막으로 나의 아내 사라에게 감사드린다. 사라는 나를 부단히 격려하고 인내해 주었다.

이 책은 미시시피 잭슨에 있는 제일장로교회 당회가 후원하는 중요한 신약 논쟁에 대한 존 헌터 강연회(John Hunter Lectures on Critical New Testament Issues)로 시작하였다. 이 강연회의 이름은 이 교회의 6대 담임목사(1858-1895)인 존 헌터를 기념한 것이다. 헌터 목사는 복음 사역을 준비하면서 켄터키의 댄빌(Danville, Kentucky)신학교에서 로버트 J. 브레킨리지와 에드워드 포터 험프리의 지도를 받으며 공부했다. 브레킨리지와 험프리는 둘 다 1세대 구학파(Old School) 장로교인들이었다. 아일랜드 출신 친구인 스튜어트 로빈슨(Stuart Robinson)이 댄빌신학교에서 교회정치와 실천신학 학과장으로 잠시 재직할 동안 헌터는 신학교를 졸업한 이후에 댄빌신학교에 머물렀다.

내가 이러한 배경을 언급하는 것은 두 가지 이유에서이다. 첫째, 헌터는 스승인 브레킨리지에게서 건전한 교리뿐만 아니라 19세기 신학파(New School) 장로교인들이 소개하는 성경, 칭의, 중생, 회개에 대한 새로운 견해를 반론해야 할 필요성과 중요성에 대해서도 가르침을 받았음에 틀림없기 때문이다. 둘째, 로빈슨은 자신의 아일랜드 친구에게 교회에 대한 사랑과 교회 본질과 사명의 교리에 대한 애착을 알려주었을 것임에 틀림없기 때문이다. 이것은 신학파 논쟁이 있는 동안 도전받았던 것들이다.

헌터와 그의 사역을 기념한 강연회로부터 나온 이 책이 헌터와 그의 스승들이 헌신하여 변호하였던, **바로 그 교리를** 변호하려는 것은 당연한 일이다. 강연회와 신실한 개혁신학 증거를 위한 2년 동안의 끊임없는 후원을 생각해보면, 미시시피 잭슨에 있는 제일장로교회의 사역자들과 당회와 직원들과 교인들에게 마음을 담아 이 책을 드리는 것은 마땅한 일일 것이다.

CHAPTER 1

"용사가 엎드러졌도다"
루터부터 슈바이처에 이르기까지

바울에 관한 새 관점과 바울에 대한 학문적 연구의 경향을 이해하려면, 종교개혁과 그 이후에 나타난 역사비평 해석의 발흥부터 논의를 시작해야 한다. 어떤 의미에서 새 관점은 알버트 슈바이처(Albert Schweitzer)와 루돌프 불트만(Rudolf Bultmann)이라는 두 인물 주변을 빙빙 돌고 있다. 이 **인물들**을 이해하기 위해서는 슈바이처 이전 100년 동안 있었던 역사비평 논의를 추적할 필요가 있다. 하지만 **바로** 그 논의의 발흥을 이해하기 위해서는 종교개혁과 그 이후 독일 신학의 경향 및 이 둘이 바울연구에 끼친 영향을 탐구할 필요가 있다. 왜 새 관점 지지자들의 신학적 입장과 현저하게 다른 종교개혁에서부터 논의를 시작해야 하는가? 새 관점은 기본적으로 바울에 대한 연구이고, 구체적으로 "율법", "율법의 행위", "의", 이와 관련된 다른 논쟁들에 관한 바울 연구이기 때문이다. 이 일련의 논쟁들은 종교개혁을 진행시킨 바로 그 논쟁들이자 새 관점이 종교개혁자들과 현저히 다르다는 것을 보여주는 부분이다.

본격적인 연구에 앞서 서론격으로 두 가지를 질문해보자. 종교개혁은 (일반적으로) 성경연구와 (구체적으로) 바울연구에 어떠한 영향을 끼쳤는가? 2세기 동안 어떻게 하여 독일 루터파 교회가 쇠퇴하여 명백한 불신앙으로 빠져들었는가?

1. 바울연구에 대한 종교개혁의 영향

1) 루터와 칼빈

마틴 루터(Martin Luther)는 1517년 10월 31일 독일 비텐베르크(Wittenberg)에 있는 예배당 문에 95개조 반박문(Ninety-Five Theses)을 붙임으로써 교회 개혁을 시도하였다. 1546년 루터가 죽을 즈음에는 로마교회와 화해할 수 없을 것이라는 점이 분명해졌다. 루터는 로마교회를 개혁하려고 했으나 파문되었다. 더욱이 1546년부터 1564년까지 모여서 현대 로마 가톨릭교회의 신학적 입장을 규정한 트렌트공의회(The Council of Trent)는 자신들과 다른 개신교 교리를 고수하는 자들에게 **저주를** 내렸고 오늘날까지 그 저주를 지속하고 있다.

존 칼빈(John Calvin, 1509-1564)은 개신교 종교개혁의 다른 진영을 대표하며 16세기 당시 사활이 걸린 중요한 은혜교리에 대하여 루터와 대등한 의견을 피력했다. 바울에 대한 칼빈의 연구는 종교개혁자들이 사도 바울에게 매우 집중한 것을 나타낸다. 칼빈은 주석이라는 형식으로 바울서신 각각을 체계적으로 연구하였고, 또한 갈라디아서와 에베소서와 목회서신(이 세 권은 1570년대에 영어로 번역되어 영국개신교에 영향을 끼쳤다)과 데살로니가전·후서와 고린도전·후서를 가지고 설교하였다. 설교하고 가르칠 때 성경을 체계적으로 주석하는 것은 전체적으로 중세후기 교회보다도 더 많이 강조되었다. 따라서 바울은 루터와 칼빈의 후예들에게서 세심한 관심을 받았다. 이 문제가 그렇게도 중요한 이유는 바울이 구원에 대하여 매우 자세하게 성경적으로 논의한 것 가운데 일부를 제시하기 때문이다. 또한 구원론은 본래적으로 중요한 문제일 뿐만 아니라 로마교회와 개신교회를 나누었고 오늘날까지 나누고 있는 문제이기도 하다.

2) 종교개혁적 해석

종교개혁자들은 최소한 세 가지 면에서 해석사의 새로운 장을 열었다.[1] 첫째, 많은 종교개혁자들은 당시 인문주의자들의 비평방법이라는 기준에 따라서 훈련을 받았다. 그들의 외침은 "근원으로"(ad fontes)이다. 이러한 훈련의 일부에는 "고대 언어"와 "수사학적 분석"에 대한 관심, 즉 개신교의 성경읽기에 영향을 미친 관심의 부활이 포함되어 있다.[2] 새로운 관심은 이제 성경의 역사적인 맥락뿐만 아니라 문법적 맥락에도 주어졌다. 둘째, 개신교인들은 오직 성경(sola Scriptura)이라는 신학적인 확신을 의식적으로 붙잡았다. 이 원리를 끊임없이 적용함으로써 해석의 중요한 원리, 즉 성경이 성경을 해석한

---

1. 다음에 나오는 논의는 Richard Muller, "Biblical Interpretation in the 16th & 17th Centuries" in *Historical Handbook of Major Biblical Interpreters*, ed. Donald McKim (Downers Grove, Ill.: InterVarsity, 1998), 123-51에서 도움을 받았다.
2. Muller, "Biblical Interpretation," 124.

다는 원리를 확신하게 되었다. 셋째, 종교개혁자들의 역사적 훈련과 감각은 루터파와 칼빈주의자들이 성경을 해석함에 있어 해석사에 민감해지도록 영향을 끼쳤다. 이러한 방식으로 하여 개신교인들은 오직 성경(sola Scriptura)을 붙잡지 않고 벌거벗은 성경(nuda Scriptura), 즉 전통이나 다른 외적인 도움 없이 읽히는 성경을 붙잡았다는 로마교회의 비난을 피해갈 수 있었다. 그렇게 함으로써 종교개혁자들은 과거 해석자들의 통찰력과 사상을 고려하면서 바울서신 주석을 위하여 문법적, 역사적 토대를 쌓았다.

3) 마련된 발판

권위 있는 종교개혁자들은 균형 있게 잘 표현된 칭의와 성화 교리의 관계에 대한 이해를 후예들에게 물려주었다. 17세기 독일의 성경비평가들은 종교개혁의 **형식적인** 관심사(오직 성경)에서 분리되기 시작하자, 곧 종교개혁의 **내용적인** 관심(이신칭의)에서도 분리되었다. 그렇게 함으로써 루터와 칼빈이 강력하게 거부했던 바로 그 구원론이 아이러니하게도 이러한 루터파의 성경연구에 들어왔다.

2. 어떻게 이 지경에 이르렀는가?

이제 칼빈이 죽은 해인 1564년에서 F. C. 바우어(F. C. Baur)가 튀빙겐(Tübingen)에서 가르치기 시작한 해인 1826년으로 되돌아가 보자. 이 사이에 루터교는 독일에서 쇠퇴하였다. 그 한 가지 이유를 간략하게나마 짚어봐야겠다. 유럽 철학은 근본적으로 회의(懷疑)를 인식론적인 출발점으로 삼았다. 이러한 회의론적 태도는 성경의 권위와 성경의 가르침에 대한 교회의 이해에까지 확대되었다. 특별히 그 이해가 조직신학으로 표현되었을 때 더욱 그러했다. 주석은 조직신학과 해석사에서 분리되어 전례 없이 독립적인 태도를 취하였다. H. A. 마이어(H. A. Meyer)는 그의 유명한 신약주석 첫 권(1829)의 서문에 이러한 입장을 다음과 같이 드러낸다.

> 교의학과 철학의 영역은 주석을 위한 영역 밖에 머무는 것이다. 왜냐하면 저자가 단어로 전하고자 하는 의미를 공정하게 역사적이고 문법적으로 규명하는 것이 바로 해석자의 의무이기 때문이다. 주석학자로서 보건대, 그렇게 규명된 의미가 어떻게 철학의 가르침과 관련되어 있는지, 그 의미가 교회의 교리나 신학자들의 관점에 어느 정도 동의하는지, 교의학자가 자신의 학문을 위하여 그 의미를 어떻게 이용하는지 하는 문제들은 주석학자에게는 별로 관심이 없는 주제이다.[3]

주석은 더 이상 체계적이고 신학적인 성경 전체가 주는 가르침의 제재를 받지 않게 되었다. 주석신학과 조직신학은 사실상 최종적으로 딴 길을 가는 것처럼 보였다.

따라서 많은 사람이 성경을 단순히 고대 역사문헌으로 보게 되었다. 성경이 유래했을 법한 기원이나 근원에 대한 고찰이 시작되었다. 성경의 "역사적 의미"를 성경의 "문자적, 문법적 의미"와 동일시하는 종교개혁의 원리나 "비평학 이전의" 원리가 배제되었다.[4] 바로 그곳

---

3. W. G. Kümmel, *The New Testament: The History of the Investigation of Its Problem* (Nahsville: Abingdon, 1972), 111에서 인용.

4. Muller, "Biblical Interpretation," 124.

에서 중요한 원리가 생겼으니 그것은 바로 "의미를…인정된 정경적 본문에서 찾는 것이 [아니라]" "그 본문 너머에서 또는 아래에서, 즉 가설적인 이전의 문헌에서 또는 가설적으로 각 문단을 재구성한 삶의 정황에서" 찾는 원리이다.[5] 이러한 원리로 인하여 본문은 조직신학적 문맥에서부터 벗어나서 새로운 단계로 가게 되었다.

3. 바우어와 튀빙겐학파[6]

이제 1826년부터 1860년까지 튀빙겐에서 가르친 바우어를 고찰할 준비가 된 셈이다. 바우어는 사도사를 재구성하였다. 이 재구성은 20세기까지 신약연구를 주도하였고, 그렇게 재구성할 때 역사적으로 정통성이 있는 기독교의 주요 교리인 계시와 기적을 의식적으로 거부하였다.[7] 바우어는 영향력 있는 논문에서 초대교회의 역사적이고 신학적인 발전에 대한 자신의 이해를 분명하게 하였다.[8] 해프먼(Hafemann)이 언급한 것처럼 이 논문은 "헤겔(Hegel) 철학의 변증법적이고 진보적인 접근방법을 고린도전서 1:11-12에 적용함으로써 바울과 초대교회사에 대한 바우어의 이해에 초석을 놓았다."[9]

---

5. Ibid.
6. 다음 논의는 Scott J. Hafemann, "Paul and His Interpreters," in *Dictionary of Paul and His Letters*, ed. Gerald Hawthorne and Ralph Martin (Downers Grove, III: InterVarsity, 1993), 666-79과 Richard B. Gaffin, "The History of Pauline Interpretation" (Unpublished Lectures)에서 도움을 받았다.
7. Hafemann, "Paul and His Interpreters," 667.
8. F. C. Baur, "The Christ-party in the Corinthian Church, the Conflict Between Petrine and Pauline Christianity in the Early Church, the Apostle Peter in Rome," *Tübinger Zeitschrift für Theologie* 4 (1831), 61-206.
9. Hafemann, "Paul and His Interpreters," 667.

바우어는 초대기독교를 이루고 있는 갈등이론을 발전시켰다. 전통적 기독교는 예수님으로부터 사도들과 초대교회로 전해진 정통이라는 틀을 세웠다. 전통적으로 신약에 있는 갈등은 이러한 정통에 대한 지지자들과 회의적이고 실제적인 이단의 지지자들 사이의 싸움으로 이해되었다. 하지만 바우어는 갈등이 기독교 안에서 경쟁하는 집단들, 즉 주로 베드로로 대표되는 유대 그리스도인들과 바울로 대표되는 이방 그리스도인들 사이에 있었다고 이해했다. 바우어는 이렇게 특별한 형태의 갈등의 증거를 고린도교회에서 보았다. 기독교의 이러한 두 집단에는 화합할 수 없는 독특한 강조점이 있다. **유대 기독교**는 유대교와 모세율법에 밀접한 관련이 있으며, 야고보와 마태는 이러한 기독교 집단의 대표적인 예가 된다.[10] 다른 한편으로 **이방 기독교**는 율법의 행위와는 상관없이 이신칭의 교리에 초점을 맞춘다. 이방 기독교는 이러한 의미에서 "율법이 없다"고 한다.[11] 바울은 편지에서 성령을 더욱 강조했다.

유대 기독교와 이방 기독교의 갈등은 두드러진 것이었고 이 초대기독교 역사는 주후 2세기에 구체화되었다.[12] 그러나 바우어에 따르면 2세기 즈음에 "가톨릭주의"는 교회의 위계질서, 정통, 조직적인 통일성을 강조하며 등장하였다. 교회의 이러한 "가톨릭주의"를 향한 진전을 보여주는 가장 의미 있는 예는 누가복음과 사도행전이다. 이 책은 1세기의 역사를 "조정하려고" 다시 쓴 책이라고들 말한다.[13] 통일성과 정통성이라는 2세기의 이상이 1세기에 투영되었다. 누가복음과

---

10. Ibid.
11. Ibid.
12. Ibid.
13. Ibid.

사도행전의 저자는 갈라디아서와 같은 서신을 통하여 과거의 갈등, 즉 현대비평적 해석자들이 여전히 평가할 수 있는 갈등을 감추었다. 그 후에 바우어는 바울서신 가운데 갈라디아서, 고린도전서, 고린도후서, 로마서 등 네 편의 서신만(그는 이 서신들을 "주 서신"이라고 불렀다) 바울이 썼다고 결론을 내리게 되었다. 이 서신들이 진정성을 갖는 이유는 유대 그리스도인들과 이방 그리스도인들의 갈등을 보여주고 있기 때문이라고 바우어는 믿었다. 바우어가 다른 아홉 편의 서신을 거부한 이유는 그의 판단으로 볼 때, 그 편지들이 이러한 갈등에 대한 충분한 증거를 결여하고 있기 때문이었다.

바우어의 작업은 굉장한 의미가 있다. 첫째, 비록 대부분의 비평적 신약학자들이 이제는 데살로니가전서, 빌립보서, 빌레몬서를 인정한다고 할지라도 바울서신의 진정성에 대한 그의 판단에 효력이 있다. 둘째, 바우어는 최초로 초대기독교를 "역사적" 틀을 가지고 다루었다. 사실 이것은 역사적 기독교나 시간 역사에 "초자연적인 간섭"에 대한 언급 없이 만들어진 것이다.[14] 셋째, 오늘날 바우어의 독특한 프로그램을 따르는 자들이 거의 없지만, 바우어는 다음 세 가지 질문과 같이 중요한 바울연구를 위한 후속 논쟁의 항목들을 제시하였다.[15]

첫째, 바울의 반대자는 누구였는가? 그들은 무엇을 가르쳤는가? 바우어의 논지는 바울의 비평적 연구의 중심에 바울과 그의 반대자와의 갈등구조를 두었다. 이것이 의미하는 것은 이러한 갈등을 일으킨 칭의, 믿음, 행위, 율법에 대한 교리들은 역사비평 연구에서 여러 세대의 논의를 형성하였다는 것이다.

둘째, 율법에 대한 바울의 견해는 무엇인가? 바울의 견해는 복음의

---

14. Ibid., 668.
15. 이 질문들은 Hafemann에게 도움을 받았다. ibid.

관점과 어떤 관련이 있는가? 바울은 이 점에서 그의 반대자와 어떻게 달랐나? 바우어는 바울과 그의 반대자 모두의 가르침에 있어서 모세 율법의 역할에 대한 문제를 제기했다. 바우어는 바울과 그의 유대인들 사이에 거리를 두는 식으로 문제를 제기했다. 이 문제 뒤에는 바울과 그의 유대유산의 관계라는 본질이 있다. 즉 그 관계는 우호적인가 적대적인가? 바울은 유대나 헬라신앙과 관습에 영향을 받았는가? 이러한 질문은 역시 수 세대의 역사비평 학자들에게 영향을 끼쳤다.

셋째, 바울 사상의 "중심"은 무엇인가? 바우어는 바울의 가르침이 이신칭의와 영(가이스트, Geist)이라는 두 가지 초점을 중심으로 되어 있다고 논증했다. 그는 "유한자(육)의 반대인 무한자이면서 절대자로서의 영을 헤겔이 이해한 의미로 취하였다."[16] 루터교의 전통은 역사적으로 바울신학의 중심이 이신칭의라고 주장했다. 이제 비평적 연구 앞에 있는 질문은 법정적이든 변형적이든 어떤 신학적 범주가 바울신학의 중심점으로 간주될 수 있는가 하는 것이다.

4. 바우어에 대한 비판

알버트 슈바이처에 이르기까지의 바울신학을 살펴보기 전에 바우어의 논지에 반대하여 제기된 비판 가운데 세 가지를 살펴볼 것이다. 첫째, 바우어와 가장 성공적으로 싸운 논쟁들 가운데 하나를 라이트푸트(J. B. Lightfoot)가 개시하였다. 라이트푸트는 "사도 바울과 세 사람"이라는 논문에서 "바우어가 주장하는 것과 달리 바울은 야고보,

---

16. Herman Ridderbos, *Paul: An Outline of His Theology*, trans. J. R. DeVitt (Grand Rapids: Eerdmans, 1975), 16.

베드로, 요한과 같은 대표적인 '할례자들을 위한 사도들'에게 반대하지 않았음"을 보여주었다.[17] 또한 라이트푸트는 바울을 반대하는 다른 집단의 가능성을 제기하였다. 비록 현대학자들이 라이트푸트가 보여준 대로 그를 따르지는 않지만 그들은 라이트푸트의 통찰력을 얻었고 일반적으로 바울의 반대자들 가운데 다양성이나 복수성이 있음을 인정하고 있다. 달리 말하면, 갈라디아에서 바울을 반대했던 자들은 고린도에서 바울을 반대했던 자들과 (정체성 또는 교리와 관습에서) 반드시 같지는 않다.[18]

둘째 비판은 갈등이 바울신학의 중심에 있었다는 바우어의 관점에 대한 것이다. 바우어의 관점에 동의한다 하더라도 바우어도 그랬듯이 그것을 진정성의 기준으로 삼을 필요는 없다. 바우어의 진정성에 대한 판단은 결국 외적 증거에도 불구하고 사실상 만장일치의 증거를 반대한 것이다.

바우어의 통합에 반대하여 제기된 셋째 비판은 비록 그의 논지에 내적인 일관성이 있기는 하지만 독립적인 검증을 할 수 없다는 점이다. 신약성경의 증거 자체가 심지어 바울의 주 서신에서도 믿음과 목적과 사명이 조화를 이루고 통일성이 있다는 것이다. 로마서 15:30-33에서 바울은 유대에 있는 유대 그리스도인들의 구제를 위하여 이방인이 모금한 헌금을 가지고 가려 한다. 고린도전서 8-9장, 16장에서는 바울이 더 일찍 이 헌금모금을 준비한 증거를 볼 수 있다. 갈라디아서 2:9에서 예루살렘 교회의 대표자들은 바울에게 "교제의 악수"를 하였

---

17. Hafemann, "Paul and His Interpreters," 668. Lightfood의 글은 *St. Paul's Epistle to the Galatians: A Revised Text with Introduction, Notes and Dissertation*, 9th ed. (London: Macmillan 1887), 292-374에서 찾을 수 있다.

18. Hafemann, "Paul and His Interpreters," 668-69.

다. 이것은 두 반대자들이 화해를 강요받아서 했다고 보기는 어렵다. 또한 고린도전서 1:13("그리스도께서 어찌 나뉘었느뇨 바울이 너희를 위하여 십자가에 못 박혔으며 바울의 이름으로 너희가 세례를 받았느뇨")을 보자. 바울은 고린도 교회에서 싸우는 파당을 전혀 용인하지 않는다. 바우어가 그 파당들에게 어떤 신빙성을 부여한다 할지라도 말이다.

5. 자유주의 신학[19]

이제 19세기를 거쳐서 20세기의 처음 몇 십 년 동안의 바울에 대한 역사비평 연구의 발전을 살펴보자. 개괄하여 보면 세 가지 독특한 운동, 즉 자유주의, 종교사학파, 알버트 슈바이처의 참여주의를 만나게 된다. 19세기 독일 자유주의 개신교 학자들은 바울 사상에 두 가지 중심점이 있다고 주장했다. 하나는 바울 사상의 법정적 노선으로서 바울의 이신칭의에서 드러난다. 또 다른 하나는 바울 사상의 신비적 노선으로서 성령 그리고 그리스도의 연합이라는 바울의 언어에서 드러난다.[20] 이 학파는 이러한 노선들이 서로 맞지 않다고 주장했다. 바울은 종종 "한 노선에서 다른 노선으로 비약하고서도 모순을 못 느꼈다."[21] 그러나 신비적 윤리적 노선은 바울신학에서 더 근본적이라고 말했다. 바우어는 영에 대한 바울의 가르침을 철학적인 의미로 받아들였다. 자유주의자들은 이제 이러한 가르침을 도덕적으로 받아들였

---

19. 다음 논의는 Gaffin, "The History of Pauline Interpretation"; Ridderbos, *Paul*의 분석에서 도움을 받았다.
20. Ridderbos, *Paul*, 17-18.
21. Ibid., 19. Ridderbos는 이러한 말로 Otto Pfleiderer의 바울 개념을 요약하고 있다.

다.²² 이러한 방향은 자유주의 신학이 추구하는 윤리적 또는 도덕적 선포와도 잘 맞아 떨어졌다.²³

자유주의자들이 이러한 두 노선을 화해하거나 조화롭게 하지 못한 것은 바울의 (주관적) 경험과 바울의 (객관적) 신학에서 온 특성 때문이었다. 그들은 후자가 전자의 객관적 표현일 뿐만 아니라 일관성을 기대할 수 없다고 주장한다. 뒤에 나올 논의를 예상하면서 이러한 특성은 다만 20세기의 일관성/연관성 논쟁의 중요한 근원이었다는 사실을 지적하고자 한다.²⁴ 이러한 차이를 받아들이면서 자유주의 신학은 "신학"이 당시의 유대와 헬라의 영향을 반영할지라도 신학이 표현하는 경험은 무시간적이라고 받아들였다. 하인리히 홀츠만(Heinrich J. Holtzmann)은 1897년에 쓴 『신약신학』(New Testament Theology)에서 이 점에 대하여 자세히 설명한다.

> 결국에는 유대 기독교와 헬라 기독교를 막론하고 다 사라진다는 말이 바울서신에서는 허용될 수 있으나 기독교에서 영원하다는 말은 본래 기독교인인 것이었다. 전자는 역사적이고 시간적인 조건과 관련된 요인이어서 신학적이고 과학적인 관심의 대상이고, 후자는 인간 영혼에 있는 영원한 것을 반영하므로 종교적이며 실제적 인 이해와 관련되어 있다.²⁵

요약하면, 자유주의 신학은 바울 구원론의 본질을 "그리스도 안에서" 신비적인 경험을 함으로써 새 생명을 살 수 있는 능력을 주는 것

---

22. Richard B. Gaffin, "Acts and Pauline Letters" (Unpublished Lectures).
23. Ridderbos, *Paul*, 18.
24. Gaffin, "Acts and Pauline Letters".
25. Kümmel, *New Testament*, 193에 인용.

이라고 이해하였다. 이러한 새로운 경건은 예수님의 죽음과 부활하심이라는 구속적 사역과는 너무나도 분리되었다는 점을 비평적으로 살펴볼 수 있다.[26] 아이러니하게도 이러한 신학자들 가운데 많은 자들이 루터파 교회에서 가르치는데, 그들은 한 바퀴를 돌아서 방향을 (탈성례화한) 로마 가톨릭의 구원론으로 돌렸던 것이다.

6. 종교사학파

종교사학파에서는 비록 이러한 질문이 단연 학문적인 질문이 될 수 있었을지라도, 자유주의 신학은 바울 사상이 헬라나 유대 사상에 얼마나 영향을 받았는지에 대한 논쟁으로 나갔다. 종교사학파는 전자에 크게 무게를 두고 있다. 즉 헬라신비종교와 유사점을 찾음으로써 바울을 설명할 수 있다는 것이다. 종교사학파의 이러한 관심은 예를 들면, 음악(이고르 스트라빈스키[Igor Stravinsky])과 미술(폴 고갱[Paul Gauguin])에서 볼 수 있는 유럽인들의 상고주의와 식민문화에 대한 관심과 유사하다. 또한 이러한 학문적 움직임은 유럽에서 기승을 부리는 반유대주의의 배경에서도 일어났다. 종교사학파 학문의 중심은 빌헬름 부셋(Wilhelm Bousset)의 『주 그리스도』(*Kyrios Christos*)와 리차드 라이첸슈타인(Richard Reitzenstein)의 『헬라의 신비종교』(*Hellenistic Mystery-Religions*)였다.[27] 바우어와 마찬가지로 종교사학파도 역사적 기

---

26. Ridderbos, *Paul*, 20.
27. Wilhelm Bousset, *Kyrios Christos: A History of the Belief in Christ from the Beginnings of Christianity to Irenaeus*, trans. John E. Steely (Nashville: Abingdon, 1970); Richard Reitzenstein, *Hellenistic Mystery-Religions: Their Basic Ideas and Significance*, trans. John E. Steely (Pittsburgh: Pickwick Press, 1978).

독교와 그 주요 진리와는 별개로 바울을 비평적으로 재구성하였다.

하지만 바우어와 달리 이러한 학자들은 헬라적 배경이 초대기독교에 끼친 영향만을 전적으로 의지하였다. 이러한 관점에서는 그리스도께서 때가 되어 오셔서 헬라신비종교의 신들과 같은 의미에서 "주"로 고백하게 되었다고 주장한다. 또한 헬라의 다른 신적인 존재들과 같이 그리스도는 오셔서 죽으심으로 "승리, 부활, 불멸"을 이루신 자로 예배와 경배를 받으셨다고 주장한다.[28]

이 학파의 초점은 바울의 참여언어, 특별히 바울의 "그리스도 안에서"라는 어구와 성례신학(cf. 고전 11장; 롬 6장)에 놓여 있다. 그리고 바울종교의 중심은 이러한 신성의 죽음과 부활에 제의적으로 참여하는 것이라고 말하였다. 교리에서 제의로 전환이 이루어졌다. 즉 바울종교의 중심은 교리적이거나 명제적이기보다는 부활하시고 승천하신 주님에게 신비적이고 제의적으로 참여하는 것이라고 생각하였다. 부셋은 이러한 관점을 『주 그리스도』에서 다음과 같이 요약하였다.

> 우리는 이제 바울의 그리스도 신비주의와 이러한 신비주의를 요약한 "그리스도 안에서, 주 안에서"라는 형식이 발전하고 있는 것을 보고 있다. 이 모든 것은 제의에서 나왔다. 제의에서의 주님은 이제 그리스도인의 전 생애를 다스리시는 주님이 되셨다. 또한 영에 대한 바울의 생각은 제의적인 측면에서 윤리종교적인 측면으로 재해석되었고 확대되었는데 이는 그리스도 신비주의를 소개하는 수단이다.[29]

---

28. Ridderbos, *Paul*, 23.
29. Kümmel, *The New Testament*, 274-75에 인용.

종교사학파의 자유주의 신학과의 차이점(예를 들면, 종교사학파는 예수님과 바울을 현대인에게 맞게 현대화하는 작업을 거부한다)은 19세기 신비 윤리적 노선을 취하고, 바울 사상과는 결별하는 데까지 이어졌다. 따라서 이 학파는 바우어를 반대하여 칭의가 바울신학의 중심이 되는 것을 거부했다(바우어는 주장했다). 헤르만 뤼데만(Hermann Lüdemann)은 이러한 거부를 더 일찍 예견하면서 (이신칭의에만 초점을 맞춘) "유대적 '구원교리'"와 헬라적 "세례와 연관된 실제적인 구속교리 사이의 긴장이 바울 사상에 있었다"고 주장했다.[30] 따라서 바울에게 구속과 관련해서 충돌하는 두 가지의 체계가 있었다고 말한다. 바울에게 있어 드러나는 **실제적** 구원은 헬라적인 참여적 구원이었다고 뤼데만은 주장하였다. 빌헬름 브레데(Wilhelm Wrede)는 이와 비슷한 견해를 나중에 주장하였다. 칭의는 바울이 유대교와 싸울 때 썼던 논쟁무기였다고 브레데는 말했다.

종교사학파에 대한 비평을 통해 알 수 있는 것은 오늘날 이 이론을 따르는 사람이 거의 없다는 점이다. 신약의 저자들이 독자적인 것을 제시하지 못하고 다만 기존의 사상을 흡수하여 원점으로 돌렸다는 종교사학파의 중심교리는 대부분 배제되었다. 종교사학파의 현존하는 영향은 바울의 참여언어와 이른바 바울의 법정언어의 강조성에 있다.

---

30. Kümmel, *The New Testament*, 188.

7. 알버트 슈바이처

알버트 슈바이처는 바울에 대하여 자신의 가장 중요한 책 『바울과 그의 해석자들』(Paul and His Interpreters: A Critical History)과 『사도 바울의 신비주의』(The Mysticism of Paul the Apostle)에서 바울연구에 대한 새로운 관점을 소개했다.[31] 슈바이처의 연구는 종교사학파와의 분리를 현저하게 드러냈다. 바울 사상의 뿌리를 비-팔레스타인 토양에 두는 종교사학파와는 달리 슈바이처는 유대교와 바울 사이에 유기적인 관련성이 있음을 주장했다.

> 그러므로 그 해결책은 모든 형식과 통합에서 헬라의 영향을 논외로 두어야 하고, 이방인 사도의 교리를 유대 원시기독교에 전적으로 근거하여 이해하려는 "편협함"을 감수해야 한다.[32]

그러므로 바울의 뿌리는 "유대교적"이라는 인식을 향하여 분명하게 나가고 있음을 볼 수 있다. 슈바이처는 이러한 입장을 취하면서 종교사학파와 결정적이고 의식적으로 결별을 한다.

슈바이처 사상의 중요한 교리는 그가 말하는 "그리스도 신비주의"이다. 종교사학파와 같이 슈바이처는 참여언어(그리스도 안에 있음)를 바울 사상의 중심이라고 강조했다. 슈바이처는 세례의 기원과 성찬의 기원에 관하여 종교사학파에 동의하지 않지만[33] 바울의 참여사상

---

31. Albert Schweitzer, *Paul and His Interpreters: A Critical History*, trans. William Montgomery (New York: Holt, 1931).
32. Schweitzer, *Paul and His Interpreters*; Kümmel, *The New Testament*, 243에 인용.
33. 두 성례는 모두 철절하게 유대의 종말론적 뿌리에서 나왔다. 이 문제에 대한 Schweiter의 논증을 알기 위해서는 *The Mysticism of Paul the Apostle*의 11장을 보라.

이 본질상 실제적이고 성례적이라는 점에서 동의한다. 슈바이처는 세례가 "구속에 영향을 끼쳤다"라고 주장한다.[34] 즉 이 관점은 세례 요한으로부터 바울에게로 전해졌다고 말한다. "그에게 [세례]는 그리스도에게서 나온 능력, 구속적 사건이 세례에서 발생하도록 하는 능력이다."[35] 세례는 더욱이 "죄 용서"에 영향을 끼친다.[36]

주님의 식사(Meal)에 관하여 슈바이처(그는 주님의 만찬[Supper]이라는 용어를 거부한다)는 로마 가톨릭에 반하여 이그나티우스(Ignatius), 저스틴(Justin), 요한이나 바울도 화체설의 교리를 발전시키지 않았다고 주장한다[37](비록 앞의 세 명이 변화의 과정을 일으켰다고 말하지만 말이다).[38] 성찬식에서 구성요소가 실제적으로 변화되지는 않는다. 슈바이처는 "그리스도의 몸과 피"라는 언어를 수평적 방식으로 하여 교회의 연합, 즉 그리스도의 신비적인 몸으로 이해한다. 식사가 주로 수직적이지 않지만 그렇다고 드러난 표식도 아니다. 즉 이 식사는 "또한 현재 그리스도의 신비적인 몸을 경험할 수 있는 연합을 가져온다."[39] 요약하면 세례에서는 참여자에게 은혜가 주입되어 구속이 효력을 발휘하게 된다. 주님의 식사에서 가장 큰 의미는 식사가 주님과 연합을 이루고 증명한다는 것이다.

이러한 참여자의 관점에서 슈바이처는 바울의 법정언어에 대하여 결론을 내린다. 그는 바울의 칭의론이 당연히 방종주의가 된다는 주장에 동의함으로써 이러한 문제를 다룬다.

---

34. Ibid., 261.
35. Ibid., 262.
36. Ibid.
37. Ibid., 275.
38. Ibid., 286-87.
39. Ibid., 272.

육으로부터, 죄로부터, 율법으로부터 자유함이 또는 성령의 부어주심이 그리스도와 함께 죽고 다시 사는 것으로 인한 자연적인 현상인 것처럼 윤리학도 그러하다. 하나님은 육과 죄를 파괴하심으로써 죄 용서라는 효과적인 결과를 실제로 만드셨다. 바울은 습관적으로 그리스도 안에서라는 신비적인 교리노선에서 구속을 생각하기 때문에 이신칭의라는 부차적인 교리에서 윤리로 가는 길을 차단했다는 점은 그에게 중요하지 않다. 이러한 부차적인 교리를 통하여 바울이 원하는 것은 그리스도의 대속적 죽음이라는 전통적인 개념에 근거하여 성경의 논증을 수단으로 삼아서 율법과 논쟁할 수 있게 하는 것이다. 그가 원하는 것은 그 이상도 이하도 아니다.[40]

슈바이처는 바울의 법정언어가 바울에게는 부가물, 즉 "그리스도 안에 있음으로 말미암은 구속이라는 신비적인 교리인 주요 분화구의 가장자리에서 만들어진 보조 분화구"라고 주장하는 점에서 브레데의 의견에 동의한다.[41] 슈바이처는 이 관점을 철저하게 논쟁의 목적으로 사용하였지만, 그의 중심사상은 아니다. 이러한 관점이 20세기 후반에 다시 부상했던 것을 보게 될 것이다.

8. 결론

지금까지 살펴본 것을 자세하게 들여다보자. 19세기와 20세기 초에 몇 가지 중요한 논의가 이루어졌다. 첫째, 바울 사상의 "핵심" 또는 중심에 대한 탐구가 있다. 바우어는 바울의 중심사상을 순수하게

---

40. Ibid., 225.
41. Ibid.

철학적 의미로 바울의 영이라는 가르침에서 찾았다. 자유주의자들 또한 바울의 중심사상을 바울의 영이라는 가르침에서 찾았지만 그들은 순전히 윤리적 의미에서만 찾았다. 종교사학파는 자유주의자들이 내린 신학과 경험의 차이를 (원칙적으로) 거부했다. 종교사학파는 "오늘날 교회에 주시는 **규범적인** 것이 무엇인가?"라는 질문에 관심이 없었다. 엄밀하게 말하면 종교사학파의 관심은 묘사적이었다. 그들은 신약 저자들의 특징을 당시 헬라와 로마문화, 특별히 헬라의 신비종교를 흡수하는 스펀지로 그렸다. 종교사학파는 바울 사상의 중심으로써 참여언어를 전면에 가져왔다. 슈바이처는 참여언어가 바울의 핵심이라는 점에 원칙적으로 동의했다. 그는 또한 법정언어가 바울에게 부차적인 관심이었다는 점에 동의했다.

19세기와 20세기, 학문에 중요한 영향을 끼친 두 번째 문제는 바울 사상의 기원이 유대냐 아니면 이방이냐 하는 것이다. 중요한 논의에 참여한 대다수가 성경의 신적 기원을 거부했는데 성경 저자의 기원과 발전을 설명하기 위하여 순전히 간접 원인만을 찾으려 했다. 20세기 흐름으로 이러한 논의가 형성된 방식이 의미하는 것은 누구나 유대자료와 헬라자료 사이에서 선택할 수 있다는 점이었다. 해석학적으로 말하면 바울의 해석은 (1) 바울 사상 출처의 위치에 대한 결정과 (2) 이러한 자료들이 우선적 재구성에 어느 정도 통제를 받는다는 점이다. 바우어는 바울 사상이 본질적으로 유대에서 기원했다는 점을 거부했다. 결국 바울은 유대 기독교와 갈등이 있었다고 말했다. 종교사학파는 바울 사상의 출처가 결정적으로 헬라였다고 주장했다. 슈바이처는 중요한 정통과 절연하고서 "유대 원시기독교"가 바울이 나온 배경이라고 주장하는 사람들 중 한 사람이었다.

Justification and the New Perspective on

PAUL

CHAPTER 2

20세기로:

불트만, 데이비스, 케제만

이제 다른 두 길을 선택한 세 인물을 살펴보자. 루돌프 불트만(Rudolf Bultmann)은 (어떤 의미에서) 종교사학파의 길을 택하여 자신의 제자인 에른스트 케제만(Ernst Käsemann)에게 도전을 받았고, 데이비스(W. D. Davies)는 슈바이처의 길을 택하였다.

1. 루돌프 불트만

20세기 성서학의 거인은 **바로** 루돌프 불트만이었다. 1921년부터 독일 마부르크(Marburg)에서 신약학 교수로 재직하며, 1976년에 92세로 죽을 때까지 그곳에서 살았다. 20세기의 어떤 인물도 그렇게 많은 신약 분야를 이루는 데 영향을 끼치지 못하였다.

불트만은 바울에 대한 견해를 자신의 저서 『신약신학』(*Theology of the New Testament*)에서 매우 종합적으로 제시하였다.[1] 불트만은 종교사학파와 같이 신약 사상계는 더 광범위한 종교적 배경에서 찾을 수 있다고 주장했다. 특별히 그는 유대 사상과 헬라 사상이 혼합되었다는 점을 지적했다. 예를 들면 요한의 기독론은 천상의 원형적 구속자라는 유대와 만다교(Mandaean)의 지혜신화에서 나왔다는 것이다.[2] 불트만은 바울의 원천이 결정적으로 헬라 문화였다는 점을 분명히 한다. 하지만 그는 바울이 회심하기 전에 헬라주의의 영향을 어느 정도 받았는지에 대하여는 알지 못한다.

> 바울은 자기 고향에서 헬라 문화와 접촉하게 되어서 대중 철학 그리고 종교적 혼합주의의 현상에 익숙하였다. 하지만 기독교 이전에 이러한 혼합주의에 대한 신학적인 사상(신비종교와 영지주의사상들)을 이미 어느 정도 전용했는지는 확실하지 않다. 이 사상은 기독교 신학에서 드러난다.[3]

바울은 회심 후에 헬라교회, 즉 헬라 기독교의 **케리그마**를 받아들였다.[4] 불트만은 헬라교회가 **퀴리오스**(헬라어로 뜻은 "주")라는 칭호를 70인역(Septuagint)에서 가져오지 않았다고 주장한다. 70인역의 **퀴리오스**라는 칭호가 나중에 예수님에게 돌아간 것은 단지 교회가 "헬라

---

1. Rudolf Bultmann, *Theology of the New Testament*, trans. Kendrick Grobel, 2 vol. (New York: Scribner, 1951, 1955).
2. W. G. Kümmel, *The New Testament: The History of the Investigation of Its Problem* (Nashville: Abingdon, 1972), 350.
3. Bultmann, *Theology of the New Testament*, 1:187.
4. Ibid., 1:189.

주의의 종교적 용어"를 예수님에게 적용했기 때문이라고 한다.[5]

1) 유대교에 대한 불트만의 입장

불트만은 20세기 전반기에 독일어 계통 신약학계가 고대 유대교에 대하여 생각하는 방식을 잘 보여준다. 샌더스에 따르면 유대교에 대한 불트만의 설명은 2차적인 것으로 유대교 1차 문헌으로부터 독자적으로 가져온 것이 아니었다.[6] 따라서 유대교에 대한 불트만의 견해는 독특하게 자신의 것이 아니라 그 시대의 독일 학문을 대표하고 있을 뿐이다.

그러면 불트만의 선생들이 불트만에게 가르친 유대교 교리는 무엇이었는가? 샌더스를 따라가보면, 20세기 초와 중간에 개신교 성경신학계에서 널리 퍼진 고대 유대교 이해에 대하여 여섯 가지 요점을 확인할 수 있다.[7] (1) 유대인과 하나님의 관계는 사람들의 행위, 즉 토라에서 드러나는 하나님의 율법에 순종하는 것에 근거하였다. (2) 행위는 공로로 간주되었다. 유대인들에게 순종은 공로를 낳고, 불순종은 벌점이 되었다. (3) 하나님을 받아들이는 것이 사람의 "공로"가 "벌점"보다 높게 하는 역할을 한다. (4) 사람들은 하나님에게 균형을 맞추는 지점을 결코 알지 못하기 때문에 (가장 부정적인 의미에서) 유대인들은 하나님을 두려워했고, 하나님이 사랑하신다는 사실을 믿지 않았다. (5) 교부들의 보물에 대하여 랍비들의 개념에 반영된 공로는 이러한

---

5. Ibid., 1:124.
6. Ed Parrish Sanders, *Paul and Palestinian Judaism: A Comparison of Patterns of Religion* (Philadelphia: Fortress, 1977), 39, 47.
7. Ibid., 44-46을 보라.

사상의 결과였다. (6) 따라서 유대교는 율법종교였다. 즉 글자 그대로 은혜가 **빠져있다**.

불트만은 유대교를 이렇게 구성함으로 자신이 기독교에 대해 구성한 것을 돋보이게 했다. 그는 예수님을 진취적이라고 여긴 반면에, 유대인들은 과거라는 멍에를 짊어지고 율법에 종과 같이 매였다고 했다. 유대인들은 "사람과 하나님의 관계를 필연적으로 율법용어로써 이해하였다."[8] 그래서 그들은 "공로"라는 체제를 통해[9] 하나님에게 자신의 권리를 주장하려 했다. 하지만 예수님은 하나님께 대한 순종이라는 전혀 다른 형태를 요구했다. 바울은 유대교를 거부하고 순종이라는 새로운 형태를 요구하는 점에서 예수와 한 무리가 되었다고 불트만은 논쟁했다.

2) 바울의 칭의에 대한 불트만의 입장

이신칭의에 대하여 불트만은 자신의 입장을 종교사학파의 선생들과 동료들로부터 출발하였다. 그의 견해는 **형식적으로** 루터파이며 루터교 용어를 사용하여서 바울 사상을 나타내려고 했다. 불트만은 **실질적으로는** 마틴 하이데거가 가르친 실존주의 철학의 형식을 입었고, 바울이 실존주의 철학에 적합한 지지자라고 믿었다. 이 실존주의자들의 사상에 비추어서 불트만은 주로 집단적 혹은 의식적 용어로 바울을 이해한 당시의 세기 초 학문으로부터 시작하였다. 불트만에게 있어서, "개인"이 중심이었고 칭의(법정적 개념)는 바울신학의 중심이었다. 칭의는 내적이거나 신비적인 "변화"가 아니라 믿는 자들에게

---

8. Bultmann, *Primitive Christianity*, 68, Sanders, *Paul and Palestinian Judaism*, 45에서 인용.
9. Bultmann, *Primitive Christianity*, 69, Sanders, *Paul and Palestinian Judaism*, 45에서 인용.

나타나는 "종말론적 실재", 즉 율법의 행위로 얻어지거나 얻어질 수 있는 것이 아닌 "하나님의 은혜를 순전히 선물로 주시는 것"이다.[10] 이러한 면에서 바울은 유대교와 정반대였다고 불트만은 주장한다.

> 바울과 유대교의 대조는 단지 의가 현재 존재한다는 주장에 있을 뿐만 아니라 더욱 결정적인 주장, 즉 하나님의 무죄선고 결정과 관련된 조건에 관심을 둔다는 주장에 있다. 유대인은 이 조건이 율법을 지키는 것, 즉 율법이 가르치는 "행위"를 완성하는 것이라고 당연하게 여긴다. 이러한 관점에 직접적으로 반대하여 바울의 주장은 율법의 부정적인 측면, 즉 "**율법의 행위 없이**…"를 먼저 고려하는 것이다. 그렇다고 바울의 주장에 부정적인 측면만 있는 것은 아니다. "**믿음으로, 믿음으로 말미암아**"라는 긍정적인 언급도 부정적인 언급과 나란히 존재한다.[11]

불트만에게 이신칭의는 바울 사상의 중심일 뿐만 아니라, 바울과 유대교 사이에 있는 핵심적인 차이점을 보여준다.

불트만은 전통적 루터교와 형식적으로 일치하면서 다음과 같은 입장을 취한다. (1) 유대교와 바울의 차이점은 근본적으로 구원론에 있다. 즉 바울은 "나는 어떻게 구원받을 수 있는가"라는 문제를 제기하고 해결하는 데에 특별한 관심이 있다. (2) 이 차이점은 "율법의 행위"와 "믿음"이라는 바울의 대조에서 선명해진다. (3) "믿음"은 기독교에만 있는 말이다. "율법의 행위"는 율법을 순종함으로 하나님의 호의를 쌓으려는 유대교의 시도이다. (4) 따라서 유대교는 신율적 종교이고

---

10. Scott J. Hafemann, "Paul and His Interpreters," in *Dictionary of Paul and His Letters*, ed. Gerald Hawthorne and Ralph Martin (Downers Grove, Ill.: InterVarsity, 1993), 676.
11. Bultmann, *Theology of the New Testament*, 1:279-80.

기독교(만) 은혜의 종교이다. 스티븐 웨스터홀름(Stephen Westerholm)은 율법과 믿음에 대한 불트만의 이해를 잘 요약하고 있다.

> 불트만이 이해한 바울에 의하면, "율법의 의"를 추구하는 것은 유대인의 전형적인 표현으로서 사람들이 보편적으로 그러하듯이 자신이 성취한 것에 근거하여 인정을 받으려는 것이다. 믿음은 어떤 이가 하나님만을 전적으로 의지하고 있다고 스스로 인정하는 것과 같은 노력을 포기하는 것이다. 믿음은 하나님이 율법에서 요구하신 것에 참되고 근본적으로 순종하는 것으로써 표현되었다.[12]

새 관점을 지지하는 사람들 대부분 바울에 대한 이해는 특별히 불트만이 바울을 구성한 내용과 반대이다. 불트만에 만족하지 않아서 생긴 불평의 소리 가운데 첫 번째는 데이비스의 학문에서 나왔다.

2. 윌리암 데이비드 데이비스

윌리암 데이비드 데이비스(William David Davies)는 듀크대학교(Duke University) 교수로서 학문활동을 주로 하였다. 데이비스는 웨일즈인으로서의 경험으로 인해 유대인("약자"로서)을 매우 동정하였다고 한다. 이 동정심은 그의 멘토이자 친구인 데이비드 도브(David Daube)의 지지로 더 힘을 얻게 되었다. 유대인들에게 포악한 행위가 자행되고 있을 때 데이비스는 1942년과 1947년 사이에『바울과 랍비 유대교』

---

12. Stephen Westerholm, *Israel's Law and the Church's Faith: Paul and His Recent Interpreters* (Grand Rapids: Eerdmans, 1988), 74-75.

(*Paul and Rabbinic Judaism*)의 초고를 쓰고 있었다.[13]

『바울과 랍비 유대교』는 1948년에 처음 출판되어 바울과 그 당시 유대교의 관계를 동정적으로 처음 연구한 점에서 의미 있다. 불트만과 다른 이들은 그 관계를 반대하는 입장에서 이해하였다. 이 책의 초판 머리말에서 데이비스는 그 책의 목적은 "기독교인들 가운데서 유대교를, 유대인들 가운데서 바울의 기독교를 더 깊게 이해하도록 도와주는 것이라"고 말했다.[14] 데이비스가 책을 통해 보여주려는 것은 유대교의 후예들인 랍비들의 작품에 표현된 대로 바울이 바리새파 유대교에 **빚**을 지고 있다는 것이다. 불트만이 받아들인 방법과는 달리 데이비스의 방법론은 근본적으로 그 성격상 다른 **비교**방법론이다.

이러한 비교방법론의 한 가지 예는 율법에 대한 것이다. 불트만에게 있어 바울은 율법에 대해 전반적으로 매우 부정적이다. 우리는 율법의 요구 아래 있기 때문에 "율법을 지킴으로 구원을 이루려고 힘쓰면" 오히려 더 많이 죄를 지을 뿐이라는 것이 바울의 주장이라고 그는 생각했다. "창조주 하나님을 의지할 때만" 구원을 경험하게 된다.[15] 하지만 데이비스는 바울이 이스라엘을 위해서 토라가 감당하던 역할을 새 지혜이신 그리스도께서 완성하였다고 본다고 한다. 데이비스는 이러한 사상이 잠언, 전도서, 필로(Philo)를 통하여 바울에게 전해졌다고 주장했다. 이 논의에서 유대교의 연속성이 강조되고 불연속성은 강조되지 않고 있음을, 또한 율법은 유대교에 부과되어 긍

---

13. E. P. Sanders, Preface to W. C. Davies, *Paul and Rabbinic Judaism* 5th ed. (Mifflintown, Pa.: Sigler Press, 1998).

14. W. D. Davies, *Paul and Rabbinic Judaism: Some Rabbinic Elements in Pauline Theology*, 2d ed. (New York: and Evanston: Parper and Row, 1957), xvii.

15. Bultmann, *Theology of the New Testament*, 1:264.

정적으로 역할하고 있음을 알 수 있다.

데이비스는 슈바이처의 역할을 최소한 두 가지 측면에서 수행했다. 첫째, 바울 사상의 기원은 이방의 자료가 아니라 유대자료에서 찾을 수 있었다. "더욱이 슈바이처가 자신 있게 보여주었으며 우리가 나중 논의에서 보게 될 것인데, 바울의 신비주의가 헬라적이지 않다는 점이다."[16] 둘째, 샌더스가 주장한 것처럼 "바울 사상의 중심은 이신칭의가 아니다." 데이비스에게 있어서 바울 사상의 중심은 기독론, 즉 "그리스도께서 오심으로 미래의 오는 세대가 현재의 사실이 되었다고 인식하는 것이다."[17] 또한 그는 "칭의는 너무 단순화된 것으로 심지어 복잡한 바울 사상을 변조하여서 이신칭의를 바울 사상의 본질로 정하기까지 했다"고 언급했다.[18]

데이비스는 다음과 같이 긍정적으로 주장했다.

> 이 작업으로 인해서 분명해진 것은 바울 사상의 중심이 바울이 옛 율법을 공격한 것에 있는 것이 아니라 그리스도께서 오심으로 미래의 오는 세대가 현재의 사실로 되었다고 인식하는 것에 있다는 점이다. 이 사상의 중심은 새 율법인 그리스도의 심판과 자비 아래 있음, 그리스도와 함께 죽고 사는 것, 새 이스라엘인 성령의 공동체로 연합됨에 있다.[19]

이 인용문은 한 가지 중요한 관점에서 데이비스가 이전에 있던 다른 모든 바울 해석자들과 실제로 달랐다는 점을 증거한다. 바울과 바

---

16. Ibid., 15.
17. Ibid., 223. 다음에 나오는 인용구들은 Sanders의 서론에서 가져왔다.
18. Ibid., 222.
19. Ibid., 223.

리새인들은 근본적으로 구원론에서 논쟁하였으나 차이가 없었다. 더욱이 "바울은 그리스도 안에서 율법과 성령을 찾았다…바울에게서 율법을 기독론화하는 것을 찾을 수 있다. 바울에게 성령과 율법은 일치한다. 마치 그리스도 안에서 그러한 것처럼 말이다."[20]

데이비스의 입장은 분명한 문제를 제기한다. 바울은 왜 율법에 대하여 부정적인 언급을 했는가? 데이비스는 바울이 랍비들의 공통적인 믿음, 즉 메시아가 오시면 새 율법이 올 것이라는 믿음을 붙잡고 있다고 주장한다. 바울의 율법 비판은 종말론적인 것이다.[21] 그런데도 바울이 율법을 계속해서 지킨 것은 율법이 "유대교 통행중"이었기 때문이다.[22]

"믿음은 보편주의이고 실행은 배타주의"라는[23] 예수님의 예를 따라서 바울은 자신의 믿음과 실행을 이루었다. 하지만 데이비스는 바울이 그렇게 하면서도 근본적으로 모순적이지 않다는 것을 강조할 것이다. 바울은 "유대교의 보편적 전통에도 신실하였고 동시에 육신을 따라서 이스라엘과 동일시한 점도 보여주고 있다. 즉 그는 참으로 '새' 이스라엘이면서 '옛' 이스라엘이었다."[24] 데이비스에게서 처음으로 찾을 수 있는 것은 바울을 비평적으로 읽는 문이 열렸다는 점이다. 이로 인하여 바울과 그의 동시대 유대인들 사이의 구원론적인 불일치는 근본적으로 부정될 것이다.

---

20. Ibid.
21. Ibid., 69ff.
22. Ibid., 74.
23. Ibid., 73.
24. Ibid.

3. 에른스트 케제만

데이비스의 학문과 별도로 대륙의 학계에서 불트만의 종합에 대한 불만이 있었다. 불트만의 왕년 제자인 에른스트 케제만(Ernst Käsemann)이 불만을 갖는 사람들 중 하나였다. 샌더스가 "두 전선"이라고 부르는 것에 케제만이 끼어들었다. 즉 왼편으로는 크리스터 스텐달을 반대했고, 오른편으로는 불트만과 그의 충실한 제자들(귄터 보른캄[Guenther Bornkamm]과 한스 콘젤만[Hans Conzelmann])을 반대했다.[25] 불트만의 전후 제자이자 튀빙겐대학교 신약학 교수인 케제만은 칭의가 바울 사상의 중심이라고 주장했다. 이 점에서 그는 스텐달을 맹렬하게 반대하며 "로마서의 칭의와 구원사"(*Justification and Salvation History in Epistle to the Romans*)라는 논문을 썼다.[26] 케제만은 "칭의는 구원사의 중심이자 시작이요 끝이라"[27]는 결론을 내렸다. 구속사 아래 칭의를 놓지 않는 이러한 관심은 최근 사건에 대한 관심에서 나온 것이라고 케제만은 우리에게 알려주고 있다.

> [칭의의] 발견은 세속적이고 정치적인 형태를 지닌 나치 독일과 그 이념으로 우리를 훼방한 구속사의 개념에 대해 면역력을 갖게 하였다. 불에 데인 자녀들처럼 한 세기의 세 번째시기인 오늘날 우리가 그러한 일반적인 열정을 일깨우는 불에 기름을 더 부으려고 하지 않는 것은 이해할만할 것이다. 우리 경험상 역사신학은 처음부터

---

25. Sanders, *Paul and Palestinian Judaism*, 435. 다음에 나오는 내용들은 Sanders의 분석에서 도움을 받았다.
26. Ernst Käsemann, "Justification and Salvation History in the Epistle to Romans," in *Perspectives on Paul* (Philadelphia: Fortress, 1971), 60-78.
27. Ibid., 76.

우리에게 의심쩍은 존재가 되었다. 그 신학을 지지할 때 요구되는 이유가 무엇이든지 간에 말이다. 그 신학으로 말미암아 자유주의가 이루어졌으나 자유주의자들의 진보에 대한 신념은 제1차 세계대전으로 말미암아 결정적으로 깨지게 되었다. 실수가 있고 부적절하지만 이 신학은 나치 종말을 위한 방패로서 역할을 할 수 있었다. 우리 선조들이 백 년 전에 섰던 곳으로 그리고 그들이 오십 년 뒤 슬픔에 빠졌던 장소로 돌아가는 것을 원하지 않는다.[28]

케제만은 바울의 칭의를 구속사의 틀에서 떼어놓은 반면에 초점을 개인에게 맞춘, 불트만의 **인간중심주의**를 거부함으로써 불트만과 분리되었다. 불트만이 주장했던 것은 실존주의 철학이 실제로 바울 메시지의 중심이었다는 점이다. 따라서 죄와 구속은 근본적으로 개인적이며 사적인 범주에서 이해되었다.

케제만은 바울의 칭의가 근본적으로 **집단적**이었다고 주장했다. 그는 1961년에 처음 출판된 논문 "바울이 이해한 하나님의 의"(*The Righteousness of God in Paul*)에서 이러한 주장을 펼쳤다.[29] 이 논문의 논지는 "바울이 이해하기로는 하나님의 의는 주로 한 개인에 대한 언급이 아니며 인간론이라는 배경에서만 이해될 수도 없다"[30]라는 것이다. 케제만은 바울서신에서 하나님의 의는 하나님이 인류에게 베푸시는 선물이 아니라고 규정한다.[31] 그는 구약과 복음서에서 병렬구문을 인용하면서[32] "자신을 계시하시는 하나님의 신적인 사역을 표현하는 어

---

28. Ibid., 64.
29. Ernst Käsemann, "The Righteousness of God in Paul," in *Perspectives on Paul* (Philadelphia: Fortress, 1971), 60-78.
30. Ibid., 180.
31. Ibid., 170 *et passim*.
32. Ibid., 172ff.

구"³³라고 긍정적으로 규정한다. 케제만은 바울의 법정적 의의 언어와 변형적 의의 언어 사이의 긴장(또는 상극)이 하나님의 의를 "그 특이한 내용으로 인식되는 그리스도의 주권"³⁴에서 나오는 "능력인 선물"³⁵로 볼 때 해결될 수 있다고 주장하였다.

따라서 케제만은 로마서 3:25 이하에 나오는 "하나님의 의"를 지적하면서 주장하기를, 이 말은 "하나님의 언약적인 신실성", 즉 피조물을 회복시키는 구원의 능력에 대한 하나님의 담보를 의미한다고 한다. 이것은 "세상의 반대자들이 있지만 하나님이 이루신 승리"이거나 "세상에 대한 하나님의 주권이 종말론적으로 그리스도 안에서 계시되는 것"³⁶이다. 그럼에도 케제만에게는 제한이 있어서 바울의 비-개인화라는 점에서 볼 때 스텐달이 주장하는 데까지는 나아가지 않을 것이다. 케제만은 "하나님의 호소를 받아들이는 것인 믿음이 바울에게는 주로 각 개인의 결심이고 그 중요성은 인간론에서 교회론으로 바뀌어서는 안 된다"³⁷라고 주장한다. 다른 말로 말하면 케제만은 여전히 칭의를 근본적으로 **도덕적**(공동체적이 아니라) 관점에서 보려고 하여 개인에 초점을 맞추었다(비록 그렇게 정의되지 않았지만 말이다).

요약하면 다음과 같은 결론을 도출할 수 있다. 첫째, 케제만은 바울에게 있는 법정언어/변형언어를 구분함으로써 복잡미묘해진 문제인 의의 언어를 우주적, 구원적 능력으로 바꿈으로써 해결한다. 그렇게 함으로써 케제만은 사실상 법정언어를 상실하였다. 둘째, 케제만

---

33. Ibid., 174.
34. Ibid.
35. Ibid., 176.
36. Ibid., 180. 케제만은 바울이 구약의 언약을 받아들이지 않았다고 부차적으로 확인한다. 오히려 바울은 하나님이 그리스도 안에서 신실함을 약속하신 온 피조물과 맺은 언약을 마음에 품고 있다. 많은 새 관점 지지자들은 이 문제에 대하여 케제만과 다른 입장을 갖는다.
37. Ernst Käsemann, "The Faith of Abraham in Romans 4," in *Perspectives on Paul*, 74.

은 칭의에 개인적인 측면을 유지하지만, 분명하게 칭의를 본질상 근본적으로는 집단적 또는 우주적으로 간주한다.

Justification and the New Perspective on

PAUL

CHAPTER 3

새 관점 등장:
크리스터 스텐달

스웨덴 루터교 소속인 크리스터 스텐달(Krister Stendahl)은 1954년부터 1984년까지 하버드신학대학원(Harvard Divinity School) 신약학 교수로 재직하였다. 그는 바울연구에서 "사도 바울 그리고 서방의 자기성찰적 양심"(*The Apostle Paul and the Introspective Conscience of the West*)과 "유대인과 이방인 가운데 바울"(*Paul Among Jews and Gentiles*)[1]이라는 논문 두 편을 통해 알려지게 되었다. 스텐달은 루터(Luther)와 어거스틴(Augustine)의 회심 경험으로 인하여 서구인의 바울 읽기에 색이 덧칠해졌다고 주장했다. 그는 서방신학은 바울 사상 가운데 비교

---

1. "The Apostle Paul and the Introspective Conscience of the West," in *Paul Among Jews and Gentiles and Other Essays* (Philadelphia: Fortress, 1976), 78-96; "Paul Among Jews and Gentiles," in *Paul Among Jews and Gentiles and Other Essays* (Philadelphia: Fortress, 1976), 1-77.

적 작은 주제(이신칭의)를 붙잡아 바울 사상의 중심으로 삼았고(이후로 케제만과 논쟁이 있었다), 하나님의 계획에서 유대인과 이방인의 역할과 같이 더 의미 있는 주제를 중심에서 떼어냈다고 한다. 그는 이것을 어떻게 논증했는가? 이제 개척적인 논문 두 편을 발표된 순서대로 살펴보자.

1. "사도 바울 그리고 서방의 자기성찰적 양심"

이 논문에서 스텐달은 바울에 대한 전통적인 해석, 즉 칭의를 죄책과 죄를 인식한 조건에 대한 대응이라는 이해를 거부했다. 이러한 조건은 율법에 불순종함으로 형성되었으며, 칭의는 그 문제에 대한 대응으로 이해되었다고 전통주의자들은 진술하였다. 스텐달은 이러한 종교개혁의 모델은 루터의 독특한 종교심리학, 즉 루터의 어거스틴적 배경, 로마 가톨릭과의 싸움, 민감한 양심 등이 결합하여 맺은 열매라고 주장하였다.[2] 바울은 "중세후기 경건이라는 틀에서 읽혀졌다."[3] 서방은 "성경의 저자들이 틀림없이 우리들과 연결되어 있지만 결코 그들의 의식에 들어가지 못한 문제와 씨름하고 있었다고 수세기 동안 잘못 생각했다."[4]

스텐달은 이러한 모델을 부분적으로 반대했다. 그것은 고대 동방 교회들이 이 "괴로워하는 양심"[5]을 증명하고 있지 않기 때문이다. 이

---

2. Stendahl, "The Apostle Paul and the Introspective Conscience of the West," 82ff.
3. Ibid., 86.
4. Ibid., 95.
5. Ibid., 85.

러한 사실로 인하여 스텐달에게 확실해진 것은 이 모델이 바울 해석자들의 열매이지 바울 자신의 열매가 아니라는 점이다. 스텐달은 이 모델이 "종교개혁 신앙고백에 교리적으로 다소 매여 있는 자들에게뿐만 아니라 학부과정에 있는 '모든 양서'를 공부하는 보통 학생들이나 일반적으로 불가지론적인 서구인들에게도 역시"[6] 영향을 끼쳤다는 점 또한 지적하였다. 이 점에서 구체적으로 스텐달은 불트만의 흠을 잡았다.[7]

긍정적으로 말하면 바울은 어떻게 이해될 수 있는가? 스텐달은 이 논문에서 강령과 같이 언급하면서 언급을 통하여 자신의 접근방법을 다음과 같이 설명하고 있다. "로마서 9-11장은 1-8장의 부록이 아니라 로마서의 정점이다."[8] 로마서 9-11장에서 일반적으로 로마서뿐만 아니라 바울 사상의 중심이 되고 체계화된 원리, 즉 유대/이방인 문제에 다다르게 된다. 바울은 "나는 어떻게 은혜로운 하나님을 찾을 수 있는가?"[9]라는 루터의 질문에 사로잡히지 않았고, 다음 두 가지 중요한 질문에 사로잡혔다. (1) "율법(토라, 즉 율법주의의 법칙이 아니라 모세의 실제적인 법)에 무슨 일이 벌어지고 있는가?"[10] (2) 유대인과 이방인의 관계를 위해 메시아가 오신 결과는 무엇인가? 달리 말하면 "교회에서 그리고 하나님의 계획에서 이방인들의 위치"[11]는 무엇인가?

스텐달은 전통적으로 메시지가 잘못 해석되었다고 주장한다. 예를 들면 갈라디아서 3:24은 유대인과 이방인에게 적용하는 방식으로 율

---

6. Ibid., 87.
7. Ibid., 87-88.
8. Ibid., 85.
9. Ibid., 83.
10. Ibid., 84.
11. Ibid.

법의 제2용법(usus secundus, 율법이 우리를 그리스도에게로 인도한다)을 입증하지 않는다. 오히려 바울이 말하려는 것은, 갈라디아서 3:24이 "이제 하나님의 선하신 메시아 시대에 아브라함에게 하신 약속의 성취에 참여하게 된 이방인들에게(29절) 율법을 부과할 이유가 없다"[12]라는 것을 보이기 **위함이라는** 것이다. 스텐달이 "유대인과 이방인 가운데 바울" (Paul Among Jews and Gentiles)에서 주장하는 것처럼, 이 본문에서 "우리" / "너희"는 "나, 유대동료들과 함께 하는 바울을 의미하지 다른 사람을 의미하지 않는다. 거기에 있는 '우리'를 우리 이방인들에게 적용하는 것은 전적으로 잘못된 것이다."[13]

둘째, 큄멜(W. G. Kümmel)이 자신의 책 『로마서 7장과 바울의 회심』 (Römer 7 und die Bekehrung des Paulus, 1929)에서 주장한 것처럼 로마서 7장은 바울이 율법을 범함에 대하여 양심적으로 분노하고 있음을 보여주는 것이 아니다. 오히려 바울은 율법 자체가 죄라는 주장에 반대하면서 율법을 변호하고, 율법의 거룩함과 선함을 변호한다. 이 본문은 "양심의 완전한 가책"이 아니라 "자아의 무죄선언"이다. 이것을 뒷받침하기 위하여 스텐달은 다음과 같은 말을 인용한다. "만일 내가 원하지 아니하는 것을 하면 이를 행하는 자는 내가 아니요 내 속에 거하는 죄니라"(20절), "내 속사람으로는 하나님의 법을 즐거워하되"(22절), "내 자신이 마음으로는 하나님의 법을 육신으로는 죄의 법을 섬기노라"(25절). 스텐달은 "유대인과 이방인 가운데 있는 바울"에서 로마서 7장을 다음과 같이 도전적으로 요약한다.

따라서 바울은 죄에 대하여 책임을 느끼지 않는다. 그는 하나님

---
12. Ibid., 86.
13. Stendahl, "Paul Among Jews and Gentiles," 23.

편에 있다! 그는 본문으로부터 "개신교적/청교도적인 짜릿한 흥분을 전혀 맛보고 있지 않다. 그는 자서전적이거나 실존주의적인 접근을 하고 있지도 않다. 그는 단지 스토아주의나 다른 고대 철학에서 알려진 논증을 써서 자신이 하나님 편에 있는 것과 그 자아가 율법은 선하다고 인정하는 것을 보여줄 뿐이다. 이 점은 분명히 편지의 중심점이 아니다."[14]

이렇게 전통적인 바울 본문의 이해와 결별함으로 바울의 비평적 연구에서 패러다임의 전환이 일어났다.

2. "유대인과 이방인 가운데 있는 바울"

앞의 논문에서 스텐달은 바울에게 "건전한 양심"이 있다는 논의를 시험적으로 전개시켰다. 스텐달은 상호배타적인 양극 방법("거짓 이분법"이라고 할 수 있다)으로 사도 바울의 삶과 가르침을 실용적으로 제시한다. 첫째, 로마서에서 바울의 최고 관심은 "유대인과 이방인의 관계이고 이 관심을 전개하면서 그는 논의 가운데 하나로 이신칭의 사상을 사용하였다."[15] 이러한 언급은 모든 신약학자들이 전에 보았던 질서를 실제적으로 바꾸어 놓았다. 이 점을 설명하면서 스텐달은 바울의 관심은 두 제도(기독교와 유대교)에 있는 것이 아니라 "하나님의 신비로운 계획에 있는 두 공동체와 공존"에 있음을 강조한다.[16]

---

14. Ibid., 28.
15. Ibid., 3.
16. Ibid., 4.

둘째, 바울은 소명을 경험했지 회심을 경험한 것이 아니다.[17] 스텐달은 관련구절을 통해 볼 때(행 9장, 22장, 26장; 갈 1장) 바울이 개종을 경험한 증거가 없다고 논증한다. 사도행전 9장에서 바울은 하나님이 "택한 나의 그릇"(9:15)이 될 것이라고 한다. 이 사건은 예레미야 1:5과 이사야 49:1에 있는 선지자의 소명언어를 생각나게 한다. 그러나 이 사건이 "한 종교에서 다른 종교로 회심한"[18] 사건이라는 것을 암시해 주지는 않는다. 더욱이 바울은 하나님의 이름을 "이방인과 임금들과 이스라엘 자손들에게 전하기 위하여"(행 9:15) 부름을 받았다. 사도행전 22장에도 같은 말이 있다. "우리 조상들의 하나님이 너를 택하여 너로 하여금 자기 뜻을 알게 하시며 그 의인을 보게 하시고 그 입에서 나오는 음성을 듣게 하셨으니 네가 그를 위하여 모든 사람 앞에서 네가 보고 들은 것에 증인이 되리라"(행 22:14-15). 하나님은 바울에게 직접 말씀하셨다. "떠나가라 내가 너를 멀리 이방인에게로 보내리라"(행 22:21).

바울은 사도행전 26장에서도 이와 비슷하게 논증한다. "일어나 너의 발로 서라 내가 네게 나타난 것은 곧 네가 나를 본 일과 장차 내가 네게 나타날 일에 너로 종과 증인을 삼으려 함이니 이스라엘과 이방인들에게서 내가 너를 구원하여 그들에게 보내어 그 눈을 뜨게 하여 어둠에서 빛으로, 사탄의 권세에서 하나님께로 돌아오게 하고 죄 사함과 나를 믿어 거룩하게 된 무리 가운데서 기업을 얻게 하리라 하더이다"(16-18절). 스텐달은 이 본문의 구원론적 중요성을 간과하고서 다시 한 번 더 예언적인 본문만을(겔 1:28; 2:1, 3; 렘 1:7), 즉 "소경의 눈이 밝아지는 것"과 이방인들에게 가는 "구원"과 같이 이사야의 예

---

17. Ibid., 7-22.
18. Ibid., 9.

언에 있는 다른 병행구절들이 밝히는 것만을 이해한다. 갈라디아서 1:11-17은 어떠한가? 스텐달은 바울의 설명으로 선지자 소명 내러티브의 언어를 다시 한 번 보게 된다(사 49:1; 렘 1:5).

바울은 회심을 경험하지 않았고, 히브리 선지자들의 직분에 대한 소명을 경험했다고 스텐달은 논증한다. 바울은 "하나님과 그리스도의 메시지를 이방인에게 전하라는 선지자들의 모델을 따라서 하나님이 따로 정하셨음을 느꼈다."[19] 더욱이 바울은 이러한 일이 있기 전에도 그리고 그 후에도 "한 분이신 같은 하나님을 섬겼다." 신약 모든 내러티브에서 강조하는 것은 그가 "하나님의 메시지를 이방인들에게 전하는 임무"[20]이다.

> 전환을 이렇게 설명한다. [바울이] 부르심을 받아서 자기 사명을 새롭게 이해한다. 즉 이방인에게 방해가 되는 율법을 새롭게 이해한다. 그의 사역은 이방인들이 율법을 거칠 필요 없이 하나님의 백성이 된다는 특별한 확신에 근거한다. 이것은 바울의 신비한 계시이자 지식이다.[21]

그러므로 강조점은 사도의 파송이다. 고전적으로 생각하건대 회심에 대한 고려가 스텐달이 이 본문을 읽는 데 있어서 들어가 있지 않다.

바울이 전통적인 의미에서 회심하지 않았다는 주장을 강조하기 위하여 스텐달은 바울의 다메섹 도상 경험 이전과 이후 그의 삶을 바울이 평가하는 본문을 분석한다. 빌립보서 3:5-9에서 바울은 "전에 유익하던 것"을 언급하면서, "그리스도를 아는 지식"과 그와 **관련된 것**

---

19. Ibid., 8.
20. Ibid., 7.
21. Ibid., 8.

만이 가치 있음을 말하고 있다.²² 그는 **본질적인** 단점에 대하여는 말하고 있지 않다. 바울은 "율법의 의로는 흠이 없는 자라"고 빌립보서 3:6에서 말한다. 따라서 바울은 유대교에서 자신의 삶에 대하여 "고민이나 문제나 양심의 갈등이나 부족한 점"이 없었다. 그는 "매우 행복하고 성공적인 유대인"²³이었다.

고린도전서 15:9에 대하여("나는 사도 중에 지극히 작은 자라 내가 하나님의 교회를 핍박하였으므로 사도라 칭함을 받기에 감당치 못할 자로라") 스텐달은 "과거의 영광으로 인하여 교회의 핍박자가 되었다는 사실 때문에 바울이 소명을 받은 후에 후회하게 되었으나 그 부르심에 앞선 어떤 후회나 의심에 대한 암시는 없다"²⁴라고 말한다. 그의 양심은 건강했다. "유대인인 바울이 율법의 요구라고 이해한 것을 성취한다는 점에서 바울에게 어려움이 있었다는 어떠한 암시도 바울서신에는 없다."²⁵

바울이 건강한 그리스도인의 양심이 있었다는 점을 변호하면서 스텐달은 세 가지 본문을 다룬다. 첫째, 고린도후서 5:10-11에 대하여²⁶ 스텐달은 다음과 같이 평한다. "이 본문은 매우 합당하게 들리지 않는다. 이 본문은 그가 의인이면서 죄인이라는(simul justus et peccator) 사실을 알고 있는 사람처럼 들리지 않는다. 그래서 바울이 죄로 고통을 당했다고 생각한다면, 본문을 읽어가며 뭔가 삐딱한 느낌이 들 것이다."²⁷

---

22. Ibid., 8-9.
23. Ibid., 12-13.
24. Ibid., 13.
25. Ibid.
26. "이는 우리가 다 반드시 그리스도의 심판대 앞에 드러나 각각 선악간에 그 몸으로 행한 것을 따라 받으려 함이라 우리가 주의 두려우심을 알므로 사람을 권하노니 우리가 하나님 앞에 알리워졌고 또 너희의 양심에도 알리워졌기를 바라노라."
27. Stendahl, "Paul Among Jews and Gentiles," 14.

둘째, 고린도전서 4:1-5에 대하여[28] 스텐달은 바울이 "건전한 양심"이 있다는 것을 이러한 본문이 스스로 증명한다고 주장한다.[29] 셋째, 스텐달은 고린도전서 15:10("내가 모든 사도보다 더 많이 수고하였으나")에 있는 바울의 언급을 가지고서 바울이 사도로서 수고하는 것은 박해라고 하는 이전 죄에 대하여 만회하는 것이라고 믿는 증거로 본다.[30] 바울은 물론 "내가 한 것이 아니요 오직 나와 함께 하신 하나님의 은혜로라"(10절)고 인정했지만, 그렇다 하더라도 "바울은 구체적으로 말하고 있는 바로 그 죄에 대하여 만회하는 것임을 확신한다."[31] 스텐달에게는 자기 속죄를 위한 일과 같은 항목이 있다. 만일 어떤 죄에 대하여 알았다면 (아마도 알려고 하지도 않고 알지도 못했다고 하면) 하나님의 은혜에 힘입어 어떤 종교적인 활동으로써 만회할 수 있다. 부수적으로 샌더스의 랍비 유대교(4장) 설명을 보면 샌더스가 인용한 유대교의 자료를 자세하게 살펴볼 수 있다.

스텐달의 논문에서 제기된 셋째 극단성은, 바울이 가르친 것은 칭의교리이지 용서교리가 아니었다는 것이다.[32] 스텐달의 칭의 논의를 통해 분명해진 것은 케제만이 불트만의 인간중심주의와 대립한다는 점이다(비록 케제만이 칭의는 집단적이면서 개인 중심적이라고 역설적으로 둘 다 주장했어도 말이다).

---

28. "사람이 마땅히 우리를 그리스도의 일꾼이요 하나님의 비밀을 맡은 자로 여길지어다 그리고 맡은 자들에게 구할 것은 충성이니라 너희에게나 다른 사람에게나 판단 받는 것이 내게는 매우 작은 일이라 나도 나를 판단하지 아니하노니 내가 자책할 아무 것도 깨닫지 못하나 이로 말미암아 의롭다 함을 얻지 못하노라 다만 나를 심판하실 이는 주시니라 그러므로 때가 이르기 전 곧 주께서 오시기까지 아무 것도 판단하지 말라 그가 어둠에 감추인 것들을 드러내고 마음의 뜻을 나타내시리니 그때에 각 사람에게 하나님으로부터 칭찬이 있으리라."

29. Stendahl, "Paul Among Jews and Gentiles," 15.
30. Ibid., 14.
31. Ibid.
32. Ibid., 23-40.

루돌프 불트만의 모든 신학적인 과업에는 한 가지 큰 오류가 있고, 이 오류로부터 다른 모든 것이 파생되어 있다. 즉 근본적으로 무게중심(모든 해석이 비롯되는 중심)이 인간론이라는 점을 당연하게 여기는 것이다. 그 주장이 사실 일리는 있으나 그렇다고 하면 그 주장 때문에 바울 사상의 관점이 분명히 손상되고 파괴될 것이다.[33]

스텐달은 바울에 대한 불트만의 이해를 반대하고 있음을 알 수 있다. 스텐달은 "용서"라는 말이 바울의 (진짜) 서신에는 없다고 말한다. 이러한 개념을 서구인이 강조하는 것은 그들의 "인간중심성과 심리적인 경향"[34]에서 왔다. 물론 그 말은 에베소서 1:7과 골로새서 1:14(구속 곧 죄사함)에 있으나 이 편지는 비-바울서신으로 분류된다. 이 편지들은 "바울의 전통에 서 있는 어떤 저자"[35]가 바울의 이름으로 쓴 것이다. 바울은 "죄 용서한다"라는 말을 구약을 인용하는 경우에 사용하기 때문이다(시편 32편 가운데 일부인 "불법이 사함을 받고 죄가 가려짐을 받는 사람들은 복이 있고"를 로마서 4:7에서 인용한다). 이 본문에 대한 바울의 진정한 관심은 의이다. 로마서 4:9에서 의를 논의하는 것처럼 말이다.[36]

현대 독자가 비슷하게 죄용서에 집착하는 것은 "하나님이나 창조의 종말보다도 우리 자신에게 더욱 관심이 있다는"[37] 증거이다. 그렇

---

33. Ibid., 24-25.
34. Ibid., 25.
35. Ibid., 23-24.
36. Ibid., 24-25. 로마서 4:9에서 바울은 창세기 15:6(또 다른 구약 본문)을 인용하여서 로마서 4장에서 바울의 논중의 중심이라고 스텐달이 정확하게 이해한 주제("의")를 소개한다. 이는 로마서 4:7에서 시편 32편을 인용하는 것이 그 논중에 흔히 있을 수 있다는 것을 강조하는 점에서 스텐달의 일관성 없는 모순을 드러내므로 그러한 사실은 결론이 내려질 수 있다.
37. Stendahl, "Paul Among Jews and Gentiles," 24.

게 함으로써 바울에게서 우리 자신을 제거하게 된다.

스텐달이 연구한대로 "칭의"라는 말은 로마서와 갈라디아서에서 주로 나온다. "행함이 아니라 믿음으로 의롭다 하심을 얻는다"는 말은 로마서와 갈라디아서에만 등장한다. 두 편지 모두 유대인/이방인의 문제에 주안점이 있다. 더욱이 바울은 칭의를 유대인/이방인 문제와 분명하게 연관시킨다. 로마서 1:16-17과[38] 로마서 3:28-29을 보라.[39] 바울의 칭의에 대하여 스텐달은 이 칭의가 "바울의 널리 퍼지고 조직적인 원리나 식견"이 아니라 칭의에는 "그의 사상에서 매우 특별한 기능을 한다"라고[40] 강조한다. 달리 말하면 칭의론은 "하나님 나라에서 이방인의 위치를 변호하는 방법에 대한 문제, 즉 부름을 받았을 때 그에게 부여된 임무를 해결하려는 바울의 신학적 정신에서 비롯된다."[41] 슈바이처가 주장했던 바대로 스텐달은 바울 사상에서 칭의의 역할이 1차적으로 논쟁적이라는 점에 동의하고 있다.

스텐달은 로마서의 수사학적 구조가 바울의 칭의에 대한 그의 논증을 지지한다고 주장한다. 로마서에서 9-11장은 로마서의 중심을 이루고 있다.[42] 로마서 1-8장은 9-11장의 서문이다. 스텐달은 이 서문의 의미를 다음과 같이 설명한다.

---

38. "내가 복음을 부끄러워하지 아니하노니 이 복음은 모든 믿는 자에게 구원을 주시는 하나님의 능력이 됨이라 먼저는 유대인에게요 그리고 헬라인에게로다 복음에는 하나님의 의가 나타나서 믿음으로 믿음에 이르게 하나니 기록된 바 오직 의인은 믿음으로 말미암아 살리라 함과 같으니라."

39. "그러므로 사람이 의롭다 하심을 얻는 것은 율법의 행위에 있지 않고 믿음으로 되는 줄 우리가 인정하노라 하나님은 다만 유대인의 하나님이시냐 또한 이방인의 하나님은 아니시냐 진실로 이방인의 하나님도 되시느니라."

40. Ibid., 27.

41. Ibid.

42. "로마서에서의 진짜 무게중심은 9-11장이다. 이 장들은 바울에게 계시된 신비인 유대인과 이방인들의 관계에 대한 것이다. 로마서 11:25과 갈라디아서 1:12; cf. 로마서 16:25," (ibid., 28).

칭의는 믿음으로 얻는 것이기 때문에 유대인이나 이방인이나 모두 그리스도에게 나아가는 방법은 똑같다. 이 서문에서 그는 사람이 어떻게 구원을 받는지, 즉 행위나 율법으로든지 아니면 어떤 다른 방법을 통해서 받는지에 대하여는 다루고 있지 않다. 그는 아브라함을 최고의 예로 말하는 성경에서 유대인과 이방인 교회의 기초가 이미 제시되어 있음을 매우 지적이고 강력한 신학적 방법으로 지적하고 있을 뿐이다(창 15:6, 롬 4:3에서 인용). 로마서 1-8장에서 이방인과 유대인 모두 똑같이 죄가 있지만(롬 3:9 ff.) 또한 똑같이 칭의를 통하여 구원받을 수 있다(롬 3:21-30).[43]

바울이 로마서 1-3장에서 이런 방법을 주장하는 것은 인간 심리학의 통찰력 때문이 아니라 메시아가 죄로 가득 찬 세대에 오시는 것을 믿었던 유대묵시문학의 특징을 이용하기 때문이다.[44] 스텐달이 여기에서 쓰는 논증을 다음과 같이 제시할 수 있다. 메시아가 오셨기 때문에 세상에 죄가 있음을 안다. 바울은 해결(그리스도의 오심)에서 곤궁(보편적인 죄)으로 간다고 주장하여서 스텐달은 자신의 바울 읽기와 새 관점의 바울 읽기로 인하여 중심적으로 직면하게 될 것들을 예상한다.

그래서 스텐달에 따르면 바울이 의미하는 "의"와 "칭의"는 무엇인가? 그는 이 용어를 규정하려면 히브리 배경으로 가야 한다고 주장한다. 그렇게 하면 하나님의 의는 자기 백성에 대한 하나님의 선포를 지시함을 알 수 있다. 한마디로 의는 "구원, 구조, 승리"[45]를 의미한다. "하나님의 백성으로서 [그들의] 정체성을 절대적으로 확신하는

---

43. Ibid., 29.
44. Ibid., 30.
45. Ibid., 34.

방식으로"⁴⁶ 하나님의 의를 찬양한다. 따라서 "하나님의 의를 조금이라도 드러내면 이 백성이 높임을 받고 승리하게 되고 그의 적들은 패배하게 된다는 것을 의미한다."⁴⁷ 바울에게서 의라는 단어는 분명히 본질상 비도덕적이고 초점상 관계적이다. 스텐달은 의가 교회론적 용어라는 것을 제외하면 칭의에 대하여 거의 긍정적으로 말하지 않는다. 바울에 따르면 그 용어는 하나님이 같은 조건으로 하나님의 백성 안에 유대인과 이방인을 포함시키시는 장치이다. 그는 이 문제에 대하여 쿰란문서와 유사점을 비교한다.

> 공동체와 그 지도자에게 충성하는 자들은 분명하게 말하면 구원받을 수 있는 자들이다. 쿰란에서 새 언약 공동체와 의의 선생에 대한 충성은 결정적이다. 비슷한 방법으로 초대교회는 구원의 열쇠로 예수 그리스도와 그의 메시아적 공동체에 대한 충성을 바쳤다.⁴⁸

이러한 제2성전 유대교의 배경으로 보면 바울의 칭의는 교회론적 용어로 설명될 수 있다.

"유대인과 이방인 가운데 있는 바울"에서 스텐달이 다루는 넷째 극단성은 바울이 연약함에 대하여 가르쳤을 때 죄에 대하여 가르치지 않았다는 점이다.⁴⁹ 바울이 경험적으로 말할 때 연약함이라는 용어를 사용한다.⁵⁰ 연약함에 대한 바울의 관심은 본질적으로 비도덕적이다. 바울은 결코 연약함을 죄와 동일시하지 않는다.⁵¹ 또한 연약함은 인

---

46. Ibid., 31.
47. Ibid.
48. Ibid., 33.
49. Ibid., 40-52.
50. Ibid., 52.
51. Ibid., 44.

간학적으로도 도덕적인 것이 아니다. 이 용어는 "인간 내면, 즉 순종이나 거룩함이나 도덕적인 힘이나 성과에서 오지 않고 인간 외면에서 온다. 즉 그것은 사탄이 괴롭히는 것이고 적이 주는 고통이다."[52] 하지만 그는 로마서 5:6("우리가 아직 연약할 때에 기약대로 그리스도께서 경건하지 않은 자를 위하여 죽으셨도다")이 예외일 수 있음을 인정한다.[53]

이 논문에 나타난 또 다른 극단성은 바울이 사랑을 가르쳤지 온전함을 가르치지 않았다는 것이다.[54] 스텐달은 "교회나 윤리적 문제는 실제로 집단이나 공동체의 문제라고 말한다. 왜냐하면 기독교는 꽤나 분명하고 정확하게 따라야 할 원리가 아니라 함께 살면서 경험하는 것이기 때문이다. 이 경험은 나뉘지 않고서도 차이점을 인정하는 융통성으로 된다"[55]라고 말한다. 그는 다음과 같이 요약한다.

> **온전함 보다는 사랑**이라는 바울의 원리에 대한 다양한 설명들을 거쳐왔으니 이제는 그 원리를 다시 설명하고 다듬을 준비가 되어 있다. 사랑은 자신의 온전함을 주장함으로써 공동체의 연합을 희생하지 않는다…사랑은 다른 사람의 온전함을 온전히 존중하며 내 자신의 온전함의 이름으로 그 온전함을 내 방식으로 이루려는 내 열정이라는 불화를 극복하게 한다.[56]

예를 들면, 슈바이처와 같이 스텐달도 "몸을 분별한다"(고전 11:29)는 바울의 용어가 "교회공동체를 인정하는"[57] 의미로 간주하고 있음

---

52. Ibid., 50-51.
53. Ibid., 47ff.
54. Ibid., 52-67.
55. Ibid., 66.
56. Ibid., 67.
57. Ibid., 66.

을 주의해야 한다. 그러므로 바울의 윤리는 칭의의 경우와 마찬가지로 객관적인 표준(죄, 정의)을 강조하지 않고 공동체의 조화라는 점에 초점을 둔 윤리이다. 이러한 결과는 바울 사상의 중심이 이방인을 하나님의 백성으로 포함시키는 것이라는 스텐달의 중심사상에서 온다. 나중에 N. T. 라이트나 그가 이해한 바울 윤리개념을 살펴보면, 스텐달의 바울 윤리개념이 반향되고 있음을 알 수 있을 것이다.

3. 요약

더 최근의 새 관점 지지자들의 견해를 준비하면서 결론적으로 말한 것을 정리해 본다.

- 스텐달에 따르면 바울은 결코 (개인적으로나 집단적으로) 개종에 관심을 두지 않았다. 오히려 바울의 사역은 하나님이 메시아를 유대인이나 이방인에게 선포하라고 주신 그의 소명을 따르는 것이었다. 그러므로 바울은 유대교에 대하여 구원론적으로 반대하지 않았다. 스텐달은 불트만이나 케제만과 달리 구약과 1세기 유대교와 바울에게 근본적인 연속성이 있음을 전제한다.
- 어거스틴과 루터가 주장한 것과는 달리 바울은 유대인으로서 또는 기독교인으로서 결코 양심의 고통을 당하지 않았다. 이와는 반대로 그에게는 건전한 양심이 있었다. 사도로서 열심히 일함으로 유대교에 있을 때 교회를 핍박한 것을 만회할 수 있다고 믿을 정도까지 말이다 (고전 15:10).
- 바울 사상은 (종교개혁적 루터파의 의미에서 또는 불트만적 루터파의 의미

에서도) 인간중심적이지 않고 근본적으로 유대인/이방인 문제에 관심이 있다. 따라서 로마서의 중심은 로마서 9-11장이지 1-8장이 아니다. 로마서 구조에서 로마서 1-8장의 목적에 대한 스텐달의 설명을 상기할 필요가 있다. 로마서 1-8장은 "서문이다. 서문에서 바울은 칭의가 믿음으로 되기 때문에 유대인이나 이방인이 모두 그리스도에게 가는 것은 똑같이 가능하다고 주장한다. 이 서문에서 그는 사람이 어떻게 구원을 받는지, 즉 행위나 율법으로든지 아니면 다른 방법으로든지 다루고 있지 않다."[58]

- 바울의 이신칭의 교리는 논쟁적인 교리이다. 바울 사상의 중심이 아니다.

- 바울의 칭의교리는 본질상 구원론적이 아니라 교회론적이다. 바울은 죄나 다른 어떤 도덕적 문제에 관심이 있지 않고 하나님이 유대인과 이방인을 한 백성이 되게 하시는 일에서 승리하심을 보여주는 데 역점을 두고 있다. 믿음의 역할은 수단이 되어서 "교회가 스스로 하나님에게 속해 있음을 알고, 교회의 적이 하나님의 적임을 아는 것이다."[59] 칭의교리는 이방인이 하나님의 백성이 됨을 어떻게 증명할 수 있는가라는 유대인/이방인 문제를 다루면서 분명하게 형성되었다. 따라서 칭의는 바울의 사명과 관련하여 독특한 상황에서 비롯되었다. 또한 칭의는 (초월적이고 객관적인 도덕기준이 아니라) 공동체의 결속에 초점을 둔 독특한 윤리학과 관련이 있다.

- 그렇다면 왜 바울은 로마서 1-3장에서 도덕적인 언어를 쓰고 있는가? 그 이유는 바울이 해결에서 곤궁으로 논리를 전개하기 때

---

58. Ibid., 29.
59. Ibid., 34.

문이다. 인간의 보편적 죄악에 대한 바울의 언급은 유대교 유산의 산물이다. 바울의 언급은 만일 메시아가 온다면 세상은 죄로 가득 찼음에 틀림없다는 앞선 믿음에서 온 것이다. 스텐달은 그러한 언급이 죄로 인한 아담과의 결속이나 인간의 상태에 대한 경험적 평가에 근거하고 있다고 주장하지 않는다.

Justification and the New Perspective on
PAUL

CHAPTER **4**

근원으로?:
유대교에 대한 샌더스의 입장

이 장과 다음 장은 E. P. 샌더스에게로 관심을 향할 것이다. 모두가 인정하듯이 그는 새 관점에서 뿐만 아니라 바울연구에서도 중추적인 인물이다. 샌더스는 특별히 우리가 연구하는 내용과 연관된 책을 세 권 출간했다. 샌더스의 대표작은 『바울과 팔레스타인 유대교』(*Paul and Palestine Judaism*)이다. 이 책은 1970년대 중반에 쓰여져 1977년에 출판되었다.[1] 바울신학에 대한 논의가 부족하다고 느낀 샌더스는 그 주제에 대한 자신의 생각을 『바울, 율법, 유대인』(*Paul, the Law, and the Jewish People*, 1983)에서 발전시켰다.[2] 고대 유대교에 대하여 비논쟁적이면서 깊게 연구한 『유대교: 관습과 믿음』(*Judaism:*

---

1. E. P. Sanders, *Paul and Palestinian Judaism: A Comparison of Patterns of Religion* (Philadelphia: Fortress, 1977).

2. E. P. Sanders, *Paul, Law, and the Jewish People* (Philadelphia: Fortress, 1983).

Practice and Belief)은 1992년에 출판되었다.³

샌더스가 근본적으로 새로운 한 가지 관점만을 주장하지는 않는다고 본다. 그의 천재성은 자기보다 앞서서 바울 해석에 대한 많은 다양한 입장을 종합하고 고대 유대교와 관련된 원자료를 새롭게 읽은 것에 근거한 사례를 제시하는 데 있다. 이 장에서는 그가 유대교에 대하여 연구한 것, 예컨대 왜 그 연구가 중요한지, 그가 내린 결론은 무엇인지를 살펴볼 것이다. 다음 장에서는 바울과 랍비 유대교를 읽은 것에 비추어서 그가 바울을 다시 읽는 방법에 대한 연구를 살펴볼 것이다.

1. 배경: 방법의 문제

모든 20세기 신약학자들에게 바울 시대의 유대교는 2차 자료 몇 개만을 통하여 전달되었다고 앞서 살펴보았다.⁴ 샌더스는 『바울과 팔레스타인 유대교』에서 이전의 학문을 신랄하게 비판하며, 만신전에 대한 고대 유대교의 업적은 곡해되고 부정확하다며 반론하였다.

샌더스는 자료를 어떻게 해석할 것인가 하는 질문에 대한 책들과도 의견을 달리할 뿐만 아니라 새로운 방법론을 제안한다. 과거 학문

---

3. E. P. Sanders, *Judaism: Practice and Belief 63 B.C.E.-66 C.E.* (London: S.C.M. Press/Philadelphia: Trinity Press International, 1992).
4. Wilhelm Bousset, *Die Religion des Judentums im Newtestamentlichen Zeitalter* (Berlin: 1903); H. Strack and P. Billerbeck, Kommentar zum Neuen Testament *aus Talmud und Midrasch, 4 vols.* (Munich: C. H. Beck, 1992-28); Joachim Jeremias, *Jerusalem in the Time of Jesus*, translated from the 3d German ed. (Philadelphia: Fortress, 1969); Emil Schürer, *The History of the Jewish People in the Time of Jesus Christ*, rev. and ed. Geza Vermes, Fergus Millar, and Matin Goodman, 3 vols. (Edinburgh: T & T Clark, 1973-1987).

이 "축소된 본질"(믿음 vs 행위, 자유 vs 율법, 영적 종교 vs 물질적/상업적 종교)이나 "개인적인 모티브"에 머물러 관심영역이 좁았다고 샌더스는 특별히 비난한다.[5] 이 말은 부분적으로는 랍비들의 자료에서 조직신학을 만들어 내려는 의도에서 나온다. 마치 "모든 시기에 통하는 한 가지 조직신학이 있었던 것"처럼 말이다.[6]

한 유형이나 종교와 다른 제도를 통전적으로 비교하는 것이 필요하다고 샌더스는 주장한다. 이러한 방법은 오용되는 것을 최소한으로 할 수 있다. 샌더스가 제안한 방법은 두 가지 질문에 초점을 두어서 종교가 어떤 역할을 하고 있는지 연구한다. 즉 구원받은 이들의 공동체에 어떻게 **들어가느냐** 하는 것과 어떻게 **머무느냐** 하는 것이다. 샌더스의 유형은 분명히 구원론이 아니다. 왜냐하면 그 유형이 예를 들면, 사후문제나 원죄문제처럼 유대교가 비교적 관심을 갖지 않았다고 샌더스가 말한 다른 문제들을 다루고 있지 않기 때문이다. 그 유형이 강조하는 것은 종교와 종교생활이 어떻게 **작용했는지**, 그 종교가 어떻게 **역할했는지**라고 샌더스는 말하고 있다. 달리 말하면 기능을 고려하려는 관심에서부터 종교의 "공통적인 유형"이 그 자료에서 나올 것이다.[7]

또한 샌더스는 어떤 체계에 대한 중요한 질문에서는 체계적인 정밀성을 기대해서는 안 되고, 체계는 다만 종교의 근본적인 측면을 제기하는 것이지 **종교의 근본적인 측면을 다루지 않는다**고 주장한다(이 논의의 중요성은 뒤에서 밝혀질 것이다). 샌더스에 따르면 이러한 현상은 문헌의 다양한 특성 때문이다. 랍비 문헌은 수백 명 선생들의 의견을

---

5. Sanders, *Paul and Palestinian Judaism*, 12.
6. Ibid., 69.
7. Ibid., 69-70.

모은 것이어서 성격상 교리적이지 않다. 교회회의가 이루려고 하는 정도의 개념 정의를 내리려고 하지도 않는다. 하지만 뒤에서 살펴보려는 비평을 예상하기 위해서는 어떤 쟁점(하나님이 이스라엘을 선택하셨다는 것)에 대한 랍비의 견해가 동질성은 있지만, 다른 쟁점(하나님이 이스라엘을 선택하신 **이유**)에 대한 랍비의 견해가 다양성이 있다는 것은 샌더스가 이해하지 못하고 있다는 점에서 의미가 있다.

끝으로 고대 유대교에 대하여 샌더스가 학문 방법론적으로 공헌한 것은 유대교의 유형을 주전 200년과 주후 200년 사이의 자료로부터 구성한 점이다. 그 유형은 넓게 세 가지 범주의 자료에 집중한다. 타나임(Tannaim) 문헌, 사해사본(Dead Sea Scrolls), 묵시문학(Apocrypha)과 위경(Pseudepigrapha)이다. 신약학자들은 전에는 탈무드문헌(Talmud, 연대가 후기 고전보다 앞서지 않음)이 예수님과 바울 당시의 유대교의 신앙과 생활을 정확하게 나타낸다고 생각했다. 제이콥 누스너(Jacob Neusner)의 책 『주후 70년 이전 바리새인들에 대한 랍비들의 전통』(*The Rabbinic Traditions about the Pharisees Before 70*)으로 인하여 많은 학자들이 팔레스타인 탈무드와 바벨론 탈무드에서 무비평적으로 명제들을 꺼내어 70년대 이전 유대교의 그림을 구성하였는데, 이것은 잘못된 것이라고 확신하게 되었다.[8]

샌더스는 이에 동의한다.[9] 샌더스는 바리새파 유대교와 랍비 유대교의 연속성을 부정하지 않지만(유대교에 대한 일부 회의적인 학자들이 부정하는 것과는 달리) 회의적인 학자들과 같이 생각하지 않는다. 그가 랍비들의 자료에서 바리새인들의 그림을 구성하려고 시도할 때 **타나임**

---

8. *The Rabbinic Tradition about the Pharisees Before 70*, 3 vols. (Leiden, The Netherlands: Brill, 1971).
9. Sanders, *Paul and Palestinian Judaism*, 63

(반복자)이라는 도서에 한정하였다. 이 도서들은 랍비 문헌의 가장 초기의 단층을 보여주고 있다. 타나임의 도서들 가운데 일부는 1세기까지 거슬러 올라가는데, 여기에는 미쉬나(Mishnah), 토세프타(Tosefta), 타나임 또는 **할라카 미드라쉼**(halakhic midrashim)이 있다. 따라서 유대교 연구에서 혁명적인 자료들이 있는 셈이다. 유대교의 특징을 구성하기 위하여 썼던 많은 랍비 자료들은 이제 노이스너, 샌더스 그리고 다른 유대교 연구 학자들로 인하여 제외되고 있다.

2. 본질의 질문

샌더스는 본질에 근거하여 고대 유대교의 전통적인(즉, 자유주의적 개신교) 재구성을 주로 반대하였다. 그는 당시에 유대교를 종교의 유형으로써 광범위하게 특징짓는 것은 8가지 요소로 이루어진 "언약적 신율주의"라는 것이었다고 주장하였다.[10]

(1) 하나님은 이스라엘을 선택하시고 (2) 율법을 주셨다. 율법은 (3) 택한 자들을 보호하신다는 하나님의 약속과 (4) 순종의 의무가 함의되어 있다. (5) 하나님은 순종에 보답하시고, 죄를 벌하신다. (6) 율법에는 속죄의 수단이 있다. 이 속죄의 결과는 (7) 언약적인 관계를 유지하거나 재설정하는 것이다. (8) 순종과 속죄와 하나님의 자비로 언약에 머무는 자들은 구원받을 자들이다. 처음 요소와 마지막 요소 해석이 중요한 것은 선택과 궁극적인 구원이 인간의 성취라기보다는 하나님의 은혜라는 점이다.

---

10. Ibid., 422.

이러한 보편적인 유형의 관점에서 볼 때, 샌더스는 고대 유대교 자체의 자료를 근거로 하여 고대 유대교는 행위로 인한 의의 종교가 아니라고 말한다. 이하에서 바울이 가장 친숙했고 잘 알았던 유대교의 한 지류인 타나임 문헌의 관점에서 이 주장들을 살펴볼 것이다. 선택, 순종, 언약의 일원이 됨으로 인한 구원, 속죄에 대하여 샌더스가 이 책에서 가져온 증거들을 고려해 볼 것이다.

1) 선택

샌더스는 선택이 일반적으로 "선택받은 자들에게서 1차적 원인이 없는 전적인 은혜"라고 생각되었다고 주장한다.[11] 그렇지만 랍비는 "하나님이 이스라엘을 선택하신 이유" 세 가지를 제시하였다.[12] 첫째, 하나님은 "언약을 모든 이들에게 주셨다고" 간주하였다.[13] 이러한 믿음은 시내산이 이스라엘의 지정학적 영역에 있지 않기 때문에 언약은 이스라엘 외에 다른 모든 민족에게 주어졌음에 틀림없다는 랍비들의 고찰로 야기되었다.

> **그들은 광야에 진을 쳤다**(출 19:2b). 토라는 공개적으로 자유로운 공간에서 주어졌다. 왜냐하면 토라가 이스라엘 땅에서 주어졌다면 이스라엘인들은 세상 민족에게 다음과 같이 말할 수도 있었을 것이다. "너희들은 토라에 동참할 수 없다." 그러나 토라가 모든 사람에게 자유로운 장소의 광야에서 공개적으로 주어졌기 때문에 토라를

---

11. Ibid., 87.
12. Ibid., 88ff.
13. Ibid., 87.

받으려고 하는 자는 누구든지 가서 토라를 받을 수 있다.[14]

비록 하나님은 모든 민족에게 언약을 제공하시지만 "이스라엘만이 그 언약을 받았다"고 랍비는 주장했다.[15]

또 다른 해석은 이것이다. "그가 일렀으되 여호와께서 시내산에서 오시고"(신 33:2). 찬송 받으실 거룩한 자가 자신을 계시하셔서 토라를 이스라엘에게 주셨을 때 그는 자신을 이스라엘에게만 계시하시지 않고 모든 민족에게 계시하셨다. 그가 에서의 자손들에게 먼저 오셔서 "너는 토라를 받는다"고 말하였다. 그들은 그에게 "토라에 뭐라고 쓰여 있습니까?"라고 말한다. 그는 "살인하지 말라"고 대답했다. 그가 살인한 것은 그들 조상의 본성이었다고 그들은 대답했다(창 27장을 언급함).[16]

하나님이 이스라엘을 택하신 둘째 이유는 "족장들에게서, 출애굽 세대에게서 또는 미래의 순종의 조건에서 발견된 어떤 장점 때문이었다."[17] 다음 두 랍비의 토론에서 선택의 이러한 근거 두 가지를 각각 시사하고 있다.

같은 달 14일까지 그것을 간직하라. 왜 성경은 유월절 양을 잡기 4일 전에 사도록 요구했는가? 체레쉬(Cheresh)의 아들 마티나(R. Matina)는 다음과 같이 말하곤 했다. "내가 네 곁으로 지나며 보니 네 때가 사랑스러운 때라"(겔 16:8). 이 말은 찬양받으실 거룩하신 이가 아브라함에게 자녀를 주시겠다는 맹세를 성취할 시간이 이르렀다는

---

14. Ibid., 88-89, *Mekita Bachodesh*에서 인용.
15. Ibid., 87.
16. Ibid., 88, *Sifre Deuternomy* 343에서 인용.
17. Ibid., 87.

뜻이다. 그러나 구속을 효과 있게 할 종교적인 의무가 아직까지 없었다. "유방이 뚜렷하고 네 머리털이 자랐으나 네가 오히려 벌거벗은 적신이더라"(겔 16:7)라고 말하는 것처럼 말이다. 이 말은 종교적인 행동이 필요 없다는 뜻이다. 그러므로 찬송을 받으실 거룩하신 이는 그들에게 두 가지 의무, 양의 제사의무와 할례의 의무를 주셨다. 그들은 구속이 가치 있기 위하여 이러한 의무를 행해야 한다. 이 이유 때문에 성경은 어린양을 도살하기 4일 전에 사도록 요구한다. 왜냐하면 그러한 행함이 없으면 아무도 보상을 받을 수 없기 때문이다. 엘리아잘 하 카파르(R. Eleazar ha Kappar)는 말한다. 이스라엘은 전 세계에서 더 이상 가치 없는 4가지 덕을 가지고 있지 않느냐? 그 덕은 의심 없이 순결에 관한 것이고, 소문 퍼트리는 것에 관한 것이다. 그 덕은 그들의 마음을 바꾸지 않았고 그들의 언어를 바꾸지 않았다.[18]

"가장 높으신 이가 열방에 기업을 주셨을 때", 찬송을 받으실 거룩하신 이가 토라를 이스라엘에게 주셨을 때에 그는 멈춰서 (미래를) 바라보았고 알았다…그리고 열방들 가운데 이스라엘 외에 토라를 받을만한 나라가 없어서 "그는 백성들의 한계를 정하셨다."[19]

셋째 이유는 "하나님이 이스라엘을 자기 이름을 위하여 선택하셨다"는 점이다.[20] 그럼에도 샌더스가 이 주장의 근거로 제시하는 본문은 이스라엘 선택의 배타적인 근거로써 하나님의 이름을 유지하지 못한다.

---

18. Ibid., 89, *Mek. Pischa* 5 (출 12:6)에서 인용
19. Ibid., 92, *Sifre Deuteronomy* 311에서 인용.
20. Ibid., 88.

제4장 | 근원으로?: 유대교에 대한 샌더스의 입장   81

갈릴리 사람 조스(R. Jose)는 말했다. "그리고 하나님이 말씀하셨다." 영광을 받으실 거룩하신 이는 모세에게 말씀하셨다. "이스라엘은 애굽에서 멸절될 만하다…왜냐하면 그들은 애굽의 우상을 [숭배하므로] 정결하지 못하기 때문이다…그러나 나의 거룩한 이름을 위하여 그리고 조상들의 공로 때문에 [내가 그들을 빼낼 것이다]. 기록된 것처럼 말이다." [출애굽기 2:24, 에스겔 20:9을 인용하면서… 조슈아(R. Joshua b. Karha)는 말했다. "그리고 하나님이 말씀하셨다." 찬양받으실 거룩하신 이가 말씀하셨다. "이스라엘은 내가 그들에게 만나를 광야에서 주어야 할만한 자격이 없었고 오히려 배고픔과 목마름과 벌거벗음을 받을 만하였다. 그러나 나는 그들에게 '그리고 그는 버터와 우유를 가져다가…[그들의 앞에 진설하고 나무 아래 모셔 서매]'(창 18:8)라고 말한 것처럼 섬기는 천사 앞에 '서서' 진설한 그들의 조상 아브라함의 상급을 주었다."[21]

하나님이 이스라엘을 선택하신 이유에 대한 랍비의 견해에 관한 샌더스의 연구를 살펴보자. 첫째, 앞에서 언급한 것처럼 샌더스가 앞의 셋째 이유에서 제시한 랍비의 견해("하나님이 이스라엘을 자기 이름을 위하여 선택하셨다")는 하나님이 자기 이름을 위하여만 선택하셨음을 증명하지 못한다. 오히려 하나님의 선택행위로 인하여 어떤 이스라엘인들의 선행을 끊임없이 생각하게 한다. 둘째, 샌더스에게 왜 이스라엘이 선택되었는지에 대한 견해가 심히 다양하게 보여진 이유는 "하나님의 선택이 우연이 아니라"는 랍비들의 열망에서 비롯되었다.[22]

셋째, 샌더스는 "하나님이 이스라엘을 선택하셨다는 확신의 중심

---
21. Ibid., 99, *Mek.* of R. Simeon b. Yohai (출 6:2)에서 인용
22. Ibid., 91.

적 위치를 하나님이 이스라엘을 선택하신 이유에 대한 쟁점으로부터 추론한다는 것을" 말함으로써 이러한 설명이 다양함의 의미를 설명한다.[23] 그들의 선행을 공로로 출애굽에서 하나님이 이스라엘을 구원하심에 대하여 언급하는 랍비 문헌의 본문은 "선택해야 하는 이유를 찾으려는" 시도이므로, 그 본문이 "하나님이 이스라엘을 선택하심을 체계적으로 설명하지는" 않기 때문에 공로를 함의하지 않는다.[24]

또한 샌더스는 "하나님이 과거에 이스라엘을 선택하신 이유가 무엇이든지 간에 선험적 기대는 다음 세대에서 언약이 효과가 있다는 점, 즉 하나님이 자기 백성을 구속하고 보존하신다는 약속을 지키신다는 점이다"라고 말한다.[25] 즉 "이러한 설명 세 가지는 같은 종류의 확신, 즉 하나님이 이스라엘을 선택하셨음의 확신을 설명한다. 이 모든 것은 같은 논리, 즉 하나님의 선택은 변덕스럽거나 우연한 것이 아니라는 논리에 기초하고 있다. 이러한 목적을 위하여 중요한 결론에 도달한 것은 아직도 논쟁 중인 것보다 훨씬 의미가 있다."[26]

2) 순종

샌더스는 계명의 순종이 랍비 문헌에서 이스라엘 선택의 결과임을 주장한다.[27] 샌더스는 랍비 유대교에서 순종에 대해 널리 퍼져있는 학문적인 개념과 반대로 랍비들은 의도를 숙고했지 단지 외적인 행동을 숙고하지 않았고, 계명의 "본질적인…핵심", 즉 하나님과 이웃사랑을 믿었고, 율법이 무거

---

23. Ibid., 235.
24. Ibid., 99.
25. Ibid., 101.
26. Ibid., 98.
27. Ibid., 107.

운 짐이라고 생각하지 않았으며, 사랑에서 우러나와 하나님께 우선 순종해야 함을 믿는다고 독자들에게 상기시킨다.[28]

인간의 본성에 관하여 샌더스는 랍비의 논의를 간략하게 요약하고 있다.

> 랍비들에게는 기독교에서 생각하는 원죄나 모든 사람이 본질적으로 죄인이라는 교리가 없다는 점에 주의하는 것이 중요하다. 모든 사람이 죄를 짓는다는 것은 관찰의 문제이다. 겉으로 보기에 사람은 반역과 불순종의 성향을 나타낸다. 그러나 자유가 필요한 죄의 상태로 태어난 것 같지는 않다. 죄는 사람이 실제로 불순종할 때만 온다. 만일 불순종하지 않았다면 죄인이 아니다. 사람이 죄를 짓지 않았을 가능성이 있다. 불순종의 성향에도 불구하고 사람은 자유롭게 순종하거나 불순종할 수 있다.[29]

달리 말하면, 사람의 어떤 본성도 죄를 짓도록 결정하지 못한다. 전통적인 신학 용어를 써보면 인간은 죄를 지을 수도 있고 짓지 않을 수도 있다(*posse peccare et posse non peccare*).

순종을 받아들임에 대하여 샌더스는 두 가지 랍비 논의를 인용하여 하나님의 "보상의 질"이 "처벌의 질"보다 뛰어나다는 것의 증거로 삼는다.

> 만일 죄를 범한 자가 자기 영혼을 상실한다면, 만일 그가 종교적 의무(*mitzvah*)를 행한다면 그의 영혼은 얼마나 더 회복되겠는가?[30]

---

28. Ibid., 107-16.
29. Ibid., 114-15.
30. Ibid., 133, *Makkoth* 3.15에서 인용.

점증적 논증에서 R. 로즈는 만일 아담의 범죄로 인하여 하나님의 "처벌의 질" 때문에 사망이 수많은 미래 세대에 오게 되었다면 더욱더 하나님의 더 큰 "보상의 질"로 인하여 아담의 후손들은 계명에 충실함으로써 그 혜택을 얻을 수 있게 할 것이라고 추론했다.[31]

하지만 이 주장에는 본질적으로 막연한 것이 있다. 이러한 인상이 더 문제가 되는 것은 "하나님은 의로우셔서 각자에게 합당하게 보응하신다"라는 것이다. 그리고 "하나님의 자비는 그의 정의를 뛰어넘으신다"라는 취지의 언급이 랍비 문헌에서 발견될 수 있다는 사실이다. 바로 이 점에서 샌더스는 랍비들이 "모든 명제가 논리적으로 연결되어 있는 교리적 체계"를 제시하여 주지 않는다는 사실을 상기시킨다.[32] 그는 은혜가 지배적이어서 "가장 기본적인 단계에서도 하나님에 대한 랍비들의 태도가 드러난다"라고 강조한다.[33] 그런데도 이 랍비들의 명제에서는 무슨 근거로 최후 심판에 소망적인 기대를 할 수 있는지에 대한 질문을 필요로 한다. 샌더스는 최후 심판에 관한 "언급들 가운데 세 부류가" 있음을 주장한다. 그것은 "대다수 행위에 따른 심판", "범죄로 인한 벌", "완성을 위한 구원"이다. 이제 각각에 대하여 살펴보자.

(1) 대다수 행위에 따른 심판

대다수 행위에 따른 심판에 대한 논의는 특별히 미쉬나(Mishnah)와 미쉬나에 따른 랍비적인 해석 전통에서 격렬하다.

---

31. Ibid., 133, *Sifra Chobah* 12.10 (레 5:10)에서 인용.
32. Ibid., 124.
33. Ibid.

종교적 의무(mitzvah)를 완수하는 자, 그에게 하나님은 은택을 베푸시고 장수하게 하시고, 그는 땅을 기업으로 받는다. 그리고 종교적인 의무를 완수하지 않는 자, 하나님은 그에게 은택을 베푸시지 않고 장수하게 하시지도 않고, 그는 땅을 기업으로 받지도 않는다.[34]

앞에 나오는 미쉬나에 대하여 많은 주석들이 토세프타에 나온다.

종교적 의미(mitzvah)를 이루는 자, 그에게 하나님은 은택을 베푸시고, 장수하게 하시고, 그는 땅을 기업으로 받는다. 죄를 짓는 자, 하나님은 그를 해롭게 하시고, 단명하게 하시고, 그는 땅을 기업으로 받지 못한다. 이것에 대하여 "죄인 한 사람이 많은 선을 무너지게 하느니라"(전 9:18)고 말한다. 죄를 하나만 지어도 이 사람은 좋은 것을 잃게 된다. 항상 자신에 대하여 반은 죄가 없고 반은 죄가 있는 것처럼 생각해야 한다. 만일 그가 종교적 의무(mitzvah)를 완수하면 무죄의 저울(kaf zekut)에서 무게가 줄어서 행복하다. 만일 그가 죄를 지으면 그는 죄의 저울(kaf chobah)에서 무게가 주는 것과 같다…[35]

시므온 리자르(R. Simeon b. Leazar)는 마이어(R. Meir)의 이름으로 말했다. 개인이 대다수 행위에 따라서 심판받고 세상도 대다수 행위에 따라 심판을 받기 때문에 만일 종교적 의무(mitzvah)를 완수하면 개인은 무죄의 저울에서 자신과 세상의 무게를 줄여서 행복하게 된다. 죄를 지으면 죄의 저울에서 자신과 세상을 무겁게 하는 것과 같다.[36]

샌더스는 이 본문을 어떻게 해석하는가? 첫째, 그는 말하기를 이

---

34. Ibid., 129, *Kiddushin* 1:10a에서 인용.
35. Ibid., *T. Kiddushin* 1.13에서 인용.
36. Ibid., 130, *T. Kiddushin* 1.14에서 인용.

본문은 "사람이 자신에 대하여 반은 죄가 있고 반은 죄가 없는 것처럼 그리고 그의 모든 다음 행동은 운명을 결정하는 것처럼 생각한다…날마다 회개해야 함을 뜻한다"라는 것을 말한다고 한다.[37] 달리 말하면 랍비들은 신실한 자의 순종을 지지하려고 가정적인 구성을 (실제적일 필요 없이) 제시했다.

둘째, "대다수에 따라서 심판을 받는다"라는 시므온 리자르의 언급은 왜 문제인가? 샌더스는 마이어의 이름으로 시므온이 "사랑은 지옥 불에서도 구원시키므로"(Baba Bathra 10a) "그는 대부분의 행위에 따라서 엄격하게 심판을 받는다는 체계적인 신념을 거의 가질 수 없다"라고 어디선가에서 말했다고 한다.[38]

셋째, 바벨론 탈무드에서 인용된 것으로, 키두쉰(Kiddushin) 1:10은 "행위가 균형 있는 자를 가리킨다"라고 후대 해석자가 이해한 점에 대해 샌더스는 동의한다.[39] 더욱이 팔레스타인 탈무드에서는 아키바(Akiba)가 다음과 같이 말했다고 한다. "그것은 은혜는 받았지만 저울이 무죄 쪽(kaf zekut)으로 기울어지게 하는 종교적인 의무(mitzvah)를 행하지 않는 자를 가리킨다."[40]

어떤 이는 앞선 언급을 지지하면서 다른 곳에서 아키바를 인용하였다고 샌더스는 말한다(아봇 3:15, "모든 것은 예견되지만 선택의 자유는 주어진다. 세상은 은혜로 심판받지만 모든 것은 대다수 행위에 따른다"). 하지만 샌더스는 아키바가 "조직신학자가 아니어서 그 말의 두 부분이 어떻게 서로 맞는지 설명하지 못했다"라고 주장한다.[41] 더욱이 아키바는 "종교

---

37. Ibid.
38. Ibid.
39. Ibid., 131.
40. Ibid., P. Kiddushin 61d (1:10)에서 인용.
41. Ibid., 132.

적 의무를 완수하면 좋은 것이 온다"라고 팔레스타인 탈무드에서 말하고 있다고 샌더스는 강조한다.[42]

이러한 명제들에 대한 샌더스의 설명에 대하여 몇 가지 반대를 제기하려 한다. 첫째, 아키바가 "대다수 행위" 견해를 취한다고 후대 랍비 해석자들이 이해했다는 사실에서 볼 때, 그들이 조상들을 오해하지 않고 바로 해석했을 가능성에 대해 매우 진지하게 고려해 보아야 한다.

둘째, 만일 토세프타에 쓰인 가정용어("마치 ~처럼")가 가정적인 의미 그 이상이 아니라면 이 용어가 왜 실제로 사용되어야 하는가? 이러한 사실은 이 말을 쓰는 사람이 판단을 하였다는 점을 말해줄 수 있지 않는가? 특별히 **아봇**(Aboth) 3:15에 있는 아키바의 역설적인 명제에서 보면 말이다. 이 증거가 완전하기 때문에 샌더스의 설명이 특별한 호소력이 있는 것으로 보이게 되었다. 샌더스는 "사람의 대다수 행위에 따라서 하나님이 심판하심을 지적하는 어떤 언급들이 있음은 사실이다"라고 뒤에서 동의할 것이다.[43] 어떤 의미에서 이 질문은 미해결 상태이다. 하나님은 마지막에 이스라엘에게 자비롭다는 뜻에서 랍비들에게 이 "대다수 행위" 견해가 당분간 진정되고 있음을 주의해야 한다. 랍비들은 이러한 두 가지 개념이 조화될 수 있는 방법으로는 표현할 수 없는 것으로 보인다.

(2) 범죄로 인한 벌

최후 심판에서 순종의 평가에 대해 언급하는 둘째 부류는 "범죄로 인한 벌"이다. 샌더스는 이러한 범주로 제시된 랍비들의 견해를 다음과 같이 요약한다.

---

42. Ibid.
43. Ibid., 143.

이 문제와 관련하여 가장 중요한 본문은 죄를 용서하시는 하나님을 부정하는 뜻으로 죄를 짓는 자들이 멍에를 부러뜨려서 내어버린다고 말하는 본문이다. 달리 말하면 그들은 자신을 언약에서 그리고 오는 세상에서 제외시킨다…언급된 특별한 죄는 **하나님을 분명하게 부정하는 것과 같거나 율법의 자구뿐만 아니라 율법의 도덕적인 원리를 동료에게 고의적으로 범하는 죄와 계획적이고 의도적으로 범해졌을 수 있는 죄이다.**[44]

이러한 범죄의 예들은 우상숭배(Mek. Pischah 5)와 계명을 주신 하나님을 부정함으로써 한 가지 계명이라도 거부하는 것(Sifra Behar 5:3)이다. 또한 샌더스는 갈라디아서 3:10(여기에서 바울이 신명기 27:26을 인용함)이 율법은 "법의 완전함"을 요구한다는 견해(샌더스가 동의하지만 에스라 4서가 했던 것처럼 말이다)를 제시한 반면에 랍비들은 신명기 27:26을 이와 같은 방법으로 결코 이해하지 않았다고 말한다.[45] 더욱이 그들은 갈라디아서 3:10의 모든 해석자들이 "지켜 행한다"로 번역한 동사를 "확실하게 한다"로 제시한다. 랍비들에게 있어 쟁점은 언약적인 신실성이라는 유형, 즉 언약의 모든 의무를 감당하려는 의도가 있는 선례였다고 샌더스는 강조한다. "요구되는 것은 하나님의 계명에 복종하는 것과 그 계명에 순종하려는 의도이다."[46] 샌더스는 만일 의도적으로 이러한 멍에를 지려고 하면 법적인 완전함의 질문은 나오지 않는다고 주장한다. 이러한 의도는 받아들일만한 순종을 하는 데 필요한 모든 것이다.

---

44. Ibid., 134.
45. Ibid., 137.
46. Ibid., 138.

(3) 한 가지 종교적 행위로 구원

최후 심판에서 어떤 이의 순종을 받아들임에 대해 언급하는 셋째 부류는 랍비 문헌에서 어떻게 구원받는지에 대한 질문을 다룬다. 이 질문에 대하여 샌더스는 아키바의 두 가지 중요한 인용문을 한 쌍으로 만든다. 아키바의 이사야 5:14 해석과 **산헤드린**(Sanhedrin) 81a의 두 랍비들의 교환은 다음과 같다.

> 선한 행위가 조금도 없는 자들만이 지옥으로 내려갈 것이다.[47]

> 가말리엘 2세(R. Gamaliel [II])가 이 구절(겔 18:5-9)을 읽자 울면서 말했다. "이 모든 것을 행하는 자만이 살 것이다. 그러나 그들 가운데는 단 한 명도 없다!" 그러므로 아키바(R. Akiba)는 그에게 말했다. "그렇다면 **이 모든 일로 스스로 더럽히지 말라**(레 18:24). 금지하는 것은 이 **모든** 것에 대한 것이냐, 한 가지에 대한 것이 아니냐?" [절대로 그렇지 않다!] 그러나 이 모든 것 가운데 **한 가지**이다. 이 부분에서도 마찬가지다. 이 모든 것 가운데 한 가지만이라도 한다면 [살 것이다].[48]

이 모든 언급에 대하여 무엇이라 말할 수 있는가? 최소한으로 말한다면 아키바를 받아들임(생명)의 근거는 순종(여기에서는 교훈들 가운데 하나로써)에 있다고 하고, 또한 **완전한 순종은 죄인에게는 요구될 수도 없고 요구되지 않을 것**이라고 한다. 아키바의 언급에는 조화로운 일관성이 없다. **아봇** 3:15에서(앞에서 언급한 것처럼), 받아들임에 대한 양적 견해("대다수 행위")와 질적인 견해("한 가지라도 좋은 행위") 둘 다를 말

---

47. Ibid., 139, Finkelstein, *Akba*, 186에서 인용.
48. Ibid.

하고 있다.

샌더스는 이러한 견해들로 인하여 "하나님이 범죄의 수보다 성취한 것이 하나라도 많은 자들을 구원하심으로 심판하신다는 견해를 아키바에게로 돌린다는 것은 분명히 불가능하다"라고 이 시점에서 말한다. **아봇** 3:15을 종종 취하는 것처럼 말이다. "조직신학자를 제외하고 어떤 이도 지적으로 당황하지 않고 이렇게 말할 수 없다. 이렇게 말하는 것은 사람들로 하여금 할 수 있는 한 최고로 계명에 순종하도록 하고 그렇게 하는 것의 중요성을 강조하는 효과적인 방법이다."[49] "하나님이 사람의 대다수 행위에 따라" 엄격하게 심판하신다는 랍비의 말이 랍비의 교리로 받아들여질 수 없는 이유는 "한 계명이 공로 구원을 이룬다"라는 언급의 증거와 수 때문이라고 샌더스는 더욱 강조한다.[50] 두 가지 독특한 논증("랍비들은 조직신학자들이 아니다"와 "'한 가지 계명이라도 성취해야 한다'는 많은 언급들뿐만 아니라 '대다수 행위'라는 언급들")에서 샌더스는 "대다수 행위"라는 언급의 의미를 평가절하한다.

이러한 문제에 대하여 샌더스가 제안한 해결은 우리 앞에 있는 자료들을 무시하는 것이다. 비록 두 부류의 언급을 조화시킬 수 없다고 할지라도 우리는 다음과 같은 결론을 내릴 수 있다. 첫째, 아키바는 받아들임의 근거가 자신의 행위에 있다는 견해를 두 예로 뒷받침했다. 둘째, 아키바는 하나님이 죄인들의 완전한 순종을 요구하지 않으신다는 견해를 두 예에서 지지했다. 셋째, 아봇 3:15에서 아키바는 두 명제를 양립하여 두는 데 만족하고 그 문제를 굳이 풀려는 노력을 하지 않았다. 즉 그는 하나님의 자비는 하나님의 심판을 이길 것이라는

---

49. Ibid., 139, 141.
50. Ibid., 143.

자주 등장하는 랍비들의 견해를 지지한 것 같다.

넷째, 확실히 이 쟁점을 푸는 데 불명확하거나 실패한 것은 다음의 전제를 받아들인 필연적 결과이다. 즉, 하나님이 완전한 순종을 요구하지 않으시고, 행위는 거룩하신 하나님 앞에서 받아들이는 근거이다. 물론 하나님의 심판을 참고 감당하는 데 어느 정도 순종의 질과 양이 필요한지에 대한 질문이 남는다. 다섯째, 순종이라는 행위를 한 **이후에야** 심판에서 드러날 하나님의 은혜가 이해된다는 점 또한 주의해야 한다. 달리 말하면 은혜는 체계상으로, 논리적으로 우선하지 않지만 인간의 순종이 불완전함으로 생긴 흠을 보충할 것이다.

어떤 랍비는 의로운 자들과 악한 자들 사이에 있는 셋째 부류인 자들도 있다는 점을 인정한다.

> 샴마이(Shammai)학파는 이렇게 말한다. 세 부류가 있으니 하나는 영생을 위하고, 다른 하나는 부끄러움과 영원한 모욕(단 12:2, 이들은 전적으로 악하다)을 위하고 그 중간에 있는 셋째 부류가 있다. 이들은 지옥에 내려간다. 거기서 그들은 소리를 지르고 다시 올라와서 치료를 받는다. 다음과 같이 기록된 대로 말이다. "내가 그 삼분의 일을 불 가운데에 던져 은같이 연단하며 금같이 시험할 것이라 그들이 내 이름을 부르리니 내가 들을 것이며 나는 말하기를 이는 내 백성이라 할 것이요 그들은 말하기를 여호와는 내 하나님이시라 하리라"(슥 13:9). 이 가운데서 마지막으로 한나가 말한다. "여호와는 죽이기도 하시고 살리기도 하시며 스올에 내리게도 하시고 거기에서 올리기도 하시는도다"(삼상 2:6). 힐렐(Hillel)학파는 이렇게 말한다. 그는 "자비가 크시다"(출 34:6). 즉 그는 본질적으로 자비롭다. 그리고 이들 가운데 다윗이 말한다. "여호와께서 내 음성과 내 간구를 들으시므로 내가

그를 사랑하는도다"(시 116:1). 그들 가운데 모든 시가 기록되어 있다.[51]

이러한 논쟁은 여러 가지 면에서 드러난다. 첫째, 세 부류 모두를 받아들인 근거는 그들 자신에게 있음을 다시 볼 수 있다. 중간 집단은 지옥의 속죄적인 고통으로 깨끗해지기까지는 생명이 허락되지는 않는다. 둘째, 랍비들은 심판 날에 하나님의 자비가 어떻게 시행될 것인지에 대하여 공통된 증명을 하지 않고 단지 시행될 수 있음을 증명한다. 힐렐학파는 위의 논의에서 가장 너그러운 용어를 쓰다가 하나님은 "본질적으로 자비롭다"라고 주장한다. 하지만 이러한 언급도 어떤 특별한 안내가 있는 이러한 체계에 어울리지 않았을 것이다.

3) 언약의 일원이 되고 속죄로 구원받음

(1) 언약의 일원이 됨으로 구원받음

샌더스가 랍비 문헌을 요약한 것에 따르면 사람이 언약관계에 있지만 하나님과 그의 언약을 버리면 언약 밖으로 나갈 수 있다. 어떤 다른 죄를 언약 안에서 짓는다 할지라도 이러한 원칙은 유지된다. "속죄함으로써, 특별히 죄를 회개함으로써 언약을 지키려는 기본적인 의도를 나타내기만"[52] 하면 말이다. 언약에 있는 하나님의 은혜에 대한 한 가지 증거는 "모든 죄에 대하여 속죄의 방법"이 제시된다는 점이다.[53]

---

51. Ibid., 142, *T. Sanhedrin* 13.3에서 인용.
52. Ibid., 147.
53. Ibid., 157.

(2) 속죄

샌더스는 랍비들이 "전적으로 악한 자들은 선한 행위가 조금만 있어도 보응 받지만, 전적으로 의로운 자들은 나쁜 행위가 조금만 있어도 처벌 받는다"라고 말한다.[54] 따라서 의로운 자들의 고난은 성격상 속죄로 간주된다. 이러한 문제는 하나님이 자기 백성의 죄를 어떻게 다루시는지에 대한 문제나 속죄의 문제, 즉 랍비가 속죄라는 말을 무슨 뜻으로 썼는가 하는 문제를 낳는다. 샌더스는 랍비들이 이 단어를 사용할 때, "인간의 속죄행위와 하나님의 용서행위"를 포함한다고 논증한다.[55] 주목할 만한 것은 유대인들의 어떤 행위가 속죄에 영향을 끼친다고 하는 랍비들의 분명한 보편적 견해이다. 이 문제들을 순차적으로 살펴보겠다. 랍비들에 따르면, 속죄의 네 가지 방법에는 회개, 구약의 제사(속죄일에 최고조에 이른다), 자신의 고난, 자신의 죽음이 있다.

① 회개

가끔 랍비들은 회개의 행위가 어느 때에는 속죄라고 확신했다.

> 어느 성경본문에는 "배역한 자식들아 돌아오라"(렘 3:14)고 말한다. 이 본문에서 알 수 있는 것은 회개가 속죄에 영향을 끼친다는 점이다…만일 적극적인 계명을 어기고 나서 회개했다면 그 시점에서 용서받는다. 이 문제와 관련하여 "배역한 자식들아 돌아오라"고 말하고 있다.[56]

---

54. Ibid., 142, *Sifre Deueronomy* 307에서 인용.
55. Ibid., 160.
56. Ibid., 158-59, *Mek. Bachodesh* 7에서 인용.

유다(R. Judah)는 이렇게 말한다. 다음과 같은 "네 하나님 여호와의 이름을 망령되이 하지 말라"를 포함한 모든 계명을 어겼을 때 회개함으로 속죄함을 받는다…[57]

샌더스는 회개가 기술적으로 속죄의 독립적인 수단이 아니라 "하나님의 용서를 받는 데 항상 필요한 태도"라고 강조한다.[58] 그렇다 하더라도 랍비들은 앞에서 속죄의 독립적 수단과 같이 회개의 항목을 만든다. 더욱이 샌더스는 "순종과 같이 순전히 하나님의 사랑에서 출발하면 회개는 가장 잘 되지만 두려움에서 나오더라도 아예 하지 않는 것보다는 낫다. 랍비들은 회개를 높이 평가하지 않지만 그 효용성도 무시하지 않는다"고 설명한다.[59] 이러한 언급을 통하여 랍비들은 행위의 질보다는 행위 자체를 강조(비록 배타적인 강조는 아니다 할지라도)함을 알 수 있다. 샌더스는 다음과 같이 결론짓는다. 회개는 "처음 하나님의 자비를 추구하고 획득하여 '신분을 확보하는' 행위가 아니다. 회개는 '신분을 유지하거나' '신분을 회복하는' 태도이기 때문에 언약에 머무르려고 하는 것을…이미 구원받았음을 의미한다. 필요한 것은 하나님에 대한 올바른 태도를 유지하는 것이다."[60]

② 구약의 제사(속죄일)

구약이 요구하는 제사의 속죄적 효용성에 대한 질문은 미쉬나를 편집할 때에 논쟁적이었다. 그 즈음에 이러한 제사는 오래 전에 중단되었다. 그런데도 타나임의 반영은 이러한 제사의 의미에 대해 랍비

---
57. Ibid., 159, *T. Yom HaKippurim* 4.5에서 인용.
58. Ibid., 174.
59. Ibid., 176.
60. Ibid., 178.

들의 이해를 확립하는 데 중요하다. 속죄일은 특별히 이스라엘의 죄를 속죄하는 해결책으로 간주되었다.

> 또 다른 성경본문은 이렇게 말한다. "이 날에 너희를 위하여 속죄하여"(레 16:30) 이 본문으로부터 속죄일이 속죄에 영향을 끼침을 알 수 있다.[61]

> 만일 부정적인 계명을 어기고 회개하면 그것만으로는 속죄의 능력이 없다. 회개는 단지 그 문제를 보류시키고 속죄일은 속죄에 영향을 끼친다(이 말은 둘째 본문(즉 레 16:30)에 대한 언급으로 증명된다].[62]

앞의 인용을 통해 주장할 수 있는 것은 속죄일이 회개와는 별개로 속죄하는 힘이 있다고 간주된다는 점이다. 하지만 샌더스가 상기시키는 것처럼 속죄일은 회개가 있기 마련이다. 따라서 어떤 의미에서 그 질문은 "전적으로 학문적이다."[63] 랍비들이 공식적으로 또는 형식적으로 그 제사에 대하여 사효론(*ex opere operato*)을 인정한 것으로는 보이지 않는다.

③ 고난

고난이나 징벌도 역시 속죄하는 것으로 간주되었다.

> 또 다른 성경본문은 이렇게 말한다. "그러나 나의 인자함을 그에게서 다 거두지는 아니하며 나의 성실함도 폐하지 아니하며"(시 89:33). 이

---

61. Ibid., 158, *Mek. Bachodesh* 7에서 인용.
62. Ibid.
63. Ibid., 167.

본문으로부터 징벌이 속죄에 영향을 끼친다고 알 수 있다.[64] 만일 추방과 사형에 해당하는 죄를 고의적으로 범하고 회개하면 그 회개는 그 문제를 보류시키는 것이 아니며 속죄일도 속죄에 영향을 끼칠 수 없다. 그러나 회개와 속죄일 둘 다 한쪽의 반만을 속죄한다. 그리고 징벌은 다른 반쪽을 속죄한다.[65]

이쉬마엘(R. Ishmael)은 시편 118:18, "여호와께서 나를 심히 경책하셨어도 죽음에는 넘기지 아니하셨도다"를 인용하면서 만일 노예가 "치아"나 "눈" 또는 "매우 중요한 신체의 다른 부위"를 잃음으로써 자유를 얻는다면 하물며 얼마나 더 많은 "고통을 대가로 해서 하늘의 용서를 얻을 수 있지 않겠는가?"라며 추론한다.[66]

속죄의 기능을 고난에 부여하는 이유는 두 가지이다. 첫째, 고난을 받으면 회개하게 되고 회개하면 속죄를 받는다. 둘째, 필요한 것은 의인들이 "땅에서 죄로 인해 벌을 받아 그 이후로는 빼앗길 수 없는 기쁨을 얻는 것"이다. "보상은 만일 하나님이 의로우시다는 점을 부인하지 않는다면 시행되어야 한다."[67]

④ 죽음

샌더스가 옳게 주장하는 것처럼 만일 고난으로 속죄를 받는다고 인정하면 "이 말은 죽음으로 속죄를 받는다고 말하는 것과 크게 다르지 않다."[68] 이러한 점에서 죽음의 속죄 효율성은 죽음의 행위를 회개

---

64. Ibid., 158-59, *Mek. Bachodesh* 9에서 인용.
65. Ibid.
66. Ibid., 168, *Mek. Mishpatim* 9에서 인용.
67. Ibid., 170.
68. Ibid., 172.

와 분리하지 않았다.

> 또 다른 성경본문은 이렇게 말한다. "진실로 이 죄악은 너희가 죽기까지 용서하지 못하리라"(사 22:14). 이 본문으로부터 알 수 있는 것은 죽음이 속죄에 영향을 미친다는 점이다.[69]

> 하지만 만일 하나님의 이름을 모독하고서 회개한다고 하더라도, 그 사건이 보류될 수 있는 것이 아니고, 속죄의 날이 속죄에 영향을 끼치는 것도 아니고, 고난이 죄를 깨끗하게 할 수 있는 것도 아니다. 그러나 회개와 속죄의 날 모두 그 사건을 보류시킬 수 있다. 그리고 죽기 전에 고통을 받고서 죽음을 맞이하는 날에 그는 깨끗해진다. 그리고 덧붙여 말한다. "분명히 말하거니와 이러한 죄악은 죽기까지 속죄함을 받지 못하리라." "내가 엘리의 집에 대하여 맹세하기를 엘리 집의 죄악은 제물로나 예물로나 영원히 속죄함을 받지 못하리라 하였노라"(삼상 3:14)와 같이 말할 경우에도 마찬가지로 그 죄는 제사와 제물로 속죄받을 수 없으나 죽음의 날에는 속죄받을 수 있다는 의미이다.[70]

샌더스는 "하지만 회개 없이도 죽음은 모든 심각한 죄 외에 모든 죄에 대하여 속죄할 수 있다는 관점이 있었다"고 주목한다.[71]

---

69. Ibid., 158, *Mek. Bachodesh* 7에서 인용.
70. Ibid.
71. Ibid., 174.

4) 요약

위의 언급으로부터 랍비 종교의 유형을 요약할 수 있다. 샌더스가 제시한 증거를 근거로 하여 말이다. 샌더스와 다음에 나오는 결론의 일부가 서로 다를 수 있지만 샌더스 자신이 『바울과 팔레스타인 유대교』에서 제시한 자료와 이 장에서 인용한 자료에 근거하여 이 결론들을 제시한다.

- 선택은 최소한 부분적으로라도 하나님의 은혜였다. 하지만 선택은 또한 적어도 부분적으로라도 족장들의 공로이거나 이스라엘의 예견된 순종에 근거하였다.
- 많은 랍비들은 율법이 완전한 순종을 요구한다는 것에 대하여 증명하지 않았다.
- 인간은 죄의 성향이 있다고 간주되지 않았다. 비록 죄에 대한 충동이 각 사람에게 있기는 하지만 말이다.
- 랍비들은 하나님의 은혜가 의지를 극복하고 다스리기 때문에 선행이 나온다고 믿지 않았다. 오히려 하나님의 은혜는 순종할 때 나타나서 부족함을 보충하도록 도와주었다(하지만 질적으로든 양적으로든 간에 이러한 부족함은 나타난다).
- 랍비들의 순종에 대한 관심은 의도의 고려나 순종을 강조하는 사랑이라는 동기의 필요성을 제외하지 않는다.
- 랍비에 따르면 진정한 순종은 언약적인 신실함이라는 의도적인 형태, 즉 언약의 속박과 의미를 받아들이고 그 속에서 신실하게 살려는 의도로 이루어져 있다.
- 랍비들은 죄를 다루기 위하여 취할 수 있는 속죄의 네 가지 수

단(회개, 구약의 제사[속죄일], 고난, 죽음)을 인정했다.
- 강조점은 속죄행위의 질보다는 속죄행위 자체에 있었다고 본다.
- 속죄의 어떤 수단들(고난, 죽음)은 분명하게 어느 경우에는 하나님의 공의를 만족시키는 하나님 자신의 수단이라고 말한다.
- 랍비들은 더 정교한 외경의 가르침을 발전시켰다. 이러한 가르침은 구약성경에서 찾을 수 없는 속죄의 수단을 만들었을 뿐만 아니라(회개, 고난, 죽음), 응용된 죄의 속죄 효율성의 다양한 단계를 주었다.
- 언약의 일원이 되는 것에 의해서 구원을 확신할 수 있다. 만일 앞에서 언급한 순종이 그 일원이 됨에 따라 온다면 말이다.
- 랍비들은 심판 때에 받아들이는 근거가 언약적인 순종, 즉 하나님이 은혜로 받아주시는 순종을 하나님께 드리는 것이라고 믿었다(그러한 순종을 생각하기는 했지만 동의하지는 않았다).
- 랍비들은 무엇이 충분한 언약적인 순종을 이루어서 심판 때에 안전하게 하는지에 대하여(힐렐과 샴마이의 논쟁을 상기하라), 또는 무슨 방법으로 하나님의 자비가 나타나서 죄인들의 부족함을 치료하는지에 대하여 동의하지 않았다.
- 심판에 대한 논쟁의 배경에는 **업적을 이루고 난 뒤에** 은혜가 온다는 전제와 이루어진 업적이 없으면 은혜도 있을 수 없다는 전제가 있다. 이 가르침에서 업적이 은혜보다 우선시 된다고 하는 것은 옳다고 할 수 있다. 그것은 숫자 계산이 아니라 그 가르침에서 업적의 위치에 의한 것이다. 업적은 그러므로 유대교에 근본적이며 필수적이다. 뒤에 나올 논의를 예상해보면 바울은 유대인들이 그들의 업적으로 구원받을 것이라고 생각했다고 말해야 옳을 것이다.

- 랍비 문헌에서 보여주는 것과 같은 인간론은 결국 율법을 인간의 능력에 적합하게 할 것이라는 율법관에 이르게 된다. 달리 말하면, 인간의 능력이 있는 한(최소한 어떤 면에서) 그리고 하나님의 은혜가 물리적이 아니라 단순히 도덕적이나 설득적으로 보이는 한, 인간론은 합리적으로 지킬 수 있는 율법을 만들 수 없다. 율법에 대한 이러한 이해는 앞에서 언급한 증거 세 가지로, 즉 (1) 완전한 순종을 요구하지 않는 율법의 이해, (2) 외부의 죄를 부각시킴으로써 마음의 죄를 최소화함, (3) 율법의 요구에 덧붙이는 자유와 무처벌로 나타나 있다. 따라서 (율법신학의 모습으로 옷을 입고서) 율법을 **형식적으로** 부각시키지만 **실질적으로는** 율법과 그 권위를 거부한다.

3. 종교적 경험

앞의 논의와 요약을 볼 때 랍비의 교리 내에서 그 교리를 시행하는 자들 가운데 있는 종교적 경험의 본질과 질을 간단히 검토하는 것도 유익하다. 샌더스는 주로 랍비들이 하나님에게 가까웠음을 느꼈고 "하나님의 존재성과 접근성을 확신하였다"라고 주장한다.[72] 라반 조카나 벤 자카이(Rabban Jochanan ben Zakkai)의 유명한 사건은 어떠한가?

라반 조카난 벤 자카이가 병들었을 때 그의 제자들이 들어가서 그를 문안했다. 그는 제자들을 보자 울기 시작했다. 그의 제자들이

---

72. 샌더스의 증거를 위해서 ibid., 220-23을 보라.

그에게 말했다. "이스라엘의 등불이여, 오른손의 기둥이여, 힘 있는 망치여! 무엇 때문에 우십니까?" 그는 대답했다. "만일 나를 인간 왕에게 데려갔는데 그 왕이 오늘과 내일 은혜로 여기에 있다면, 나를 싫어하는 데도 그의 분노가 영원히 지속되지 않는다면, 그가 나를 투옥시켜도 나를 영원히 투옥시키지 않는다면, 그가 나를 처형시켜도 영원한 죽음에 처하지 않는다면, 내가 그를 말로 설득시키고 돈으로 매수한다면 나는 울 것이다. 내가 왕 중의 최고의 왕, 거룩하신 이, 복되신 이 앞에 이끌려 왔으니 그분은 영원히 살아계시며 인내하신다. 나에게 화를 내시면 그의 화는 영원한 화이며, 나를 감옥에 넣으시면 나를 영원히 감옥에 넣으시며, 나를 죽게 하시면 나를 영원히 죽게 하신다. 말로 설득할 수 없고 돈으로 매수할 없고, 그 어떤 것으로도 안 된다. 내 앞에 두 길이 있어서 한 길은 낙원이요 다른 길은 지옥이 있는데 내가 어떤 길을 취할지 모를 때 내가 울지 않겠는가?" 그들이 그에게 말했다. "선생님, 우리에게 축복하소서." 그가 그들에게 말했다. "하늘의 두려움이 피의 두려움과 피의 육체와 같이 너희에게 임하는 것이 하나님의 뜻이 되기를." 그의 제자들이 그에게 말했다. "이것이 전부입니까?" 그가 그들에게 말했다. "너희들이 여기에 도달할 수만 있다면!" 너희들은 이것이 얼마나 중요한지 알 수 있을 것이다. 죄 짓기를 원하면 아무도 나를 보지 않기를 소망하기 때문이다. 그가 막 죽으려고 할 때 그는 제자들에게 말했다. "그릇을 치워서 그릇이 불결한 것이 되지 않게 하라. 그리고 오는 유다 왕 히스기야를 위하여 왕좌를 준비하라."[73]

이 이야기가 말하려는 것은 다음과 같다고 샌더스는 말한다. "하나님을 멀리 계시는 분으로 인식하고 구원받기 위하여 죄 지은 것보다

---

73. *Berakoth* 28b, Sanders, *Paul and Palestinian Judaism*, 225에 인용.

더 계명을 지켜야 하며 염려는 그 결과로 생기는 종교적인 태도라는 말이 아니다. 이 이야기가 말하는 것은 랍비가 하나님에게 더 가까이 있음을 느끼며, 생명을 직접 인식하였으며, 자신의 무가치함을 인식했다는 것 그 이상이다."[74] 이러한 "인식"은 "기도할 때에 그리고 죽을 때에 기대되며, 책에서 반복적으로 보았던 구원의 온당한 확실성과 전혀 일치하지 않는 것은 아니다."[75] 샌더스는 다른 기도를 지적한다. "우주의 주관자시여, 나는 당신이 나에게 주신 248개 마디를 살펴보았습니다. 나는 그것들 중 하나라도 범한 것을 찾지 못했습니다. [나에게 이 마디를 준다면] 당신은 나에게 얼마나 더 생명을 주어야 합니까?" "우리 주인이나 우리가 어떠한 악한 생각이나 죄나 범죄나 불의를 지금부터 영원히 만나지 않기를 원합니다." 샌더스는 위의 예들을 따로 읽지 않고 함께 읽으면, 종교는 "불확실성과 염려"나 "자기의"에서 나온 것이 아니라, "온당한 확실성"에서 나온 것임을 증명한다고 결론을 내린다.[76]

4. 비판

이제 랍비 유대교에 대한 샌더스의 종합을 분석하고 비판해 보자. 여기서 샌더스가 『바울과 팔레스타인 유대교』에서 제시한 증거로만 한정할 것이다.

첫째, 샌더스가 초기 독일학문에 널리 퍼진 그림, 즉 순수한 펠라기

---

74. Sanders, *Paul and Palestinian Judaism*, 229.
75. Ibid.
76. Ibid., 230, 229.

우스(Pelagius) 구조의 그림보다 더 균형 잡힌 그림을 제시하였음을 인정하자. 샌더스는 랍비들이 은혜와 용서의 용어에 정통하였고, 그들 자신이 죄인이고 하나님이 거룩하시다는 사실을 분명히 알고 있었음을 정확하게 상기시켜 준다. 샌더스의 학문적 공헌은 증거에 대하여 초기 모형의 설명보다 더 분명하게 구성한 것이다. 더 큰 기여는 우리가 주로 반대할 증거에 대한 그의 설명이다. 하지만 샌더스는 그 증거 자체에 대하여, 또는 증거를 더욱 호의적으로 읽는 것에 대하여 본질적으로 새로운 것을 발견하지는 않았다고 본다.[77]

둘째, 샌더스가 고려 대상을 이른바 종교의 기능적 측면(즉 "들어간다"와 "머문다")에 한정한 것에 대하여 반대한다. 원죄와 본유적 (무)능력과 같은 교리 논의와 하나님의 이스라엘 선택 **이유**에 대한 논의가 실제로는 관련이 있는데도 관련이 없는 것처럼 보아왔다. 이렇게 근거도 없이 제한했기 때문에 샌더스의 결론은 종종 그가 제시한 증거로도 유지되지 않는다.

셋째, 샌더스는 자기 결론을 지지하지 않는 증거들을 너무나도 성급하게 버렸다. 심지어 자신의 논지와 반대되거나 최소한 약화되는 것처럼 보이는 랍비들의 몇 가지 언급이 있다는 사실을 그도 인정함에도 불구하고 말이다. 샌더스는 랍비들이 조직신학자들이 아니라거나 언급한 부류의 대다수가 그 다수의 힘으로 또 다른 부류의 대다수를 무력화한다고 강조할 것이다. 샌더스의 강조에 반대하여서 우리는 랍비 유대교를 만족하게 그려내려면 모든 증거들을 고려해야 한다고 주장한다. 그렇게 할 때 샌더스의 결론으로는 유대교에 대한 자료들을 합당하게 설명하고 있지 않음을 알게 된다.

---

77. 예를 들면, George Foote Moore, *Judaism in the First Centuries of the Christian Era*, 2 vols. (Cambridge, Mass.: Harvard, 1927)을 찾아보라.

넷째, 샌더스는 바울 시대의 유대교가 은혜의 종교였음을 확증하지 않았다. 이러한 사실은 선택, 인간의 능력, 율법의 요구에 대한 순종, 하나님의 심판에 평가되는 순종, 속죄의 수단, 구원의 확신을 다루는 랍비들의 증거를 보면 알 수 있을 것이다. 하나님이 **왜** 이스라엘을 선택하셨는지 랍비들이 물을 수 있다는 사실은 샌더스가 인정하는 것보다 더욱 의미가 있다. 이러한 언급을 지나칠 수 없는 이유는 하나님이 이스라엘을 선택하셨다는 중심적 확신과 연관이 되어 있기 때문이다. 하나님을 예견적 또는 실제적 행위에 근거하여 선택하시는 분으로 이해하는 신학체계는 어떤 것이라도 성경의 의미에서 볼 때 은혜가 아니다. 구약은 이러한 논증을 제외한다(신 7:7-8; 9:4-5을 보라). 왜냐하면 성경의 입장은 하나님 스스로를 기쁘시게 하기 위해서 하나님이 자기 백성을 선택하셨다는 데 있기 때문이다.

샌더스는 사람이 본질적으로 죄인이지만 죽지 않고, 하나님의 은혜를 도움으로 해서 하나님께 드려질 수 있는 순종을 할 수 있다는 랍비의 인간관을 반대하지 않는다. 인간의 능력이라는 개념과 하나님의 은혜라는 개념은 똑같이 극단적이라고 여기는 바울과 같은 유대교 비판자에 의하면 두 체계의 차이점이 더 분명하게 나타나는 것을 볼 것이다. 앞으로 논의를 예상컨대, 만일 바울이 랍비들과 구원론적으로 다르지 않을 것이고 다를 수도 없다는 선험적 판단으로 바울을 접근하면 바울이 가르치는 인간 본질에 대한 비평의 깊이나 하나님의 은혜의 높이를 오해하게 된다.

샌더스는 랍비들이 율법의 요구에 대한 완전한 순종을 염려하지 않는다고 주장한다. 더욱이 순종을 하나님이 사람을 은혜롭게 세우신 언약에 머무는 수단으로 여기거나 동기의 고려를 제외하도록 진술되지 않은 반면에, 샌더스가 순종의 행위와 동기(즉 신실함과 위선 문제)의 **질**에 대하여 요약한 랍비들의 증거는 비교적 거의 보이지 않았다. 관심은 행위 자체에 있는 것 같다. 행위의 질에 대한 관심이 더 없어지는 것은 틀림없이 죄의 근본적인 성격과 율법의 근본적인 요구가 선험적으로 부정되기 때문이다. 여기에 바울이 반대한 외식주의의 뿌리가 있다.

샌더스는 또한 최후 심판에 대하여 랍비들의 언급, 즉 ["대다수 행위에 따른 심판", "범죄로 인한 벌", "완성을 위한 구원"]이 다양한 부류로 내재되어 있는 긴장을 뛰어넘으려고 한다. 샌더스는 세 부류 모두에 공통적으로 있는 **기능적** 목적에 대하여(즉 뛰어난 순종에 대하여) 지적하지만 **이론적인 의미**, 즉 최소한 일부 랍비들이 심판은 단순히 대다수 행위에 **따르지** 않고, 거기에서 나온다고 믿었다는 사실을 간과한다. 지지자의 좋은 행위의 합산이 나쁜 행위의 합산보다 많아서 심판 때에 궁극적으로 그 지지자가 받아들여진다고 그 종교의 일부 선생이 선언한다면 종교가 은혜로운 것이라고 방어하는 것은 어려운 일이다.

물론 여기서 반대하는 것은 믿는 자를 받아들이는 근거가 (순종의 행위로 간주되든지 속죄의 행위로 간주되든지) 그 믿는 자의 행위에 있다는 견해이다. 또한 믿는 자는 율법 전체를 지킬 의무가 없다는 견해이다. 바울이 이 종교를 비판할 때 사람이 하는 최고 행위의 가치를 알 뿐만 아니라, 속죄가 요구하는 것이 일반적으로 아담의 후손이 하나님께 할 수 있는 것을 훨씬 뛰어 넘는다는 확실한 믿음도 있다.

샌더스는 랍비들이 희생, 죽음, 고난, 속죄로써 회개를 알았다는 사실을 지적하고서 그 사실을 이 종교가 은혜롭다는 증거로서 이해한다. 그러나 하나님이 어떻게 죄인 된 인간의 불완전한 행위를 죄에 대한 보상으로 받으실 수 있는지 물어보아야 할 것이다. 더욱이 고난, 죽음 또는 회개를 속죄로 이해한다는 것은 하나님을 인간의 의무 아래 놓는 것이 된다. 이러한 행위를 속죄로 보는 성경적인 근거는 없다. 이러한 식의 추론은 솔직히 가정적이다.

또한 샌더스는 차카이의 임종현장을 이 종교의 "온당한 확실성"의 증거로 본다. 하지만 이 종교의 지지자에게 그러한 확실성의 가치에 대하여 물어보아야 한다. 차카이는 "내 앞에 두 길이 있어서 하나는 낙원으로 인도하고, 다른 하나는 지옥으로 인도하는데 어떤 길이 나를 이끌지 모를 때 내가 울지 않을 수 있겠느냐"[78]라고 선언했다. 반대하는 것은 확실성 그 자체의 문제가 아니라[79] 이렇게 특별한 불확실성의 종류가 이러한 종교의 약점을 잘못 나타내는 것이다. 즉 하나님 앞에서 지지자가 받아들여지는 것은 궁극적으로 그 자신에게 있지 하나님에게 있지 않다는 점이다.

요약하면, 샌더스는 유대교를 순수 펠라기우스주의 종교로 그린 것을 수정하고, 이 종교는 본질상 반펠라기우스적임(semi-Pelagian)을 증명하였다. 선택, 인간의 능력, 순종, 속죄, 심판 때 받아들여짐 등에서 랍비들의 견해는 보편적으로 논쟁의 여지없이 신인협력설적이다. 인간의 행위와 노력은 하나님의 은혜보다 뛰어나다. 매우 실제적인 의미에서 구원은 (은혜언어임에도) 율법의 행위로 이루어졌다. 이제 바울이 당시 유대교와 불일치하지 않다는 점을 증명하기 위하여 샌더스가 모은 증거들에서 바울 비판의 요소들을 볼 것이다.

마지막으로 종교개혁자들이 칭의교리를 발견하고 바울에 그 근거를 두는 것은 단지 중세후기 구원론을 바울의 대적자들의 입을 통하

---

78. Sanders, *Paul and Palestinian Judaism*, 225.
79. 예를 들면, 존 번연(John Bunyan)의 『천로역정』(*Pilgrim's Progress*)의 독자들은 크리스천이 맞닥뜨려 하나님의 은혜로 죽음의 때에 극복하는 시련을 잘 알 것이다.

여 읽어낸 것이 아님을 확신한다. 중세후기 구원론과 고대 유대교의 차이점을 인식해야 하지만, 근본적인 구원론의 정체성을 인정해야 한다. 둘 다 반펠라기우스 체계이다. 종교개혁자들이 이해한 바울이 옳다. 종교개혁자들과 바울은 하나님 은혜와 인간의 공헌을 섞어서 믿는 자의 궁극적인 확신을 하나님의 은혜에 두는 것이 아니라, 자신의 수고나 행동에 두려고 했던 종교를 드러내려 하였다. 우리는 십자가가 왜 바울, 루터, 칼빈에게 그러한 영혼의 안식과 위로를 주었는지 알 수 있다.

Justification and the New Perspective on
PAUL

CHAPTER 5

슈바이처 부흥:
바울에 대한 샌더스의 입장

랍비 유대교 연구에서 샌더스의 패러다임적인 혁명을 살펴보았으니, 이제 샌더스가 바울을 어떻게 해석하고 있는지 살펴보자. 첫째, 이미 살펴본 학문의 다양한 흐름이 어떻게 샌더스의 바울에 대한 이해라는 강을 형성하였는지 고찰할 것이다. 둘째, 바울과 관련해 샌더스 사상의 가장 두드러진 점을 탐구하면서, 유대교에 대한 그의 학문이 어떻게 그의 바울 이해를 특정지었는지 강조할 것이다.

1. 앞선 연구에 진 샌더스의 빚

바울의 주요 연구에 대한 샌더스의 공헌은 독특한 통찰력의 신선함에 있지 않고 통찰력이 만들어낸 통합에 있다. 알버트 슈바이처(Albert Schweitzer)와 같이 샌더스는 "그리스도 안에 있음"을 바울 사상의 중심, 우리가 돌아갈 곳으로 만들었다.[1] 슈바이처와 샌더스의 제안에는 분명하게 차이점이 있다. 그들은 둘 다 용어가 다르고(샌더스는 "신비적"이라는 용어를 거부하고 "참여자"라는 용어를 좋아한다), 본질이 다르다(슈바이처는 칭의를 바울 사상의 부속물로 이해한 반면에, 샌더스는 칭의를 "그리스도 안에 있음"이라는 바울의 견해와 일반적으로 연결되어 있은 것으로 보고 있다). 그런데도 두 학자의 저작물에 있는 유사성이 이러한 차이성보다 훨씬 더 두드러진다.

데이비스(W. D. Davies)와 같이 샌더스는 바울과 당시 유대교의 관계를 타협적인 안목으로 보았다. 둘이 구성한 바울은 빌헬름 부셋(Wilhelm Bousset)과 루돌프 불트만(Rudolf Bultmann)이 말한 바울보다도 훨씬 유대적이다. 데이비스가 했던 것보다 더 철저하게 샌더스는 바울과 랍비 유대교를 **비교** 연구한다.[2]

불트만과 같이 샌더스는 바울의 구원론을 주로 하나님과 개인을 다루는 것으로 연구한다. 하지만 불트만의 인간중심주의를 분명하게 언급하지 않고, 불트만의 실존주의를 받아들이지 않는다. 샌더스는 칭의가 집단적인 개념이라는 에른스트 케제만(Ernst Käsemann)의 견해에 분명히 동의하지 않을 것이다. 그럼에도 두 학자가 바울의 칭의를 이해하는 점에서 형식적인 유사성이 있다. 그들이 칭의라는 용어를

---

1. 슈바이처에 대해 샌더스가 이해한 범위를 위해서는 *Paul and Palestinian Judaism: A Comparison of Pattern of Religion* (Philadelphia: Fortress, 1977), 434-42를 보라.
2. 데이비스와 샌더스의 차이에 대한 데이비스의 이해를 위해서는 Davies, "Preface to the Fourth Edition," in *Paul and Rabbinic Judaism* (Philadelphia: Fortress, 1980)을 보라. 이러한 차이점에 대한 데이비스의 설명에 대한 샌더스의 반응은 Sanders, "Preface to the Fifth Edition," in *Paul and Rabbinic Judaism* (Mifflintown, Pa.: Sigler Press, 1998)을 보라.

정의하는 데 일치하지 않지만 둘 다 칭의의 법정적 측면을 허용하지는 않는다.

크리스터 스텐달의 경우와 같이 샌더스는 몇 가지를 주장한다. (1) 바울은 소명과 같은 회심을 경험하지 않았다. (2) 바울은 떠나온 유대교에 만족하지 않는다는 의미에서 기독교 사역에 헌신하지 않았다. (3) 바울은 건전한 양심을 가졌다. 구원을 추구하면서 죄책감에 사로잡히지 않았다. (4) 용서는 바울 사상에서 중심적인 범주가 아니다. (5) 로마서 1-3장에서 바울이 유대인과 이방인의 행위를 도덕적으로 반대하는 것은 예수께서 메시아라는 확신 때문에 나온 당연한 해결이다. 달리 말하면 바울은 해결에서 고통으로 논증한다.

2. 바울과 유대교

샌더스는 "유대교는 필연적으로 사소한 율법주의, 자아를 섬기고 자아를 속이는 결의론, 거만과 하나님에 대한 불신의 혼합으로 향하게 된다"라는 일반적인 견해에 오류가 있다고 결론내렸다.³ 고대 유대교는 언약, 선택, 순종, 최후 심판에서 하나님의 은혜를 건전하게 인식하였다. 따라서 바울이 유대교와 불일치한다고 해서 유대교가 행위의 종교이고, 기독교가 은혜의 종교라고 할 수 없다고 샌더스는 결론을 내린다.

---

3. Sanders, *Paul and Palestinian Judaism*, 427.

3. 언약적 신율주의

샌더스는 바울이 유대적 유산을 거부하기는커녕 그의 전 신학이 발전되어 나온 "두 가지 중요한 확신"의 빛에서 그 유산을 변형시킨다고 주장한다. (1) 예수는 주님이시다. 그 주님 안에서 "하나님은 믿고 곧 돌아올 사람들에게 구원을 베푸셨다." (2) 바울은 "이방인의 사도"로 부름을 받았다.[4] 바울에게 있는 것은 변형된 언약적 신율주의이다. 샌더스는 바울이 "출애굽, 언약, 토라"를 "새 출애굽, 새 언약, 새 토라"로 재구성하는 자로 이해하는 데이비스와 결별한다.

언약적 신율주의는 다음과 같은 기본적인 형식이 있다. (1) 언약에 "세례를 받음으로 들어간다." 하지만 샌더스는 슈바이처의 세례적 중생의 사효론적(*ex opere operato*) 교리를 거부한다. 더욱이 세례는 샌더스의 바울 사상에서는 큰 역할을 하지 않는다. (2) 일단 언약 안에 들어간 사람은 "구원을 받는다." (3) "특별한 계명"에 순종하면 ("계명을 범하고서 회개하면") "언약적인 관계가 유지된다. 하지만 반복적으로 그리고 극악하게 범죄하면 공동체 구성원으로서의 자격이 박탈당한다."[5] 포괄적인 가정은 (앞에서 말한 것처럼) 중요하고 특별한 경우를 기대하면서 바울과 유대교에 **연속성**이 있을 수 있다는 것이다.

이러한 연속성에도 불구하고, 샌더스는 바울을 언약적 신율주의자로 부르는 한계를 인정한다. 첫째, 샌더스는 바울이 주로 윤리학의 근거를 계명이나 언약에 두지 않고 참여자와 "그리스도가 상호배타적으로 연합함"에 근거한다고 주장한다.

---

4. Ibid., 441-42.
5. Ibid., 513.

언약적인 범주가 바울을 이해하는 데 부적합하다는 점에 주목해야 한다. 비록 어떤 면에서 바울은 자신을 무시하는 것과 관련된 극악한 부도덕함을 (만일 범죄한 일원이 그리스도의 몸에 붙어 있으려면) 회개해야 할 죄로 볼지라도, 그가 그의 권면을 중생하지 않은 자의 범죄에 대한 제명의 위협에 근거하지 않고, 어떤 행위로 인하여 그리스도와 상호배타적으로 연합하는 연합(고전 10:1-5)을 이룬다는 사실에 근거할 때, 그것은 그의 사상과 더욱 밀접한 관계가 있고 자연스럽다. 우상과 함께 먹고 마시는 실수와 음행의 실수는 그 특징상 하나님의 뜻을 반하여 짓는 죄가 아니고(비록 바울이 이러한 일들이 죄라는 것을 보여주기 위하여 성경을 인용할 수 있었을지라도 말이다), 사도의 가르침에 반하는 죄도 아니며, 그리스도와의 연합에 반대되는 연합의 결과이다.[6]

위의 인용구에서 나타난 것처럼 샌더스가 이분법에 영향을 끼쳤다는 점에 유의하라. 바울의 진짜 생각은 윤리학을 그리스도와의 연합이나 계명에 근거하고 있다. 물론 바울은 이 둘 사이의 명백한 긴장 없는 경향을 증거한다. 비슷한 방법으로 샌더스는 바울 윤리의 근거로써 성령과 율법이라는 이분법을 세울 것이다.

행동이 유대교의 일반적 관점에서 인식되지 않는다는 중요한 측면이 있다. 바울은 행동을 "성령의 열매"로 이해한다. 그의 잘 알려진 악덕과 덕의 항목에도 불구하고 그의 일반적인 경향은 삶에 대한 구체적인 규칙을 주지 않는 것이다. 그러나 내주하시는 성령으로부터 나오는 어떤 행동으로부터 너무 멀리 떨어져 길을 잃었을 때 바울은 몇 가지 규칙을 주었던 것을 분명히 볼 수 있다. 그러나 중요한 점은 바울신학에서 행위는 성령으로부터 나오는 것이지 계명으로부터

---

6. Ibid., 514.

나오지 않는다는 점이다.⁷

샌더스의 이러한 논증은 앞으로 바울과 그 율법을 고찰할 때 특별히 중요할 것이다.

둘째, 이 용어("언약적 신율주의")는 "샌더스의 참여자 이동용어", 즉 "그리스도와 함께 죽어서 옛 세대와 죄의 힘에 대하여 죽었다는 용어를 고려하지" 않는다. 이 용어는 바울이 유대교에서부터 유업으로 얻었음직한 언약적인 범주를 능가한다.

> 바울 사상의 핵심은 하나님과 언약적인 관계를 맺고, 합당한 행동을 조건으로 그 관계에 머무는 것이 아니라, 그리스도와 함께 죽어서 부활과 궁극적인 변화로 이끄는 새 생명과 처음 변화를 받는 것, 그리스도 몸의 한 지체가 되고 그리스도와 함께 한 영이 되는 것, 다른 것과 연합함으로써 참여적 연합을 깨지만 않는다면 위의 관계에 머문다는 것이다.⁸

바울이 쓰는 새 언약의 용어(즉, 고전 11:25; 고후 3:6)를 어떻게 설명하는가? 이 점에서 바울에게는 "의심 없이 따랐던 전통적인 기독교 용어"가 있다.⁹ 더욱이 "앞에서 언급한 것과 같이 그리스도께서 하신 일은 모세가 했던 것과 대조되지 않고 아담이 했던 것과 대조된다. 아담은 언약을 세우지 않았다. 다만 아담의 죄가 전 인류의 운명을 결정했다. 그처럼 그리스도의 행위가 세상의 운명을 결정했다. 이 점에

---

7. E. P. Sanders, *Paul, the Law, and the Jewish People* (Philadelphia: Fortress, 1983), 208.
8. Sanders, *Paul and Palestinian Judaism*, 514.
9. Ibid.

서 다시 언약적인 범주를 초월하는 것을 볼 수 있다."[10] 언약을 바울 사상의 중요 원리로 이해하는 것에 분명한 한계가 있다.

이러한 한계를 고려하면 어떻게 사도 바울 그리고 바울과 유대교의 관계를 이해할 수 있는가? 바울 그리고 바울과 유대교의 관계에 대한 요약적인 논의에서 샌더스는 많은 면에서 바울은 근본적으로 여전히 유대인이라고 강조한다.

> 바울 사상은 주로 유대적이었다. 이방인의 사도로서 그의 서신은 유대교의 종말론적 사색의 틀에서 이해될 수 있다. 로마서 15:16에서 보여주는 것처럼 말이다. 하지만 바울은 (이방인을 하나님의 백성으로 인도하는 자기 사명을) 교회가 지식과 실천 두 가지 면에서 사실상 제3의 존재가 되는 것과 같은 방법으로 해석한다. 그럼에도 바울은 자기 복음과 선교활동은 유대교와의 단절을 의미한다고 이해하지 않은 것 같다.[11]

샌더스는 바울서신에 이러한 단절이 "분명하게 인지된" 두 곳이 있다고 계속하여 주장한다.[12] 첫째, 바울은 "언약이 아브라함에서 그리스도로 '건너뛰어' 이제는 그리스도 안에 있는 자들을 포함하지 혈통상 유대인을 포함하지 않는다"라고 주장함으로써 "전통적인 유대교의 선택교리"를 거부한다.[13] 둘째, 바울은 "하나님의 백성이 되는 것은 그리스도를 믿음으로 되는 것이지 율법을 받아들임으로 되는 것

---

10. Ibid.
11. Sanders, *Paul, the Law, and the Jewish People*, 207.
12. Ibid.
13. Ibid.

이 아니다"라고 주장했다.[14] 바울이 유대교와 다른 점은 하나님의 백성을 "이론상 보편적"이라고 규정하는 것 뿐만 아니라, 그 경계선을 그리스도를 중심으로 한 하나님의 백성으로 규정한 점이다.[15]

따라서 "회개하지 않은 극악한 죄"는 (벌은 받지 않을지라도) "제명"뿐만 아니라 "우상이 진짜 하나님이 되는 것처럼 숭배하는 것과 같이 또는 일원이 되기 위해 필수적인 믿음 외에 다른 어떤 요구사항을 받아들이는 것과 같이 그리스도를 부정하는 행위"가 될 것이다.[16] 결론적으로 바울을 언약적 신율주의라고 말하는 반면에 교회를 하나님의 백성으로 구분하는 것이 그리스도를 중심으로 교회를 재구성하는 것이라고 인정하는 것이 중요하다. 특별히 선택, 일원권 구성, 윤리, 입교의식(즉 세례)에 관해서 말이다. 새로운 경계선과 새로운 경계표가 세워졌다. 이것은 유대교와 기독교의 중요한 차이점을 이룬다.

4. 곤궁 전에 해결

만일 바울의 종교가 변형된 언약적 신율주의라면 (앞에서 말한 차이가 있음에도 불구하고) 바울은 왜 유대교를 비난하는가? 전통적으로 말해서 유대교는 신약학에서 율법적 또는 행위 중심적 종교로 이해되었다. 바울의 유대교에 대한 불만으로 인하여 기독교를 은혜의 종교로 이해한 것에 주의했다고들 말한다. 그러나 샌더스는 바울의 유대교에 대한 불평은 선험적인 불만족에서 온 것이 아니라, 그의 근본적인

---

14. Ibid.
15. Ibid., 208.
16. Ibid.

확신의 논리적 결론이라고 주장한다.

> 내가 결정할 수 있는 한 무능함과 자기 의는 (로마서 7:14-25에 나오는 육체의 무능함에 대한 극단적인 언급을 제외하면) 율법에 대한 바울의 언급에서 전혀 나타나지 않는다. 그는 유대교를 비판할 때 청소하는 방식으로 한다. 따라서 비판은 두 가지, 즉 그리스도에 대한 믿음이 없음과 이방인과 동등함이 없음에 초점을 둔다. 이러한 초점은 둘 다 로마서 9:30-10:13에서 나타나며, 바울이 이방인의 사도로 부르심을 받은 것과 관련이 있으며, 유대교 그 자체를 공격한다.[17]

지금까지 살펴볼 유명한 형식을 가지고 샌더스는 바울이 논리적으로 해결에서 곤궁으로 나간다고 주장한다. "간단히 말해서 이것은 바울이 유대교에서 찾은 오류이다. 즉 그것은 기독교가 아니다."[18] 샌더스는 다른 이의 전제와 자신의 추론을 구별할 필요성을 다른 곳에서 주장한다. 바울의 유대교 불만에 대하여 평가할 경우 전제(앞에서 말한 근본적인 확신)를 논증(근본적인 확신을 지지하면서 제시된 논증)에서부터 더 들어가야 한다. 강조되고 기본이 되는 두 가지 전제를 보면서 바울은 논증을 펼쳐간다.

이러한 해결과 곤궁이라는 구조를 증명하면서 샌더스는 그의 주장이 바울의 곤궁 본문에서 대립적으로 모순된다고 지적한다. 첫째, 예는 로마서 7:7-25이다. 샌더스는 먼저 불트만의 이 구절 이해를 설명한다.

---

17. Ibid., 154-55.
18. Sanders, *Paul and Palestinian Judaism*, 552.

자연인의 "육체적 삶"은 예외 없이 부정적인 의미로 "육체적 삶", 즉 "육체를 따라 사는 삶"이 될 필요성이 있는가? 이것은 분명히 바울의 입장이다. 사람에게는 그의 실체가 육체이기 때문에 죄가 처음부터 그 안에서 잠자고 있다. 죄가 꼭 깨어나야 하는가? 그렇다. 왜냐하면 사람은 토라를 계명으로 만나기 때문이다. "탐내지 말라"(롬 7:7ff.).[19]

하지만 샌더스는 불트만이 이 논증 뒤에 있는 바울의 추론을 인간의 육체적 연약함에 대한 심리적 분석에 두는 잘못을 했다고 주장한다.

바울에게는 모든 사람이 죄인이고 죄의 권세 아래 있다는 것을 설명하고 있다는 점을 불트만이 지적하고 있는 것은 분명히 사실이다. 그러나 모든 사람이 죄의 종이라는 결론에 바울이 실제로 도달한 것은 육체의 연약함과 계명의 도전을 분석해서 나온 것이 아니라는 것도 똑같이 분명하다. 이러 견해는 하나님이 그리스도 안에서 우주의 구원을 예비하셨다는 확신으로부터 나온다. 따라서 모든 인간은 구원이 필요하다는 결론이 나온다. 이러한 관점에서 보면 로마서 7장은 율법과 그 목적에 대하여 다소 뒤틀린 설명을 한다.[20]

달리 말하면, 바울은 진퇴양난에 빠졌다. "[그가 생각하기를] 하나님은 선한 유대인에게 율법을 주셨다. 반면에 그리스도께서 주신 계시에 근거하여 율법은 의를 만들 수 없다는 사실을 또한 확신했다."[21]

---

19. Ibid., 475, Rudolf Bultmann, *Theology of the New Testament*, trans. Kendrick Grobel, 2vols. (New York: Scribner, 1951, 1955), 1:249에서 인용.
20. Ibid.
21. Sanders, *Paul, the Law, and the Jewish People*, 73.

바울은 이러한 딜레마에 어떻게 반응하는가? 그는 "하나님의 구속 계획에서 부정적인 역할을 율법" 탓으로 돌린다. 하지만 바울은 이일에 일관성이 없다. 로마서 7장에서 특별히 드러나는 모순이 있다. 샌더스는 왜 로마서 7장을 "율법과 그 목적에 대하여 다소 뒤틀린 설명"이라고 하는가? 샌더스가 그렇게 하는 이유는 바울서신 다른 곳에 있는 유사한 표현과 일치하지 않는 로마서 7장에 "하나님의 뜻, 죄, 율법"에 대한 설명이 있다고 믿기 때문이다.[22]

첫째, 샌더스는 갈라디아서 3:22-24과 로마서 5:20이하(cf. 롬 3:20; 4:15)를 우리에게 준 바울의 "대부분의 언급"으로 이해한다. 즉 하나님의 뜻이 사람에게 율법을 주셨고, 그 율법이 범죄와 억압이라고 정의하는 인간의 죄로 이어진다. 샌더스는 이러한 주장("그러므로 율법의 행위로 그의 앞에 의롭다 하심을 얻을 육체가 없나니 율법으로는 죄를 깨달음이니라"[롬 3:20]; "율법이 들어온 것은 범죄를 더하게 하려 함이라 그러나 죄가 더한 곳에 은혜가 더욱 넘쳤나니"[롬 5:20])을 바울의 단순한 주장으로 이해한다. 그는 로마서 3:20과 5:20이 형식적으로 7:13("이는 계명으로 말미암아 죄로 심히 죄 되게 하려 함이라")과 병행하고 있음을 알았다. 그러므로 율법의 "하나님의 구속 계획에서 부정적인 역할"에 대한 바울의 주된 표현의 뜻은 "율법이 죄를 생산하는 것은 구원이 믿음에 근거하기 위함"이라는 것이다.[23]

둘째, 로마서 6:1-7:6에서 바울은 이제 죄를 "죽음으로만 벗어날 수 있고, 따라서 전적으로 하나님의 목적에 종속되어 있는" 능력으로 그린다.[24] 이러한 난제는 (로마서 3장과 로마서 5장에서 표현된 것과 달라서) "다

---

22. Ibid., 70ff.
23. Ibid., 73.
24. Ibid.

른 해결책을 요구한다."²⁵ 따라서 율법에는 이러한 대안적인 난제 시나리오가 없다.

셋째, 바울은 로마서 7:7-13에서 "하나님은 율법을 주셨고 율법과 죄가 연결되어 있다고 여전히 주장한다." 그러나 이러한 관계는 변한다. 율법은 확실히 "선한" 것이다(7:12). 율법은 "하나님 자신이 사용하시는 것이 아니고 죄가 사용하는 것이다"(7:8, 11, 13). "죄는 하나님의 뜻에 반하는 상황을 이루었다."²⁶ 하나님은 죄에 매이게 하기 위해서(로마서 3장과 5장에서처럼) 보다는, 죄에 매이게 하는 데서 구하고자 율법을 주셨다. 그러나 하나님의 "의도는…좌절되었다." 그는 죄에 매이는 것을 의도하지 않았기 때문이다. 이 구절에서 나타난 시나리오는 하나님이 율법을 주셨으나(하나님 → 율법) 죄가(하나님의 의도와는 달리) 율법을 잡았고 그 결과 죄가 되었다(죄 → 율법 → 범죄). 왜 바울은 이러한 변화를 로마서 7:7-13의 논증에 소개하고 있는가? 그가 그렇게 한 것은 6장에서 바울이 죄에 돌린 새롭고 독립적인 역할 때문이다.

넷째, 로마서 7:14-25에서 바울은 전적으로 새로운 구도를 두 가지의 병행적인 개념으로 소개한다. 첫째, 하나님은 율법을 주신다(하나님의 뜻 → 율법). 둘째, 꼭 죄를 짓게 하는 "다른 법", 즉 "죄"("다른 법" = 죄[7:23, 17, 20] → 범죄)가 있다. 바울이 로마서 7:7-13에서 주장했던 "법과 죄의 관계"는 이제 끊어졌다. 바울은 율법을 비난한다. 왜냐하면 "율법은 사람들이 율법을 지킬 수 있는 능력을 담고 있지 못하기 때문이다."²⁷ 바울은 긍정적으로 그 문제를 "인간 본성이라는 의미의 육

---

25. Ibid.
26. Ibid.
27. Ibid., 74-75.

체" 즉 "인간이 육체여서(7:14) 율법이 명령하는 선에 반하여 행하도록 하는 원리에 다스림을 받는 것(7:15-23)"에서 찾는다.[28] 달리 말하면, 샌더스는 "육체가 되어서 죄 아래 팔린 인간을 만드셨다고 하나님을 비판하기 위함이 아니라, 또는 첫 번째 장소에서 그러한 일을 할 수 있게 충분히 강력한 율법을 주셨다고 하나님을 비판하기 위함도 아니라, 그리스도를 통한 구속의 가능성을 주신 하나님을 찬양함으로써" 바울이 이 문제를 풀고 있다고 주장한다.[29]

샌더스는 비교적 간략한 논증에서 일어나고 있는 의미 있는 변화를 어떻게 설명할 것인가라고 묻는다.

> 이러한 변화가 로마서 7장에 반동, 즉 다른 문제들을 더 만들어 내는 반동이 나오기까지 더욱더 부정적인 언급으로 향하여 가는 유기적 발전 과정에서 일어난다고 생각해야한다. 바울의 율법문제는 로마서 7장에서 시작하지 않는다. 그것은 (바울로 하여금 율법에 부정적 역할을 부여하게 하고) 로마서 7장에서 분명히 드러나는 번민과 고통을 잘 설명하는, 구원은 그리스도를 믿음으로만 이루어진다는 새로운 확신과, 하나님이 율법을 주셨다는 고유한 믿음을 모두 아우를 수 있는 방법에 대해 계속되는 신학적 문제이다.[30]

달리 말하면, 로마서 7장에 "번민과 고통"이 있는 것은 바울의 곤궁 개념이 논리적 출발점이기 때문이 아니라, 율법과 그리스도에 대해 바울에게 기본적으로 한 근본적인 긴장 관계가 생기기 때문이다.

이 본문에 대한 샌더스의 해석으로 돌아가지 않고(이 점에서는 모든

---

28. Ibid., 74.
29. Ibid., 75.
30. Ibid., 76.

학자들이 그를 따르는 것은 아니다) 로마서 7장에 나오는 곤궁에 대한 샌더스의 설명에 대한 비판을 다루려고 한다. 그렇게 함으로써 로마서 7장에 나오는 바울의 언급이 전적으로 서로 일치한다는 것을 알 수 있다. (1) 바울에게 죄는 하나님과 별개의 힘이라는 샌더스의 주장은 침묵에서 나온 논증이다. 샌더스의 논의는 바울이 인간의 죄 된 본성을 인격화하는 것을 간과하고 있다. 바울에게 죄는 어떤 실체도 아니고, 죄를 짓는 자의 상태나 행동과도 분리해서 생각되지 않는다. (2) 바울은 율법이 죄를 **조장하거나 일으킨다**고 결코 인정하지 않는다. 즉 율법과 죄의 관계는 일관되게 수단적 관계라고 말한다(cf. 로마서 3:20 "율법으로는 죄를 깨달음이니라"). (3) 바울은 율법의 문제가 율법 자체의 문제가 아니고, 율법을 지킬 것을 명령받은 자들의 문제라고 일관되게 주장한다.

따라서 율법의 두 가지 목적(구원하려는 의도와 모든 이들을 속박하려는 의도)은 결코 상반되지 않으며 다양한 하나님의 뜻 가운데 일부이다. 바울은 레위기 18:5을 인용하여서 생명은 율법의 순종에서 온다는 점을 보여준다(cf. 갈 3:12; 롬 10:5). 단순히 이러한 방법으로 생명을 경험하지 못한다는 것은 실수를 하나님에게 돌릴 수 있다는 것을 말하는 것이 아니다. "율법이 들어온 것은 범죄를 더하게 하려 함이라 그러나 죄가 더한 곳에 은혜가 더욱 넘쳤나니"(롬 5:20)라고 바울이 말할 수 있기 때문이다. 달리 말하면 하나님이 율법을 죄인 된 인간에게 주실 때 반드시 따라오는 결과는 범죄이다. 바울의 곤궁 형식에 나오는 모순을 보여주기 위해 샌더스가 인용한 둘째 예는 로마서 1:18-3:20이다. 불트만은 "모든 사람이 죄인이라는 견해는 [바울이] 로마서 1:18-3:20에서 길게 전개하지만 바울 구원론의 기본적인 견해이다"라고 말한다.³¹ 하지만 샌더스는 바울의 "구원론은 모든 인간은 구원이 필요했고 그 결과 인간 곤궁에 대한 바울의 설명은 다양하지만 인간 곤궁의 보편성을 주장할 때만 일관성이 있어 보이는 필연적인 결론에 도달한다"고 주장한다.³² 여기에서 그 설명은 어떻게 다른가? 샌더스는 로마서 1:18-2:29을 다음과 같이 설명한다.

> 로마서 1:18-2:29에서 바울은 이상할 정도로 설교 자료를 디아스포라 유대교에서 가져오고, 바울은 그 자료를 비현실적으로 변경시킨다. 또한 로마서 2장에서 율법을 다루는 것은 바울이 다른 곳에서 율법에 대해 말하는 어떤 것과도 조화될 수 없다고 나는 생각한다.³³

샌더스는 구체적인 예로써 무엇을 생각하고 있는가? 로마서 1:18-32에서 이방인들은 보편적으로 정죄를 받는다. 그러나 로마서 2:15-16, 26에서 바울은 유대인을 정죄할 의도로 논증한 문맥에서 "어떤 이방인은 행위로 구원을 얻을 수 있다는 가능성을 생각하고 있다." 로마서 3:9, 20에서 바울은 모든 사람은 "죄 아래"(3:9) 있다는 요점으로(1:18-32) 돌아간다. 더욱이 로마서 2:17-24에서 바울은 유대인들이 "극악무도하게 불순종한다"라고 비난한다.³⁴ 그러나 로마서 10:2에서 그는 "자기 친족이 율법에 열심이 있다"라고 말한다. 그리고 갈라디아서 2:15에서 바울은 유대인들을 "이방 죄인들"과 대조한다.³⁵

"내적으로는 모순되고 극도로 과장된 보편적 죄성의 사례가" 있

---

31. Sanders, *Paul and Palestinian Judaism*, 474; Bultmann, *Theology of the New Testament*, 1:227에서 인용.
32. Ibid.
33. Sanders, *Paul, the Law, and the Jewish People*, 123.
34. Ibid., 124
35. Ibid.

다.[36] 이 사례는 "유대인과 이방인에 대하여 객관적이거나 심지어 일관성이 있게 설명하려" 한 것이 아니다. "바울은 무슨 결론을 끌어내려는지 안다…왜냐하면 보편적 죄성이 필연적이기 때문이다. 그리스도께서 보편적인 구세주가 되려면 말이다."[37]

로마서 1-3장에 대한 샌더스의 설명에 대하여 간략하게 말하면, 샌더스는 중요한 질문을 풀이했다고 주장할 수 있다. 바울이 로마서 2장에서 칭의에 대하여 말할 때, 그는 로마서 2장 외에 다른 곳에서 사용하는 것과 같이 이 용어를 사용하는가, 아니면 갈라디아서에서와 같이 사용하는가? 바울은 로마서 2:13에서 특정집단을 염두에 두고 있는가, 아니면 로마서 2:13은 가설적인 언급인가?

이 책 8장에서 로마서 2장이 제기한 여러 가지 문제를 다시 다룰 것이다. 더욱이 율법에 대한 불순종과 율법에 대한 열심이 얼마나 양립할 수 없는지 이해한다는 것은 어려운 일이다. 이 두 문제는 복음서에 등장하는 바리새인들에 대해서도 말한다(마 23:15, 23). 이와 비슷한 방식으로 바울은 열심 있는 유대인들에 대하여 말하지만 이 열심은 "지식이 있지" 않는 것으로 판단한다(롬 10:2).

바울의 곤궁 언급이 모순된다는 것을 증거한다고 샌더스가 보여주는 셋째 증거는 로마서 1-4장에 있다. 샌더스는 로마서 1-4장에 나오는 바울의 논증이 해결에서 곤궁으로 펼쳐진다고 주장할 것이다. "바울의 주요 관심 가운데 하나는 구원이 유대인과 이방인을 위하며 **같은 기반에 근거해야** 한다고 주장한다는 것을 [이 네 장에서] 분명히 알 수 있다."[38] 샌더스에 따르면, 어떻게 그리고 어디서 이것을 알 수 있는가?

---

36. Ibid., 125.
37. Ibid.
38. Sanders, *Paul and Palestinian Judaism*, 488.

로마서 1:5에서 사도 바울은 "모든 이방인 가운데 믿어 순종케" 하려고 부름을 받았다고 말한다. 로마서 1:16에서 바울은 복음의 능력이 "첫째는 유대인에게요 또한 헬라인에게"라고 말한다. 이 말은 물론 유대인의 "우선성"을 주장하려는 것이 아니다. 유대인과 헬라인의 "동등성"을 주장하는 것이다.[39] 로마서 2:11("이는 하나님께서 외모로 사람을 취하지 아니하심이라")은 2장(2:12-29)에 있는 논증의 남은 부분을 소개하면서 요약한다. 로마서 2:14-16과 2:27에서 바울은 유대인의 우선성에 대하여 반대 논증을 함으로써 유대인과 이방인의 동등성을 세우려고 특별히 시도한다.

바울은 "유대인의 나음이 무엇이뇨"(3:1)라고 묻는다. 바울은 9장과 11장에서 이 질문으로 돌아갈 것이다. 그는 3:9에서 "그러면 어떠하냐 우리는 나으냐 결코 아니라 유대인이나 헬라인이나 다 죄 아래에 있다고 우리가 이미 선언하였느니라"고 결론을 내린다. 그런 다음 3:20에서 바울은 구원을 위한 율법의 효용성을 부정하고 오히려(3:21-26) 그리스도를 통한 유대인과 이방인의 동등성을 지적한다. 이 점은 3:29에서 다음과 같이 요약되어 있다. "하나님은 다만 유대인의 하나님이시냐 또한 이방인의 하나님은 아니시냐 진실로 이방인의 하나님도 되시느니라."

4장에서 바울은 아브라함을 "할례를 받았든지 받지 않았든지 '믿는 자의 조상'"이라고 지적한다. 바울은 4:13("아브라함이나 그 후손에게 세상의 상속자가 되리라고 하신 언약은 율법으로 말미암은 것이 아니요 오직 믿음의 의로 말미암은 것이니라")에서 구원은 율법으로 말미암지 않는다고 한 번 더 강조한다. 긍정적으로 말하면 바울은 4:16("그러므로 상속자가 되는 그

---

39. Ibid., 488-489.

것이 은혜에 속하기 위하여 믿음으로 되나니 이는 그 약속을 그 모든 후손에게 굳게 하려 하심이라 율법에 속한 자에게 뿐만 아니라 아브라함의 믿음에 속한 자에게도 그러하니 아브라함은 우리 모든 사람의 조상이라")에서 구원이 율법으로 올 수 없는 이유를 확증한다.

샌더스는 로마서 1-4장에서 바울이 율법을 통한 구원을 부정하는 이유가 두 가지 있다고 요약해서 결론을 내린다. 첫째, 만일 율법이 약속을 받아들이면 이방인들은 제외될 것이다. "그러나 이방인들은 제외될 수 없다"(왜냐하면 그리스도께서 온 세상의 구주시고 믿는 자들의 구주이시며 특별히 바울을 유대인의 사도로서 불러 임명하셨기 때문이다). 그러므로 약속을 다른 방법, 즉 믿음으로 받아들여야 한다. 둘째, 만일 구원이 율법으로 말미암는다면 "그리스도께서 헛되이 죽으셨다." 이 두 논증(이방인 포함과 그리스도의 죽으심)은 보는 바와 같이 "로마서 3:21-26에서 병존해 있다"고 샌더스는 말한다.[40]

바울은 해결에서 곤궁으로 움직이기 때문에 율법을 지키는 능력에는 관심이 없고, 주로 "율법을 지킬 필요성에 반대하는" 논증에 관심이 있다고 증거하기 위하여, 샌더스가 제시하는 넷째 증거는 로마서에서 "믿음"과 "의"라는 용어가 정착되어 있지 않다는 것과 연관된다.[41]

1) 믿음

로마서 3:25("이 예수를 하나님이 그의 피로써 믿음으로 말미암는 화목제물로 세우셨으니")에서 샌더스는 "믿음"이라는 용어가 "구원의 선물을 받아

---

40. Ibid., 489-90.
41. Ibid., 490.

들이는 것을 의미한다"고 주장한다. 그러나 로마서 4:16-23에서 믿음은 "하나님이 약속하신 것을 행하실 것에 대한 신뢰"(롬 4:18, 20)를 의미하게 된다. 믿음의 반대(**아피스티아**, 20절)는 본질적으로 "불신"을 의미한다. 샌더스는 믿음의 정의가 정착되지 않은 것은 의미 있는 일이라고 결론을 내린다.

> 로마서 1-4장에서 "믿음"에 대한 논증은 믿음에 대하여 분명한 어떤 한 가지 정의를 위함이 아니고, 율법으로 말미암은 구원의 필요성을 주로 반대하기 위함이다. 로마서 1-4장의 긍정적인 논증은 유대인과 이방인이 대등하다는 점이다. 이것 때문에 믿음과 대조되는 율법을 반대하는 부정적인 논증이 필요하다. 그러나 논증에서 믿음에 대한 긍정적인 한 가지 정의도 나오지 않는다.[42]

달리 말하면, "믿음은 자랑을 제외하지만 단순히 자랑의 반대라고 정의할 수는 없다. 믿음은 신뢰를 포함하지만 정확히 신뢰는 아니다. 믿음은 구원을 선물로 받아들이는 것을 포함하지만 단지 그것만은 아니다. 믿음은 율법과 별개로 그리스도 안에서 주어진 구원에 대하여 전적인 반응을 의미한다. 믿음에 대한 논증은 율법에 반대하는 논증이다."[43]

2) 의

샌더스는 주로 "의"가 "진노와 은혜에 나타난 하나님의 능력과 행

---

42. Ibid., 490-91.
43. Ibid., 491.

동"(1:16-18; 3:21)을, 다른 곳에서는 "하나님이 약속하시고 의도하신 것에 대한 하나님의 정확하심과 성실하심(3:1-7)"을 의미한다고 주장한다. 사람들과 관련하여서 "의롭다 하심을 얻다" 또는 "의롭게 되다"의 용어는 "그리스도의 죽으심으로 이루어진 사하심(5:9ff., 18절) 또는 그리스도의 죽으심으로 이루어진 죄의 사면과 대조되어 그리스도의 부활하심으로 이루어진 구원의 가능성"을 의미할 수 있다. 그러나 그 용어는 또한 "자기 행위와 관련하여 하나님 앞에서 올바름(2:13), 또는 행위로 말미암지 않고 믿음으로 말미암아 받은 하나님과의 올바른 관계"(4:11)[44]이다. 달리 말하면, 이 용어가 사람에게 적용되면 법정적이거나 변형적이 될 수 있다. 믿음과 같이 칭의는 "부정적인 범주이고 율법에 대한 순종은 구원의 필수적이거나 충분한 조건이라는 견해에 반대한다."[45]

3) 요약

샌더스는 바울의 두 가지 근본적인 신념은 분명하게 두 곳, 즉 갈라디아서 2:21("만일 의롭게 되는 것이 율법으로 말미암으면 그리스도께서 헛되이 죽으셨느니라")과 갈라디아서 3:21("만일 능히 살게 하는 율법을 주셨더라면 의가 반드시 율법으로 말미암았으리라")에 근거하고 있다고 주장한다.

분명하게 추론할 수 있는 것은 그리스도께서 헛되이 죽지 않으셨다는 점이다. 그는 죽으시고 다시 사신 것은 "죽은 자와 산 자의 주가 되려 하심이라"(롬 14:9)와 그래서 "우리로 하여금 깨어 있든지 자든지 자기와

---

44. Ibid.
45. Ibid., 492.

함께 살게"(살전 5:10)하기 위함이다. 만일 그의 죽음이 인간의 구원을 위해 필요하면, 구원은 어떤 다른 방법으로 올 수 없으므로 죽음과 부활에 앞서서 구주가 필요한 것은 당연하다. 그리스도께서 우주의 구주이셨음을 확신하기 전에 바울은 그러한 구주가 필요함을 느꼈다고 생각할 이유가 없다.[46]

이러한 신념 때문에 바울은 두 가지 비조직적인 "인간 곤궁이라는 개념"을 발전시켰다. 하나는 법정적이고 다른 하나는 참여적이다.[47] 샌더스는 바울이 이 두 개념의 긴장을 분명하게 인식하지 않고서도 이 개념을 나란히 지니고 있음을 드러내는 구절로 고린도후서 5:14-21을 인용한다. 그리스도께서 믿는 자들을 위하여 죽으신다고 말한다("하나님이 죄를 알지도 못하신 이를 우리를 대신하여 죄로 삼으신 것은 우리로 하여금 그 안에서 하나님의 의가 되게 하려 하심이라"[21절]).

이 말은 인간 곤궁의 법정적 측면에서 표현한다. 믿는 자들은 또한 "그리스도께서 죽으심으로 말미암아 믿는 자들이 죄의 권능에 대한 죽음에 참여할 수 있는 수단이 생겼다"고 말한다. 바울의 표현인 "우리로 하여금 그 안에서 하나님의 의가 되게 하려 하심이라"(21절)는 인간 곤궁의 참여자들의 측면을 표현하고 있다.[48]

---

46. Ibid, 443.
47. "그는 죄의 지배가 구원론과 기독론의 반전이라고 추론했고, '죄짓기'가 논증적인 목적을 위해 지배의 원인으로써 (로마서의 경우처럼) 또는 육체에 거함의 결과로써(갈 5:19-21) 조화를 시킬 수 있다고 했다. 이동을 죄의 종의 원인으로 보느냐 결과로 보느냐가 다양한 것은 이동이 출발점이 아니라는 점을 시사하고 있다." Ibid., 501.
48. 샌더스가 이 구절에서 "의"의 의미("'의'의 정확한 의미가 무엇이더라도")에 대하여 분명하게 하지 않는다는 점을 덧붙여 말하고 싶다. Ibid., 502.

5. 이동용어: 의와 칭의

샌더스가 바울과 그 당시 유대인들 사이의 의미 있는 차이점을 찾은 특별한 곳은 의라는 용어에 대해서이다. 유대인들은 의라는 용어를 언약 안에 이미 있는 자들을 설명하는 용어로 사용하는 경향이 있다. 달리 말하면 그 용어는 유지용어이다. 샌더스는 바울에게 이 용어가 이동용어라고 주장한다. 이 용어는 구원받은 자들의 공동체에 어떻게 들어가는지 설명한다.[49]

1) 바울의 칭의

샌더스가 이 차이를 보여주려고 하는 한 가지 방법은 바울서신에 있는 "의롭게 하다"라는 동사를 포괄적으로 정의함으로써이다. 그는 고린도전서 6:9-11에서(특별히 11절 "너희 중에 이와 같은 자들이 있더니 주 예수 그리스도의 이름과 우리 하나님의 성령 안에서 씻음과 거룩함과 의롭다 하심을 받았느니라") "의롭다 하심을 받는다"라는 동사는 "그리스도인이 열거된 죄에서 깨끗함을 받았다"라는 것을 말하려는 방법이라고 주장한다.[50] 이 구절에서 모든 동사는 같은 것을 말하고 있다("여기에서 모든 동사의 요점은 그리스도인들이 깨끗해졌다…"). 따라서 은혜를 구별하려는 것은 없고 같은 구원의 실제를 말하려는 다양한 방식만 있다.

로마서 5:6-9과 관련하여 (특별히 9절, "그러면 이제 우리가 그의 피로 말미암아 의롭다 하심을 받았으니 더욱 그로 말미암아 진노하심에서 구원을 받을 것이니") 샌더스는 "의롭다 하심을 받다"의 의미는 10절에서 두 번 언급되

---

49. Ibid., 544.
50. Ibid., 471.

는 "화목하게 되다"와 같은 것이고, 또한 로마서 8:30에서 나오는 의미, 즉 "지나간 죄를 간과하거나 속죄하는 것"이라고 주장한다.[51] 이렇게 독특한 용법을 요약하면서 샌더스는 다음과 같이 말한다.

> 의롭다 하심을 받는다는 말은 과거의 죄가 깨끗해지거나 용서받는다는 말을 가리키고 전에 하나님의 원수와 범죄자가 된 상태와 미래에 영화롭게 되는 상태의 중간 단계이다…"이동"용어인 "의롭게 하다"는 "거룩하게 하다"와 "화목하게 하다" 또는 "자유롭게 하다"(죄를 종으로 삼게 하는 능력을 말할 때)와 병행이 될 수 있다.[52]

2) 바울의 참여용어와 법정용어의 관계

샌더스는 바울의 "의롭게 하다"라는 동사 용법을 배타적이고 법정적으로만 간주하지 않고, 법정적이면서 이동적으로 여긴다. 샌더스는 참여 범주와 법정 범주의 차이가 바울이 사용한 차이가 아닌데도 자신이 풀어야만 하는 차이로 알고 있다.[53] 바울은 인간의 범죄를 심리학적이거나 인간론적 출발점으로 삼지 않았기 때문에 (샌더스가 앞에서 논의한 것을 보는 바와 같이) 바울이 인간 곤궁의 두 개념, 즉 법정 개념과 참여 개념(둘 다 "그리스도 안에 있음"이라는 교리를 드러내고 있다)을 발전시켰다는 사실에 대하여 놀랄 필요가 없다. 이것은 "그리스도 안에 있음"에 대한 바울의 중심 신념을 표현할 때 우선성을 법정용어에 둘 것인

---

51. Ibid.
52. 이 주장을 뒷받침하면서 샌더스는 로마서 6:7, "죽은 자가 죄에서 벗어나**데디카이오타이**, dedikaiōtai]"를 인용한다. 샌더스는 로마서 6:7을 로마서 6:18, "죄로부터 해방되어 [**엘류쎄로쎈테스**, eleutherōthentes]"를 같은 말로 본다. Ibid., 471-72.
53. Ibid., 472.

지 참여용어에 둘 것인지 하는 문제를 제기한다.

샌더스는 바울의 법정용어가 아니라 참여용어가 바울 사상의 중심이라고 하는데, 그 이유는 법정용어가 바울의 중심적이며 참여적인 신념의 가지이기 때문이라고 주장한다. 첫째, 바울의 참여용어는 그의 법정용어보다도 "더욱 빈번하고 대표적이다."[54] 더욱이 참여용어는 그의 "성례 논의와 윤리권면"에서 드러나고, 법정용어는 그렇지 않다.[55] 둘째, 바울의 법정용어는 "불완전해서 회개와 용서 그리고 죄의 논의가 빠져 있다."[56]

샌더스는 고린도후서 12:21("또 내가 다시 갈 때에 내 하나님이 나를 너희 앞에서 낮추실까 두려워하고 또 내가 전에 죄를 지은 여러 사람의 그 행한 바 더러움과 음란함과 호색함을 회개하지 아니함 때문에 슬퍼할까 두려워하노라")이 예외지만, 이 말씀은 **이동**용어가 아니라 **유지**용어라는 점에 동의한다.[57] 샌더스에게는 예외가 규칙이 된다. 왜냐하면 바울의 해결은 결코 용서와 죄의 제거의 관점에서 표현되지 않기 때문이다.[58] 바울 사상의 단계에서는 곤궁에서 해결로 이동하지 않는다. 이것과 관련하여서 샌더스는 고린도전서 11:27에는 바울서신에 있는 "죄악"(guilt)이라는 단어가 여기에만 나타나지만("주의 몸과 피를 범하는 죄"), 이 단어가 여기에만 나타남으로 인해서 바울이 "특별하게 죄악을 초래하여 회개와 용서로 사라지는 범죄라는 관점에서 죄를 생각하지 않았다는 점을 강화하고 있다"고 주목한다.[59] 로마서 3:9은 어떠한가? 바울은 죄

---

54. Ibid., 503.
55. Ibid.
56. Ibid.
57. Ibid.
58. Ibid.
59. Ibid.

악 아래 있지 아니하고 죄 아래 있다고 말한다.[60] 따라서 바울은 죄악에 관심이 있는 것이 아니다. 비슷한 방식으로 로마서 3:25에서 하나님은 "전의 죄를 간과하셨다"고 하지, 죄를 용서하고 그 죄악을 제거하셨다고 말씀하지 않는다.

샌더스가 참여용어가 바울 사상의 중심임을 보여주려는 셋째 논증은 바울에게 "하나님 나라에서 제외시키는 것은 범죄로써 범죄"가 아니라 그리스도보다도 다른 것에 더 연합시키려는 범죄라는 점이다 (고전 6:12-20; 10:6-14).

바울에게 참여용어의 우선성을 보여주려는 샌더스의 넷째이자 마지막 논증은 바울의 "'법정'용어가 때때로 '참여자' 범주를 섬기도록 강요를 받으나 결코 그 반대는 아니다"라는 것이다.[61] 샌더스는 이 주장의 증거로 네 구절을 지적한다.

로마서 6:7에서 바울은 법정용어("벗어나", 문자적으로는 "의롭다 하심을 받아서")를 사용하여서 죄의 권세에서 벗어나는 것을 말하고 있다. 샌더스는 "생명에 참여하기 위하여 그리스도의 죽으심에 참여함에 대한 [로마서 6장]의 일반적인 문맥이 **디카우마이**[dikaoumai]의 의미를 결정한다고 설명한다. 이 말은 죄에서 의롭다 하심을 받는다고 하는 고린도전서 6:9-11의 의미에서 '의롭다 하심을 받다'는 뜻이 될 **수 없다**." 따라서 로마서 6:7에 대한 바울의 언급과 로마서 6:11("이와 같이 너희도 너희 자신을 죄에 대하여는 죽은 자요 그리스도 예수 안에서 하나님께 대하여는 살아 있는 자로 여길지어다")에 대한 바울의 언급을 비교하면 "로마서 6장에서 '죽는다'는 말이 실제 의미를 잘 표현한다는" 데 대하여 의심

---

60. Ibid.
61. Ibid.

의 여지가 없다고 확정할 수 있을 것이다.[62]

갈라디아서 3:25-29(스텐달이 사도 바울에 대하여 전통적으로 오해한 예로써 떼어내어 강조한 본문)에서 샌더스는 이 본문이 "의가 율법으로 오는지 믿음으로 오는지에 대한 논쟁의 결론이다(비록 종과 아들의 논의가 4장까지 지속되지만 말이다)"라고 주장한다. 그런데도 논쟁의 결론에 도달할 때(즉 이 절에서) 의는 보이지 않는다. 더욱이 믿음은 "예수 그리스도 안에 있는 양자 됨"을 받는 것, 즉 "이 용어는 직접적으로 완전하게 '참여용어'가 된다. 한 분 예수 그리스도 안으로 세례를 받고, 옷 입는다"라는 것임을 확인하게 된다.[63]

갈라디아서 2:15-21에 유사한 상황이 있다. 바울은 처음에 의와 믿음에 대하여 언급한다("사람이 의롭게 되는 것은 율법의 행위로 말미암음이 아니요 오직 예수 그리스도를 믿음으로 말미암는 줄 알므로…"[16절]). 하지만 바울은 그의 논의를 참여용어로 결론 내린다("내가 그리스도와 함께 십자가에 못 박혔나니 그런즉 이제는 내가 사는 것이 아니요 오직 내 안에 그리스도께서 사시는 것이라 이제 내가 육체 가운데 사는 것은 나를 사랑하사 나를 위하여 자기 자신을 버리신 하나님의 아들을 믿는 믿음 안에서 사는 것이라"[20절]). 갈라디아서 2:15-21에서 이러한 흐름을 통하여 바울의 진정한 사상이 참여자 범주에 있음을 알 수 있다.

빌립보서 3:4-12에 대하여 샌더스는 "의와 믿음이 상응하지만, 상응한다고 해서 이 본문의 의미를 결정해 주지는 못한다"라고 동의한다.[64] 왜냐하면 이러한 의가 "그리스도 안에서 발견된 자에게" 주어지

---

62. Ibid.
63. Ibid., 504.
64. Ibid.

기 때문이다.[65] 과거 범죄를 다루는 의가 그리스도 예수 안에 있는 생명에 앞서 있다는(즉 생명을 인도하거나 가능하게 한다는) 로마서와는 달리 빌립보서에서 범죄는 "단순히 병존한다." 더욱이 샌더스는 이 본문에서 의의 용어는 분명히 바울의 참여용어에 종속되어 있다고 주장한다. 즉 참여용어는 "이 본문의 전체 요지이자 요점"이고 이 본문은 구원론을 타협하지 않고서 "의라는 용어가 없이도 기록될 수 있었다." 만일 그렇다면 바울은 왜 이러한 의라는 용어를 도입하였는가? 샌더스는 빌립보서 3:3("하나님의 성령으로 봉사하며 그리스도 예수로 자랑하고 육체를 신뢰하지 아니하는 우리가 곧 할례파라")에서 바울이 공격하기를 시작하는 반대자들 때문에 이러한 용어를 포함한 것이라고 대답한다.[66]

샌더스는 또한 빌립보서 3장에서 바울이 "의라는 용어의 의미변화를 잘 알고 있었다"라고 말한다. 바울은 "율법 아래에는 의가 없다"(아마도 샌더스는 빌립보서 3:6, 9을 염두에 두고 있는 듯하다)라는 말에 동의하지만 빌립보서의 논의는 "그것이 진정한 의 또는 일종의 좋은 의"가 아니라는 점이다.[67] 유비적으로 말하면 바울은 3절에서 참 할례를 말하면서 3절이 전제하고 있는 거짓 할례의 실재를(즉 문자적, 실제적 행위) 부정하지 않는다. 따라서 "본래의 의만이 기독교의 의이며, 이 의는 다른 어떤 것에 기초되어야 한다. 요점은 바울의 관점에서 진정한 종교적인 목적은 그리스도를 통하여서만 올 수 있다는 점이다."[68]

바울에게는 "믿음으로 의롭게 되며 그리스도에 참여함은 궁극적으로 같은 것"임을 알 수 있다.[69] "의"라는 용어에는 "유대교에 있을 거

---

65. Ibid.
66. Ibid., 505.
67. Ibid., 504-5.
68. Ibid. 505.
69. Ibid., 506.

라고 생각하는 '법정적, 종말론적' 의미"가 없었다.[70] 바울에게 의는 (법정적) "생명에 이르는 출입구"가 아니다.[71] 바울이 법정용어를 사용하는 이유는 이 용어로 말미암아 "그리스도에게서 떨어진 인간이 정죄 받는다"라는 것을 말할 수 있는 또 다른 방법이 생기기 때문이다.[72] 바울 사상은 독특하고 본질적으로 참여적이다.

6. 바울의 율법

바울이 반대자들과 논쟁하거나 충돌할 때 율법의 법칙이나 행위라는 용어를 사용한다. 샌더스는 전통적인 바울 이해, 즉 바울이 유대교와 논쟁한 것은 사회적일 뿐만 아니라 사람이 율법을 지킬 수 없다는 점에 초점을 두고 있는 문제를 다루고 있다고 본다. 샌더스는 『바울, 율법, 유대인』에서 이 주제에 집중한다.

그는 먼저 『바울과 팔레스타인 유대교』에서 결론을 내렸던 주장, 즉 바울은 율법을 구원받은 그리스도인들의 몸에 대한 "가입요구 조건"으로 이해하지 않았다는 주장으로 돌아간다. 오히려 바울은 의의 용어(칭의용어를 포함하여)를 사용하여 이 전통에 대하여 말한다. 이것과 관련한 많은 본문(갈 2-3장; 5:3; 롬 3:27-4:24; 9:30-10:13; 빌 3:9)을 연구하고서 몇 가지 결론을 내린다.[73] (1) 바울은 율법을 가입요구 조건으로 보지 않았다. (2) 바울의 논쟁적인 목표는 갈라디아서와 빌립보서에

---

70. Ibid.
71. Ibid.
72. Ibid., 508.
73. Sanders, *Paul, the Law, and the Jewish People*, 45-48.

서 보았듯이 절대로 유대인이 아니라 경쟁적인 기독교 교사들이다. (3) 바울이 율법의 행위에 반대하여 논쟁하는 것은 본질적으로 다음과 같은 모세 율법을 비평하는 것이다.

> 하지만 유대교에 적용한다고 해서 유대인들의 입장이라고 생각한다. 매우 착하면 의로워질 수 있다는 것을 반대하는 것은 아니다. "율법의 행위로 말미암지 않고서"라는 구절에서 강조점은 절대적으로 행위에 있지 아니하고 율법, 즉 모세의 율법에 있다. 이 논쟁은 "의로워지기 위해서" 유대인이 될 필요가 없고 따라서 율법을 받아들이고 율법대로 사는 것이 선호하는 지위의 표시요 조건이라는 표준적인 유대의 견해에 반대하는 것이다. 이 견해는 바울과 별개로 우리가 알기로 유대교를 특성화하는 입장이자 또한 바울이 공격하는 입장이다.[74]

샌더스에 따르면 바울은 율법준수 능력에 반대하지 않고 심지어 관계조차 없다. 이 주장과 반대처럼 보이는 본문은 어떠한가?

1) 갈라디아서 3:10-13

이 본문은 전통적인 관점에서 특별히 3:10과 3:13은 사람은 율법을 지킬 수 없다는 바울 신념의 증거본문이다. 샌더스는 『바울, 율법, 유대인』에서 먼저 이러한 이해에 반대하고, 갈라디아서 3장의 논의에서 이 본문들을 종속적인 주장으로 분류한다.

바울은 논증을 뒷받침하기 위하여 구약에서 몇 구절을 조심스럽게 선택한다. "신명기 27:26은 70인역에 있는 본문 가운데 유일하게" 노

---

74. Ibid., 46.

모스[nomos]라는 단어(헬라어로 뜻은 "법")가 "저주"라는 단어와 쌍을 이루며 나오는 곳이다.[75] 따라서 바울은 분명한 논증을 위하여 이 본문을 사용한다. 바울이 신명기 27:26("이 율법의 말씀을 실행하지 아니하는 자는 저주를 받을 것이라 할 것이요 모든 백성은 아멘 할지니라")을 인용하는 곳에서 나오는 "모든"이라는 단어는 바울의 논증에서 부차적이다. 바울은 분명히 율법을 지키는 것이 불가능하다는 것을 말하려고 하지 않았다. 이 구절에 대한 전통적인 해석이 주장하는 것과 달리 말이다.

특별히 13절("그리스도께서 우리를 위하여 저주를 받은바 되사 율법의 저주에서 우리를 속량하셨으니 기록된바 나무에 달린 자마다 저주 아래에 있는 자라 하였음이라")에 대하여 샌더스는 바울이 이 구절에 끌린 이유는 십자가에 달린 자는 메시아가 될 수 없다는 견해에 대하여 답을 주기 때문이라고 주장한다.[76] 그러나 이 구절 자체는 "율법을 지킬 것을 요구하는 데 반대하는 논증"을 보여주고 있지 않다.[77]

샌더스는 또한 갈라디아서 3:10-13은 3장의 논증에서 "부차적"이라고 주장한다. 이 구절은 "바울이 자신의 말로 언급하고 자신의 주장에서 하나 또는 그 이상의 핵심어를 담고 있는 증거본문을 인용함으로써 증명하는 연쇄적인 주장으로 이루어져 있다."[78] 바울은 중심명제를 갈라디아서 3:8("또 하나님이 이방을 믿음으로 말미암아 의로 정하실 것을 성경이 미리 알고 먼저 아브라함에게 복음을 전하되 모든 이방인이 너로 말미암아 복을 받으리라 하였느니라")에서 제시한다. 이 본문은 "복"이라는 말을 사용한 창세기 18:18을 인용하면서 바울이 증명하는 말이다. "복 받는

---

75. Ibid., 21.
76. Ibid., 25.
77. Ibid., 26.
78. Ibid., 22.

다"라는 단어가 나오면 자연히 그 반대말인 "저주받다"로 이어진다. 따라서 갈라디아서 3:10에서 바울은 신명기 27:26을 인용한다. 샌더스가 주장하는 바와 같이 이 구절은 "율법"과 "저주"라는 단어가 함께 나오는 유일한 구절이다.

바울은 갈라디아서 3:11-12에서 "의는 믿음으로 말미암고 율법은 믿음으로 말미암지 않는다"라고 주장한다. 그렇게 함으로써 바울은 8절의 논증을, 즉 율법을 순종함이 아니라 믿음이 의로워지는 조건이라는 논증을 단순히 반복할 뿐이다. 갈라디아서 3:13에서 바울은 3장의 서두에서 시작된 논증을 갈라디아서 3:14에서 요약하면서 "하나님이 율법의 저주를 제거하기 위하여 어떻게 하셨는지" 주장한다. 이렇게 갈라디아서 3:1-14을 분석함으로써 샌더스는 10-13절을 이 논증의 종속적인 위치에 분류한다. 바울의 진짜 견해는 갈라디아서 3:8에서 언급되어 있다고 말한다. 달리 말하면 "바울이 갈라디아서 3장에서 율법은 온전히 성취될 수 없기 때문에 의는 믿음으로 말미암는다는 견해를 취한다는 논증은 분명히 잘못된 것 같다."[79] 요약하면 갈라디아서 3:6-18에서 일련의 "유대교의 주석적 논증"이 있으나 율법으로 인한 의를 제외하는 이유는 없다.[80]

2) 갈라디아서 5:3

샌더스는 이 구절("내가 할례를 받는 각 사람에게 다시 증언하노니 그는 율법 전체를 행할 의무를 가진 자라") 그리고 갈라디아서 3:10에서 바울이 확증하는 것이 관계가 있음을 인정한다. 여기에서 "위협"은 있지만 인간

---

79. Ibid., 22-23.
80. Ibid., 26.

이 율법을 지킬 수 없다는 언급은 없다.[81] 달리 말하면 바울은 "만일 율법으로 시작하면 모든 율법이 지켜야 하는 것이지" "모든 율법은 다 지킬 수 없기 때문에 율법은 받아들여서는 안 된다는 것이" 아니라고 주장한다.[82] 갈라디아서 3:10과 갈라디아서 5:3에는 인간이 율법을 지킬 수 없다는 소전제가 함의되어 있다고 주장하는 자들에게 대답하면서, 샌더스는 그 무능력은 바울이 교리를 만들 수 없다는 것일 수도 있다고 주장한다.

> 간단하게 말하면 율법을 지키려고 할 때 율법에 순종한다는 것이 불완전하다는 주장은 바울이 극도로 비-바리새적이거나 심지어 비-유대적이라고 할 수 있다. 이러한 입장은 성경 자체에 구체화된 속죄의 수단이 무익하다는 것을 직접적으로 함의한다…바울의 논증이 율법에 대한 바울의 그리스도 이전의 관점에서 나오게 하기 위하여, 바울이 율법은 적합하게 행하기에 너무 어렵다는 것과 속죄가 없다는 것을 주장하게 해야 한다. 하지만 그는 결코 어떠한 견해도 분명하게 말하지 않았다는 사실이 모든 면에서 인정되고 있다…내 논증은 이 견해 가운데 어떤 바울 배경의 일부에서도 분명하지 않다는 것이다. 사실 그것은 알 수 없는 일이다.[83]

바울은 왜 그렇게 말하는가? 왜 바울은 이렇게 위협하는가(즉, "율법으로 시작하면 모든 것을 지켜야 한다")?

비록 율법을 지키는 것이 유대인에게는 귀찮은 것이 아닐지라도

---

81. Ibid., 27.
82. Ibid.
83. Ibid., 28-29.

이방인에게는 번거로우며 불편하게 보인다. 바울의 반대자는 주요 계명 중 일부(할례, 음식, 날)를 먼저 요구하면서 점진주의 정책, 즉 유대인 선교에서는 아마도 독특하지 않을 수 있는 정책을 차용했을 수 있다. 바울은 그저 단순하게 회심자들에게 만일 그들이 할례를 받으면 일상 삶을 위한 새로운 규정에 따라서 삶을 살기 시작해야 한다고 상기시켰을 수 있다.[84]

여기에서 샌더스의 논증을 비판하는 데 끌어들이지 않지만 이것은 바울이 갈라디아서 5:3에서 정확하게 말하지 않은 것이다. 바울이 말하는 것은 만일 그리스도인들이 할례를 받게 되면 모든 율법을 지켜야 하는 것이지 단지 새롭고 불편한 규약에 적응해야 한다는 것이 아니다.

3) 갈라디아서 6:13

이 구절("할례를 받은 그들이라도 스스로 율법은 지키지 아니하고 너희에게 할례를 받게 하려 하는 것은 그들이 너희의 육체로 자랑하려 함이라")에서 바울은 유대인들이 "이방의 회심자들을 만나서 사례를 논할" 때 "율법을 엄격하게 지키지" 않는다는 사실만 주장하는데, 이것은 사례의 단순한 필요 때문이다.[85] 바울이 유대인들과 충돌할 때 인간은 율법에 순종할 수 없는 것으로 불가피한 "난제"를 자신에게 유리하도록 사용하고 있다(cf. 갈 2:14).

---

84. Ibid., 29.
85. Ibid., 23.

4) 로마서 3:27-4:25

이 본문에서 "율법의 행위"는 무엇을 의미하는가? 그것은 "공로로 쌓은 업적을 자랑하는 것"인가, 아니면 단순히 "부도덕한 행위"인가?[86] 샌더스는 로마서 3:27-4:25의 전통적인 읽기 방법은 불트만의 이 본문 주석을 통해서라는 점을 삽입구적으로 (특별히) 강조한다. 따라서 바울은 "율법을 따르면 자부심을 갖게 되기 때문에 율법을 억압했다"라고 한다.[87] 물론 이러한 해석은 종교개혁자들이 이 본문에서부터 전통적으로 주장하는 것을 잘라서 말하는 것이다.

샌더스는 자랑(3:27)이 행위를 지시하는 것이 아니라 위치를 지시하는 말이라고 설명한다. (1) 이것은 분명히 로마서 2:17, 23에서 유대인들이 유대인으로서 지위와 특권을 자랑한다는 말의 의미이다. (2) 이것은 바울의 이 특별한 논증에서(3:29-30) 반대하는 것이다. 하나님은 유대인과 이방인의 하나님이셔서(29절) 모든 사람을 "같은 근거로"(30절) 의롭다 하신다. 이 논지의 서두에서(롬 3:21-25) 바울은 "모든 사람에게 가능한 것으로써 그리고 특권적인 지위를 자랑하는 것을 배제하는 것"으로써 "믿음"을 제시했다.[88] (3) 아브라함의 예는 로마서 3:27에 있는 바울의 의미를 설명할 수 있다. 바울이 반대해서 논증하려고 하지 않은 견해는 "아브라함이 하나님 앞에서 행함으로 의로워지려고 했다는 점이다. 율법을 따름으로 의를 가지려는 노력은 인간이 죄를 짓는 것이지 바울이 율법을 반대하는 점이 아니다."[89] 오

---

86. Ibid., 31-32.
87. Ibid., 32.
88. Ibid., 33.
89. Ibid.

히려 바울은 하나님은 항상 믿음으로 의롭다 하신다는 점을 주장하고 있다. 믿음이 아니면 의롭다 하심은 결코 일어나지 않는다. 따라서 아브라함이 자랑한다는 것은 결코 있을 수 없는 일이었을 것이다. 요점은 로마서 4:9-12에 제시되어 있다. 하나님은 할례자와 무할례자를 "같은 근거로" 받으신다는 것이다. 바울의 관심은 공로가 아니라 지위이다. 그는 믿음은 의에 이르는 길이고, "이것은 율법과는 아무런 관계가 없다"고 주장한다. 그는 율법을 성취한 것에 대하여 자랑함으로 율법이 오용되었음을 확증하는 데에는 전혀 관심이 없다.[90]

로마서 4:4-5("일하는 자에게는 그 삯이 은혜로 여겨지지 아니하고 보수로 여겨지거니와 일을 아니할지라도 경건하지 아니한 자를 의롭다 하시는 이를 믿는 자에게는 그의 믿음을 의로 여기시나니")은 어떠한가? 만일 바울의 주요 관심이 지위라면(3:29-30; 4:9, 12, 14, 16) 지위가 로마서 4:4을 해석하는 방법을 결정해야 할 것이다. "바울은 하나님이 상을 주셔야만 하는 것처럼 해서 상을 달라고 하는 것에 반대하고 은혜로운 선물로써 의를 받는 것에 찬성한다"라는 점에 샌더스는 동의한다.[91]

그렇다고 해서 바울이 "율법을 지키면 잘못된 태도를 갖게 됨으로 [율법을] 실패한 것"이라고 비난한다는 점을 말하는 것도 아니고, "바울이 그 의를 말하는 이유를 자랑하는 것에 대하여 반대하는 것은 율법" 때문이 아니라고 말하는 것도 아니다.[92] 주요 논증은 "구원은 그리스도를 믿는 자들에게 차별 없이 주어진다"라는 바울의 근본적인 견해에 대한 것인데 이것이 이 구절의 뜻이기도 하다.[93]

---

90. Ibid., 34-35.
91. Ibid., 35.
92. Ibid.
93. Ibid.

5) 로마서 1-3장

　바울이 로마서 1-3장에서 해결에서 곤궁으로의 논증을 폈다는 샌더스의 주장을 앞에서 살펴보았다. 또한 바울에게는 인간 곤궁에 대하여 다양한 개념이 있고, 이 다양한 개념이 로마서 1-3장에서 나타난다고 주장했다. 샌더스는 이러한 다양함이 더 근본적인 해결에 대하여 보조적이고 파생적인 증거라고 주장한다. 비록 1-3장이 논증의 연관성으로 볼 때 "율법으로 의로워짐에 대한 바울의 반대" 뒤에 보편적인 범죄가 놓여져 있음을 제시하는 것 같다.
　바울은 1-3장에서 일관성이 없다. 로마서 2장에서 바울은 로마서 1-3장에 나오는 다른 언급과는 반대로 율법에 대한 완전한 순종이 "실제인 양 그 가능성을 붙잡고 있다." 그는 또한 로마서 2장에서는 "같은 법이 모든 사람을 심판한다"라고 하는데, 이 말은 "아담부터 모세까지 제사와 율법 없이도 사망으로 이끌었다"라고 말하는 로마서 5:12-14과는 반대된다.[94] 로마서 2장이 바울의 다른 가르침과 조화를 이룰 수 없는 것은 부분적으로 바울이 로마서 1:18-2:29을 "설교적 자료로써 디아스포라 유대교로부터" 빌려왔기 때문이다. 바울의 추론은 보편적 죄를 지지하는 논증을 요구하므로 가장 근사한 논증을 붙잡고 있다. 로마서 1-3장의 바울 논증은 그의 결론에서 나오는 것 뿐만 아니라(그 반대는 아니다) 사람은 결국 율법을 지킬 수 없다는 것이다.

---

94. Ibid., 35-36.

6) 로마서 9:30-10:13

이 본문에서 주요 쟁점은 로마서 9:30-31("그런즉 우리가 무슨 말을 하리요 의를 따르지 아니한 이방인들이 의를 얻었으니 곧 믿음에서 난 의요 의의 법을 따라간 이스라엘은 율법에 이르지 못하였으니")에 있는 바울의 단언을 중심으로 일어난다. 샌더스는 "언뜻 보면 [이 구절은] 율법을 반대하는 바울의 논증이 율법을 지키는 율법주의적 방법에 반대하는 최고의 증거를 제시한다"라고 한다.[95] 이러한 사태는 특별히 로마서 9:32("어찌 그러하냐 이는 그들이 믿음을 의지하지 않고 행위를 의지함이라 부딪칠 돌에 부딪쳤느니라")에서 바울이 언급한 것을 보면 더 강화된다. 샌더스는 이 질문이 한 가지 주석적으로 불확실한 것, 즉 로마서 9:31의 둘째 율법이 무엇을 지시하는지 풀면 해결될 것이라고 한다. 샌더스는 두 가지 선결 해결책을 주장하고 처리한다. (1) 전통적으로 율법은 "의의 율법"을 의미한다고 여겼다. 이러한 해석은 표준원문(Textus Receptus)에 영향을 미쳤다(cf. KJV). (2) 샌더스는 헬라어 동사 **에프싸센**[ephthasen]을 "성취하다"로 해석한 크랜필드(C. E. B. Cranfield)에 반대한다. 이 동사는 "얻다"로 해석해야 한다고 샌더스는 주장한다.

샌더스는 어떻게 이 문제에 답하려고 하는가?

첫째, 로마서 9:32에 있는 믿음과 행위 사이의 대조는 단순히 (로마서 9:33에서 인용된 것을 보면) "그들은 그리스도를 믿지 않았다"라는 것을 의미하지, "그들이 의를 얻으려고 잘 시도하고 시험 삼아 자기 의만을 이루려 했다"라는 것을 의미하지 않는다고 샌더스는 주장한다. 달리 말하면 "이스라엘의 실패는 올바른 방법으로 율법에 순종하지 않

---
95. Ibid.

은 것이 아니라 그리스도를 믿지 않은 것이다."[96]

둘째, 샌더스는 로마서 10:4("그리스도는 모든 믿는 자에게 의를 이루기 위하여 율법의 마침이 되시니라")이 논증을 이해하는 데 중요하다고 여긴다. 로마서 10:4 바로 앞에 나오는 절에서 바울은 유대인들에게 잘못 설정된 열심의 방향에 대하여 결백을 밝히고, 유대인들이 의를 추구한 것을 "무지"로 돌릴 것이다(롬 10:3)라고 샌더스는 주장한다. 그런 다음 샌더스는 그들의 열심이 성격상 죄가 아니라고 강조한다.

샌더스가 상기시키는 것은 이러한 사실로 인하여 로마서 3-4장의 주요 주제, 즉 "하나님의 의는 믿음을 기초로 하여 동일한 발판에 서 있는 모든 자에게 가능하게 되었다"라는 사실에 이르게 되었다는 점이다.[97] 이것은 바울이 10:4의 "의"와 10:3의 "자기 의"를 대조하는 것을 확인함으로써 로마서에서 볼 수 있다. 전자는 믿음으로 되지만 후자는 그렇지 않다. 전자는 "모든 사람에게 가능하지만" 후자는 그렇지 않다. 로마서 10:3에서 "자기 의"의 힘은 "자신의 의"(즉 개인이 이룬 공로)가 아니라, 윤리적 의미에서 "율법을 따르는 자들에게" 한정된 것이다. 이러한 연구를 살펴보고서 샌더스는 로마서 10:3에서 "자신의 의"가 "하나님에게 권리로 제시하는 공로로 이루어진 자기 의"라기 보다는 "유대인만이 획득할 수 있는 권리가 주어진 의를 의미한다"라고 결론을 내린다.[98]

셋째, 로마서 10:5 이하에서 바울은 두 가지 의를 다시 한 번 대조한다. 모세가 말한 의(5절)와 믿음으로 말미암는 의(6절 이하)이다. 샌더스는 10:5-6에 있는 대조가 정확하게 이 본문을 통틀어 확인한 대

---

96. Ibid., 37.
97. Ibid., 37-38.
98. Ibid., 38.

조와 같다는 증거로써 로마서 10:11("성경에 이르되 누구든지 그를 믿는 자는 부끄러움을 당하지 아니하리라 하니")과 로마서 10:12("**유대인이나 헬라인이나 차별이 없음이라** 한 분이신 주께서 모든 사람의 주가 되사 그를 부르는 모든 사람에게 부요하시도다")을 지적한다. 샌더스는 다음 세 가지 명제로써 이 본문의 논증을 요약한다. (1) "이스라엘이 실패한 것은 하나님의 의를 몰라서 율법을 행하는 사람들에게나 가능한 의를 찾으려 했기 때문이다." (2) "하나님의 의는 모든 이에게 같은 기초 위에서 가능하다." (3) "그 기초는 그리스도를 믿는 것이다."[99]

넷째, 중심문제로 돌아가자. 로마서 9:31에 있는 율법이라는 단어의 두 번째 예는 무엇을 가리키는가? 샌더스는 "바울은 자신이 나타내려는 것을 정확하게 말하지 않았다"라고 말한다. 이것은 율법이라는 단어의 첫 번째로 나타난 경우보다도 "더욱 일반적"인 것임에 틀림없고, "그리스도를 믿음으로 오는 하나님의 의"를 의미한 것임이 틀림없다.[100] 샌더스는 본문의 다른 곳에서 바울은 "이스라엘이 율법을 성취하는 방법이나 성공"에 관심이 없음으로 외적인 증거가 없는 본문을 교정하자고 제안한다.[101] 바울이 이스라엘을 비난하는 것은 그리스도에게로 돌이키지 않고 "진정한 의를 내는 한 가지를 붙잡지 않은 것이다."[102]

---

99. Ibid., 42.
100. Ibid.
101. Ibid.
102. Ibid.

7) 빌립보서 3:9

이 구절에서("내가 가진 의는 율법에서 난 것이 아니요 오직 그리스도를 믿음으로 말미암은 것이니 곧 믿음으로 하나님께로부터 난 의라") 전통주의자들은 자신의 입장을 지지하는 뒷받침을 찾는다. 여기에는 "두 가지 의, 즉 율법으로 말미암은 의와 믿음으로 말미암은 의"가 있다.[103] 후자의 예로써 샌더스는 바울이 "지위"와 "행위" 둘 다 지적한다(빌 3:3ff.)는 점에서 동의한다. 하지만 샌더스는 "율법으로 말미암은 의가 공로적인 성취여서 하나님으로부터 상을 요구함으로 은혜를 부정한다"라는 단언이나 "그러한 의가 자중하듯이 나쁜 것이다"라는 단언이 없다고 주장한다.[104] 스텐달을 따라서 샌더스는 다음과 같이 주장한다.

> 바울은 자랑이 잘못된 태도이기 때문에 신분이나 업적을 자랑하는 것이 잘못되었다고 말하지 않고 이미 얻은 것을 자랑했기 때문에 잘못되었다고 말한다. 얻은 것을 잃었다. 왜냐하면 바울의 흑백 논리에서 차선은 없기 때문이다. 과거 삶을 비판하는 것은 자기 의라는 태도의 죄에 대하여 죄의식을 갖는 것이 아니라 예수를 믿는 것보다 다른 어떤 것을 더 확신하는 것이다.[105]

달리 말하면, 전자의 의는 "그 자체로는 좋은 것"이지만 "그리스도를 믿는 믿음에서 나오는 '하나님의 의'의 계시로는 '나쁘게'('상실', 3:7ff.) 보인다."[106]

---

103. Ibid., 43.
104. Ibid., 44.
105. Ibid.
106. Ibid., 45.

율법을 지킬 수 없다는 것을 전통적으로 뒷받침하는 본문들을 다시 읽고 나서, 샌더스는 율법을 그리스도인들과 유대인들이 똑같이 지킬 수 있다고 바울이 믿었다는 긍정적인 증거가 있다고 주장한다. 빌립보서 3:6에서 바울은 전에는 "율법의 의"가 있어서 "흠이 없었다"고 주장한다. 더욱이 바울은 데살로니가전서 3:13, 5:23과 고린도전서 1:8에서 그리스도인들을 "흠이 없고" "책망할 것이 없는" 자라고 한다. 보편적인 죄를 말하는 바울의 본문에서(즉 롬 5:12-21) 위의 결론들을 볼 수 없다. 랍비들은 비슷한 언급을 하지만 그 언급들 가운데 있는 긴장을 알지 못하거나 관심이 없다고 샌더스는 상기시킨다. 이것은 바울에 대해서도 마찬가지다.

8) 요약

만일 의가 믿음으로 오고 율법으로 오지 않는다면 하나님은 왜 율법을 주셨는가?

온 세상이 그리스도를 통해서만 구원받을 수 있기 때문에 온 세상은 정죄를 받아야만 하고 그 정죄의 역할은 율법이 한다. 바로 이 이유 때문에 바울은 율법을 죄, "육체" 그리고 죽음과 연관시키고, 율법 아래 있는 상태를 우주의 근본적인 영들에 의하여 종이 된 상태와 동등하게 간주한다(롬 6:15-20; 갈 4:1-11). 하지만 이와는 별개로 바울은 율법에 대하여 장점만을 말한다. 율법의 요구는 의롭다. 율법의 목적은 그 자체로 올바르다. 그러나 그 요구는 그리스도 안에서만 성취된다(롬 8:4). 율법의 목적인 삶은 그리스도 안에서만 성취된다(롬 7:10; 8:1-4).[107]

---

107. Sanders, *Paul and Palestinian Judaism*, 497.

바울이 율법을 반대한 것은 율법이 그리스도 안에서만 온다는 바울의 중심적인 확신에서 오기 때문에 율법에 대한 바울의 주장은 필연적으로 일관성이 없다. 율법에 대한 바울의 일관성 없는 언급은 "하나님이 율법을 주셨다는 본래의 믿음과 구원은 그리스도를 믿음으로 얻는다는 새로운 확신"(이것 때문에 바울은 율법에 부정적인 역할을 부여한다)을 풀려는 시도이다. 이로 인하여 샌더스는 "로마서 7장에 드러난 고통과 고난이 나오는 이유를 알 수 있다"라고 말한다.[108]

7. 연관성과 일관성

율법에 대한 샌더스의 설명을 보면서 바울이 조직적인 사상가였는지에 대해 질문을 하는 것은 자연스럽다. 샌더스는 율법에 대한 질문에 초점을 맞추면서 앞선 두 가지 명제, 즉 율법에 대한 바울의 언급은 일관성이 있지만 "다른 관점에서 보아야" 한다는 불트만의 주장과 율법에 대한 바울의 견해가 갈라디아서와 로마서의 구성이 다르다는 한스 휘브너(Hans Hübner)의 주장에 동의하지 않는다.[109]

샌더스는 율법에 대한 바울의 언급에 조직적인 온전함을 이룰 수 없다고 주장한다. 이러한 비일관성은 바울이 로마서 7장에서 하나님(의 목적), 율법 그리고 죄를 다루려 할 때 드러난다. 이 본문에서 바울은 자기주장이 함의하는 것으로부터 자꾸 물러나려 한다(즉 죄는 자율적이게 된다. 육체는 자율적이게 된다. 율법과 육체는 서로 관련이 없다. 율법은 선을 못 만든다).

---

108. Sanders, *Paul, the Law, and the Jewish People*, 76.
109. Ibid., 145.

이러한 비일관성은 또한 율법은 의롭게 할 수 없고, 성령 안에 있는 자들은 바로 그 율법을 성취할 수 있다고 바울이 주장할 때 드러난다. 이 두 가지 언급은 바울의 다른 핵심적인 확신 가운데 하나, 즉 들어감과 유지함에서 나온다. 이러한 비일관성을 통하여 우리가 알 수 있는 것은 바울이 "몇 가지 기본적인 확신을 붙잡고서 이것을 다른 문제에 적용할 때에 바울이 율법에 대하여 달리 말하도록 하였다"라는 점이다.[110] 그는 **연관성**은 있었으나 일관적이거나 **조직적**이지 않는 사상가였다.

8. 그리스도의 죽으심: 바울의 용서와 죄

샌더스에 관한 고찰을 마무리하기 전에 샌더스가 생각하는 바울에게서 그리스도의 죽으심은 무슨 역할을 하는지 묻고 싶다. 샌더스는 그리스도께서 죄 때문에 돌아가셨다는 견해를 바울이 물려받았다고 주장한다.[111] 신약학자들의 공통적인 입장은 바울이 그리스도의 희생적 죽음의 용어를 초대교회 전통에서 받았고, 바울이 이 전통을 "주저 없이 반복한다"는 것이다.[112] 이러한 전통이 로마서 2-3장에서 그리고 특별히 고린도전서 6:9-11에서 표면에 드러나고 있다고 샌더스는 말한다. 이 성경본문에서 사람의 곤궁은 범죄라는 관점에서 정의되고, 그리스도의 죽으심은 죄인들이 깨끗케 되는 수단으로 설명된

---

110. Ibid., 147.
111. Sanders, *Paul and Palestinian Judaism*, 463.
112. Ibid.

다.¹¹³ 그리스도의 희생적 죽으심의 용어가 바울에게 있는 것을 설명하는 방식은 법정적 범주가 바울 사상에서 비교적 최소한의 역할을 하고 있다는 샌더스의 일반적인 주장과 부합한다.

또한 샌더스는 고린도후서 5:14, 갈라디아서 1:4, 로마서 14:8 이하를 인용하면서 믿는 자가 "죄의 권능에 대하여 죽고 범죄가 속죄받지 못했다"라는 방식으로 그리스도의 죽으심에 참여하고 있다고 말하는 본문이 있음을 지적한다.¹¹⁴ 따라서 바울은 그리스도의 죽으심을 속죄로 이해한 것을 전통으로 물려받았기 때문에 "바울 사상에 있는 그리스도의 죽으심에 관한 첫째 의미"는 참여적이다. 달리 말하면 권능인 죄에 대하여 죽음, 즉 "미래의 구원을 보증하는 주권의 변화"인데 샌더스는 로마서 6:3-11, 7:4, 갈라디아서 2:19 이하, 5:24, 6:14, 빌립보서 3:10 이하를 인용한 것을 뒷받침하면서 말한다.¹¹⁵

바로 이 이유 때문에 샌더스는 바울이 유대교에 있는 (회개를 포함하여) 속죄와 용서에 대하여 체계적으로 언급하지 않는다고 주장한다. 바울은 "모든 사람이 죄에 종노릇하게 되었고" "모든 이의 구주이신 그리스도를" (계시로) 먼저 확신한 결과로써 "그리스도를 통해서만 구원받을 수 있다는 결과에 이르게 된다."¹¹⁶ (그리스도께서 모든 이의 구주라는) 후자의 확신이 우선함으로써 바울은 사람들의 죄에 대한 준비된 대책이 있었다. 유대교가 제공하는 속죄의 가르침을 버릴 수 있었던 것은 그 자체의 결점 때문이 아니라, 그 대책이 그리스도가 아니거나 샌더스의 말에 따르면 "그들이 사람의 진짜 곤궁에 답하지 못하

---

113. Ibid., 498-99.
114. Ibid., 465.
115. Ibid., 466.
116. Ibid., 499.

기" 때문이다. 샌더스가 계속 말하기를 "회개는 아무리 뜨겁게 하더라도 주권의 변화를 일으키지 못한다. 사람의 범죄는 중요하게 다루어져야 한다. 하나님은 죄를 간과하셔야만 하거나 그리스도께서 죽으셔서 죄를 속죄하셔야만 한다. 그러나 이러한 범죄는 문제의 핵심이 아니다. 사람의 문제는 그리스도의 주권 아래 있지 않다는 것이다."[117] 그리스도의 죽으심과 관련하여 주권의 변화에 놓인 우선성은 또한 바울서신에서 기독교의 두 가지 개념의 부족함, 즉 과거의 범죄로부터 믿는 자가 깨끗해지는 그리스도의 죽으심과 범죄에 대한 논의를 설명할 수 있다.[118]

9. 요약과 결론

바울에 대한 샌더스의 연구에 대한 몇 가지 주장을 요약해 본다.

- 샌더스가 구성한 유대교를 근거로 하여 샌더스는 바울이 구원론적인 근거로 유대교와 의견이 다를 수 없었을 것이라고 주장한다. 바울은 유대교가 구원을 유대교인들에게 줄 수 있다는 점에서 본질적으로 실수했다고는 결코 믿지 않았다. 바울은 유대교가 자신의 용어로 역할을 할 수 있다는 것에 대하여 불평하지 않았다.
- 네 가지 사항을 이해하면 바울은 분명해진다. (1) 바울에게는 변형된 언약적 신율주의가 있다. (2) 이러한 변형은 바울이 우선시

---

117. Ibid., 449-500.
118. Ibid., 500.

하는 두 가지, 중심적이고 조직적인 확신에 따른 것이다. 즉 예수는 모든 이의 구주 그리스도이시고, 바울은 이방인의 사도로 불렸다는 점이다. (3) 바울은 여러 가지 면에서 여전히 유대인이다. 하지만 앞에서 언급한 중요한 신념체계 때문에 바울은 자신의 백성과 다르게 되었다. 모든 다른 점에서는 연속성이 있음을 인정한다. (4) 바울은 하나님의 백성에 대한 경계표시를 재정의했다. 그는 하나님의 백성의 참된 일원을 이루는 것이 무엇인지에 대하여 당시 유대인들과는 다른 답을 갖고 있었다.

- 바울이 유대교를 비난한 것은 **유대교가 기독교가 아니기 때문이다**. (1) 유대인의 곤궁 또는 이방인의 곤궁에 대한 개념은 심판 때 구원받을 것이라 확신하는 유일한 방법이 그리스도 안에 있는 것이라는 중요한 확신에서 왔다. (2) 따라서 사람의 곤궁에 대한 바울의 설명은 서로 일관성이 없는데, 이러한 비일관성으로 인하여 드러난 것은 바울의 설명은 추론을 중요하게 생각하지 않는다는 것이며, 이러한 중요한 확신을 증명하려고 개발된 논증이라는 점이다. (3) 로마서 7장과 로마서 1:18-3:20에 나타나는 곤궁에 대한 상충적인 설명에 대한 샌더스의 해석에서 그리고 "믿음"과 "의"에 대한 불안정한 바울의 정의에서 그 예를 보았다. (4) 샌더스가 바울의 견해를 로마서 1-4장의 수사학적 구조를 반영하는 것으로 변호하였음을 살펴보았다.

- 특별히 "의"라는 용어의 사용에서 바울은 유대교와 다른 점이 있다. (1) 바울은 "의"라는 용어를 (유대교가 하는 것처럼) **유지**용어가 아니라 가입용어로 쓴다. (2) 바울의 용법을 살펴보면서 샌더스는 바울이 의라는 용어를 법정적 용법과 참여적 용법을 구분하지 못하여 신중치 못하다는 점에 주목한다. 로마서 6:7, 갈라

디아서 2:15-21, 3:25-29, 빌립보서 3:4-12에서 법정적 용법은 참여적 용법을 위하여 활용된다고 샌더스가 주장하는 것을 보았다. (3) 참여적 용어가 더 근본적이고 바울 사상을 더 정확히 반영한다. "믿음으로 말미암은 의와 그리스도에 참여함은 궁극적으로 같은 것이다."[119]

- 또한 바울은 어떤 사람이 율법을 본래적으로 지킬 수 없음을 믿었다는 견해를 샌더스가 강하게 반대하고 있음을 보았다. (1) 다른 이들이 반대로 가르친다고 하는 본문(갈 3:10-13; 5:3; 6:13; 롬 3:27-4:25; 롬 1-3장; 롬 9:30-10:13; 빌 3:9)을 샌더스가 어떻게 해석하고 있는지 보았다. (2) "율법에 대한 바울신학"을 체계화하면서 샌더스는 율법에 대한 바울의 언급이 하나님이 율법을 주셨다는 중요한 확신 그리고 그리스도에 대한 새로운 확신의 결과라고 말한다. 이 두 가지 확신이 궁극적으로 일치하지 않기 때문에 이 확신에서 나오는 바울의 논증은 필연적으로 모순적이다.
- 율법에 대한 바울의 언급에 근거하여 샌더스는 바울이 **일관적**이지 않거나 **체계적**이지 않지만 **연관성**은 있는 사상가라고 결론을 내린다. 이 주장은 신약학자들이 점점 더 많이 받아들이는 특징이 되었다.
- 그리스도의 죽으심이 바울에게는 근본적인 속죄가 아니었다. 믿는 자들이 그리스도의 죽으심에 참여함으로써 죄의 권능으로부터 구원받음을 함의한다. 그리스도가 모든 이의 구주라는 더 선험적이고 근본적인 확신으로 말미암아 바울이 왜 유대교의 속죄 가르침을 버렸으며, 왜 그의 사상에서 회개와 용서가 그다

---

119. Ibid., 506.

지 적게 작용하는지 알 수 있다. 그것들의 결핍은 유대교가 그 자체로 기능할 수 있다는 점에 대하여 내재적으로 불만을 갖고 있기 때문이 아니다.

CHAPTER 6

샌더스 이후:

레이제넨과 던

샌더스의 업적이 바울과 제2성전 유대교의 비평적 연구에서 분기점이 된다고 말하는 것은 옳다. 대안 관점이 급격히 늘어남에도 불구하고[1] 많은 신약학자들이 그의 유대교 구성과 이에 따른 바울연구를 받아들였다. 6, 7장에서는 "샌더스 이후" 세 명의 뛰어난 바울 학자들인 던(James D. G. Dunn), 레이제넨(Keikki Räisänen), 라이트(N. T. Wright)를 살펴 볼 것이다. 레이제넨을 먼저 살펴보는 이유는 샌더스의 제안 중 몇 가지가 논리적 결론을 가져왔기 때문이며, 레이제넨의 영향이 (학문에서나 교회에서) 던과 라이트의 영향에 비해 비교적 덜 하기 때문이다.

---

1. 유대교에 대한 샌더스의 학문적 입장을 가장 강하고 분명하게 반대하는 자들 중 한 명은 제이콥 누스너(Jacob Neusner)이다. 누스너와 샌더스의 교류에 대한 간단한 사례는 Jacob Neusner, "Review of Judaism: *Practice and Belief*, by E. P. Sanders," in *Jounal of Studies in Judaism* 24 (1993): 317-23을 보라.

1. 레이제넨

레이제넨(Keikki Räisänen)은 좋은 비평적인 방식으로, "명백한 조화"와 "변증법적 방법"이라고 부르는 것이 바울 사상에 연관성을 맺어주기에 타당한 방법이라고 논증도 없이 결론을 지었다.[2] 좀 더 논증함으로 다음과 같은 방법으로 또한 결말을 지었다.

(1) 바울의 "불합리한 결론"을 인식하고 있음에도 불구하고 그의 율법에 대한 가르침을 실존주의화하는 것(한스 콘젤만[Hans Conzelmann]), (2) "갈라디아서와 로마서가 연관성 있게 시작하였으나 후에 삽입이 되어서 논증에 연관성 없게 되었다"라고 하는 삽입이론들(오닐[J. C. O'Neill]),[3] (3) 바울의 율법신학이 특별히 갈라디아에서 로마서로 넘어가면서 발전되었음을 가정하는 것(다드[C. H. Dodd], 드레인[John Drane], 휘브너[Hans Hübner]) 등이 있다. 이러한 제안들을 제쳐두고서 레이제넨은 "사실대로 거리낌 없이 말해야 한다"라고 말한다. 바울은 일관성이 없고 더욱이 그 논증은 설득력이 없다는 것이다. 달리 말하면 바울은 "타당성이 없는 전제"로 작업을 한다고 본다.[4] 레이제넨은 이 두 가지 기준(비일관성과 타당성이 없는 전제)을 바탕으로 율법에 대한 바울의 서신서들을 연구한다.

---

2. Heikki Räisänen, *Paul and the Law*, Wissenschaftliche Untersuchungenzum Neven Testament 29 (Tübingen, Germany: MohrSiebeck, 1983), 4. "명백한 조화"와 "변증법적 접근"이라는 말을 가지고 레이제넨은 크랜필드(C. E. B. Cranfield)와 스튤마허(Peter Stuhlmacher) 각각의 프로젝트를 생각하고 있다.

3. Ibid., 6.

4. Ibid., 11-12.

1) 바울과 율법

레이제넨은 율법에 대한 바울신학에 일관성이 없는 몇 가지 노선이 있다고 주장한다.

첫째, 바울은 결코 "율법"을 정의하지 않는다. 오히려 율법이라는 말을 모호하게 한다. 대개 그리고 "거의 예외 없이" 바울에게 율법은 토라이다.[5] 그러나 이방인들이 "율법이 없다"(롬 2:12ff.; 고전 9:20ff.)라고 언급하면서도 다른 곳에서는 이방인들이 모세 율법에 매여 있다고 말할 것이다(갈 3:10-14; 4:5-6; 5:1).[6] 바울은 문화적 율법과 도덕적 율법을 구분하는 것이 불가능하다는 본문과 논증을 제시한다(갈라디아서에서 바울이 율법에 대해 언급한 많은 곳은 "할례, 음식법, 절기"에 대하여 다루고 있다).[7] 하지만 다른 곳에서 바울은 "토라를 도덕법으로 슬그머니 한정시킨다"(즉, 갈 5:14["온 율법은 네 이웃 사랑하기를 네 자신 같이 하라 하신 한 말씀에서 이루어졌나니"]; 롬 13:8-10).[8] 레이제넨은 아마도 바울 자신의 "말이 느슨해진 것"을 인지하지 못하고 있었으며, 분명히 이 느슨함 때문에 "바울이 수신자들에게 감정적인 차원에서 인상을 심어줄 수 있다"라고 주장한다.[9]

둘째, 율법의 구속력이 지속적인가, 그렇지 않은가에 대한 일관성이 없다. 바울에게 율법은 폐지되었다(갈 3:15-20; 고후 3장; 롬 7:1-6)라고 분명하게 말한다. 하지만 또한 바울은 율법이 "성취"되었다고 말한다(갈 5:14; 롬 3:31; 8:4; 13:8-10). 달리 말하면 바울은 때때로 율법이 "영원

---

5. Ibid., 16.
6. Ibid., 18-21.
7. Ibid., 25.
8. Ibid., 26ff., 199.
9. Ibid., 28.

하게 규범적인 성격이 있는 것"으로 여긴다.[10] 그러므로 바울은 실제적인 도덕적 가르침에서는 율법의 폐지를 무시할 것이다. 레이제넨은 이 용어가 "이미 그렇다고 확신하는 자들만을 속일 수 있었을 것이다"라고 주장한다.[11] 바울이 그리스도의 율법에 대해 말할 때 새 율법이 옛 율법을 대신한다고 주장하기보다는 "그리스도 교회의 특징적인 생활방식에 대하여 언급할 뿐이다."[12] 실제로는 "바울이 반율법적이라기보다는 사실상 율법에 대하여 선택적이다. 바울은 율법을 무관심하게(*adiaphoron*) 간주하고 또한 그렇게 다루고 있다. 유대인의 관점에서 그러한 태도는 물론 율법의 거부로 비춰질 수 있다."[13]

셋째, 바울은 사람이 율법을 성취할 수 있는지에 대한 질문에 일관성이 없다. 여러 곳에서 바울은 아무도 율법을 성취할 수 없다고 말한다. 로마서 7:14-25은 분명히 "바울이 그리스도인에 대해 설명하려는 것이 아니고 율법 아래 있는 인간존재에 대한 설명을 하려는 데 그 의도가 있다."[14] 로마서 1:18-3:20은 아무도 율법을 성취할 수 없다는 바울의 견해를 보여주는 또 다른 본문이다.[15] 하지만 어떤 이방인들은 율법을 행할 수 있다고 말한다(롬 2:14-15, 26-27). 레이제넨은 이 구절들이 "로마서 1:18-3:20의 논지와 전적으로 배치된다"라고 강조한다.[16] 더욱이 바울은 그리스도인들이 율법을 성취한다고 말한다(갈

---

10. Ibid., 69.
11. Ibid., 71.
12. Ibid., 82.
13. Ibid., 77.
14. Ibid., 109.
15. 레이제넨은 이 본문을 "전도자를 훼손하는 것"으로 그리고 "바울에게 동의하지 않는 자들에 대한" 사랑이 부족한 진짜 증거로 이해한다. Ibid., 101.
16. Ibid., 103.

5:14ff.; 롬 8:4; 13:8-10). 요약하면 "바울의 마음은 혼란스럽다."[17]

율법 성취에 대하여 이렇게 일관성이 없는 것에 대하여 어떻게 설명할 수 있는가? 레이제넨이 근본적으로 샌더스와 입장을 같이하면서 다음과 같이 말한다.

> [바울의] 출발점은 율법이 기독교 공동체 외에서 성취되어서는 안 된다는 확신이다. 왜냐하면 그렇지 않으면 그리스도께서 헛되이 죽으셨을 테니까 말이다. 다른 한편으로 기독교인들 가운데서 율법은 성취되어야만 한다. 그렇지 않으면 그리스도는 율법이 연약한 만큼 연약하게 된다(롬 8:3). 율법은 유대인들도 이방인들도 성취하지 못한다는 것과 같이 바울은 일반화를 허무는 방법으로 "증명"한다. 또 다른 방안은 율법의 주장을 극단으로 치달아서 급진적이게 한다. 율법의 100퍼센트 성취는 보류될 것이다(갈 3:10).

달리 말하면, "바울의 신학적 이론으로 인하여 율법에 대한 바울의 생각이 분명히 동시에 갈 수 없는 방향으로 펼쳐졌다."[18]

넷째, 바울은 율법의 기원에 대하여 일관성이 없다. 율법은 하나님에게서 나온 것이냐, 아니면 천사에게서냐? 이 질문은 부차적으로 관련 있는 또 다른 비일관성의 문제, 즉 율법의 목적이라는 문제를 일으킨다. 바울은 일반적으로 율법의 신적 기원을 따르지만 갈라디아서 3:19에서 율법은 천사가 주었다고 반대로 주장한다. 바울이 이렇게 말한 것은 "논쟁적인 논의의 과정에서 율법에 대하여 극단적인 것을 제시하면서 시내산 천사 강림에 대한 유대교 전통을 번안하였기"

---

17. Ibid., 107.
18. Ibid., 118.

때문이다. 그러나 바울은 결코 이 사상을 발전시키지 않고, 다른 곳에서는 오히려 이 가르침에서 뒤로 물러난 것으로 보인다. 레이제넨은 "바울이 정상적으로 인식하지 못했던 율법에 대한 잠재적 분노를 표현한 것일 수 있다"라고 추측한다.[19]

여러 곳에서 바울은 율법의 목적이 부정적이라고 주장할 것이다. 바울은 왜 이런가? 바울의 "연역적 신학 논지(그리스도께서 율법을 대신했다) 때문에" 율법의 기능에 대하여 부정적으로 말하게 되었다. 하지만 바울은 또한 덜 부정적인 목적을 율법에 두었다(즉 롬 7:9). "따라서 바울 사상에는 두 노선이 있다…하나님이 율법이 구원에 이르는 길이 되기를 원치 않으셨거나 실제 율법이 그 목적에 부합하지 않아서 다른 수단이 나와야 했거나 이다. 레이제넨은 이 두 노선이 분명히 상충된다"라고 설명한다.[20] 이러한 상충은 바울의 "연역적(그리스도적) 확신"에 의존함으로써 설명할 수 있다.[21]

바울 사상에 있는 이러한 비일관성을 추구한 것에 덧붙여서 레이제넨는 바울이 율법을 유대교에 있는 구원의 "경쟁적 원리"로 이해한다고 주장한다. 그러므로 그는 유대교의 구원론을 오해하였다. 레이제넨이 이해하기로는 "유대인들이 그리스도를 믿음으로라기보다는 율법을 지킴으로 구원받을 수 있다고 잘못 생각하고 있다. 악의 뿌리는 기독론적인 실패에 있지 인간론적 실패에 있지 않다"라고 바울이 가르친다는 것이다.[22] 레이제넨은 "율법의 행위"가 "단순히 토라가 요구한 행위"("자신이 선택한 행위로써 자랑하기 위한 근거를 얻으려는 목적으로 이

---

19. Ibid., 133.
20. Ibid., 152.
21. Ibid., 154.
22. Ibid., 176.

룬 것")라는 점에서 샌더스의 의견에 동의한다.[23] 결과적으로 바울이 유대교를 공격할 때 율법이 "의에 이르는 유대교의 관문"이었다는 것은 바로 이 주장을 위한 것이다.[24]

레이제넨은 유대인들이 "토라에서 의(의에 대한 바울의 의미와 같은 것)"를 추구하는지 묻고 나서 "분명히 아니"라고 답한다.[25] 오히려 "사람이 율법에 가는 것은 하나님이 보여주신 인도를 감사함으로 받아들이면서 하나님 아래 있는 선택된 공동체의 일원으로서 살기 원했기 때문이다."[26] 그런 다음 바울은 유대교에 있는 은혜의 역할을 의도적으로 부정한다. 즉 "바울은 율법과 은혜를 구분하면서 은혜를 그리스도의 사건에 한정시킨다. 바울은 참회하는 자에게 하나님이 값없이 주시는 사죄가 중심에 위치한다는 점에 관심을 두지 않는다. 율법은 결코 저 길이 아니라는 단순한 이유 때문에 '구원에 이르는 길로써 율법'을 폐지하는 것은 불가능하였을 것이다."[27]

바울은 "뒤틀린 또는 특징이 없는 유대교"에 동의하지 않았다.[28] 샌더스는 구원이 그리스도 안에서만 올 수 있다는 선험적 확신 때문에 바울은 유대교에 있는 은혜와 선택이라는 개념을 실제로 지나쳤다고 주장했다.[29] 달리 말하면, 바울의 근본적인 확신(모든 사람을 위한 구원은 그리스도 안에만 있다) 때문에 그 문제의 방향이 이미 정해졌다. 즉 "유대교의 언약은 구원에 효과적일 [수 없다]. 따라서 바울은 유대교의

---

23. Ibid., 176-77.
24. Ibid., 177.
25. Ibid., 178.
26. Ibid.
27. Ibid., 187.
28. Ibid.
29. E. P. Sanders, *Paul and Palestinian Judaism: A Comparison of Patterns of Religion* (Philadelphia: Fortress, 1977), 551.

기초를 의식적으로 부정한다."³⁰ 그러나 유대교는 율법을 구원에 이르는 수단으로 가르친다고 바울이 말함으로써 바울은 유대교의 구원론을 의도적으로 오해했다고 레이재넨은 주장한다. 무엇 때문에 바울이 오해하게 되었는가? 그것은 선교현장에서의 경험, 특별히 "유대인들과 갈등"에서 오는 압박감 때문이라고 레이재넨은 답한다.³¹

2) 극단적인 비일관성

레이재넨은 샌더스가 한 것보다 더욱 바울의 두 가지 근본적인 주장, 즉 그리스도 사건(바울은 하나님으로부터 기원된 것으로 이해함)과 하나님의 제도로써 율법이 상반됨을 주장한다. 율법의 어떠한 부분이라도 부정하면 근본적인 원리를 부정하는 것이 된다고 레이재넨은 주장한다. 즉 "하나님의 것은 폐하여질 수 없다."³² 그러므로 바울은 일관성이 없다. 그의 두 가지 근본적인 주장은 조화될 수 없고, 그렇다고 어느 것 하나를 폐기할 수도 없다. 그렇다면 바울은 왜 율법을 전혀 필요 없게 하지 않았는가? 그는 "하나님의 목적과 뜻의 단일성을 약화시키지 않도록 전통의 입에 발린 말(바울 자신도 결코 그렇게 깨닫지 못함)을 해야 했다."³³ 그러나 바울의 현대비평가들은 바울의 "토라에 대한 실제적 태도는 율법의 폐지다"라고 말한다.³⁴

앞의 일반적인 설명과는 별개로 바울의 율법에 대한 구체적이고 상충적인 언급은 무엇을 말하는가? 갈라디아서에 나타난 것과 같이

---

30. Ibid.
31. Räisänen, *Paul and the Law*, 256ff.
32. Ibid., 265.
33. Ibid., 266.
34. Ibid., 200.

상반되는 언급은 특별히 안디옥에서 충돌하여 부딪히게 되었다. 논쟁의 핵심에서 바울은 직접적인 이익을 얻기 위하여 몇 가지 "즉흥적이며" 상반적인 논증을 선택하여 "자연적인 추론이 말하는 것보다 더욱 근본적으로 주장하는 지점까지 이르게 되었다."[35]

2. 제임스 던

제임스 던은 현재 더럼(Durham)대학교에서 라이트푸트(Lightfoot) 신약학 교수로 재직하고 있다. 던은 바울연구에 대하여 "새 관점"이라는 용어를 만들어 냈다. 그는 샌더스의 과제를 짊어졌으나 몇 가지 차이점만을 지적하겠다. 가장 중요한 것 가운데 하나는 던이 바울 사상에 근본적으로 연관성과 일관성이 있다고 본다는 점이다. 이로써 그는 가장 주석적이고 신학적으로 철저한 새 관점의 연구물 가운데 하나를 갖게 되었다. 더욱이 던은 칭의에 대한 샌더스와 레이제넨의 주장은 주석을 주관적으로 해석한 것으로 문제가 있고, 그들은 "바울 시대에 율법의 사회적 기능의 충분한 의미를 이해하는 것과 이것이 바울과 바울의 반응에 직면한 쟁점을 어떻게 만들고 영향을 끼치는지 이해하는 것에 여전히 실패했다고" 주장했다.[36]

먼저 던의 대표적인 논문 "바울에 관한 새 관점: 바울과 율법"(*The New Perspective on Paul: Paul and the Law*)을 연구할 것이다.[37] 그런 다음 던

---

35. Ibid., 262.
36. J. D. G. Dunn, "Works of the Law and the Curse of the Law (Galatians 3:10-14)", *New Testament Studies* 31 (1985): 524. Repr. in *Jesus, Paul, and the Law: Studies in Mark and Galatians* (Louisville, Ky.: Westminster John Knox Press, 1990), 215-41.
37. J. D. G. Dunn, "The New Perspective on Paul," *Bulletin of the John Rylands University*

의 가장 최근 (종합적인) 연구서인 『바울신학』(*Theology of Paul the Apostle*) 과 로마서와 갈라디아서 주석을 살펴보면서, 위의 샌더스 연구에서 살펴보았던 주제들과 본문들에 대하여 던이 무엇이라고 말하는지 살펴보고자 한다.[38]

1) 바울에 관한 새 관점

던은 샌더스 연구의 출현은 "루터가 전형적으로 이신칭의를 강조하여 로마서 본문에 해석학적 격차를 부여한 것"에 대한 강력한 반응이라고 부른다.[39] 던은 칭의를 무한히 강조하는 일에 주저하지 않으나 강조점이 칭의로 가는 것, 즉 유대교를 "구원은 선행의 공로로 얻는 체계",[40] 바꿔 말하면 "차가운 율법주의적 선행의 공로로 구원을 얻는 체계를 가르치고 하나님의 값없는 용서와 은혜가 거의 없거나 아예 없는" 종교로[41] 이해하는 것에는 주저한다. 던은 유대교에 대한 전통적인 묘사는 "거친 풍자"여서 "기독교의 반유대주의라는 악한 중압감을 조장하는 것"을 도왔다는 점에서 샌더스에게 동의한다.[42]

Library of Manchester 65 (1983): 95-122; repr. in *The Romans Debate*, ed. Karl P. Donfried, rev. and enl. ed. (Peabody, Mass.: Hendrickson, 1991), 299-308; also repr. in *Jesus, Paul, and the Law: Studies in Mark and Galatians* (Louisville, Ky.: Westminster John Knox Press, 1990), 183-214. 앞으로 분명하게 언급된 곳을 제외하면 Donfried의 페이지를 사용할 것이다.

38. J. D. G. Dunn, *The Theology of Paul the Apostle* (Grand Rapids: Eerdmans, 1998); *Romans* 1-8, 9-16, Word Biblical Commentary 38 A-B (Waco, Tex: Word, 1988); *A Commentary on the Epistle to the Galatians*, Black's New Testament Commentary (London: A. C. Black/Peabody, Mass.: Hendrickson, 1993).

39. Dunn, "The New Perspective on Paul," 299.
40. Ibid.
41. Ibid., 300.
42. Ibid.

던은 더 나아가 언약적 신율주의라는 샌더스의 고안을 칭찬하지만, 샌더스가 "이 관점을 철저하게 또는 매우 일관성 있게 따르지" 않았다고 주장한다.[43] 던은 "바울이 반대한 것은 무엇인가?"라는 질문에 샌더스가 충분히 대답하지 않았다고 주장한다.[44] 바울이 유대교의 언약적 신율주의에서 기독교의 언약적 신율주의로 바꾼 것은 "독단적"이어서 특별히 "율법"에 대한 자신의 "신학"을 "연관성이 없고 모순되게" 하였다고 샌더스가 말한 것으로 던은 이해한다.[45]

던은 몇 가지 예비적인 고찰을 하면서 그 질문에 답하려고 한다. 먼저 던은 바울서신에서 **노모스**(*nomos*, "율법")라는 단어는 "토라"로 번역될 수 있다고 주장한다. 따라서 **노모스**는 좁은 의미에서 구약의 교훈을 지칭하지 않고 언약의 체결과 유지를 다루는 창세기, 출애굽기, 신명기에 있는 본문들을 포함하여 모세오경 전체를 포함한다. 다음으로 던은 구약의 언약적 신율주의와 바울의 언약적 신율주의를 연결시킨다. 던은 "포로 후기 에스라의 개혁"과 주전 2세기 마카비왕조의 난국을 인용하면서 율법은 "하나님이 자기 백성으로 특별히 선택하신 백성이라는 이스라엘의 독특함에 대한 근본적인 표현이 되었다. 구원론적 관점에서 율법은 정체성의 표시와 경계로서의 역할을 하고 이스라엘의 독특함의 의미를 강화하며 이스라엘과 주변 국가를 구별하게 했다"라고 주장한다.[46]

이제 던은 "바울은 무엇에 반론하는가?"라는 질문에 답한다. 던은 "독특함이라는 의미는 정확히 말하면 하나님이 특별히 선택하시고

---

43. Ibid.
44. Ibid., 301.
45. Ibid., 300.
46. Ibid., 303, 304.

언약과 율법이라는 선물이 주는 혜택을 입은 백성이 되었다는 점에서 자연적으로 그리고 필연적으로 **특권**이라는 의미로 바뀌게 되었다"라고 주장한다.[47] 그는 다음과 같이 결론을 내린다.

> 특권적인 선택과 언약적 신율주의의 업무를 확신하면 독특함에, 즉 독특한 정체성을 강화하며 이스라엘을 다른 나라들과 매우 분명하게 구별시키는 구체적인 율법 그리고 특별히 제의적 업무에 초점을 두게 된다. 이러한 의미에서 이스라엘의 율법 가운데 세 가지, 즉 할례, 음식법, 안식일이 독특한 것으로 부각된다.[48]

던의 주장에 따르면 이 율법은 "본질적으로 더 중요하게" 생각되지 않았다. 즉 "유대인이 국민으로 이해한다는 점에서 특별히 민감한 점"이나 "언약에 대한 충성의 선례가 되는 사례"로 생각지 않았다.[49]

"율법의 행위"는 "일반적인 선행이나 개인이 자신을 위해 공로를 얻으려는 시도가" 아니라 "특히 안식일과 음식법과 같은 예민하게 '시험적인' 쟁점에 몰두함으로써 증명된 것과 같이 의인이 언약백성 안에서 지위를 유지하려는 순종의 유형이다."[50]

바울이 율법을 비판한 것은 "이스라엘이 완전하게 물려받았으나…경계를 세우는 제의만을 잘못 강조함으로써 오해를 불러일으킨 법을…율법이 육체의 문제에만 너무 가깝게 동일시하는 점에서 죄의 수단이 된 것을…국가적인 열심에 초점을 둔 것을" 비판한 것이다.[51]

---

47. Ibid., 305.
48. Ibid., 306.
49. Ibid.
50. Ibid., 307.
51. Ibid.

2) 의

위의 논의를 살펴보면서 질문이 생긴다. 던은 바울의 "의"라는 용어에 대하여 무엇이라고 말하는가? 첫째, 던은 의를 헬라적 개념이 아니라 히브리적 개념으로 이해해야 한다고 말한다. 헬라적 개념은 의를 "개인과 개인의 행동을 평가할 수 있는 개념 또는 이상"으로, 히브리적 개념은 의를 "관계적인 개념으로…개인이 맺고 있는 관계로 인하여 부과된 의무를 이행하는 것"으로 이해한다.[52] 물론 이러한 정의는 의의 법정적 용법과 변형적 용법의 차이를 배제한다. 법정적 용법은 변형적 용법에 속해야 한다.

둘째, 하나님의 의는 "인간을 창조하실 때와 특별히 아브라함을 부르시며 이스라엘을 자기 백성으로 선택하실 때 짊어지신 의무를 하나님이 성취하시는 것이다."[53] 달리 말하면 하나님의 의는 "자기 백성을 향한 하나님의 **신실하심**"이다.[54] 따라서 로마서의 목적은 "하나님의 신실하심을 설명하고 변호하려는 것"이다.[55]

던이 말하는 의의 개념은 로마서의 중요한 세 본문을 해석한 곳에 설명되어 있음을 보게 된다.

(1) 로마서 1:17

던은 서구인들이 너무나도 자주 이 구절을 "이상적이며 절대적인 것으로써 특별한 주장과 의무가 평가되는 윤리규범"으로 읽어왔다

---

52. Dunn, *The Theology of Paul the Apostle*, 341.
53. Ibid., 342.
54. Ibid.
55. Ibid., 344.

고 주장한다. 하지만 만일 이 구절을 "히브리 사상"의 맥락으로 이해하면 "본질적으로 관계의 개념"이 나온다.[56] 달리 말하면 "사람들이 의로울 때는 다른 사람들이 관계 때문에 설정된 요구를 이행할 때이다."[57] 구약에서 의라는 용어의 배경은 "언약"이다. 그러므로 하나님이 "의로우신" 때는 "이스라엘의 하나님이 되시기 위하여, 즉 이스라엘을 구원하시고 이스라엘의 적을 심판하시기 위하여 자신에게 부과된 의무를 성취하실" 때 또는 하나님이 "자기 백성을 회복하시고 언약으로 유지하시기 위하여 행하실" 때라고 말한다.[58]

바울이 의에 대하여 이렇게 독특한 개념을 물려받은 것은 분명하여서 이 구절을 사용하여 "이스라엘에 대한 하나님의 능력"(롬 1:16)을 설명한다. 이러한 해석의 유익은 독자에게 두 가지 난제를 풀어준다는 점이다.

첫째, "하나님의 의"라는 구에서 나타난 소유격은 어떤 종류의 소유격인가? 이 구는 목적격적 소유격인가(하나님이 하시는 것), 주격적 소유격인가(하나님의 태도나 속성)? 던은 "둘 중 하나가 아니라 둘 다가 있어서 강조점은 후자에" 있다고 주장한다. 즉 "관계의 역동성 때문에 두 가지 의미가 다 있다."

둘째, "의롭게 한다"라는 동사는 "의롭게 만든다"라고 정의되는가, 아니면 "의롭다고 여긴다"로 정의되는가? 다시 말하지만 대답은 둘 다이다. 케제만(Ernst Käsemann)이 "하나님은 구원하시기 위하여 의에는 적극적이기 때문에 하나님의 의를 하나님의 능력이 있는 선물로"

---

56. Dunn, *Romans*, 1:40.
57. Ibid., 1:41.
58. Ibid.

이해한 것은 옳다.[59] 이것이 바로 바울이 로마서 1:17의 설명을 1:16의 설명에 부가했던 이유이다. 의는 "구원을 위한 하나님의 능력"을 설명하고 표현한다.

이 절에서는 "유대의 유산을 물려받은 바울에게 주어진 개념"과 다른 방법으로 바울이 어떻게 의의 개념을 사용하고 있는지 살펴보고 있다. "하나님의 의라는 언약적인 틀은 믿음이라는 관점에서 새롭게 이해되어야 한다. 즉 '믿는 모든 사람들, 먼저는 유대인이요 또한 이방인에게'로 이다."[60] 던은 바울과 바울의 유산의 차이점을 설명한다.

> 사람의 의가 믿음으로 항상 이해되어야 한다는 사실은 사람의 의가 하나님의 의 이외에 다른 것이 아님을 설명해 준다…바울의 입장에서 보면 이러한 사실을 동료 유대인들이 잊어버려서 언약 안에 있는 이러한 부분("자신들의 의")을 왜곡하게 되었고 "하나님의 의"를 잃어버리게 되었다(cf. 10:3).[61]

달리 말하면 샌더스가 주장한 것과 같이 바울이 단지 두 가지 중심적이고 주도적인 확신을 가지고 언약적 신율주의를 재평가한 것은 아니다. 바울은 동료 유대인들이 하나님과 언약적인 관계라는 진정한 끈을 이해해서, 그러한 관계를 심각하게 오해한 것으로부터 돌이키라고 요구하고 있다.

> 바울은 사람들의 곤궁을 하나님에게 전적으로 의존하는 지위를 받아들이지 않은 것으로 분석할 것인데(롬 1:21, 25, 28), 여기에는

---

59. Ibid., 1:42.
60. Ibid.
61. Ibid.

자기 동료 유대인들을 포함한다. 바울의 관점에서 유대인들을 볼 때 언약의 의를 종족적 정체성과 행위와 관련해서만(9:6-13) 협소하게 정의하여서 사람 편에서 믿음이 하나님과 관계를 유일하게 유지하는, 충분한 기초라는 점을 근본적으로 인정하는 것과 별개가 되게 했다. 무엇보다도 아브라함이 하나님과 그의 약속을 무조건적으로 신뢰하고 전적으로 의지한 것에서 드러난 것처럼 말이다.[62]

이 구절에 대한 던의 이해를 살펴본 것에 대하여 한 가지 더 질문함으로써 결론을 내리려 한다. 바울이 "의"가 "믿음에서 믿음으로" 이른다고 한 것은 무슨 뜻인가? 던은 이것은 "'하나님의 신실함에서부터 (언약의 약속까지) 믿음의 반응까지'라는 의미에서 믿음/신실함이라는 단어가 모호한 것을 가지고 한 게임이다"라고 말한다.[63]

(2) 로마서 3:21-26

바울서신에서 "의"를 다루는 두 번째 중요한 본문은 로마서 3:21-26이다. 던은 "하나님의 의"(3:21-22)가 1:16-17에서 의미하는 것과 정확하게 같다고 주장한다. 무슨 의미에서 이 "의"가 "율법 외에"라고 하는가? 던은 "율법 외에"라는 말이 "'율법 안에 있는' 자들이 율법 외에 유대인 됨의 표지로서 이해하고, 언약의 일원으로 최고로 확인해 주는 특징으로 이해한다."[64] 이 "의"가 "율법과 선지자들에게 증거를 받은 것"이기 때문에 바울은 "복음이 성경 전체 안에서 합당하게 이해된 율법의 계속이거나 완성이거나 성취이다"라고 말한다.[65]

---

62. Ibid., 1:43.
63. Ibid., 1:48.
64. Ibid., 1:177.
65. Ibid.

그러나 두 사례 모두 의의 진행자는 하나님이라고 하고, 바울이 "의"와 그리스도의 희생적 죽음을 관련시키는 로마서 3:25-26에 있는 이 구의 용법은 어떤가? 먼저 던은 몇 가지 두드러진 예외가 있기는 하지만 대부분의 바울 신학자들은 3:25-26a가 바울 이전의 형식이라고 간주하고 있다는 점을 상기시킨다.[66]

던은 이 구절이 "율법에 따라 죄 때문에 하나님이 주시는 희생인 그리스도의 죽으심, (그리고 율법 밖에 있는 자들을 포함하여) 믿는 모든 자들에게 의를 확장시키는 하나님의 방법"에 대하여 말하고 있다고 요약한다.[67] 이러한 주장에 대하여 어떠한 변호도 없는 것을 보면 그 기원이 바울 이전이었음을 알 수 있다(즉 교회에서 아무도 이 문제에 대하여 논쟁하지 않았다). 이 같은 사실로 인하여 던은 바울서신에서 의와 그리스도의 죽으심의 필연적 관계를 증명하지 않아도 된다는 점을 또한 지적한다.

그런데도 던은 25절("자기 의로움을 나타내려 하심이니"), 바울의 구절이 앞에 있는 바울서신의 용법들과 잘 맞는다고 본다.[68] 바울은 하나님의 의는 "이스라엘과 맺으신 언약에 있는 조건을 이루시는 희생을 주심"으로써 증명되었다고 단지 주장한다. "이것은 하나님의 구원하시는 은혜의 표현"이다.[69] 이와 비슷하게 26절에 있는 구절("곧 이 때에 자기의 의로우심을 나타내사 자기도 의로우시며 또한 예수 믿는 자를 의롭다 하려 하심이라")은 25b절을 "분명하게 일부러…반복한 것"이다. 이 말은 "하나님께서 의로우시다"(26절)는 말을 어떻게 보이고 있는가? "하나님이

---

66. 던은 이 구절들에서 단 한 번만 나오는 단어들(*hapaxlegomena*)의 높은 빈도를 인용한다. 이 점에 대하여는 Ibid., 1:163ff.를 보라.
67. Ibid., 1:164.
68. "하나님이 친히 맹세하신 자들 대신에 하나님의 행위", 롬 1:17; 3:5. Ibid., 1:173에서 인용.
69. Ibid.

정의라는 추상적 이상에 따라서 행하신 것이 아니라 이스라엘과 언약하신 하나님으로 자신에게 부과된 의무를 성취하셨기 때문이다." 즉 "예수님의 희생적 죽으심은 하나님 백성의 죄를 다루는 데 하나님의 효과적인 방법이었다(하나님이 단지 그것을 무시하셨다면 언약에 따라서 행하시지 않으셨을 것이고 의로우시지도 않으셨을 것이다)."[70] 던은 "의"와 그리스도의 죽으심의 관계에 대한 바울의 이해를 다듬을 것이다.

> 경건한 유대인들이 이해한 것과 같이 하나님의 의는 사실 이스라엘의 하나님이 되시고 이스라엘을 구원하시며 유지하시는 언약적인 의무를 성취하시는 것이다. 희생제도가 이 사실을 증명하고 있다. 하나님은 이스라엘이 언약을 깼을 경우, 실패를 처리하는 방법을 주셨다. 이제 이와 같은 방법으로 그리스도의 죽으심이 과거와 현재에 대한 하나님의 의를 증명한다. 바꿔 말하면 그리스도의 죽으심은 하나님의 의를 증명한다. 정확하게 말해서 희생이 되심으로, 즉 희생제도가 부분적으로 담당했던 것(이것은 어떤 죄만을 위한 것이거나 이스라엘의 죄만을 위한 것이다)을 효과 있게 최종적으로 행하심으로써 말이다. 다시 말하지만 매우 중요한 강조점은 믿음을 위한 그리고 믿음으로 이끄는 하나님의 구원을 위한 행하심은 이스라엘과 맺으신 언약에서 벗어난 것이 아니고 그 언약과 연속적이며 그 언약에 따른다는 사실에서 나온다. 하나님의 의는 이스라엘을 마음대로 선택하고 버리신 것이 아니다. 하나님의 이스라엘 선택은 항상 모든 것에 목적, 즉 하나님이 이스라엘과 맺으신 언약적인 의무에 따라서 그의 구원하시는 뜻을 모든 이들에게 확장하는 것에 있다.[71]

---

70. Ibid., 1:174-75.
71. Ibid., 1:182.

결론적으로 말해서 바울이 그리스도의 죽으심을 희생이라고 설명한 것에 던이 동의하지만, 그리스도의 죽으심에 대하여 풀리지 않은 질문을 한다고 사람들은 주장한다. 예를 들면 ("정의라는 추상적인 이상"의 관점에서가 아니더라도) 하나님이 자기 백성의 죄를 언약에 따라서 다루셨다는 말은 무슨 뜻인가? 이렇게 분명하지 않은 것은 틀림없이 던이 하나님의 의를 전통적인 범주에서 보지 않으려는 데에서 나온다.

(3) 로마서 10:3

의를 다루는 세 번째 중요한 본문은 로마서 10:3("하나님의 의를 모르고 자기 의를 세우려고 힘써 하나님의 의에 복종하지 아니하였느니라")이다. 이스라엘이 무엇을 모르고 있단 말인가? 던은 "하나님이 자기 백성을 다루시는 방법과 하나님이 자기 백성에게 요구하시는 것에 기본적으로 오해가" 있는데, "그것은 하나님의 의는 하나님이 은혜로 받으시며 유지하셔서 믿음에 이르게 하는 능력이기 때문에 모든 사람에게 열려 있지 칼로 막는 이스라엘의 특권이 아니다"라고 설명한다.[72] 그들은 "일반적인 하나님의 의에 대하여 몰랐다는 것이지, 구원하는 능력의 **성격**, 즉 하나님의 의를 받아 알 수 있는 조건에 대해 모른 것이 아니다."[73] 이렇게 정의하면 이 절에서 대조되는 것("자기 의")과 반대되는 것으로 보인다.

이 말을 던은 "배타적으로 이스라엘인들의 것이어서 다른 민족과 나눌 수 없고 자기들만 소유하는 의에 대한 이스라엘의 주장"이라고 정의한다.[74] "세운다"라는 말은 무슨 뜻인가? 이 말은 "창조의 행

---

72. Ibid., 2:587.
73. Ibid., 2:595-96.
74. Ibid., 2:595.

위, 즉 전에 존재하지 않은 것을 만드는 것이 아니라 이미 존재해 있는 것을 배열하거나 세우거나 견고하게 하는 것"을 지시한다. "그들은 하나님이 이미 주신 것을 세우고 견고하게 하려고 했다."[75] 그러면 그들은 어떻게 자신의 의를 드러내는 데 실패했는가? "그들이 의를 율법의 관점에서 이해함으로써, 즉 하나님과 언약관계는 순종을 요구한다고 이해함으로써 의를 오해한 것은 아니다."[76] 그들은 "순종에 필요로 하는 것을 오해하여서 열정적인 순종이 실제로는 불순종이 되었다. 즉 이웃사랑보다는 더욱 칼에 사로잡히는 열심을 내었다. 육체의 수준에서 순종을 추구함으로써(cf. 8:7) 종족적이고 특수한 의식의 관점에서 그들은 하나님의 의를 오해하게 되었다…."[77]

3) 칭의, 믿음, 율법의 행위

바울은 "칭의"와 "의"라는 개념들을 함께 묶는다. 던은 "칭의"라는 용어, "믿음"과 "율법의 행위"라는 관련된 개념을 어떻게 이해하는가? 던은 "의롭게 **만들다**" 그리고 "의롭다고 **선언하다**"의 선택은 잘못된 이분법이라고 말한다. "그래서 다시 말하지만 대답은 이것이냐, 저것이냐가 아니다. 둘 다이다. 언약의 하나님은 언약의 대상자를 여전히 대상자로 생각하신다. 비록 언약의 대상자가 끊임없이 실패하지만 말이다. 그러나 언약의 대상자는 생명을 주시는 하나님과 맺은 관계로 변화 받을 수 있다."[78] 갈라디아서 2:16 주석에서 그는 "'의롭다 하

---

75. Ibid.
76. Ibid., 2:596.
77. Ibid.
78. Dunn, *The Theology of Paul the Apostle*, 344.

심을 받다'와 '사함을 받는다'가 형식적으로 '의롭다'로 이해할 수 있다"는 점에 동의한다.[79]

그러나 던은 글을 읽을 때 헬라적 범주를 이 용어 속에 넣어 읽어서는 안 된다고 한다. "히브리 사상에서 '의'는 좀 더 관계개념이다. 사람들이 '의로워'지는 것은 관계로 인하여 다른 사람이 자기에게 부과한 요구를 충족시킬 때이다." 따라서 "의로워지는 것은 언약 속에 그리고 언약이 [율법]에 지운 조건 속에 사는 것이다. 사함을 받는 것은 의로워지는 것으로 이해되므로 언약에 신실했던 자로 증명된 하나님의 백성들 가운데 하나로 인정되는 것이다."[80] 또 다른 곳에서 던은 바울이 갈라디아서 2:15-16에서 "칭의"가 무엇을 뜻하는지 정확하게 설명한다.

> [갈라디아서 2:15-16에서] "의롭게 되는 것"을 말할 때 바울은 하나님께서 특별하게 **입문**하게 하는 행위에 대하여 말하지 않는다. 하나님의 칭의는 처음에 이스라엘과 언약을 맺으시거나 입회시 언약백성으로 받아들이는 행위가 아니다. 하나님의 칭의는 어떤 이가 언약 안에 있다는 하나님의 인정이다. 이 인정이 최초의 인정이든 **반복되는** 하나님의 행위(하나님의 구원행위)든 자기 백성에 대한 마지막 판결이든…그러므로 바울에게 "의롭게 된다"는 것은 입회나 시작의 형식으로 간주될 수 없고 또한 바울의 용법과 전형적인 유대인의 언약용법 사이를 분명하게 구분하는 것은 불가능하다.[81]

그러므로 던은 샌더스와 다른 점이 있다. 샌더스는 바울의 "칭의"

---

79. Dunn, *A Commentary on the Epistle to the Galatians*, 134.
80. Ibid., 134-35.
81. Dunn, *Jesus, Paul, and the Law*, 190.

용어를 이동개념으로 보면서 유대교의 주된 용법과는 거리를 둔다. 던은 칭의의 용어를 구원받은 이들의 공동체 속에 이미 있다고 인정하거나 선언하는 것으로 보면서 유대교에서 사용하는 이 용어의 용법과 같다는 점을 확증한다.

그렇다면 바울은 왜 ["자기 조상 신앙의 첫째 원리들을 재진술하는"] 이 교리를 가지고서[82] 논쟁적으로 만들려고 하는가? 던은 이것이 두 가지 질문을 제기한다고 주장한다. 어떻게 그리고 왜 바울은 칭의 교리가 기독교와 유대교를 구분하는 것으로 이해했는가? 어떻게 바울은 칭의가 일어나게 하는 것을 범주적으로 부정하는 "율법의 행위"로 규정하고 있는가?

일련의 질문에 대답하면서 던은 먼저 바울이 유대교에서 기독교로 이동한 것에 대한 자신만의 개념을 다룬다. 던은 이러한 이동은 바울의 회심, 즉 "'이전 유대교에서의 삶의 방식'에서 돌이키는 것"이라고 부르는 것과 동일시할 수 있다고 주장한다.[83] 이 유대교를 무엇이라고 규정할 수 있는가? 던은 제2성전 문헌에서 이 단어의 배경 때문에 "유대인의 종교"를 규정하는 데 방해를 받는다고 주장한다.[84] 이 용어는 "헬레니즘"과 대조적으로 사용되었고 [자신의 세상을] 더 넓은 세상과 구별하는 것을" 의식하는 것 그리고 "토라가 최소한 부분적으로 그 구별을 강화하고 보호하는 것으로" 이해하는 것과 관련되어 있다.[85] 이러한 정의는 빌립보서 3:3-6에서 자신을 유대인으로 묘사함으로써 생겨난다. 바울은 "정체성을 확인하는 네 가지 특징을"(할례,

---

82. Dunn, *The Theology of Paul the Apostle*, 345.
83. Ibid., 347.
84. Ibid., 348.
85. Ibid.

종족적 정체성, 부족적 정체성, 언어) 지적함으로써 자신의 "신체적이고 종족적 정체성이 유대인임"에 초점을 맞춘 것이다.[86]

바울이 유대인으로서 흠이 없고(빌 3:3-6) 열심이 있음(갈 1:14)을 인용할 때 바울이 "의를 주로 언약적인 독특성으로 재보려는 데에서 그리고 유대교에서 경쟁적으로 실행하여서 토라를 지키려는 정도와 질에서 다른 유대인보다 더 앞서 가려는 데에서 회심하였음"을 알 수 있다.[87] 더욱이 제2성전 시기에 바울의 열심은 "이스라엘의 독특성을 유지하는데, 하나님이 언약적으로 구별하려는 순수함이 떨어지거나 더럽혀지지 않게 하려는 데, 종교적이고 국가적인 경계를 보호하려는 데 무조건적인 헌신으로" 이해되었다. 이러한 것은 "강제로" 이룰 수 있는 것이고 심지어 "동료 유대인"과 대조적으로 이룰 수 있는 것이다.[88] 던은 바울이 회심하였을 때 단순히 유대교에서 한 것이 아니라 이렇게 "유대의 종교와 전통적 특별한 표현"(즉 기독교)이 "이방인에게 문을 열지" 못했다는 점을 확실하게 함으로써 이스라엘의 온전함과 순수함을 보존하려는 열심, 바로 이 "열심을 내게 한 '유대교'에서" 회심하였음을 상기시킨다.[89]

이러한 배경 때문에 율법의 행위에 대한 바울의 논쟁에 수반되는 것이 무엇인지 아는 데 도움이 된다. 던은 "율법의 행위"가 "의를 얻거나 이루려는 시도로 된 선한 행위"를 의미하지 않는다는 점을 강조한다. 비록 이러한 "해석을 특별히 로마서 4:4-5에 비추어 볼 때 전적으로 이해할 수 있고", "바울 이후 서신인 에베소서 2:8-9은 이러한 사

---

86. Ibid., 349.
87. Ibid., 350.
88. Ibid., 351.
89. Ibid., 353, 352.

실을 더 확증해 주는 것처럼 보인다(cf. 딤후 1:9; 딛 3:5)"고 인정한다 할지라도 말이다.[90] 행위를 정의할 때 "하나님 앞에서 사람이 받아들여지는 관점에서 하는 정의는…이미 에베소서 2:8-9에서 정의되었다. 에베소서 2:8-9에서 쟁점은 율법의 행위에서 인간의 공로로 옮겨진 것 같다."[91] 논란이 없는 서신서로 가보면 "율법의 행위"는 "율법이 **하나님의 백성으로서 이스라엘에게** 요구하는 것"이라고 정의할 수 있다. "율법의 행위"라는 말은 "'언약적 신율주의'에 대한 바울의 용어"이다.[92] 비록 바울은 "믿음의 행위"라는 용어를 사용하면서가 아니라 "믿음의 순종"이라는 용어를 사용하면서 언약적 신율주의라는 개념을 긍정적으로 말한다는 점을 던은 인정하지만 말이다.

바울이 "율법의 행위"라는 말을 사용할 때 계속해서 부정적인 방법으로 한 것에 대하여 어떻게 설명할 수 있는가? 바울은 자기 시대 사람들 가운데서 "이스라엘의 권리적인 지위와 제한된 특권을 보호하려는" 행동들의 경향을 부각시킨다.[93] 던은 쿰란공동체에서 그렇게 이해한 증거로써 쿰란본문 *Some of the Works of the Torah*(4QMMT)을 인용한다.[94]

요약하면 "율법의 행위"는 "율법이 요구하는 모든 것이나 요구하는 것은 무엇이든지 다, 즉 전체적으로 언약적 신율주의를 가리킨다. 그러나 이스라엘과 다른 나라들과의 관계가 쟁점이 되는 문맥에서는 어떤 율법은 다른 율법보다 더 자연스럽게 초점이 되기도 한다. 특

---

90. Ibid., 354.
91. Ibid., 371.
92. Ibid., 355.
93. Ibid.
94. Ibid., 357-58.

별히 할례와 음식법을 예로 들 수 있다."⁹⁵ 이 이유 때문에 바울은 고대 이스라엘 언약적 신율주의를 받아들이기도 하지만 율법의 행위가 (그렇게 이해되면) 전통적인 형태에서 이탈하였다고 해서 거부하기도 한다.

대조적으로 바울은 칭의가 효력을 발생하게 하는 수단으로써 율법의 행위가 아니라 믿음을 강조한다. 던은 믿음과 행위의 대조를 단순히 "이방인들을 받아들이도록" 자극하는 "논쟁"으로만 보지 않았다. 그는 "이러한 관점을 뛰어넘어서 사람은 하나님을 의지해야 한다는 근본적인 명제를 제시한다."⁹⁶ 던은 바울 사상에 있는 이러한 대조의 의미를 설명한다.

> 이것은 하나님과 인간의 관계, 즉 전적 의존 또는 무조건적 신뢰의 관계에 대한 심오한 개념이었다. 하나님의 은혜를 사람이 의존하는 것은 절대적이다…하나님은 자신을 전적으로 의지하지 않았던 사람들을 의롭다 하시지 않고 자신과의 관계에서 유지하실 수 없다… [따라서] 바울은 믿음에 필수적으로 따르거나 덧붙여진 것으로써 율법의 행위를 강조하는 어떤 시도를 직면할 때마다 매우 강렬하게 반대했다.⁹⁷

하지만 종교개혁자들이 이해했던 것과 같은 의미에서 의식적으로 칭의를 믿는 것을 던이 주장할 수 없고 하지도 않는다는 점은 분명해졌다. 로마서 3:28("그러므로 사람이 의롭다 하심을 얻는 것은 율법의 행위에 있지 않고 믿음으로 되는 줄 우리가 인정하노라")에 대하여 던은 이 본문에 나

---

95. Ibid., 358.
96. Ibid., 372.
97. Ibid., 379.

오는 "율법의 행위"를 더 좁게 정의하면 "로마서 2:13('하나님 앞에서는 율법을 듣는 자가 의인이 아니요 오직 율법을 행하는 자라야 의롭다 하심을 얻으리니')과 모순이 없다"라고 주장한다. 그러면 던은 로마서 2:13을 어떻게 이해하는가? "사하다"라는 헬라어 동사 **디카이오오**[dikaioō]를 적절하게 번역한 것이라고 주장하고서, 던은 "자기 동료 유대인들과 모든 선지자들의 전통과 같이 바울은 율법을 행하는 것이 하나님 앞에서 마지막 사면을 위하여 필수적이라고 기꺼이 주장한다. 하지만 행함이 언약백성의 충실한 일원임을 주장하는 것과 동일하지도 않고 의존적이지도 않다"라고 말한다. 즉 듣는 것이 행하는 것과 분리되어 있다는 점에서 말이다. 유대인은 하나님의 백성이라는 것을 증명하기 위하여 언약적 순종(경계표지)에 기대지 않았다.[98] 마지막 날에 칭의를 위해 필요한 것은 율법에 대한 순종이다.

그런데 던은 로마서 2:13에 있는 바울의 언급을 심판날 전에 나오는 칭의의 최종적이고 변함없는 선언을 증명하는 행위에 대하여 가정적이거나 직설적으로 여기지 않는가? 던은 로마서 2:13에서 바울이 믿는 자의 현재칭의와 일치하는 긴박한 상태를 묘사하고 있다고 본다. 믿는 자의 미래칭의와 현재칭의에 대하여, 던은 이 두 가지를 과정에 있는 독특한 단계로 이해한다고 주장한다. "'하나님의 의'는 어디에서도 하나님이 한 번에 그리고 최종적으로 하신 행동으로 이해하지 않고, 하나님이 받아주시며 유지하시며 최종적으로는 변호하시는 은혜로 이해한다."[99] 던은 다른 곳에서 이 점에 대하여 좀 더 길게 설명한다.

---

98. Dunn, *Romans*, 1:97-98.
99. Ibid., 1:97.

하나님의 의에 대한 모든 개념이 보여주는 것과 같이 칭의는 하나님의 최종적인 행위가 아니다. 그것은 오히려 하나님이 기존 관계로 처음에 받아들이시는 것이다. 그러나 그 관계는 심판과 판결과 사함이라는 마지막 행위를 바라보면서 하나님이 계속해서 정당화하시는 의를 실행시키지 않고서는 유지될 수 없다…이러한 삶을 통하여 언약의 대상자인 인간은 경건한 자를 의롭다고 하시는 하나님을 의지하게 될 것이다.[100]

이제 바울의 칭의에 대한 던이 이해한 것을 논의한 것에서 세 가지 결론을 내릴 수 있다. (1) 던에게 칭의는 한 번의 행위나 선언이라기보다는 믿는 자에게 하시는 **일련의** 선언이나 행위이다. 이러한 선언은 처음부터 최후 심판까지 확대된다. (2) 더 나아가 던에게는 로마서 2:13이 마지막 날에 믿는 자의 칭의를 위하여 율법의 행위가 필요하다고 가르치는 것이다. 그리고 이 "칭의"는 로마서 다른 곳에 언급된 칭의와 다른 종류의 것으로 보인다. (3) 던에게는 칭의에서 믿음은 하나님의 약속을 믿는다는 의미에서(cf. 롬 4장) 주로 "신뢰"라고 정의한다. 하지만 칭의에서 믿음은 어떤 이가 하나님의 백성에 합당하게 소속되어 있다고 보여주는 언약적 순종을 제외한다고 한다.

이러한 논증을 보면서 던의 칭의 개념은 바울 사상에서 그리스도의 죽으심과 부활하심 둘 다 어떻게 관련이 있는가? 칭의와 그리스도의 죽으심을 관련시킬 때 던은 이 두 개념에 대한 전통적인 종교개혁자들의 관계를 거부한 것으로 보인다. 그는 칭의는 "법적 허구라는 점에서" 분명해질 수 있다고 주장한다.

---

100. Dunn, *The Theology of Paul the Apostle*, 386.

[왜냐하면] 하나님이 죄에 대한 죽음을 선언하신 것은 그리스도의 죽으심 때문이다. 바울의 속죄교리는 대속교리인데(예수께서 죽으셨고 죄인들은 면책되었다) 이 교리는 그러한 책임에 대하여 더 열려질 것이다. 그러나…바울의 가르침은 그리스도의 죽으심이 대표적인 죽으심, 즉 모든 사람, 모든 육체의 죽음이라는 사실이다…사람의 몸에 있는 죄라는 암은 암이 있는 육체가 멸함으로써 멸망한다.[101]

던은 로마서 3:25이 "이 예수를 하나님이 그의 피를 믿는 믿음으로 말미암는 화목제물로 세우셨으니…"라고 읽는데 "이 예수를 하나님이 그의 피로 인하여 믿음으로 말미암는 화목제물로 세우셨으니"라고 읽혀져야 한다는 것 역시 믿지 않는다. 던은 전자의 해석을 거부한다. 왜냐하면 그러한 "신약의 병행구절이 없기" 때문이다.[102] 그는 바울이 아마도 "하나님이 희생의 제의를 제시하셨다는 점을 (유대인들이) 강조하는 것에 균형을 잡기 위하여", 즉 "제의"와 관련된 유대인들의 "가정"을 배제하기 위하여 "믿음으로 말미암아"를 전통적인 문구에 삽입하였다고 주장한다.[103] "바울은 제의를 연속적으로 실행하지 않으려는 믿음(신실함)이 아니라 하나님이 이미 제시하신 결정적인 희생제물을 받아들이는 믿음을 주장한다."[104] 물론 던에게 믿음으로 받아들여진 것이 대속적인 속죄라고 바울이 여기는 희생제물이 아니라는 사실을 강조할 필요가 있다.

칭의와 부활을 연결시키면서 던은 로마서 4:25("예수는 우리가 범죄한 것 때문에 내줌이 되고 또한 우리를 의롭다 하시기 위하여 살아나셨느니라")을 생

---

101. Ibid., 386.
102. Dunn, *Romans*, 1:172.
103. Ibid., 1:181.
104. Ibid., 1:172-73.

각한다. "예수님의 죽으심과 부활하심의 구분은…순전히 수사학적이다"라고 던은 말한다. 죽음과 부활이라는 두 가지 행위를 "단절된 결과를 가져오는 것"으로 보아서는 안 된다.[105] 던은 "하나님이 의롭다 하시는 은혜는 시종일관 창조적이고 생명주시는 능력이다"라고 계속해서 말한다.[106] 후자의 말과 앞에서 언급한 다른 말을 이해하기 위하여 앞에서 이미 예시하고 뒤에서 구체적으로 말하려는 데, 바울은 그리스도의 죽으심을 어떤 의미로 전하는지 그리고 던이 어떻게 이해하는지를 더 분명하게 이해할 필요가 있다.

4) 전통적인 논증에 대한 던의 반응

그리스도의 죽으심에 대한 던의 견해를 연구하기 전에 던이 칭의와 율법의 행위에 대한 전통주의자들의 변호와 바울과 유대교의 관계에 대한 전통주의자들의 이해에 어떻게 반응하는지 살펴볼 필요가 있다. 던이 무엇을 하려는 것인지 보기 위하여 문제를 제시하는 대표적인 여섯 본문을 살펴볼 것이다.

(1) 갈라디아서 3:10-13(5:3, 6:13)

던은 율법이 결코 완전함을 요구하지 않았다고 주장한다. 갈라디아서 3:10-13에 인간이 율법을 지킬 수 없다는 전제가 있다는 이론은 잘못되었다. 오히려 "순종은 실행할 수 있는 것이었다." 결국 율법은 "언약이라는 조건 안에서" 왔다. 그리고 "언약적 율법으로 속죄를

---

105. Ibid., 1:241.
106. Ibid.

제시하고 있었다."¹⁰⁷ 던이 샌더스와 근본적으로 동의하고 있음을 여기에서 주의하라. 유대인이나 바울도 율법이 완전한 순종을 요구하고 율법에 완전한 순종을 해야 한다고 믿지 않았다. 던은 갈라디아서 주석에서 그렇게 분명하게 말하면서 신명기 30:11-14(이 본문은 로마서 10:6-8의 배경이다) 뿐만 아니라 또한 로마서 8:4도 지적한다.¹⁰⁸

바울이 갈라디아서 3:10에서 말하는 "율법행위에 속한 자들"은 "유대인은 이방인과 분리되어 있다는 점에 그리고 이스라엘이 '은혜 받은 국가'라는 지위를 확신하는 자들 사이의 경계표시를 하는 특별한 율법에 매우 많은 무게를 싣는 자들"이다.¹⁰⁹ 여기에서 물론 던은 "이방인, 심지어 믿는 이방인도 '내어 쫓는' 것을 포함하여"(갈라디아서 4:17) "율법의 행위"에 대한 그의 정의를 받아들였다고 생각한다.¹¹⁰ 달리 말하면 바울이 갈라디아서 3:10-13에서 제기하는 문제는 정체성이나 지위의 문제이지 행위의 문제가 아니다. 즉 논쟁은 본질적으로 교회론적이지 구원론적이 아니다.

이러한 설명을 염두에 두고서 갈라디아서 5:3("내가 할례를 받는 각 사람에게 다시 증언하노니 그는 율법 전체를 행할 의무를 가진 자라")과 갈라디아서 6:13("할례를 받은 그들이라도 스스로 율법은 지키지 아니하고 너희에게 할례를 받게 하려 하는 것은 그들이 너희의 육체로 자랑하려 함이라")을 바로 살펴볼 것이다. 갈라디아서 5:3을 주석하면서 던은 "율법 전체를 행할 의무를 가진다"라는 말은 율법이 완전한 순종을 요구한다고 인식하는 것이 아니라 "언약백성을 표시하는 것으로써, 즉 언약 안에 사는 방법

---

107. Dunn, *The Theology of Paul the Apostle*, 361.
108. Dunn, *A Commentary on the Epistle to the Galatians*, 171.
109. Ibid., 172.
110. Dunn, *The Theology of Paul the Apostle*, 362.

으로써 언약백성 안에 있는 자들의 의무를" 달리 말하는 방법이라고 주장한다.[111] 바울은 "어떠한 죄나 실패가 없이…완전한 삶"이 아니라 "제의와 제의의 희생제물과 속죄를 통하여 죄와 실패를 다루는 수단을 제공했던 삶의 전체 양식을" 강조한다.[112] 이와 비슷한 방식으로 갈라디아서 6:13은 단지 "유대인으로서 관습(언약적 신율주의, '율법의 행위')에 의지하는 자는 율법이 요구하는 것을 실제로는 행하지 않고 있다"는 것을 의미한다. 이러한 사람들의 "자부심과 전제는" 실제로 율법이 "손상시키는" 것이다.[113]

(2) 로마서 9:30-32

던은 이스라엘이 행위로써 율법을 추구하기 때문에 율법을 얻을 수 없었는데, 갈라디아서 3:10에서 이 논증을 다시 편다고 주장한다. 율법(율법의 행위)에 대해 간략히 살펴봄으로써 이스라엘은 율법이 요구하는 전체를 얻지 못했다.[114] 그러나 로마서 9:31("의의 법을 따라간 이스라엘은 율법에 이르지 못하였으니")의 둘째 "율법"은 무엇을 지시하는가? 샌더스가 바울이 무엇을 뜻하는지 말하지 않았다는 점을 상기시켜본다. 던은 둘째 율법이 "유대인의 율법"을 말하지 "'규범'이나 '규칙'을 뜻하지 않는다"라고 말한다.[115] 바울이 이스라엘은 "율법에 이르지" 못했다고 말할 때 "도덕적인 완전"을 가리키지 않고, "책임 있는 언약

---

111. Dunn, *A Commentary on the Epistle to the Galatians*, 266.
112. Ibid., 266-67. 흥미롭게도 던은 "전형적인 유대인의 마음가짐"을 "율법 행함"이라고 이해한 점과 "(실제로) 죄 없는 완전한 상태에 대한 개인의 분투"를 "유대인들과 그리스도인들이 서로 이해하려 시도하는 점에서 큰 고통을 가져온 유대교의 훼손"으로 이해한 점을 논쟁적으로 인용한다. Ibid., 266.
113. Ibid., 339.
114. Dunn, *The Theology of Paull the Apostle*, 365.
115. Dunn, *Romans*, 2:582.

의 일원"을 가리킨다. 추구라는 용어는 "하나님에게 요구를 얻기 위하여 광적으로 추구하는 것"을 의미하지 않는다. 믿음과 행위의 대조는 "자기성취나 자기주장"을 의미하지 않는다.[116] 로마서 9:32에서 바울은 "행위"와 "믿음"을 사용함으로써 이 두 용어를 습관적으로 사용하고 있다는 것을 상기시켜 준다. "의를 정의하는 율법은 유대인을 이방인과 구분하여 표시가 되게 하는 율법의 요구의 관점에서 너무도 좁게 이해되었다." 그리고 "의를 정의하는 율법은 이방인이 이방인으로서 보여주는 믿음과 순종의 관점에서 이해되었다."[117]

(3) 로마서 11:5-6

던은 이 구절에서 은혜와 행위의 대조를 어떻게 다루고 있는가("만일 [은혜로 택하심을 따라 남은 자가 있는 것이, 5절] 은혜로 된 것이면 행위로 말미암지 않음이니 그렇지 않으면 은혜가 은혜되지 못하느니라")? 던은 행위가 "바울이 단호하게 거부하는 선택을 이해하는 방법이다…행위는 선택의 증명으로써, 즉 선택자들을 그렇게 표시하는 것으로 이해하였다"고 상기시킨다.[118] 바울이 은혜로 선택되었다고 선언하는 것은 "남은 자가 율법에 신실함으로써 이스라엘 안에 집단으로 이루어지지 않았고 하나님의 은혜로 유지되는 집단으로 이루어졌다"라는 의미이다.[119] 가지고 있지 않은 것은 "칭의는 선행으로 얻을 수 있다는 신념에 대한 바울의 거부이다."[120]

---

116. Ibid.
117. Ibid., 2:582-83.
118. Ibid., 2:639.
119. Ibid.
120. Ibid.

(4) 로마서 4:4-5

이 본문("일하는 자에게는 그 삯이 은혜로 여겨지지 아니하고 보수로 여겨지거니와 일을 아니할지라도 경건하지 아니한 자를 의롭다 하시는 이를 믿는 자에게는 그의 믿음을 의로 여기시나니")은 두 가지 쟁점을 제기한다. 첫째, 바울의 "보응"용어는 던이 중진시키는 엄격한 "신분"관을 제외시키는 것으로 보인다. 하지만 던은 바울이 여기에서 단순히 원리를 말하는데 유대인 독자들 가운데 아무도 이 원리에 동의하지 않고 단지 "하나님이 사람을 다루시는 근본적인 특징을 [청중에게] 상기시킬 뿐이라"고 주장한다.[121]

던은 바울이 주장한 "행위"에 대한 바울의 용법을 규정하는 "신분"에 대하여 이 본문에 나오는 "행위"에서는 배타적인 관심을 인정하지 않는다는 주장에 어떻게 반응하는가? 그는 다음과 같이 말한다. "여기에서 사용되는 용어(일하는 자, 여긴다, 삯)가 바울 시대의 유대교를 그리는 것으로 받아들여서는 안 된다. 특별히 바울은 당시 유대교가 (자기성취의) 공로나 보상이라는 신학을 한다고 혹평하지 않는다."[122]

> [바울의 관점은] 창세기 15:6의 경우에서 "지불"이라는 용어가 적합하지 않다는 점이다…여기에서 그는 뒤이어 나오는 명제를 해결할 방법으로써, 유대인의 대화자를 흔들어서 아브라함의 믿음을 언약적인 신실함으로 너무도 쉽게 동일시하지 않는 방법으로써 행위 → 여김 → 빚/믿음 → 여김 → 은혜라는 대안을 단순히 제안한다. [아브라함]의 믿음이 보이는 곳에서는 의가 마땅한 지불과 관련해서가 아니라 진정으로 은혜와 관련해서 인정되었다.[123]

---

121. Dunn, *The Theology of Paul the Apostle*, 367.
122. Dunn, *Romans*, 1:204.
123. Ibid.

그러나 던은 분명한 질문을 회피한 것으로 보인다. 만일 이 문제에 대하여 바울과 유대교 사이에 일치하지 않은 것이 없다면("바울이 자기 동료 유대인이 그렇게 [즉, 율법의 행위와 일상생활의 수입과 지출행위 사이를] 동일시한다고 비난한다고 가정할 필요가 없다"),[124] 바울은 왜 이러한 문제를 제기하는가? 이 문제는 순전히 학구적인가? 던은 그렇다고 제안한다. "그는 창세기 15:6을 단순히 아브라함의 언약적인 신실함이라는 행위의 관점에서 해석하면 평범한 세계라는 상식의 논리에서는 은혜를 위한 여지가 없어진다고 지적한다."[125]

제기된 둘째 쟁점은 경건치 아니한 자를 의롭다 하는 바울의 교리는 바울의 칭의가 이미 언약 속에 있는 자에 대하여 하나님이 선포하시는 것이라는 던의 개념을 배제하는 것 같다는 점이다. 던은 "경건치 아니한 자"를 도덕적 관점에서가 아니라 "언약 밖에 있는 자, 즉 하나님의 구원하시는 의의 영역 밖에 있는 자"로서 정의한다.[126] 따라서 로마서 4:4-5에 있는 바울의 논증 때문에 "유대인의 귀"에 생기는 거슬림은 하나님이 "경건치 아니한 자", 즉 "언약 밖에 있는" 자를 "의롭다 하신다(즉 언약을 통하여)"는 주장에 있었을 수 있다.[127] 아브라함을 로마서 4:5에 언급된 예로써 인용할 때 바울에게는 제2성전 사상에서 볼 때 중요한 선례였을 수 있었으니 제2성전 사상에서는 아브라함을 "개종자, 즉 우상으로부터 유일하시고 참되신 하나님에게로 돌이키는 이방인의 모형으로" 이해했다.[128]

---

124. Ibid., 1:228.
125. Ibid.,
126. Ibid., 1:205.
127. Ibid.
128. Ibid.

(5) 빌립보서 3:6

던은 바울이 자신을 "율법의 의"에 관하여 "흠이 없다"고 말할 때는 (3:6) "죄가 없거나 율법을 어긴 적이 없다"고 주장하는 것이 아니라고 설명한다.[129] 흠이 없다는 용어는 물론 "회개와 제사를 통하여 속죄에 대한 방법"을 포함하여 "언약의 조건 안에 살았다"는 것을 의미한다.[130] 따라서 바울은 "언약적인 의에 대한 확신", 즉 바리새인으로서 삶을 표시하였을, "'비난받지 않았던' 언약적인 의무('의')의 관점에서 삶을 확실하게 하였을 '분리주의'를 거부한다."[131]

(6) 빌립보서 3:7-9

유대인으로서 "의"라는 말이 가리키는 것은 "자신의 공로로 얻는 의"가 아니라 "언약 속에서 헌신의 실행"이다.[132] "자신의"라는 말은 "내 자신의 것(다른 사람의 것이 아니라)"을 의미하지 않는다. 비록 바울이 소득이라는 개인 짐을 만들려고 했지만 말이다. "여기에서 짐이라는 말이 의미하는 것은 '내 자신의 것'은 '나에게 속한 것'이라는 점이어서 (하나님으로부터 오는) 그 본질적으로 은혜로운 성격을 잊어버리게 된다. 더욱이 가장 중요한 대조는 '율법으로부터'와 '그리스도를 믿음으로 말미암아'이다."[133] 이 해석을 지지하면서 던은 바울이 유대인으로서 누렸던 특권의 목록을 지적한다(빌 3:4-6). 이 목록에 나열된 모든 항목은 "육체를 신뢰할만하다"(빌 3:4)는 말이 머리말로 되어 있다. 이러한 사실을 통하여 알 수 있는 바는 바울의 관심은 자기성취가 아니

---

129. Dunn, *The Theology of Paul the Apostle*, 349.
130. Ibid., 350.
131. Ibid.
132. Ibid., 369.
133. Ibid., 370.

라 이스라엘의 언약적인 특권에 대한 열심과 자부심이라는 점이다. 바울은 "하나님의 의가 이스라엘만을 위하지만 이방인들이 이스라엘인이 되어 하나님이 이스라엘에게 맺으신 언약의 독특한 의무를 짊어진다면 이방인도 위한다"라는 생각에 반대하고 있었다.[134]

(7) 로마서 7:7-25

던은 큄멜의 1929년 저서 이후 로마서 7:7-25은 "율법 아래 있는 인간"을 묘사하고 있으니, "회심 전"에 속한다고 하는 중요한 정통적 가르침에 동의하지 않는다.[135] 로마서 7:14-24에는 "바울이 너무나도 잘 알았던 경험이 들려지는 것 같고"[136] 오늘날까지 계속되는 "실존적인 분노"가 있다.[137] 따라서 던은 바울이 자신의 유대적 과거에 끼쳤던 상호작용에 대하여 말하려는 목적으로 이 본문을 보지 않을 것이다.

로마서 7:7-13(과 다른 곤궁 본문)은 "아담 내러티브"로의 전환이다. 바울은 "창세기 2-3장을 반(semi)알레고리적 강독으로 보여주었는데" 바울은 "이스라엘의 이야기에서" 창세기 2-3장과 "일부러 조화를 이루게 할 수 있었을 것이다."[138] 창세기 2:17의 명령은 십계명의 열 번째 계명의 "특별한 표현"이다. "뱀은 죄를 대표하는 것으로 동일시하고 있다." 그리고 "그 '나'는 아담과 실존적으로 동일시한다."[139] 던은 로마서 7장과 창세기 2-3장의 관계성을 "아담의 불순종에 대한 유대신

---

134. Ibid., 371.
135. Ibid., 472-73.
136. Ibid., 474.
137. 던은 로마서 7:25b "'우리 주 예수 그리스도로 말미암아 하나님께 감사하리로다'라고 말하는 '내가 계속 분열되어 있는 상태, 계속되는 상태를 지시하는 것 외에 달리 읽혀질 수 없고' '몸의 부활'까지 계속 될 것이다'라고 주장한다. Ibid., 474, 476.
138. Ibid., 99.
139. Ibid.

학적 묵상"에 근거를 둔다. 유대신학적 묵상에서는 "잘못된 욕정, 욕심, 욕망"을 "모든 죄의 뿌리"라고 본다. 바울은 열 번째 계명을 인용함으로써 그리고 "뱀은 아담이 하나님의 지위를 탐하도록 유혹했다"라는 사실을 다른 유대인들과 함께 인식함으로써 이 전통을 인정했다고 말한다.[140] 말하자면 던은 이런 방법으로 창세기 2-3장의 병행적 알레고리를 증거하는(성경적, 묵시적 또는 비정경적) 특별한 본문을 제시하지 않는다.

던은 로마서 1:18-32, 3:23, 8:19-22이 창세기 1-3장에 있는 아담의 내러티브를 다시 말하고 있다는 것을 알고 있음을 볼 수 있다. 로마서 7:7-13의 요점은 "율법이 죽음 경험에 대한 1차적 책임이 있다는 것을 함의하는 것에서부터 율법을 변호하는 것이다."[141] 던이 거부하는 것은 이 본문을 개인 경험의 관점에서 또는 바울의 유대교에서 기독교로 개인적 이동, 즉 율법의 재평가를 중심으로 한 이동에 대한 설명으로써 해석하는 것이다.

5) 바울의 메타포로서 구원

의, 칭의, 율법의 행위에 대한 연구를 결론지을 때 마음에 두길 원하는 한 가지는 이 용어들을 인식하고 있는 던의 방식이다. 즉 이 용어들은 메타포이다.[142] 예를 들면, "칭의는 율법적 메타포이다." 또

---

140. Ibid., 98-99.
141. Ibid., 98.
142. 던은 또한 "메타포"라는 용어를 "이미지"라는 용어와 상호 교체하여 사용하는 것 같다. ("바울 또한 이런 이미지를 종교에서 가져왔음을 주목해야 한다" [ibid., 330]; "마지막으로 이 간단한 범주화에서는 삶의 중요한 사건에서 가져온 메타포에 대하여 언급할 수 있다" [ibid., 331.] 그의 용어에는 효과가 있음을 명심해야 한다.

한 바울은 구속, 해방, 자유, 화해, 시민권, 왕국전환, 구원 그리고 기업을 바울서신에 있는 다른 메타포들 가운데 일부로써 사용하고 있다.[143] 던에게는 "이 메타포가 바울에게 새로운 시작이라는 경험의 실제를 분명히 한다. 분명하게 이 메타포는 모두 독자들의 경험에 있는 어떤 것으로써 이 메타포와 동일시되는 것을 그리고 있다."[144]

바울을 연구할 때 메타포가 중요한 이유는 무엇인가? 던은 이러한 메타포가 "아마도 단순하거나 동일하거나 단편적인 설명으로 안 되는 실제를 가능한 한 충분하게 표현하려는 시도였다"라고 한다.[145] 메타포는 "바울의 복음이 가져왔던 회심에 대한 다양한 경험이 매우 풍성하고 실제적인" 것을 말로 설명하려는 시도이다.[146] 유비적으로 말하면 "어떤 음악의 영향이나 다른 와인들 가운데 독특함은 너무나도 개인적이고 이해하기 어려워서 논리의 관점에서 뭐라고 말할 수 없다. 삶이 변화되는 경험에 대하여는 더욱 그러하다."[147] 던은 어떤 메타포를 다른 메타포보다 더 귀하게 다루지 말라고 경고한다. "바울 독자들 가운데 다수가 복음을 수용, 해방, 구조, 정화, 새로운 헌신, 옛 삶이 죽고 새로운 삶이 시작된 것으로 경험했다."[148] 덧붙여 "바울이 죄를 확신시키거나 범죄의 느낌을 일으키기 위하여 설교했다는 증거는 거의 없다"라고 들었다.[149] "바울의 메타포 가운데 하나를 첫째나 규범적인 위치로 정하여 다른 모든 메타포들이 그 메타포

---

143. Ibid., 328-29.
144. Ibid., 331.
145. Ibid., 332.
146. Ibid.
147. Ibid., 333.
148. Ibid., 332.
149. Ibid.

의 형에 맞추어져서"는 안 된다.[150]

개신교 신학은 칭의에 대하여 이러한 일을 하였다. 대중적인 복음주의는 구원과 중생에 대하여 이러한 일을 하였다.[151] 그러나 이러한 노력이 "위험스러운" 까닭은 언어가 개인의 경험에 따라야 할 경우에도 "개인의 경험이 경험을 그리는 용어에 따라야만 하는 것을" 전제하고 있기 때문이다. 바울에게 "중요한 변형은 많은 측면이 있는 단일 사건이지, 어떤 사람들에게나 필연적으로 똑같은 사건이 아니다."[152] 던이 "바울에게 새로운 시작이라는 중요한 특징으로" 그리고 "신학의 역사에서 중요한 것으로" 보는 세 가지 메타포는 이신칭의, 그리스도에의 참여, 성령의 은사이다.[153] 샌더스의 경우와 같이 칭의와 참여는 본질적으로 같은 실체로 되는 것 같다. 던에게는 그 차이점이 순수하게 규범적인 차이이다.

6) 그리스도의 죽으심

바울의 편지에서 현저하게 보이는 그리스도의 죽으심이 던의 신학에는 어디에 있는가? 던은 바울이 그리스도의 죽으심을 속죄적 희생으로 보고 있다는 점에 동의한다.[154] 바울이 "제의적 희생", 특별히 "속죄제"(cf. 레 4장)와[155] "속죄일 희생제물"로부터[156] 가져온 것은 "이미

---

150. Ibid.
151. Ibid.
152. Ibid.
153. Ibid., 333.
154. Ibid., 212-18.
155. 던은 로마서 8:3을 인용하여서 바울서신에 이러한 특별한 연관성을 세우려 한다. Ibid., 216.
156. Ibid., 212.

지"이다. 바울은 그리스도의 죽으심을 화목이 아니라 속죄로 말한다 ("이 이미지는 처벌로써 달래질 분노보다는 부식하는 녹을 제거하거나 생명을 위협하는 세균을 중화하는 것에 대한 것이다"[157]).

그리스도의 죽으심이 믿는 자들에게 어떠한 효과가 나타나는가? 던은 바울이 죄의 권능을 무력화시키는 관점에서 그리스도의 죽으심을 다루기 전에 인용한 본문에 이미 익숙해져 있었다고 했다. 갈라디아서 3:13을 주석하면서 그는 "여기에서 인간의 곤궁이 죄와 사망의 권능 아래 있다는 관점보다는 저주의 관점에서 설명된다. 그러나 이것은 같은 것이다"라고 주장한다.[158]

이러한 차이점을 강조하면서 "대표, 희생, 거주, 구속, 화해, 권세들의 정복"을 포함하여 "그리스도의 죽으심의 의미를 설명하기 위하여 바울은 풍성하고 다양한 메타포를 사용한다."[159] 그러나 던은 이러한 것은 엄밀하게 말하면 "이미지와 메타포이다. 모든 메타포의 경우와 같이 메타포는 실체 자체가 아니라 실체의 의미를 표현하는 수단이다. 예를 들면, 그리스도의 죽으심이 마치 문자적으로 성전인 우주에서 하나님(제사장)이 드리는 제사인 것처럼 이러한 메타포를 문자적 사실로 바꾸는 것은 현명하지 못하다"라고 말한다.[160] 더욱이 골로새서 2:11-15을 예로 들면서 이러한 메타포는 "서로 항상 들어맞는 것은 아니다"는 점을 지적한다.[161]

하지만 모든 메타포는 하나로, 즉 ("예수님의 십자가는 이스라엘의 종교와

---

157. Ibid., 214-15.
158. Ibid., 225.
159. Ibid., 231.
160. Ibid.
161. Ibid.

다른 종교의 근간을 이루지 않는"[162] 방법에서) "하나님의 주도권"으로 바꿀 수 있다. 희생이라는 "낡은 메타포"를 버릴 수 없다. 이 메타포는 "바울과 초대 그리스도인들에게 이 메시지의 힘이 사라지지 않는다고만 하면 버리는 것보다도 재메타포화되어야 한다."[163]

요약하면 그리스도의 죽으심에 대한 바울의 입장에 대한 던의 견해는 구원론의 견해와 같이 명목론적이다. 바울이 사용한 성경의 용어는 실체 밖에 있는 어떤 실체도(즉 법정적 처리, 진짜 제사) 상응하지 않는다. 바울이 십자가와 죄의 관계에 대하여 말할 때 바울은 권능이라는 죄에 초점을 두지 범죄라는 죄에 거의 초점을 두지 않는다.[164]

7) 요약

던은 바울연구에 대한 결론을 다음과 같이 요약한다.

- 던은 "율법의 행위"를 모세의 율법에 유대적으로 순종하는 모든 형태라고 간주한다. 그 형태는 경계표지 의식으로 표현되었다. 즉 할례, 안식일, 음식법 등에서 던은 샌더스와 입장을 달리한다.
- 따라서 바울의 비평은 어떤 경계표지에 집착하여 이방출신의 믿는 자들을 제외하려는 자들을 향한다. 그는 모세의 법에 애써 순종함으로써 하나님 앞에서 의롭다 하심을 얻기 위하여 하

---

162. Ibid., 231, 232.
163. Ibid., 233.
164. 던은 "바울이 죄의 확신을 가지고 죄악의 감정을 일으키기 위하여 설교한 증거가 거의 없다"고 주장한다. Ibid., 332.

나님의 도덕적 표준을 만족시키려고 하는 자들을 다루고 있지 않다.
- 바울은 유대교에 대한 헌신으로부터 회심하였으나 종교를 바꾸지는 않았다. 믿음을 언약공동체의 경계표지라고 강조할 때 그는 전혀 새로운 것을 제안하지 않고 유대교를 간소화한 데서부터(즉 율법의 행위) 진정한 고대 유대교를 회복시키고 있었다. 하지만 던은 바울에 대한 전통적인 개신교 해석(신분이 아니라 행동으로써 행위)이 바울 이후 서신, 즉 에베소서, 디모데후서, 디도서에 증거가 있다는 점에 동의한다.
- 바울의 "의"라는 용어는 근본적으로 법정적(즉 헬라적)이 아니라 1차적으로 관계적이고 변형적(즉 히브리적)이어서 하나님의 주도권을 지시한다. 샌더스와 반대로 던은 "의"라는 용어를 이동용어로 이해하지 않는다.
- 칭의는 하나님의 언약백성 안에 이미 존재한다는 일련의 선언으로 이해한다. 따라서 의롭다 하심을 얻은 자는 언약의 조건에 (불완전하지만) 신실한 자로 이해된다.
- 구원과 그리스도의 죽으심은 실제적으로 이해되지 않고 명목적으로 이해된다. 바울에게서 메타포나 이미지는 바울의 복음을 통하여 많은 이들이 하나님을 다양하게 경험하는 것을 말로 나타내기 위한, 부분적으로만 적합한 시도이다. 바울의 다양한 이미지와 메타포는 하나님의 주도권으로 해결된다.

CHAPTER 7

교회 등장:
N. T. 라이트

라이트(N. T. Wright)는 현재 학문적 입장을 취하고 있지 않지만 신약학자들 가운데서 특별히 복음주의자들의 영향을 받고 자랐다. 바울에 대한 라이트의 이해가 왜 세밀하게 연구할 만한가? 그렇게 하는 중요한 이유는 지금까지 살펴본 주도적인 새 관점 지지자들이 학문활동을 학구적인 면에 제한했기 때문이다. 샌더스(E. P. Sanders)와 레이제넨(Keikki Räisänen)은 기술적인 작업들 외에 어떤 것에 관여하는 것에는 관심이 없었다. 특별히 레이제넨은 빌헬름 브레데(Wilhelm Wrede)의 외투를 걸치고서 신약 연구에서 규범성의 문제를 짊어지려는 학구적인 시도의 합법성을 격렬하게 거부하였다.[1] 다른

---

1. Heikki Räisänen, *Beyond New Testament Theology* (Harrisburg, Pa.: Trinity Press International, 1990)을 보라.

한편으로 라이트는 신약학 안에서 규범성의 문제를 추구하도록 향상시켰다. 라이트는 주의 깊은 관심을 받을 만한 새 관점에 실제적인 측면을 더하고 있다.

라이트를 연구해야 하는 둘째 이유는 라이트가 새 관점 주석을 주류 교회와 복음주의 교회에 전하는 일에 다른 어떤 이보다 더 많이 헌신적이었기 때문이다. 이것은 부분적으로 라이트가 오랫동안 잉글랜드 국교회 사역자로서 봉사해 왔다는 사실에 기인한다. 그렇게 함으로써 그는 결코 의도적으로 학문과 교회사역을 나누려고 하지 않았다. 또한 복음주의자들 가운데서 라이트의 인기는 신약의 통합성에 대한 일반적인 존경에서 기인한다. 예수님에 대한 그의 학문은 예수님의 동시대 삶과 복음서의 신학에서 최소한 한 가지 면에서 뛰어나다.

라이트는 복음서를 신뢰할 수 있는 역사기록으로써 목적을 가지고 접근하여 신약학 학자들이 종종 본문으로 가지고 가는 자료비평과 편집비평 등의 많은 관심을 한쪽으로 비켜놓고 있다. 그는 본문을 있는 그대로 다루는 데 관심이 있어서 학계에서 많은 젊은 복음주의자들의 관심을 받게 되었다. 복음주의자들 가운데서 라이트 인기의 또 다른 이유는 자기 학문의 각 부분을 더 큰 전체의 일부분으로 이해하기 때문이다. 아직 완성되지 않은 그의 신약학은 그 범위와 신약을 종합적으로 다루려는 시도의 측면에서 신약학 분야에서 독특하다.

바울에 대한 라이트의 독특한 견해로 시작하고 싶지만, 먼저 두 가지 질문을 할 필요가 있다. 라이트는 신학 과제를 어떻게 이해하고 있는가? 라이트는 제2성전 유대교 그리고 그 유대교와 바울의 관계를 어떻게 이해하고 있는가?

1. 라이트의 "신학" 그 자체

라이트는 이 주제를 『신약성서와 하나님의 백성』(New Testament and the People of God)에서 다루고 있다. 이 책은 그가 진행 중인 신약신학의 첫 번째 책이다.[2] 라이트는 "계몽주의 이후 이성주의"와 "반계몽주의적 초자연주의"가 일으킨 난국을 뛰어 넘어서 환한 빛에 대한 관심으로 시작한다.[3] 즉 신약을 "이야기"로써 읽고 "이야기가 없이 선포하는 생각"으로 읽지 않았다.[4] 인식론적으로 그는 "지식과 증명에 대하여 비평적 실재주의 이론", 즉 "세계관이라는 큰 모델과 그 일부 구성 안에서 인간의 지식, 생각, 삶에 대하여 본질적으로 '이야기가 있는' 본질을 인식하는 이론"을 발전시킨다.[5] 이러한 접근방법은 순진한 객관주의와 회의적인 현상주의를 둘 다 뛰어 넘을 수 있다. 마이클 포래니(Michael Polanyi)와 니콜라스 월터스토프(Nicholas Wolterstorff)와 같이 라이트는 세계관을 "무언적 그리고 선이론적 관점", 즉 "어떤 인식과 지식이 어쨌든 일어나게 하는 필요한 조건"으로 규정한다.[6] 라이트는 "이야기"가 세계관의 형성과 표현에서 핵심적인 역할을 한다고 주장한다.

> 이야기는 인간의 삶을 기본적으로 구성하는 것이다. 이야기는 사실 세계관 구성에서 한 가지 중요한 요소이다…모든 세계관에는

---

2. N. T. Wright, *The New Testament and the People of God: Christian Origins and the Question of God*, vol. 1 (Philadelphia: Fortress, 1996).
3. Ibid., 5.
4. Ibid., 6.
5. Ibid., 45.
6. Ibid., 36.

되돌릴 수 없는 요소가 있다. 그것은 다른 세계관 요소들(상징, 관습, 기본적인 질문과 답)과 병존하는데, 이러한 것 가운데 어느 것도 다른 구성요소의 조건으로 "되돌릴 수" 없다. 세계관, 즉 인간이 실제를 인식하는 격자는 인간의 신념과 목적의 관점에서 분명하게 의식하게 된다. 인간의 **신념과 목적**은 원칙적으로 세계관의 논쟁 중인 표현으로 작용한다. 세계관 그 자체를 특징짓는 이야기는 신학적 신념을 포함하여 분명하게 만들어진 신념보다도 더 근본적인 수준으로 인간의 지식이라는 지도에서 자리를 잡는다.[7]

라이트에게는 "이야기"가 특별한 내러티브의 표현인 신학적 명제 뒤에 놓여 있다. 예를 들면, 단일신론과 선택에 대하여 말하면서 "전 세계관을 불러들이는데" 이는 근본적으로 이야기로 되어 있다. 이 단어들("단일신론", "선택")은 "이후에 만들어진 것이고, 동사가 있는 문장을 편리하고 간략하게 하기 위한 말이며…'더 순전한' 추상적 진리를 단순하고 유치하게 표현한 것이 아니다."[8] 라이트는 "유대의 이야기 신학"과 "추상적 헬라의 사색이라는 고상한 분야"를 대조한다[9](던을 살펴볼 때 있었던 이러한 독특함을 생각나게 한다). 바울은 결정적으로 전자에 속한다. 그의 "언급과 논증은 사실 **예수님에 대하여 다시 쓴 본질적인 유대의 이야기**의 표현이다."[10] 라이트 사상에는 교리적 형식과 순차적이고 논리적인 추론에 반대하는 내재적인 편견과 하나님과 사람의 관계를 **수직적인** 용어로 이해하는 것에 반대하는 경향이 있다. 오히려 라이트는 그 관계를 본질적으로 **수평적인** 범주로 이해하려 한다.

---

7. Ibid., 38.
8. Ibid., 77-78.
9. Ibid., 79.
10. Ibid.

2. 유대적 이야기: 제2성전 유대교

성경적이고 히브리적인 사상을 이해하는 데 "세계관"과 "내러티브"의 필요성을 제시하고 나서 라이트는 유대인들이 성경 시대와 성경 이후 시대의 이스라엘 이야기를 이해하는 것과 같이 이스라엘의 이야기를 구성하는 과제를 해결하려고 한다. 라이트는 모든 유대교에 공통되는 기본적인 이야기가 있다고 주장한다. 이 이야기는 네 가지 독특한 범주로, 즉 공통 이야기, 이 이야기에 근거한 다양한 이야기들, 이 이야기의 상징, 이 이야기에 근거한 관습으로 설명할 수 있다.

첫째, 라이트는 모든 고대유대인들에게 공통적인 이야기가 있다고 주장한다. 창조주는 이 세상을 창조하셨고, 그의 언약백성인 이스라엘이 이 세상에서 중심적인 역할을 했다고 한다. 이스라엘의 이야기는 여러 단계를 거쳐 전개한다. 이 "하나님은 이스라엘에게 토라를 주셨고", 이 토라로 이스라엘은 "이방의 적들"에게서 "보호"를 받을 수 있었고, "하나님의 백성"이 되고, "확고하게 자기 땅을 자기가 다스리게" 될 것이다.[11]

둘째, 라이트는 이스라엘이 주후 1세기에 포로 이후에 있었던 위기의 정점에 도달했다고 주장한다. 모든 1세기 유대인들은 다음과 같은 질문에 열중하였다. "'이스라엘의 완전한 자유는' 어디에서 오는가?" 비록 고레스 왕이 주전 6세기에 이스라엘을 본국으로 귀환시켰을지라도 모든 유대인들은 여전히 포로상태였다고 여겼다. 다양한 유대인 집단들이 공통된 이야기, 즉 회복 이야기에 서로 다른 결말을 썼다. 마카비 1서의 저자는 구원이 하스몬왕가를 통하여 왔다고 한

---

11. Ibid., 221.

다. 요세푸스에게 구원은 로마에 항복함으로써 왔고 또한 올 것이라고 말한다. 회복 내러티브가 이렇게 다양함에도 불구하고 유대집단들은 변호와 열방 위에 하나님의 통치를 기다리며 "신[sic]과 그의 토라에 신실하게 남기로" 그때까지 한 목소리로 결정했다.[12]

셋째, 성전, 땅, 토라, 국민 정체성은 "1세기 유대인의 세계관을 일상 삶에 뿌리내리게 하는 중요한 상징"이었다.[13] 물론 이 상징들 자체는 이스라엘 이야기로 통합되어 있다.

넷째, 유대인의 관습은 "이야기"와 "상징"을 통합했고, 1세기에 두 가지 주된 방법으로, 즉 (1) 예배와 축제(이를 통하여 이스라엘의 이야기는 공개적으로 다시 들려졌다) 그리고 (2) 연구와 배움으로 표현되었다. 1세기 유대인의 관습은 "이방인으로부터 유대인을 표시하는 세 가지 상징, 즉 할례, 안식일, 음식법에" 초점을 맞추게 되었다.[14]

요약하면 라이트는 1세기 유대교 내러티브를 네 가지 질문과 답변으로 정리한다.

> 첫째, 우리는 누구인가? 우리는 이스라엘, 즉 창조주 신[sic]이 선택하신 백성이다. 둘째, 우리는 어디에 있는가? 우리는 성전이 중심이 되는 거룩한 땅에 있으나 역설적으로 우리는 포로상태에 있다. 셋째, 무엇이 잘못인가? 우리에게 잘못된 통치자가 있다. 이방인들이 유대인들을 더럽히고 있다. 넷째, 해결책이 무엇인가? 우리 신[sic]이 다시 일하셔서 우리에게 참된 통치자를 주셔야 한다. 그 동안 이스라엘은 언약적인 선서에 충실해야 한다.[15]

---

12. Ibid., 222.
13. Ibid., 224.
14. Ibid., 237.
15. Ibid., 243.

라이트에 따르면 이 세계관에서 나오는 기본적인 신념은 단일신론, 선택, 언약/종말론이다. 부차적인 신념은 다양한 유대집단들이 포로의 문제에 제시한 다양한 해결책이다.

3. 초대기독교 세계관

라이트는 초대기독교 세계관이 유대교 세계관의 모체에서 온 것으로 인식되었다고 주장한다. 다른 유대집단들과 함께 초대기독교인들은 이스라엘의 기본 역사가 제시하는 포로의 문제에 대하여 대안적 해결책을 만들었다. 따라서 유대교 관습과 상징은 초대기독교 이야기의 관점에 따라서 버려지거나 또는 다시 만들어졌다. 예를 들면, 가족으로써 교회는 종족적 정체성을 대신하였다. 교회 윤리는 토라를 대신하였다. 신앙적 신념은 할례, 안식일 그리고 음식법이라는 유대교의 표시를 대신하였다.

라이트는 초대기독교인들이 자신들을 "새로운 집단이지만 새롭지 않은 집단"으로 보았다고 주장한다. 그들은 이스라엘 하나님의 "진정한 백성"이다. 우상들의 "절대적인 능력이" 끝났고 그들은 하나님이 만드신 세상에 살고 있으나, 우상의 노예가 되어 사는 것이 문제였다고 주장했다. 믿는 자들에게는 내부에(이단들과 분열) 그리고 외부에(박해) 적이 있다. 초대기독교인들이 이 문제에 대해 제시한 해결책은 그리스도의 죽으심과 부활하심을 통해 하나님이 "이방 신들을 물리치셨고", "새로운 백성을 만드셔서 그 백성을 통하여 악으로부터 이 세상을 구하신다"는 것이다. 이러한 과정은 "아직 완성되지 않았다." "왕이 이 세상을 심판하려고 다시 오셔서", 새로운 나라를 세우시고,

죽은 그리스도인들을 "새로운 육체적 생명"으로 일으키실 것이다.[16] 라이트는 기독교의 천재성을 동시대 유대교가 반대했던 구원론(그리스도를 믿음 vs 율법의 행위)에 있지 않고 **하나님 백성이라는 공동체를 바꾸는 데** 있다고 주장한다. 하지만 라이트는 유대교와 기독교 사이에 광범위하게 구원론적 차이점이 있음을 인정하고 있다(근본적인 유사점이 있을지라도 말이다).

> 특히 구원과 칭의의 유대교 교리는 초기 기독교, 심지어는 이 용어들이 꼭 사용될 필요가 없는 곳에도 반영되어 있다. 교회는 창조자, 신이 자기 백성을 마지막에 구원한다는 유대교의 신념을 교회로 가져와 사용하였고 그 구원을 법정 배경의 관점에서 해석했다. 이 "하나님의 의" 교리는 하나님의 언약적 신실성의 관점에서 가장 잘 이해될 수 있고, 이 점은 바울의 로마서에서 가장 잘 드러난다. 여기에서 기독교와 유대교 관점 사이의 주요한 차이점은 이미 예수님의 죽음과 부활 때에 판결이 선언되었다는 점을 초기 기독교가 믿고 있었다는 점이다. 이스라엘의 신은 마침내 결정적으로 행하셔서 자기 언약의 신실함을 보여주고, 자기 백성을 죄에서 구원하고, 시작된 새 언약을 가져오신다. 유대교의 형식("누가 미래에 의롭다 하심을 얻을지 현재 어떻게 말할 수 있는가?")에 기독교인들은 둘째 질문을 덧붙였다. 누가 예수님의 죽음과 부활에 포함될지 현재 어떻게 말할 수 있는가?…[대답: 그들은] 종족, 지역, 족보가 아니라 예수님 그리고 믿음으로 한정된다.[17]

이제 라이트가 고대 유대인과 그리스도인의 유사성에 대한 바울의 이해를 어떻게 인식하고 있는지 정확하게 살펴보자.

---

16. Ibid., 369-70.
17. Ibid., 458.

4. 바울과 하나님의 의

바울신학에 대한 라이트의 충분한 논의는 기다려야 하지만 몇 가지 엉성한 논문들(학적이거나 대중적인), 그의 책 『바울이 진실로 말한 것』(What Saint Paul Really Said), NIB 시리즈로 해서 최근에 출판된 로마서 주석 등이 있다.[18] 따라서 바울에 대한 라이트의 견해를 판단하는 필요한 자료들은 충분하다. 중요한 의미에서 "하나님의 의"라는 구에 대한 라이트의 이해는 라이트가 바울을 종합한 것을 이해하는 데 핵심이 된다. 라이트는 "하나님의 의"라는 용어에 언약, 법정, 종말이라는 세 가지 독특한 배경이 있다고 주장한다. 라이트는 "70인역 독자에게…'하나님의 의'는 한 가지 분명한 의미, 즉 하나님이 자기 약속, 즉 언약의 신실하심에 있다"라고 주장한다.[19] 비슷하게 라이트는 이러한 구가 "이스라엘의 하나님이 조상들에게 하신 약속에 신실하실 것이라는 기대를 예리하게 그리고 편리하게 바울과 같은 1세기 유대인을 위하여 요약했다"고 주장한다.[20] 라이트는 이 구의 바울 용법에 유대교 배경의 유입에 대하여 연구한다.

> 하나님의 "의"는 특별히 이사야 40-55장에서 볼 때 완고함과 타락에도 불구하고 하나님이 이스라엘을 구원하심 때문에 생긴 하나님 성품의 측면이다. 하나님은 약속하셨다. 이스라엘은 이 약속들을 신뢰할 수 있다. 하나님의 의는 한편으로 하나님의 신실함과 다른 한편으로는

---

18. N. T. Wright, *What Saint Paul Really Said: Was Paul of Tarsus the Real Founder of Christainity?* (Grand Rapids: Eerdmans, 1997); "Romans," in *New Interpreter's Bible: Acts-First Corinthians*, voll. 10, ed. Leander E. Keck (Nashville: Agingdon, 2002).

19. N. T. Wright, *What Said Paul Really Said*, 96.

20. Wright, "Romans," 398.

이스라엘의 구원과 그 근원이 같다….²¹

라이트에 따르면 "하나님의 의"라는 구는 언약에서뿐만 아니라 법정에서도 기원하고, 이것의 배경은 "하나님과 이스라엘이 맺은 언약은 이 세상의 문제를 전체적으로 다루기 위하여 1차적으로 세워졌다"라는 유대교 관점이다.²²

이 문제는 무엇인가? 그리고 하나님은 이 문제를 어떻게 다루시는가? 라이트는 "성경의 가르침에 따르면 죄와 악은 부정의, 즉 사회와 인간의 틀이 깨진 것의 관점에서 본다"라고 주장한다. 따라서 필요한 것은 "[비록 형벌이 가해질지라도 이 구가 종종 품고 있는 형벌적 의미라기보다는 고장이 난 것을 고치려는 더 풍성한 의미에서 정의가 시행되어 바람직한 방향으로 회복하는 것이다."²³ 하나님의 의는 "세상을 옳게 하는, 즉 우주를 회복하는 정의라고 부르는 방법"인 "언약적 신실성의 관점에서 본다."²⁴ 라이트는 (샌더스와 반대로) 바울에게 의는 "법정"에서 나왔다고 주장한다.²⁵ 이것은 특별하게 법정적 의미가 있다. 이제 앞으로 더 연구할 주요한 부분을 예상하면서 의는 "법정이 자신들에게 유리하게 판결을 내릴 때 [원고와 피고]가 가지는 상태"이다.²⁶ 흥미롭게도 라이트는 이러한 용법이 믿는 자에게 전가된/유입된 의의 전통적인 개념을 배제한다고 주장한다.

---

21. Wright, *What Saint Paul Really Said*, 96.
22. Wright, "Romans," 399.
23. Ibid.
24. Ibid., 400.
25. Wright, *What Saint Paul Really Said*, 97.
26. Ibid., 98.

만일 법정용어를 쓴다면 재판관이 자기 의를 원고나 피고에게 전가하거나, 나누어 주거나, 증여하거나, 전달하거나 또는 이동시키는 것은 무엇이든지 의미가 없다. 의는 재판장에서 건네줄 물건이나 재산이나 기체가 아니다…피고가 재판관의 의를 어떻게든 받는 것을 상상하는 것은 순전히 범주적 실수이다. 이것은 언어가 나타내는 효과가 아니다.[27]

만일 의가 하나님의 언약적 신실성을, 구체적으로 법정적인 문맥에서 자기 백성을 위한 언약적 신실성이며 다른 어떤 종류의 전가는 부정된다고 이해한다면, 하나님의 백성은 어떻게 의롭다 하심을 얻게 되는가? 라이트는 "하나님이 역사하셔서 자기 백성들을 판결한다면 그리고 판결할 때 그의 백성은 메타포적으로 말해서 '의'의 신분을 얻을 것이다"라고 주장한다.[28] 하지만 왜 하나님 백성이 판결의 결과로써 그러한 신분에 들어가게 되는지 라이트에게 있어서는 분명하지 않다.

바울의 의의 용어에 대한 셋째 요소가 있다. 그것은 종말론이다. 라이트는 이 종말론을 로마서 1:17에서 "나타난"이라는 구를 바울이 사용한 것으로부터 추론한다. 분명하게 말하면 이 구절에는 "하나님이 마침내 이스라엘을 판결하기 위하여 역사에서 행하실 것을 말하는 암호화된 방법이 있다"라고 한다.[29] 라이트의 칭의에 대한 논의를 기대하면서, 율법의 행위는 "하나님이 마지막에 의를, 언약적인 의무를 성취하심으로 행하실 때 누가 정확하게 판결을 받을지 현재 말할 수 있다"라는 것을 암시하는 것이었음을 유대인들이 말했다고

---

27. Ibid.
28. Ibid., 99.
29. Wright, "Romans," 401.

주장하는 것을 알 수 있다.[30] 행위로 얻는 칭의는 "미래 판결의 현재 징표는 하나님이 우리에게 부과하신 언약적인 의무", 즉 "율법의 행위에 현재 충실한 데 있다"라는 견해에 해당한다.[31] 바울이 동의하지 않는 것은 율법과 하나님의 의에 대한 이러한 견해이다.

만일 앞서 말한 것이 바울용어의 일반적 배경을 제공한다면 바울은 하나님의 의를 어떻게 처리하였는가? 라이트는 "바울 사상의 세계가 제2성전 유대교 세계관의 일종이었다"라고 상기시킨다.[32] 바울은 다메섹 도상에서 부름 받은 후 "곧 예수님의 죽으심과 부활하심을 바울과 다른 이들이 고대하던 묵시적 때로 여겼고, 결과적으로 지금까지 이스라엘과 세상에 대한 이야기를 보던 방법을 재고한다."[33] 그렇게 함으로써 그는 "이스라엘의 하나님이 언약과 약속에, [특별히 아브라함의 약속에] 진실하셨다"라고 확인하였다. 이러한 관점에서 바울에게 하나님의 의는 "사람들이 하나님으로부터 받는 신분"이 아니라 "하나님 자신의 의"라고 라이트는 상기시키고 있다.[34]

달리 말하면 로마서의 큰 주제를 이루고 있는 이 표현은 "단순히 '칭의'라기 보다는 하나님과 하나님의 언약적 신실성과 정의"이다.[35] 이것 때문에 바울이 이 관심사들을 가장 철저하게 다룬다고 하는 로마서 9-11장이 적합한 자리를 잡게 되었다. 로마서 9-11장은 "부록"이 아니라 "로마서 전체 편지의 의도된 절정"으로 여기게 되었다.[36] 그러므로 바로 이 관심이 로마서의 구조를 이룬다. 라이트는 로마서의 가

---

30. Wright, *What Saint Paul Really Said*, 99.
31. Ibid.
32. Wright, "Romans," 401.
33. Ibid.
34. Ibid., 402, 403.
35. Ibid., 403.
36. Ibid., 403-4.

장 큰 관심으로써 이신칭의 교리는 "절반"이라고 말한다. 편지에 "언급된 주제"는 "십자가에 달리시고 부활하신 메시아를 복음으로 선포할 때 그리고 복음으로 선포함으로써 하나님의 의, 하나님의 언약적인 신실함, 하나님의 정의의 계시이다."[37]

1) 로마서에서 하나님 의의 중심성

바울의 구원론을 가장 체계적으로 드러낸다고 전통적으로 이해하고 있는 로마서 1-8장을 라이트가 어떻게 이해하는지 간략하게 살펴볼 것이다. 그렇게 할 때 로마서에서 하나님의 의가 중심이 되는 것에 대하여 라이트가 이해한 것이 이 중요한 장을 읽는 데 영향을 끼쳤음을 알 수 있다.

> 1-4장: 하나님의 복음은 메시아이신 나사렛 예수 안에서 이스라엘의 하나님이 아브라함과 맺으신 언약에 신실하셨고 그럼으로써 모든 세상에 구원의 질서를 가져왔음을 보여준다. 세상이 반역하고, 택한 백성이 자기 사명에 충성하지 않음에도 불구하고 하나님은 메시아이신 예수님의 대리적인 신실하심을 통하여-유대인과 이방인을 통틀어-아브라함을 위한 가족, 즉 믿음이라는 언약의 표징을 특징으로 하는 세계적인 가족을 창조하셨다.
> 5-8장: 이렇게 함으로써 하나님은 언약이 행하도록 되어 있는 것을 행하셨다. 즉 성경의 용어로 아담의 죄라고 말하는 문제를 다루고 해결하셨다. 하나님은 메시아이신 예수님 안에서 옛 이스라엘을 위하여 아브라함에게 하신 약속을 성취하신 것처럼 새로운 백성을

---
37. Ibid., 426.

위하여 행하셨다. 즉 죄의 종되었던 애굽에서 구속받아서 그들은 현재 광야라는 삶을 통하여(토라로가 아니라) 성령으로 인도함을 받고 있다. 그들은 모든 구속된 창조물로 된 유업을 간절히 고대하고 있다. 이것은 창조주가 마침내 온 세상을 어떻게 바르게 할 것인지 보여준다. 이 모든 것은 하나님의 놀랍고, 변하지 않고, 자신을 내어주는 언약적인 사랑, 즉 예수님의 죽으심으로 완성되고 표현된 사랑의 결과임을 알 수 있다.[38]

2) 두 가지 특별한 본문

로마서의 두 본문에 대한 라이트의 설명은 바울신학을 이해하는 데 있어서 이 주제가 중심이 되는 것과 보편적인 함의가 있다는 라이트의 이해를 알 수 있다.

(1) 로마서 3:21-4:25

라이트는 이 구절을 설명하면서 바울에 대한 전통적인 이해로 인하여 하나님의 의와 그리스도의 죽으심의 관계(앞으로 후자에 대하여 자세히 설명할 것이다)에 대한 바울의 진정한 이해가 뒤틀렸다고 주장한다. 라이트는 하나님의 의에 대하여 진정한 정의를 이해하면 "로마서 3:21-26에서 바울의 목적은 속죄에 대해 충분히 가르치려는 것, 즉 하나님이 예수님의 죽으심을 통하여 세상의 죄를 어떻게 다루셨는지에 대해 완전히 설명하려는 것이 아니다"는 것을 알 수 있다고 말한다.[39] 바울은 "십자가에서 하나님의 의가 어떻게 나타났는지 완

---

38. Ibid., 405.
39. Ibid., 467.

전하게 설명하려는 것이 아니고, 그 사실을 단순히 말하려 한다."[40] 더욱이 로마서 3:22은 "예수 메시아의 신실함으로 말미암은 하나님의 의"[41]라고 번역되어야 한다. 즉 하나님의 의는 예수님의 삶에서 증거된다.[42]

더욱이 바울이 이 구절(과 5:12-21)에서 그리스도의 순종에 대하여 언급할 때, 라이트는 다음과 같이 말한다.

> 예수님의 "순종"은 다소 공로적이어서 다른 이들을 위하여 "의"를 이루었다고 제안하지 않는다. 그것은 바울의 용어를 매우 다른 신학적 구조에 맞추려는 교묘하고 도달하기 어려운 방법이다. 그는 이스라엘을 위한 구원계획, 즉 하나님이 세상을 구원하시려는 계획에 예수님이 신실하게 순종하셨음에 초점을 맞추고 있거나 또는 예수님이 순종하면서 신실하셨음이라고 말할 수 있다. 십자가에서 예수님은 언약을 성취하려는 하나님의 변함없는 의도를 이루셨다. 전체로서의 이스라엘은 신실하지 않았지만 예수님은 신실하셨다.[43]

따라서 그리스도의 죽으심으로 말미암아 "죄와 그 결과가 처리되었다. 진노가 하나님의 백성에게서 사라졌다."[44] 이 주석에서 로마서 3장에 있는 전가라는 용어와 개념을 일관되게 거부하고 있을 뿐만 아니라 "하나님의 의" 그리고 하나님의 의와 그리스도의 사역과의 관계에 대한 긍정적인 이해를 볼 수 있다.

---

40. Ibid.
41. Ibid.
42. NASB 번역("even the righteousness of God through faith in Jesus Christ…")과 비교하라.
43. Wright, "Romans," 467.
44. Ibid., 468.

(2) 로마서 10:3

라이트는 이 구절("하나님의 의를 모르고 자기 의를 세우려고 힘써 하나님의 의에 복종하지 아니 하였느니라")에서 "의"의 첫째와 셋째 용법이 로마서 앞 부분에 나오는 용법과 거의 일치한다고 논한다. 어떤 이는 "하나님의 의"를 "하나님 자신의 성품과 행위" 또는 "합당한 언약적인 신실함이라는 자질"이라고 풀어 말한다. 하나님의 의는 "'하나님이 자기 약속에 신실하셨는가?'라는 질문"과 관련이 있다.[45] 이스라엘이 "하나님의 의에 자신을 복종"시키지 못했다고 말할 때, 바울은 "유대인들이 로마서 9:6-29의 원리가 꽤나 무시된 언약의 일원으로서의 신분을 얻으려고 시도했다. 이것은 모든 유대인을 위한, 단지 유대인만을 위한 신분이다. 남은 자들까지 가지치지 않으시고 (개종한 절차를 통하여 온전한 유대인이 되는 것을 제외하고는) 이방인이 들어오는 것을 허용하지 않으신다"라고 말한다.[46] 그러므로 라이트는 바울이 하나님의 의를 정의한 것을 볼 때, 로마서 9-10장에서 바울의 중심 관심사는 도덕적인 행위가 아니라 언약적인 신분이라고 주장한다.

다시 말하건대, 라이트는 이 구절을 이렇게 해석하는 것은 전통적인 해석에 반한다는 것을 잘 알고 있다. 그는 바울이 "동시대인들이 자신의 도덕적 힘을 내세워 하나님에게 인정받고 그런 종류의 '행위로 인한 의'를 얻으려 하지 않았기 때문에 동시대인들을 원 펠라기안으로 간주하지 않는다"라고 주장한다. 달리 말하면 바울은 "유대교와 그 전통에서 등을 돌리지 않는다. 그는 유대교와 그 전통을 유대교의 관점에서, 유대인들의 성경을 통하여, 메시아와 관련하여 해석할 것

---
45. Ibid., 646, 654, 646.
46. Ibid., 655.

을 주장한다(롬 9:4-5)."⁴⁷ 라이트는 바울의 1차 관심이 로마서 전체를 통하여 본질상 구원론적이지 않고 교회론적이라고 강조한다.

5. 칭의와 칭의에서 믿는 자의 믿음

만일 바울이 하나님의 의를 가지고 말하려는 것이 이것이라면 의롭게 되는 것은 무엇인가? 라이트는 알버트 슈바이처 그리고 샌더스와는 달리 칭의는 바울 사상에 "부수적이지도 논쟁적이지도" 않다고 말한다. "예수 자신과 그리고 예수님의 주권적 왕직에 대한 복음의 선포가 이미 중심을 차지하고 있어서" 비록 칭의가 "중심에 놓일 수 없을지라도" 이러한 상황이 "시사하는 바는 칭의가 부수적이고 덜 필수적인 문제가 아니라는 점이다."⁴⁸ 라이트는 칭의교리를 교회의 위기에 대한 바울의 반응으로 보지 않는다고 주장하지만⁴⁹ 그의 설명에는 슈바이처와 샌더스와 **형식적인** 공통점이 있다.

라이트는 자주 전통적인 개신교 교리를 쟁점으로 만든다. 전통적인 개신교 교리는 바울을 "뒤틀리게 하여" "바울 복음의 핵심을 놓치게 한다"라고 말한다. 비록 라이트가 그것은 "전적으로 잘못된 것"이 아님을 인정하지만 말이다.⁵⁰ 로마서의 전통적 읽기로 인하여 "수백 년 동안 본문을 조직적으로 왜곡시켰다. 그리고⋯이제는 본문 자체를 다시 들을 때이다."⁵¹ 그는 "'칭의교리'가 바울의 기원과는 별개인

---

47. Ibid.
48. Wright, *What Saint Paul Really Said*, 114.
49. Wright, "Romans," 481-82.
50. Wright, *What Saint Paul Really Said*, 117.
51. Ibid., 117.

교의신학 안에서 의미를 갖게 된다"라는 점에서 알리스터 맥그라스(Alister McGrath)와 의견을 같이 한다.[52]

믿는 자의 칭의에 대한 라이트의 가장 분명한 정의 가운데 하나는 로마서 주석에 나온다. "마지막 날의 판결은 메시아이신 예수님 안에서 현재에 미리 행하여졌다. 하나님은 죽은 자들 가운데서 그를 일으키시며 참되고 용서받은 우주적 가족이 그 안에서 이루어졌음을 선포하셨다. 바울에게 칭의는 그리스도인이 되어 자라가는 과정이나 사건이 아니다. 칭의는 현재 어떤 이가 하나님의 백성이라는 선언이다."[53] 이와 같이 라이트는 칭의도 언약용어이고, 법정용어이며, 본질상 종말론적이라고 단언한다.[54] "언약적인 선언은 법정이라는 메타포적이고 중요한 렌즈를 통하여 보이므로 종말론적으로 시행된다. 미래에 있는 판결이 앞당겨져서 현재 이루어졌다. 복음을 믿는 자들은 '의롭다'고 선포된다."[55]

라이트에 의하면 갈라디아서는 "어떤 이가 어떻게 그리스도인이 되거나 하나님과의 관계에 이르게 되었는지"에는 관심이 없고 "**하나님의 백성을 규정하는** 방법에 대한 문제, 즉 유대민족이라는 상징으로 규정될 수 있는지 또는 다른 방법으로 규정될 수 있는지"에 관심이 있다고 주장한다.[56] 이것은 "누가 어떻게 언약백성의 일원이 **되는지**에 관한" 질문이다.[57] 논쟁적으로 말하면, "칭의는 어떤 이가 어떻게 그리스도인이 되는지가 아니다. 칭의는 그리스도인이 되었다는

---

52. Ibid., 115.
53. Wright, "Romans," 468.
54. Wright, *What Saint Paul Really Said*, 117.
55. Wright, "Romans," 468.
56. Wright, *What Saint Paul Really, Said*, 120.
57. Ibid., 122.

선언이다."⁵⁸ 따라서 "칭의의 문제"는 갈라디아서 2:15-16에서 "'그리스도인이 되는 방법'이 아니라 '유대 그리스도인과 이방 그리스도인이 식사교제를 할 수 있는가'의 문제이다."⁵⁹

라이트의 칭의에 대한 정의에 깊이 박혀있는 것은 칭의를 신자들이 경험하는 두 단계 사건으로 이해하는 점이다. 라이트는 바울에게 있어서 칭의의 주된 이해는 믿는 자들의 **미래**칭의(뒤에서 로마서 2:13에 대하여 보라)이고, 칭의의 행위를 볼 때 믿는 자들은 **현재**칭의, 즉 이 사람이 하나님의 언약백성의 참된 일원임을 경험한다고 주장한다. 라이트는 칭의를 심판의 날과 연관시키는 전통 방식을 바꾼다.

종교개혁자들에게는 심판의 날이 믿는 자들의 칭의가 공적으로 나타나는 때로 이해되었다. 칭의의 근거(그리스도의 완전한 순종과 온전한 성화)는 개선의 여지나 부족함이 없기 때문에 보강될 필요가 없다. 하지만 라이트에게는 칭의의 미래 판결이 바울신학의 주안점이다. 그리스도의 의가 믿는 자에게 전가되는 교리를 제외하고(라이트는 이 교리를 거부한다), 전통적인 개신교의 칭의교리가 믿는 자들의 현재 경험에서 하는 역할을 라이트의 **미래**칭의교리가 하는 것으로 보인다. 현재와 미래칭의라고 부르는 것에 대한 라이트의 견해를 이해하기 위하여 로마서 3:28과 로마서 2:13을 어떻게 다루고 있는지 살펴보자.

(1) 로마서 3:28

이 구절("그러므로 사람이 의롭다 하심을 얻는 것은 율법의 행위에 있지 않고 믿음으로 되는 줄 우리가 인정하노라")을 통해 라이트는 바울의 글에는 요약 기능이 없다고 말한다. 즉 앞의 몇 절(3:21ff.)에서 한 논증을 간단히

---
58. Ibid., 125.
59. Wright, "Romans," 468 n. 106.

요약하지 않는다고 주장한다. 대신에 "바울은 지금 이 절이 아닌 다른 절에서 심사숙고한 것에 대하여 쓰고 그것을 곧 드러낸다."[60] 라이트는 그리스도의 죽으심이 희생적이고 속죄적이라는 논의(롬 3:21-26)와 로마서 3:28의 바울의 주장을 분리한다. 라이트는 전통적인 구원 서정에 얽매이지 않는다는 점과 단순히 새 관점의 "동료"가 아니라는 점을 상기시키고서, "바울이 자신의 중요한 용어가 의미하는 것이 무엇인지 말하도록" 해야 한다고 말한다(비록 이렇게 하면 "친숙한 사고의 틀을 곡해하지만" 말이다).[61] 라이트에 따르면 현재칭의는 "회심의 사건이나 그리스도인 삶의 과정을" 다루지 않고, "어떤 사람들이 언약백성의 일원이고 그들의 죄가 다루어졌다는 선포"이다.[62]

이신칭의는 어떻게 되는가? "하나님 백성의 일원이 되는 표지, 즉 모든 사람을 십자가라는 발로 똑같이 평평한 땅에 설 수 있게 하는 표지는 믿음이다."[63] 믿음은 율법의 행위와 대조될 수 있는데(롬 3:20; 9:32), 라이트는 특별히 이 율법의 행위를 "유대인들을 이방인 이웃들과 구별했던 행위"라고 생각한다.[64] "율법을 소유한 것은 하나님의 특별 백성이 되는 표지"라고 주장한 것은 유대인들의 오류이다.[65] 따라서 바울의 믿음/행위 이분법은 "토라의 소유를 근거로 해서 언약적인 신분을 정당화하려 시도했던 모든 사람에게 토라는 그들이 죄인이라고 비난한다는 것을 알게 한다"라는 바울의 주장을 전하는 데 사용한다.[66]

---

60. Ibid., 481.
61. Ibid.
62. Ibid.
63. Ibid., 482.
64. Ibid., 649. 라이트는 이 문제에 대하여 던과 일치됨을 인정한다. Ibid., 461.
65. Ibid., 461.
66. Ibid.

바울이 이 구절에서 유대인/이방인 문제에 관심을 두는 것은 또한 로마서 3:29-30("하나님은 다만 유대인의 하나님이시냐 또한 이방인의 하나님은 아니시냐 진실로 이방인의 하나님도 되시느니라 할례자도 믿음으로 말미암아 또한 무할례자도 믿음으로 말미암아 의롭다 하실 하나님은 한 분이시니라")에서 바울이 말하는 것으로 비롯된다. 이 구절은 칭의가 왜 토라로 이루어질 수 없는지(라이트는 "율법의 행위"가 토라를 지칭하는 것으로 보아야 한다고 한다) 보여준다. "하나님의 공평성이 비난받을 수 있고(롬 2:11), 하나님의 의, 즉 하나님의 공의와 신실성이라는 전체 구조가 드러나기 시작하는데" 그 이유는 "유대 족장, 즉 아브라함과 그의 후손들에게 맺으신 언약에 대한 하나님의 신실하심이 전 세계, 유대인 더하기 이방인 가족을 창조함으로써 성취될 수 있다."[67]

(2) 로마서 2:13

던과 같이 라이트는 로마서 2:13("하나님 앞에서는 율법을 듣는 자가 의인이 아니요 오직 율법을 행하는 자라야 의롭다 하심을 얻으리니")을 믿는 자의 칭의에 대한 무가정적 확증으로 간주한다. 라이트는 "13절의 의미가 하나님의 공평성을 뒷받침한다"라고 말한다. 즉 "회당에서 토라의 낭독을 듣고 토라를 소유했다고 해서 하나님에 대한 정당성을 갖게 될 것이라고 하면 이치에 맞지 않을 것이다."[68] 더욱이 "중요한 것은 토라를 행하는 것이다." 그리고 라이트는 로마서 8:1-4과 10:5-11을 "토라를 행하는" 바울의 관점을 설명하는 것으로 간주한다. 최소한 이 절(롬 2:13)에서 라이트가 믿는 자들이 율법에 순종하는 것을 염두에 두고 있음을 알 수 있다. 이 구절의 의미는 "이스라엘 민족적 특권은 토

---

67. Ibid., 482.
68. Ibid., 440.

라를 소유함으로써 지지를 받는다 하더라도 이스라엘이 토라를 지키지 않았다면 최후 심판에서 도움이 되지 않을 것이다. **칭의는 결국 소유가 아니라 실행에 근거하여 이루어 질 것이다**"라고 라이트는 말한다.[69]

원리적으로 믿는 자의 칭의는 율법에 대한 순종에 근거해야 한다는 점에서 라이트는 옳다. 라이트가 제시한 주장의 문제는 그가 이미 바울교리의 그리스도 의의 전가를 거부했다는 점이다. 이 선언의 근거가 [그리스도의 실행]이 아니라 믿는 자의 실행이라는 점 외에 달리 선택의 여지가 남아 있지 않다. 이것이 라이트의 견해라는 점은 로마서 5:9-10에 있는 그의 주석에서("'칭의'가 미래에 적용될 때 롬 2:13에서처럼 최후 심판에서 무죄선언의 관점에서 [말한다]")[70] 그리고 로마서 8:4에 대한 그의 주석에서("여기에서 논의하는 것은 미래 심판, 즉 마지막 날, 롬 2:1-16에서 바울이 언급한 날의 심판이다. 그 판결은 현재 판결과 대응되고 [그러한 의미에서 얻어지지 않고, 공로로 인정되지 않더라도] 바울이 지금 언급하는 성령이 인도하시는 삶에 뒤따라온다") 알 수 있다.[71]

던의 경우와 같이 믿는 자의 단계적 칭의교리가 있는 것 같다. 하지만 라이트의 모델은 단지 두 단계(현재와 미래)만이 있으므로 던의 모델보다 더 단순해 보인다. 현재칭의는 믿는 자를 생각할 때 언약의 일원이라는 표지, 즉 믿음이 있는 경우로써 본다. 미래칭의는 믿는 자의 언약 순종을 생각한다. 믿음에 대한 라이트의 주석을 뒤에서 다룰 때 언약적인 **신실함**은 칭의의 판결에서 이해되고 있음을 다시 보게 될 것이다.

---

69. Ibid., emphasis mine.
70. Ibid., 519.
71. Ibid., 580.

1) 칭의와 그리스도의 죽으심

칭의에서 믿음의 역할을 살펴보기 전에 라이트가 칭의 판결과 그리스도 사역의 사이의 관계를 어떻게 이해했는지 연구해 볼 필요가 있다. 먼저는 라이트가 세 본문, 로마서 3:25a과 5:9 그리고 5:18-19을 다룬 것을 연구함으로써 칭의에서 그리스도의 죽으심의 역할을 살펴본다.

(1) 로마서 3:25a

라이트와 던은 로마서 3:25a("이 예수를 하나님이 그의 피로써 믿음으로 말미암는 화목제물로 세우셨으니")에서 "그의 피로써"와 "믿음으로 말미암는"을 개념적으로 분리해야 한다고 논의한다. 더욱이 믿음은 예수님의 언약적 신실성을 가리키고 있지 그리스도의 화해적 죽음에 대한 믿는 자들의 주관적 인정을 가리키지 않는다. 칭의를 구원론 교리로 이해한 것에 라이트가 얼마나 망설였는지 이미 살펴보았다. 대신에 칭의는 누가 하나님의 백성이 되는가에 관한 선포이다. 칭의가 만일 본질상 교회론적이지만 바울이 칭의교리(cf. 롬 3:24)를 그리스도의 죽으심과 연관을 짓는다면 이 구절을 어떻게 이해할 수 있는가? 라이트는 믿는 자의 칭의와 그리스도의 죽으심에 연관이 있다고 설명한다. "따라서 하나님의 의가 그리스도의 죽으심과 부활하심이라는 복음사건에서 나타났다. 하나님은 언약에 신실하셨고, 죄를 합당하게 다루셨고, 의지할 데 없는 자를 구하셨고, 유대인과 이방인들을 공평하게 대하셨다."[72] 신자의 칭의와 그리스도의 죽으심을 완곡하게

---

72. Ibid., 477.

연결하고 있지만 개신교가 전통적으로 이해한 방법으로 볼 때는 확실히 아닙니다.

(2) 로마서 5:9

라이트는 로마서 주석에서 이 중요한 구절("그러면 이제 우리가 그의 피로 말미암아 의롭다 하심을 받았으니 더욱 그로 말미암아 진노하심에서 구원을 받을 것이니")에 대하여는 거의 언급하지 않는다. 믿는 자들을 "예수님의 희생적 죽으심으로 이미 의롭다 하심을 받은 자"라고 말하는 것 외에는 그리스도의 죽으심과 믿는 자의 칭의에 대한 관계의 본질에 대하여 자세히 논하지 않는다. 미래칭의나 심판을 포함한 믿는 자들의 미래에 대하여 말하는 것을 빼고는 말이다(롬 2:13에서처럼).[73]

(3) 로마서 5:18-19

이 구절("그런즉 한 범죄로 많은 사람이 정죄에 이른 것 같이 한 의로운 행위로 말미암아 많은 사람이 의롭다 하심을 받아 생명에 이르렀느니라 한 사람이 순종하지 아니함으로 많은 사람이 죄인 된 것 같이 한 사람이 순종하심으로 많은 사람이 의인이 되리라")에 대하여 언급하면서 라이트는 로마서 5:19을 "그리스도의 순종으로 '많은 이들이' '의로워진' 신분을 얻게 되었다"라고 풀어 말한다. 달리 말하면 "예수님은…여호와의 종이다. 그분이 순종하여 죽으심으로 여호와의 구원 목적을 성취하셨다."[74] 라이트는 이 구절에서 그리스도의 적극적이고, 소극적인 순종이 그리스도가 대표하는 자들에게 전가된다고 가르치는 전통적인 견해를 자신의 주석에서

---

73. Ibid., 519.
74. Ibid., 529.

분명하게 거부한다.[75] 이 구절에서 언급한 순종은 메시아의 신실함(롬 3:22과 같이), 즉 "메시아가 토라에 순종함으로 얻은 공로라는 보배를 모으는 것을 말하기보다는 하나님의 사명, 즉 세상에 구원을 가져오는 하나님의 계획에 대한 순종(롬 3:2에서처럼)이다."[76]

하나님의 백성은 어떻게 "의롭게 되는가?" 칭의는 십자가에 근거하고 마지막 날 심판을 기대하면서 사람들에게 새로운 신분을 미리 준다.[77] 달리 말하면, 바울은 하나님 백성의 "신분"에 초점을 둔다(비록 바울에게는 의롭게 되는 것이 "단순히 신분의 문제 이상"일지라도 말이다. 라이트는 바울은 이 주제를 로마서 6장까지 펼치지 않는다고 말한다). 하지만 "칭의는… 사람들에게 새로운 신분을 준다"라는 라이트의 주장과 칭의는 어떤 이가 이미 하나님의 백성에 속해 있다는 선포라고 하는 라이트의 반복된 주석을 일치시키기에는 어려움이 있다.

2) 칭의와 그리스도의 (죽으심과) 부활

라이트는 로마서 4:25("예수는 우리가 범죄한 것 때문에 내줌이 되고 또한 우리를 의롭다 하시기 위하여 살아나셨느니라")을 어떻게 이해하는가? 라이트는 이 구절 상반절에서 "그가 우리와 동일시하셔서 그는 우리가 감당해야 할 것을 당하셨다"는 것을 의미한다고 라이트는 주장한다.[78] 라이트는 이 구절의 하반절에 대하여 칭의와 부활을 실질적으로 동일한 것으로 이해한다.

---

75. Ibid.
76. Ibid.
77. Ibid.
78. Ibid., 503.

따라서 신실하신 예수님이 부활하심으로 메시아로 증명되었다면 원칙적으로 볼 때, 부활은 예수님에게 속한 모든 자들, 즉 예수님 안에서 드러난 하나님의 신실하심에 믿음으로 반응하는 자들이 아브라함에게 약속하신 참다운 언약가족의 일원임을 선언하는 사건이다. 달리 말하면 이 지점에서 예수님의 부활은 칭의의 선포로 볼 수 있다. 그리고 이 일은 "그리스도께서 우리의 칭의 때문에 부활하셨을 때 온전히 드러날 수 있다."[79]

칭의와 부활의 기능적 동일성은 선포하는 가치에 있는 것으로 보인다. 부활이 예수님을 메시아로 선언하는 것과 같이 칭의는 하나님의 백성이 참다운 언약백성의 일원이라고 선포하는 것이다.

6. 믿는 자의 의

앞서 살펴본 바와 같이 하나님의 의에 대한 라이트의 견해는 하나님의 의가 특별히 자기 백성을 구원할 때 하나님의 언약적인 약속에 대한 신실하심을 가리킨다고 본다. 하지만 바울은 인간에게 속한 다른 의(율법에 대한 것/하나님으로부터 온 것)에 대하여 말하고 있다. 앞에서 이 질문에 대해 언급했었다. 이제 라이트의 관점에서 이 두 가지 의는 무엇으로 이루어져 있는지에 관하여 더 직접적으로 물어볼 것이다. 바울이 반대하는 율법의 의는 "나면서 유대인 된 언약적 신분인데, 할례라는 언약적 표지로 표시되고 열심 있는 바리새인이 됨으로

---

79. Ibid., 504.

써 그 백성의 일원이 되었다고 주장하는 것이다."[80]

라이트는 로마서 9:31("의의 법을 따라간 이스라엘은 율법에 이르지 못하였으니")을 주석하면서 "이스라엘이 율법에 집착하면 할수록 악은 더 가까이에 있음을 알고 또한 그러한 방법으로 언약의 일원이 될 수 없다"라는 점을 바울이 말하고 있다고 주장한다.[81] 그러나 바울이 근본적으로 윤리적 행위가 아니라 신분이나 언약적인 일원이 되는 문제에 대하여 관심이 있다면 로마서 9:31에서 "율법"이라는 말에 "의의"(of righteousness)라는 말을 왜 덧붙였는가? 라이트는 이 말이 덧붙여진 것은 율법을 "거룩하고 의롭고 선한 하나님의 율법"으로 정당화하기 위함이라고 주장한다.[82] 바울이 "의의 율법"이라는 말을 가지고 말하려는 것은 의로운 행실을 요구하는 율법이라기보다는 본질적으로 의롭고 선한 율법이라고 라이트는 주장한다.

로마서 9:32("어찌 그러하냐 이는 그들이 믿음을 의지하지 않고 행위를 의지함이라 부딪칠 돌에 부딪쳤느니라")에서 바울의 주석은 이 논증을 이어간다. 여기에서 바울은 "이스라엘이 언약의 선언서인 토라의 목적을 이루지 못한 것은 믿음이 아니라 '행위로 간주되는 것'으로 율법을 추구했기 때문이다"라고 주장한다.[83] "율법의 행위"는 여기에서 "유대인과 이방의 이웃들과 구분하는 행위"를 의미한다. 이스라엘은 "이스라엘을 위한 하나님의 백성, 즉 토라를 소유한 사람들로서, 민족적 이스라엘로서 이방인이 아닌 정체성"을 찾았다. 앞 장에서 살펴본 던의 주석과 매우 비슷한 로마서 9:31-32의 주석이 있다.

---

80. Wright, *What Saint Paul Really Said*, 124.
81. Wright, "Romans," 649.
82. Ibid.
83. Ibid.

로마서 10:3을 주석하면서 라이트는 이스라엘의 "자기" 의는 전통적인 것으로써 "율법을 지켜서 얻는 '행위의 의'"가 아니라 "육신의 이스라엘이 스스로 세웠다고 생각하는 언약적인 신분"이라고 주장한다.[84] 다른 한편으로 하나님**으로부터** 오는 의(로마서 10:3에 또한 나타나는 하나님**의** 의가 아니라)는 "언약의 **일원이 되는** 신분", 즉 "믿음으로 나오는 선물"이다.[85] 인간에게 적용된 "의"라는 용어의 두 용법에서 라이트는 도덕적 범주가 아니라 신분의 범주에서 형성된 정의를 발전시켰다는 점에 주목할 수 있다.

내친 김에 덧붙이면 라이트는 자신의 주장과 일치하지 않다고 간단히 주장할 수 있다. 로마서 1:18-32을 주석하면서 라이트는 하나님의 "진노"가 나타났고(롬 1:18) 그의 "정하심"이 어떤 인간행위에게로 향한다고 말한다. 달리 말하면 바울이 "불의"라고 요약하면서(롬 1:18) 로마서 1:18-32에 인간의 불의한 행위에 대하여 말할 때 라이트는 이 행위를 도덕적인 용어뿐만 아니라 인간으로써 행위(신분이 아니라)의 관점에서 이해한다.[86] 그런데도 라이트가 로마서 다른 곳에서 (앞에서와 같이) 의의 용어를 해석할 때 그러한 해석은 분명하게 도덕적 또는 행위적 범주를 가리키지 않는다. 바울이 사용한 의와 불의의 용어를 이렇게 선언(選言)적으로 읽어보면 "율법에서 난 의"와 "하나님의 의"라는 용어가 언약적인 신분에만 관련되어 있다는 라이트의 제안이 합당하게 보이지 않는다.

---

84. Ibid., 654.
85. Wright, *What Saint Paul Really Said*, 124-25, Philippians 3:9에서 인용.
86. 라이트는 "사악함"과 "악의 카테고리"라는 용어를 사용하여 로마서 1:18-32에 있는 불의에 대한 바울의 논의를 그리고 있다. "Romans," 434.

7. 칭의에서 믿음

칭의에서 믿음의 역할은 무엇인가? 현재칭의에서 믿음은 "언약의 일원이 되는 표지이지 일종의 가입시험으로써 시행하는 것이 아니고 대리적 '사역'도 아니다."[87] 덧붙일 것이 있는가? 라이트는 "이 설명에서 믿음의 위치는 종교개혁 이후 교의학 안에서 오래 전에 논쟁이 되었다"라고 한다. 여기서 우리는 그가 말하는 시기에 대하여 생각하게 된다.[88] 라이트의 책 『바울이 진실로 말한 것』의 결론에서 "믿음의 순종"이라는 말을 주석하면서 라이트는 믿음과 순종의 관계를 논의한다.

> 믿음과 순종은 대조적인 개념이 아니다. 서로 관련 있는 개념이다. 사실 "믿음"이라는 말 자체는 종종 "신실함"이라는 말로 번역될 수 있는데 신실함이 정확한 개념이다. 물론 이 말은 "행위"를 뒷문으로 몰래 들임으로써 복음이나 칭의를 타협하게 하는 것이 아니다. 지금까지 논의하고 있는 재조정이 복음이 아니라고 하면 그렇다고 할 것이다. 인간의 편에서 하나님의 가족으로 들어가거나 거기에 머무는 경우라면 적극적인 의미에서 믿음은 결코 질의 문제가 아니다. 그것은 일원이 된다는 하나님이 주시는 표지이다. 그 이상도 이하도 아니다.[89]

이와 비슷하게 로마서 1:5을 주석하면서 라이트는 "믿음의 순종"은 "믿음으로 이루어진 순종"으로 번역해야 한다고 주장한다. 그러나 라이트는 과거 해석자들에게 그러한 해석들은 "순수한 믿음보다는 선

---

87. Wright, *What Saint Paul Really Said*, 125.
88. Ibid.
89. Ibid., 160.

한 도덕 행위가 우선함을 제시하지 않는 것"에 대한 관심이었다고 지적한다.[90] 이러한 관심에 라이트는 "요점을 놓친다…[바울의] 사도적 사명은 사람들에게 새로운 종교적 선택을 주려는 것이 아니라, 예수님에게 충성하도록 부르는 것이며 이것은 다른 것에 충성하는 것을 포기하는 것을 의미한다. 복음에는 명령, 왕의 소집이 있고 이에 대한 적합한 반응은 순종이다"라고 말한다.[91] 바울에게 믿음의 내용은 바로 순종이다.

> 바울이 복음을 선포하면서 일으키려고 하는 "순종"은 도덕적 선행의 목록이 아니라 믿음이다. 믿음은 바울이 뒤에서(롬 10:9) 설명하는 것과 같이 예수님을 주님으로 고백하는 것(그러므로 다른 신들을 버리는 것)이고 하나님이 예수님을 죽은 자들 가운데서 일으키심을 믿는 것(그러므로 이러한 사실이 예수님에게는 일어나지 않았고, 일어날 수도 없다는 다른 세계관을 버리는 것)이다. 이 믿음은 하나님의 신실함에 응답하는 것은 실제로는 인간의 신실함이다. 3장에서 살펴보겠지만 이 "믿음"이 하나님의 진실하고 갱신된 백성의 일원이 된다는 유일하고 합당한 표지이다…[92]

믿음과 신실함은 같은 것이다. 라이트는 믿음이 행위가 아니라(단어의 전통적인 의미에서)고 주장한다. 바울에게 있어서 행위는 종교개혁자들이 세운 논의로부터 나온 다른 논의에 속하기 때문이다. 간단히 말하면 현재칭의에서 믿음은 특별하게 순종을 지시하지 않는 표지로 인식되는 반면에, 믿음은 신실함이나 언약적으로 신실한 순종의 삶

---

90. Wright, "Romans," 420.
91. Ibid.
92. Ibid.

이며 믿는 자의 미래칭의의 근거로 인식된다. "현재칭의는 미래칭의가 영생에 기초하여 공적으로 인정하는 것(롬 2:14-16과 8:9-11에 따르면)을 믿음에 기초하여서 선포한다."[93]

8. 바울과 그리스도의 죽으심

라이트가 칭의와 의(하나님의 의든지 사람의 의든지)와 믿음에 대한 종교개혁자들의 개념에 반대하는 것을 보면서 "그렇다면 예수 그리스도께서 왜 죽으셨는가?"라고 질문하게 된다. 던과는 달리 라이트는 그리스도의 죽으심과 관련된 바울의 용어를 많은 메타포 가운데 하나로 풀지 않는다. 또한 샌더스와 같이 라이트는 그리스도의 속죄적 죽으심을 초기 기독교 전통에 대한 바울의 의무적인 인정으로 이해한다. 라이트는 그리스도의 속죄적 죽으심과 믿는 자의 경험의 관계를 어떻게 이해하는가? 라이트의 로마서 3:24-26 주석은 효과적으로 칭의, 의, 믿음의 개념들을 한데 모아둔다.

> 이러한 문맥에서 "칭의"는 로마서 3:24-26에서 나타난 것처럼 예수 그리스도를 믿는 자들이 진정한 언약백성의 일원임을 선포하는 것을 의미한다. 물론 그들의 죄가 용서받았음을 의미한다. 이것은 언약의 목적이기도 하기 때문이다. 그들은 메타포적 법정에서 "의롭다"는 신분이 주어진다. 이것의 근본이 되는 언약적인 주제의 관점에서 풀어 말한다면 그들이 미래에 될 것이라고 생각하는 자, 즉 하나님의 참 백성임을 현재 선포하는 것을 의미한다. 미래칭의가 영생을

---

93. Wright, *What Saint Paul Really Said*, 129.

근거로 하여 공적으로 인정하는 것을 현재칭의는 믿음을 근거로 선포한다. 이렇게 선언할 때(롬 3:26) 하나님 자신은 언약에 신실하셔서 의로우시다. 그는 죄를 해결하셨고, 도움이 없는 자들을 세우셨고, 십자가에 달리신 그리스도로 말미암아 이런 일들을 공평하게 행하셨다. 복음, 즉 "이신칭의"가 아니라 예수님에 대한 메시지는 의, 즉 하나님의 언약적인 신실성을 나타낸다.[94]

앞에서 본 것처럼 라이트는 주석할 때 그리스도의 죽으심이 믿는 자의 용서가 되는 방법에 대하여 희미한 용어를 사용하여 말한다.

그리스도의 속죄적이고 화목적인 죽음에 대한 다른 중요한 본문이 비슷하고 명확하지 않은 방법으로 다루어진다.

(1) 고린도전서 1:30

만일 전가된 의를 전통적인 의미로 이해하면 이 구절은 "그리스도의 전가된 지혜, 그리스도의 전가된 성화, 그리스도의 전가된 구속"이라는 교리를 요구한다고 라이트는 주장한다. 하지만 이러한 부분의 전가를 주장한다면 전통적으로 그리스도의 의로 이해되는 방법은 "분명하게 말이 되지 않는다."[95]

(2) 고린도후서 5:20-21

이 구절은 전통적으로 믿는 자의 죄가 그리스도에게 전가되고, 그리스도의 의가 믿는 자에게 전가되었음을 가르치는 것으로 이해한다. 라이트는 이 구절이 단순하게 사도들은 "자신들이 선포한 메시지

---

94. Ibid.
95. Ibid., 123.

의 화신"이라고 가르친다고 동의하지 않고, 사도들은 "하나님의 언약적 신실성의 화신"[96]이라고 주장한다.

(3) 로마서 8:3-4

라이트는 로마서 8:3-4("율법이 육신으로 말미암아 연약하여 할 수 없는 그것을 하나님은 하시나니 곧 죄로 말미암아 자기 아들을 죄 있는 육신의 모양으로 보내어 육신에 죄를 정하사 육신을 따르지 않고 그 영을 따라 행하는 우리에게 율법의 요구가 이루어지게 하려 하심이니라")에 관심을 쏟는다. 이 두 구절의 줄기는 하나님이 "그리스도의 육체에 죄를 정죄하셔서 율법이 주었던 생명이 성령에 인도함을 받는 자들에게 주어질 수 있다"는 점이다.[97] 바울은 예수님이 하나님 백성의 대표로서 죽으셨다는 점을 인정한다. 따라서 "예수님에게 사실인 것은 그의 백성에게도 사실이다. 그러므로 그의 죽으심은 그들의 죽음으로 간주될 수 있다."[98]

예수님이 어떻게 "속죄 제물"(롬 8:3)이 되셨는가? 라이트는 레위기의 속죄 제물이 "부지 중에 또는 무심코 범한 죄"만을 다루었다고 상기시킨다.[99] 그리스도의 죽으심을 이러한 방식으로 설명함으로써 로마서 7장의 "문제"는 풀린다. 로마서 7장의 "나"는 부지 중에 자신의 뜻에 반하여 죄를 지었다("내가 행하는 것을 내가 알지 못하노니 곧 내가 원하는 것은 행하지 아니하고 도리어 미워하는 것을 행함이라"[롬 7:15]). 따라서 라이트는 엄밀히 말해서 속제죄는 어떤 죄나 모든 죄에 대한 답(이것은 이

---

96. Ibid., 104-5. N. T. Wright, "On Becoming the Righteousness of God: 2 Corinthians 5:21," in *Pauline Theology*, vol. 2, ed. David M. Hay (Minneapolis: Augsburg Fortress, 1993), 200-208을 보라.
97. Wright, "Romans," 578.
98. Ibid.
99. Ibid., 579.

구절이 의도하는 바가 아니다)은 아님을 상기시킨다. 그렇다면 라이트는 이 구절이 속죄에 대한 바울 사상을 남김 없이 말해주는 구절이라고 이해시킬 수는 없었을 것이다. 라이트는 이 구절에 대한 주석을 통하여 그리스도께서 자기 백성을 대신하여 죄를 짊어지시는 **방법**에 대하여 막연하게 말한다고 주장할 수 있다. 메시아 안에서만 죄가 "단번에 영원히 다루어지고, 정죄되거나", "예수님의 죽으심이 죄에 대한 법정적 처벌이 충족되는 수단[이라]"는 것을 라이트는 선뜻 인정한다.[100]

(4) 로마서 3:25-26

라이트는 하나님이 십자가에서 "세상 죄를 단번에 영원히 다루셨다"고 자주 단언한다.[101] 최근 로마서 주석에서 그리스도의 죽으심에 대한 부분(3:35-26)을 연구해 보면, 라이트는 전가된 의의 관점에서 그리스도의 죽으심을 설명하는 것을 일관되게 거부한다.

> [바울은 예수님을 **힐라스테이온**(hilastērion)이라고 가리키면서] 이스라엘이 심판을 받기보다는 속죄를 받는 방법으로 예수님이 거룩하신 하나님과 죄가 있는 이스라엘이 만나는 장소임을 암시한다…'[102]

> 이사야 40-55장의 의미는 그렇지 않으면 설명할 수 없는 것, 즉 제사적 용어로 설명된 그리스도의 죽으심이 하나님의 의를 계시할 뿐만 아니라 적절하게, 형벌을 받음으로 죄를 다루어야만 한다고 바울이 생각하는 이유를 함께 모아 설명하는 능력에 있다. 속죄의 일부인

---

100. Ibid.
101. Wright, *What Saint Paul Really Said*, 106 et passim.
102. Wright, "Romans," 474.

형벌에 대한 사상은 매우 논쟁적이다…그러나 이 사상은 바울이 말하고 있는 사상이다.[103]

진노나 형벌을 다루는 것은 화목이고 죄를 다루는 것은 속죄이다… 많은 부분에서 전자의 사상을 격렬하게 거부하면 "속죄"만 보이게 된다고 주장하게 된다. 그러나 로마서 1:18-3:20에서 바울은 하나님의 진노가 모든 경건치 않음과 불의에 대하여 나타나고, 그리스도에게 속한 자들이 진노에서 구원받고, 그 변화의 이유가 설명된 구절이 로마서 3:25-26인데 거기에서 하나님이 참으시사 죄가 잠시 형벌에 처해지지 않게 하신다고 할지라도 그 의를, 그 구원하는 정의를 계시하시고 사람들이 죄인이더라도 "의롭다"고 선언을 받게 하신다는 사실만 남는다.[104]

라이트는 다른 곳에서 그리스도의 죽으심이 "권세와 죄와 죽음을 결정적으로 이기신 것"이고,[105] "유일하신 참 하나님, 즉 세상의 창조자께서 하나님의 권위를 빼앗아 종으로 삼는 권세에 대하여 승리하는 수단"이라고 구체적으로 설명한다.[106]

그리스도의 죽으심이 속죄적, 형벌적, 심지어 화목적이라고 말할 수 있지만, 라이트는 그리스도의 죽으심이 시간과 역사에서 믿는 자 개인에게 적용되는 메커니즘을 상세하게 하는 것을 일관되게 거부한다. 라이트는 바울에게서 전가를 범주적, 표현적으로 거부하므로 그리스도의 의가 법정적으로 믿는 자에게 어떤 방식으로든지 돌려지는 것을 의미할 수 없다고 한다. 하지만 그는 속죄에 대하여 주도적으로

---

103. Ibid., 476.
104. Ibid. 이 질문들은 다니엘 커크(Daniel Kirk)에게 도움을 받았다.
105. Wright, *What Saint Paul Really Said*, 48.
106. Ibid., 47.

그리스도의 승리라는 견해를 제시하였다. 이 개념에 대한 설명은 **권능**으로 본 죄는 다루어지지만 **범죄**로 보는 죄는 기능적으로 무시하는 것이다. 그리스도의 죽으심에 대한 바로 이러한 관점에서 라이트의 진정한 견해를 가장 잘 알 수 있을 것이다. 확실히 말하건대 라이트는 "속죄"와 "화목"이라는 용어를 사용하여 그리스도의 죽으심에 대하여 말한다. 하지만 라이트는 전가라는 개념을 바울의 범주로 받아들이지 않기 때문에 "속죄"와 "화목"이란 말이 전통적인 의미가 될 수 없다. 라이트가 진정으로 이해한 그리스도의 죽으심의 의미에 속죄와 화목은 중심적인 역할을 할 수 없다.[107]

9. 바울, 회심, 그리스도인의 삶

라이트에 대한 설명을 결론지으면서 마지막 두 가지 질문을 묻는다. 라이트는 바울에 대하여 그리고 기독교 밖에서 기독교 안으로 이동하는 것에 대하여 무엇이라 말하는가? 라이트는 바울이 동시대 기독교인들의 경험에 대하여 어떻게 말하는가? 라이트에게 복음은 "바울에게 개인적인 의미에서 그리고 역사적인 의미에서 '어떻게 구원을 얻는가?'에 대한 메시지가 아니다"라는 점을 상기하라. 오히려 복음은 그리스도의 죽으심, 그리스도의 부활, 그리스도의 메시아 되심,

---

107. 이제 라이트의 미출판 강의안 "The New Perspective on Paul"에 대해 간단히 설명하겠다. 이 강의에서 라이트는 전통적인 전가교리와 같은 것을 인정한다는 것을 보여주려고 한다. 수사학적으로 보면 전통적인 전가교리에 대한 이 강의에서 라이트의 평가는 앞서 낸 *What Saint Paul Really Said*에 낸 평가보다 훨씬 더 온건해졌다. 하지만 라이트의 주석적 논증도 그의 결론도 앞서 낸 언급들을 본질적으로 수정하였다. 이 글이 라이트의 칭의교리가 신학적인 전환을 일으켰는지는 불분명하다.

그리스도의 우주적 주되심을 포함하여 "예수님에 대한 선언"이다.[108]

라이트는 "회심"이라는 단어를 사용하여 바울이 유대교에서 기독교로 이동함에 대하여 말하려고 하지만[109] 이 이동이 무거운 양심이나 조상의 신앙에 대한 불만을 나타내지 못했다는 점을 조심스럽게 강조하고 있다.[110] 더욱이 이 이동은 "새로운 소명", 즉 "왕의 전령"으로서 소명의 발견이었다.[111] 이 소명은 "사울이 생각하기에 하나님이 종말에 이스라엘을 위하여 하시려는 것을 참되고 한 분이신 하나님이 나사렛 예수님을 위하여 역사에서 행하셨다"라는 사실을 바울이 받아들이는 것이다.[112]

라이트는 다른 새 관점 지지자들과 더불어 전통주의자들이 유대교에 대하여 구원론적으로 바울이 불만족하다는 증거로써 지목한 본문에서 그러한 불만족을 찾으려는 데 주저한다. (1) 라이트는 빌립보서 3:3-6을 주석하면서 바울이 "흠 없음"을 언급하면서 말하려고 하는 것은 "선한 유대인으로서 바울은 성전과 제사예식에 있는 제사를 드림으로 용서와 정결의 수단을 정규적으로 사용하였고 헌신된 유대인이 하나님의 용서와 은혜를 확신하게 하는 금식과 절기에 참여하였다"는 점이라고 주장한다.[113] 물론 그는 "자신의 동기와 행동을 그다지 무시하지도 않지만" "토라가 말하는 것을 항상 행했다"고 주장하지 않는다.[114]

(2) 로마서 7:7-25을 주석하면서 라이트는 이 구절의 "나"는 "평범

---

108. Ibid., 60.
109. Ibid., 35.
110. Ibid., 36.
111. Ibid., 37.
112. Ibid., 36.
113. Wright, "Romans," 461.
114. Ibid.

한 그리스도인이" 아니라고 주장한다. 그렇게 함으로써 크랜필드(C. E. B. Cranfield)와 던이 받아들인 로마서 7장의 해석과 다르게 나간다. "나"가 "평범한 그리스도인"이 아닌 이유는 믿는 자가 "죄에", "육체에", "율법 아래" 있지 않다는 로마서 6-8장의 "반복되는 주장" 때문이다.[115] 더욱이 바울은 로마서 6:17-18, 22에서 믿는 자들은 더 이상 "죄의 종"이 아니라 "의의 종"이라고 말했다. 이 점에서 라이트는 "주석사에서" 로마서 5-8장을 "그리스도인 삶의 신학"으로 읽으려는 경향, 즉 로마서 7장에서 일반적으로 개인적인 "도덕적 갈등"과 "나"에 대한 묘사가 부적합하게 결합하게 되었다는 경향을 비난한다. 이와 반대로 다른 이들은 로마서 7장을 "비그리스도인"의 경험이라고 분리하여 죄 없는 완전함이라는 교리를 변호하려고 한다.[116]

라이트는 이러한 두 가지 경향의 배경이 로마서 7장이 비그리스도인이나 율법으로 여전히 거룩한 삶을 살려고 애쓰는 그리스도인들의 경험에 대한 기록이라고 하는 신념이라고 주장한다(이런 경우에 대개는 토라라고 받아들이지 않고 성령을 의지하기 보다는 자신의 힘으로 따라 살려는 더 일반적인 도덕법을 말한다).[117] "로마서의 계속되는 논의 속에서 문맥을 충분히 고려하고, 본문에 나타난 '율법'의 의미에 충분히 관심을 두고 이 본문을 읽으면 이러한 논쟁은 사라지지게 된다"라고 말한다.[118] 이 본문을 **실존주의적으로** 읽으면 안 된다(바울의 기독교 이전 경험이나 기독교 경험). 이 본문은 유대교 아래 있었던 바울의 경험에 대하여 말하고 있지 않다. 결국 빌립보서 3장에서 바울은 "기독교 이전의 삶에서 '율

---

115. Ibid., 551.
116. Ibid., 552.
117. Ibid.
118. Ibid.

법의 의'에 대하여 '흠이 없었다'"라고 말한다.[119] 로마서 7:7-25은 개인의 경험을 뛰어넘는 것을 다루는 본문이다. 오히려 "나"는 "바울의 두 가지 주요한 내러티브 속에서", 즉 "아담과 메시아의 이야기"와 "새 출애굽" 속에서 이해해야 한다. 그러므로 로마서 7:7-12은 "토라가 왔을 때" 이스라엘에 대하여 말하고, 로마서 7:14-25은 "그 뒤에 토라 아래서 사는" 이스라엘을 말한다.[120]

결론적으로 요점은 "실제 사건이 무엇이었느냐, '율법 아래' 사는 자들에게 사건이 무엇이냐에 대한 신학적 분석이지, 어떻게 느꼈고 느끼느냐에 대한 묘사가 아니다." 로마서 7:7-25은 로마서 2:17-29의 반복이다. 즉 "토라를 받은 자들은 토라가 돌아서서 정죄한다는 것을 안다."[121]

따라서 라이트는 그리스도의 죽으심이 로마서 7장에 그려진 이 곤궁에 대한 해결이라는 데 동의한다. 하지만 이 곤궁은 전적으로 다르다. 토라 아래 살려고 의도적으로 결심한 자들은 육체에 있음을 알 것이다. 토라는 "'아담 안에 있는' 인류의 곤궁을 증가시키고 악화시킨다."[122] (로마서 8장에 기록된) 해결책은 "아브라함의 언약"과 "토라의 언약"을 바꾸는 방식이 아니라 이 언약들을 "새롭게"하는 방식으로 "그리스도와 성령님이 함께" 있다.[123] 성령은 로마서 6장이 말하고 로마서 7장에 있는 바울의 난제가 설명된 출애굽을 가져온다. 성령으로 믿는 자들은 성령이 주시는 생명이 현재와 미래에 발견되는 새 출

---

119. Ibid., 552.
120. Ibid., 552.
121. Ibid., 553.
122. Ibid., 554.
123. Ibid., 555.

애굽을 열었다.[124]

 오늘날 그리스도인들은 어떠한가? 복음이 선포될 때 "이러한 방법으로 하나님이 성령으로 그들의 마음에 역사하시고, 그 결과 그들은 그 메시지를 믿게 되고, 세례를 받음으로 기독교 공동체에 들어가고, 공동체의 삶과 삶의 방식에 참여하게 된다."[125] 그리스도인의 경험에 대한 칭의의 역할과 중요성에 대하여 질문하면 라이트는 칭의는 입교조건이 아니고 더욱이 참된 그리스도인이 되기 위하여 붙잡을 필요가 없다고 응답할 것이다. "예수님을 믿는 것은, 즉 예수님이 주님이심과 하나님이 그를 죽은 자들 가운데서 일으키신 것을 믿는 것이 전부다."[126] 심지어 어떤 이는 "이것을 모르고도 의롭다" 함을 받을 수 있다.[127]

 그러면 어떻게 그리스도인이 되어 그리스도인으로 머무르게 되는가? 라이트는 그리스도인의 삶에 최소한 세 가지 필수 요소가 있다고 주장한다. 첫째, 그리스도의 죽으심, 부활, 메시아 되심, 주되심의 복음에 동의해야 한다. 둘째, 세례라는 성례에 동의해야 한다. "세례를 단순히 믿는 자의 믿음의 외적인 표현으로 보고, 세례행위 자체 또는 외적인 행위 자체가 영적인 영역에 있게 되는 방법을 실제로 바꿀 수 있다는 제안에 대하여 염려하는 선한 개신교 독자들"에 대하여 라이트는 머뭇거린다. 이러한 염려는 계몽주의, 낭만주의, 실존주의, 16세기의 신학 때문이라고 말한다.[128]

 라이트의 관점에서 세례는 무엇을 하는가? 그는 성례란 "입회라는

---

124. Ibid.
125. Wright, *What Saint Paul Really Said*, 116-17.
126. Ibid., 159.
127. Ibid.
128. Wright, "Romans," 533.

일반화된 표지"가 아니라 "새 출애굽이라는 역사적 내러티브 즉 하나님, 이스라엘 그리고 예수님이라는 더 큰 이야기 안으로 사람을 보내는 것"이라고 주장한다.[129] 세례받은 자들에 대하여는 "그러므로 이제 메시아에게 사실인 것은 그들에게도 사실이다. 즉 메시아에게 일어난 일은 메시아와 **함께** 그들에게 일어난다. **쉰**(syn, '함께')이라는 접두어로 시작하는 일련의 유명한 단어들에서처럼 말이다(롬 6:4-8)."[130] 더욱이 "육체적인 행위로써" 세례와 "내적인 사건으로써" 믿음의 갈등이 없다고 라이트는 확신시킨다.

> [바울]은 세례받은 자들이 비록 정규적으로 성례에 참석하고 있지만, 그들이 살았던 방식대로 이러한 상징을 거짓으로 행할 때, 발생하는 문제에 대하여 잘 알고 있다…하지만 그는 세례나 성찬에 대한 확고한 견해로부터 결코 물러서지 않는다. 즉 이것들을 결코 부수적인 것으로 다루지 않는다. 이 본문에서는 그가 세례에 근거하여 믿음을 촉구한다고 말할 수 있다. 바울은 너희가 세례를 받았기 때문에 그리스도에게 사실인 것이 너희에게도 사실이라는 점을 구현하라고 쓰고 있다(롬 6:11).[131]

바울이 어떤 "조직신학적인 구원서정"을 세우려고 하지 않는다는 점을 앞에 있는 인용구에서 라이트가 확신시켜 준다고 하더라도[132] 라이트는 이 교리의 목회적 함의를 잘 알고 있다.

---

129. Ibid., 534-35.
130. Ibid., 535.
131. Ibid.
132. Ibid.

수천 아마도 수백만의 수세자들이 기독교 신앙과 생활의 실천을 버렸던 것을 너무나도 잘 알고 있다. 그러나 우리가 참여하는 그리스도의 죽으심과 부활하심이 삶에서 힘과 방법이 되도록 부름 받았다. 만일 예수님과 그의 죽음과 부활이 단순히 위대한 사례라고 하면 소망이 없을 것이다. 자신의 힘으로 이상을 따라 산다는 것을 누가 심각하게 생각할 수 있는가? 그러나 메시아 사건이라는 사실이 세례사건을 통하여, 기도와 세례에 동반하는 믿음을 통하여, 무엇 보다도 성령의 선물을 통하여 우리 이야기의 일부가 된다면…은혜의 승리를 우리 자신의 것으로 만들 수 있고, 우리 일원을 그리고 우리 전 자아를 하나님의 계속되는 목적의 수단으로서 제시할 수 있다.[133]

바울의 세례에 대한 라이트 개념의 논의를 다음과 같이 요약할 수 있다.

(1) 바울은 세례라는 성례에 대하여 확고한 견해가 있다. (2) 수세자는 성례 시 부여되는 은혜와 협력하여서 그 은혜가 효력 있게 하여야 한다. (3) 세례는 바울 사상에서 믿음보다도 우선한다. 라이트가 이해한 바울에 따르면, 믿음은 표지로써 바울에 대한 전통적인 해석에서 세례의 역할을 한다. 어떤 의미에서 세례는 바울을 전통적으로 해석하는 데 믿음이 하는 역할을 담당한 것으로 보인다.

라이트에 따르면 기독교 삶에 필요한 셋째 행위는 "문화 지향적인 교회 집단을" 뛰어 넘어서 "예수님을 믿는 자들이 한 가족에 속해 있음을 선포하는" 공동체의 총괄적인 삶에 참여하는 것이다.[134] 부연하면, 이 이유 때문에 개신교와 가톨릭은 "성찬식 교제"에 참여해야 한다. "왜냐하면 중요한 것은 예수님을 믿는 것이기 때문이고…칭의 자

---

133. Ibid., 548.
134. Wright, *What Saint Paul Really Said*, 158.

체에 대해 동의가 이루어졌고 성찬식 교제를 결정하는 유일한 것이 아니기 때문이다.[135]

10. 라이트와 전통적인 논증

이 시점에서 앞서 던에게 했던 것처럼 질문한다. 라이트는 자기 논지에 어려움을 주는 것과 같은 본문에 어떻게 반응하는가? 로마서 7:7-25을 이미 살펴본 것과 같이 라이트는 전통적인 개신교가 이 본문을 실존주의적으로 해석한다고 비난했다. 이 말은 "율법 아래 있는" 이스라엘의 모든 경험을 가리키므로 바울이 회심하기 전에 유대교에서 삶의 방식에 대하여 구원론적으로 만족하지 않았다거나 회심 후에 율법을 올바르게 지킬 수 없었다는 증거를 제시하지 않는다.

로마서 4:4-5("일하는 자에게는 그 삯이 은혜로 여겨지지 아니하고 보수로 여겨지거니와 일을 아니할지라도 경건하지 아니한 자를 의롭다 하시는 이를 믿는 자에게는 그의 믿음을 의로 여기시나니")과 관련하여 라이트는 바울이 "칭의"를 다루면서 "고용과 임금벌기"라는 "메타포적 장"을 사용한다는 점은 인정한다.[136] 하지만 그는 이것이 단지 하나의 예이며 "주도적인 강조점이 되어서는" 안 된다고 강조한다. 그는 로마서 4:5을 "4절의 직접적인 전환"으로 이해하면 실수라고 지적한다. 그는 로마서 4:5b에서 바울은 "부기라는 메타포에서 빠져나와" "요점인 법정과 언약"으로 돌아가고 있다고 주장한다.[137] 로마서 4:4-5에서 "임금"언어의 의미를 설명하기보다는 무시하려는 것으로 보인다.

---

135. Ibid., 159.
136. Wright, "Romans," 491.
137. Ibid., 491-92.

로마서 4:5에서 경건치 아니한 자가 의롭다 하심을 얻는다는 바울의 용어는 어떠한가? 라이트는 유대인/이방인 관심이 배경에 있음을, 특별히 아브라함을 "불경건한 자"라고 부른다는 점에서 바울의 근본적인 이동에 있음을, 독자들에게 상기시키고 있다. 바울은 논쟁의 이 지점에서 아브라함을 인용하는데, 그 이유는 그가 "실제로는 믿는 유대인이라기보다는 믿는 이방인 같기" 때문이라고 라이트는 말한다.[138] 라이트는 "경건하지 아니한 자"라는 용어를 도덕적인 관점에서 이해한 것 같다. 라이트는 "하나님을 예배하고 순종한다"는 일반적인 유형에서 보면, 이는 아브라함의 "분명한 불순종의 시기"에 대하여 말한다고 할 것이다.[139] 이 구절에 대한 라이트의 주석은 "경건하지 아니한 자"라는 용어의 정의를 더 잘 이해하게 한다.

> 언약은 세상을 옳은 것에 두려는 하나님의 수단이 되도록 항상 의도되었다. 이렇게 약속된 것이 이루지는 중요한 순간이 오는 것은 예수 그리스도의 죽으심에서 하나님의 의가 계시되기 때문에 경건하지 아니한 자가 의롭다. 즉 언약 안에 있음을 하나님이 선언하실 수 있을 뿐만 아니라 해야 하는 때이다…이 하나님을 믿는 자는 이러한 "믿음"이 공로적인 영적 행위(경건하지 않은 자에게 그것은 어떤 것인가?)가 아니라 순전히 은혜로 하나님이 주시는 언약의 일원이 되는 표지로써 간주될 것이다.[140]

한편, 라이트는 칭의가 (도덕적으로) 경건하지 않은 자가 언약 안에 있음을 선언하는 것으로 이해한 것 같다. 다른 한편으로 칭의는 믿음

---

138. Ibid., 492.
139. Ibid.
140. Ibid.

을 언약의 일원이 되는 표지로 생각한다. 라이트는 "경건하지 아니한 자"가 언약적으로 불완전하게 신실한 자를 의미한다고 생각한 것으로 보인다. 그런데도 이러한 정의는 바울이 "경건하지 아니한 자"라는 용어(롬 1:18)를 쓴 방법과 확실하게 분리된다.

11. 라이트 요약

라이트에 대한 연구를 요약해야 할 지점에 와 있다.

- 라이트는 과격한 실재론의 프로젝트를 의식적으로 받아들였다(라이트는 이 실재론이 계몽주의적 현상주의와 근본주의적 객관주의를 무시한다고 이해한다). 따라서 그는 "이야기"가 모든 신학적 이론과 표현 뒤에 놓여 있다고 주장한다.
- 라이트에게 신약기자들은 예수님에 대한 기본적인 이스라엘 이야기를 바꾸었다. 예수님은 이스라엘의 유배라는 현존 문제에 대한 해결책이다. 이 이유 때문에 초대 기독교운동은 유대교에 속한 다른 종류로 보아야 한다(비록 유대교의 다른 표현들과는 차이가 있지만 말이다).
- 라이트는 "하나님의 의"라는 용어가 언약에서 하나님의 신실하심을 지시하는 것으로 본다. 따라서 이러한 용어는 세 가지 영역, 즉 언약, 법정, 종말론에 그 배경이 있다.
- 라이트는 의와 관련하여서 의가 바울 시대의 유대인들에게 주장되면, 열심, 육체, 종족 중심적 배타성에 초점을 두어 두루뭉술해진 언약적인 지위를 가리킨다고 계속 주장한다.

- 현재칭의는 어떤 이가 이미 하나님의 백성에 있음에 대한 하나님의 선언이라고 라이트는 본다. 현재칭의는 교회론을 다루지, 구원을 다루는 교리가 아니다. 현재칭의는 미래칭의에 기초하여 선포된다. 이 미래칭의는 언약에 대해 믿는 자의 신실한 순종에 근거할 것이다.
- 라이트는 현재칭의에 대한 믿음을 하나님 백성의 진정한 일원이 됨을 증거하는 것으로 본다. 이러한 문맥에서 현재칭의는 율법의 행함에 반대한다. 던과 같이 라이트는 율법의 행함을 주로 할례, 안식일, 음식법으로 이해한다. 미래칭의에 대하여 라이트는 "믿음"과 "신실함"은 동의어로 이해할 수 있다고 주장한다.
- 그리스도의 죽으심과 칭의에 대하여 전가는 비-바울적인 개념이라고 라이트는 분명하고 의도적으로 거부한다. 바울이 이 두 개념들 사이에 세우려는 연관성이 있다는 것과는 달리, 라이트는 이 두 개념의 연관성에 대하여는 침묵한다.
- 라이트는 더 일반적으로 고려하는 그리스도의 죽으심에 대하여 그리스도의 죽으심이 속죄적이고 화목적이라고 말하는 데 동의한다. 그런데도 그리스도의 죽으심이 믿는 자에게 적용하는 메커니즘을 표현하는 관점에서, 라이트는 일관성 있게 분명하지 않다. 비록 라이트가 법정용어를 사용하여 그리스도의 죽으심(그리스도의 죽으심은 법적인 판결이었다. 그리스도 안에서 죄가 정죄되었다[141])을 말한다고 하더라도 바울의 교리로서 전가를 거부한다. 따라서 전가를 이유로 하여 믿는 자의 죄가 용서받는다는 전통적인 관점에서는 말할 수 없다. 라이트의 견해에서 그리스도의

---

141. Ibid., 579.

죽으심이 믿는 자의 경험과 연관이 없는 곳은 그리스도의 죽으심이 죄와 사망의 권세를 이기는 경우이다.
- 라이트에게 바울은 유대교에서 기독교로 결정적인 이동을 하였으나, 이 이동은 무거운 양심이나 유대교에 있을 때의 삶에 대한 불만과 관련이 없다. 로마서 7장은 율법 아래 있는 이스라엘의 집단적인 경험을 묘사하고 있지 바울이나 어떤 다른 믿는 개인의 경험을 묘사하지 않는다. 오늘날 믿는 자들에게 그리스도인이 되는 것은 다음과 같은 것을 수반한다. (1) 네 가지 명제(그리스도의 죽으심, 부활, 메시아 되심, 주되심)에 동의, (2) 전통적인 개신교가 받아들이는 것보다 훨씬 더 실제적으로 이해한 세례에 동의, (3) 공동체의 포괄적인 삶에 참여를 수반한다. 사회의 활동주의와 에큐메니즘의 관점에서 참여는 이 포괄적인 삶을 더 크게 인식한다.

Justification and the New Perspective on

PAUL

CHAPTER **8**

새 관점 비평

여기까지 했던 일은 주로 묘사적이었다. 새 관점(그리고 그 선구자)의 지지자들은 뭐라 말하는가? 그들은 새 관점에 대해 어떻게 말하는가? 물론 새 관점의 중심적인 지지자들 가운데도 다양하고 상이하다.

그렇지만 새 관점 지지자들 가운데도 공통점이 있어서 학파로 분류할만하다. 이제 새 관점을 광범위하게 세 방향으로 진행하며 비판하겠다. 첫째, 기초적인 수준에서 새 관점은 해석학적으로 흠이 있음을 보여줄 것이다. 즉 성경을 해석하는 기본적인 작업원리에 문제가 있다. 이 과정에서 유대교가 구성되는 방법과 바울이 이러한 구성에 연결된 방법에 집중할 것이다. 둘째, 종교개혁자들과 그 후손이 제안하는 주석은 바울서신에 충실하고, 샌더스와 던과 라이트의 개정된 주석은 바울서신을 만족하게 해석하는 데 실패했다. 셋째, 새 관점을 지지하는 저서들의 신학적인 가정과 함의는 좋으나 건전한 성경의 가르침과 반대된다.

1. 해석학적 문제들

1) 유대교를 잘못 구성함

샌더스와 라이트가 제시한 유대교의 구성은 흠이 있고 잘 봐준다 해도 균형이 없다.

(1) 샌더스

앞에서 이미 샌더스를 비평적으로 살펴보았다. 샌더스 자신의 증거에 따르면 고대 랍비 유대교는 반펠라기우스적 종교(a semi-Pelagian religion)라고 주장했다. 이 종교에는 분명히 하나님의 은혜라는 용어가 없지 않다. 그럼에도 불구하고 그 용어는 궁극적으로 신인협력적이다. 행위가 이 종교에서 근본적이거나 본질적인 위치를 점하고 있다. 아키바(R. Akiba)의 것으로 추정되는 역설적 언급("세상은 은혜로 심판을 받지만 행위의 양에 따른다[1])을 은혜와 공로가 랍비 문헌에서 미해결되어 긴장상태로 공존하고 있다는 사실의 한 가지 예로써 다시 인용할 수 있다. 고대 유대교의 한 가지 분명한 예는 회개나 고난이나 죽음과 같은 성경 외적 수단으로 속죄를 유효하게 할 수 있다는 개념이

---

1. Aboth 3.15, E. P. Sanders, *Paul and Palestinian Judaism: A Comparison of Patterns of Religion* (Philadelphia: Fortress, 1977), 132에서 인용.

다. 우리는 앞서 지도하는 랍비 선생이 어려운 시기에 종교가 자신에게 주었던 소망에 대하여 절망했던 것을 보았다.

틀림없이 샌더스는 루돌프 불트만(Rudolf Bultmann), 요아킴 예레미아스(Joachim Jeremias) 그리고 다른 이들을 통하여 현대신학자들에게 전달된 유대교의 초기 학문업적에 반응하였다. 초기 학자들은 유대교에 대하여 순수 펠라기우스적 그림이라고 꽤나 불릴만할 것을 개발하였다. 물론 이러한 그림은 증거들 가운데 중요한 것을 지나친 캐리커처였다. 그러나 샌더스는 이 묘사에 대하여 과민반응하였다고 말할 수 있다. 유대교에 대한 자신의 그림은 증거를 읽을 때 선택적이었다는 비난뿐만 아니라, 자신의 논지를 문제로 삼는 증거를 멀리했다는 비난을 받을만하다.

유대교에 대한 최근 연구에서는 고대 유대교에 대한 샌더스의 모델이 모든 고대증거를 설명하기에 적합한지 문제가 제기되었다.[2] 특별히 한 연구에서 카슨(D. A. Carson)이 고대 유대교에 대한 학문적 논의의 현황에 대하여 몇 가지 결론을 끌어오고 있음을 볼 수 있다.[3] 이 결론 가운데 몇 가지를 요약해 볼만하다. 첫째, 많은 학자들은 샌더스의 **언약적 신율주의**가 관련된 모든 초기(제2성전)문헌에 공정하게 그리고 똑같이 적용될 수 없다고 생각한다. 둘째, 어떤 학자들은 언약적 신율주의의 구성이 "환원법적 범주"라고, 즉 각각의 제2성전 문헌들이 언약적인 공동체에 들어가고 머무는 것에 대하여 갖고 있는

---

2. 두 가지 예는 다음과 같다. D. A. Carson, ed., *Justification and Variegated Nomism*, vol. 1, *The Complexities of Second Temple Judaism* (Grand Rapids: Eerdmans, 2000); Simon Gathercole, *Where is Boasting? Early Jewish Soteriology and Paul's Response in Romans 1-5* (Grand Rapids: Eerdmans, 2002).

3. Carson, *Justification and Variegated Nomism*, 543-48.

"균형"(또는 불균형)의 다양성을 담아내지 못한다고 비난한다.[4] 예를 들면 어떤 책들은 주로 "머묾"에 관심이 있지만, 상대적으로 구원받은 공동체에 "들어감"에는 무관심하다. 셋째, 어떤 학자들은 언약적 신율주의라는 범주가 "잘못 이끈다"고, 즉 독자들을 잘못 이끌어서 "책에 있는 것보다도 더 획일성"을 취하게 한다고 비난한다. 또한 언약적 신율주의는 제2성전 유대교 모델(즉 "공로신학")에 대한 진정한 "대안"을 제시하지 못한다. 그 용어는 "너무나도 탄력적이어서 많은 공로신학을 포함하여 세례를 베풀었다."[5] 넷째, 어떤 학자들은 샌더스가 제2성전 문헌에서 언약의 역할을 과장했다고 믿는다. 다섯째, 이 시기의 유대문헌이 어느 정도로 통속적인(즉 지역적인) 신학적 인식과 이해를 반영했는지 분간하는 것은 불가능하다.

(2) 라이트

제2성전 유대교에 대한 라이트의 그림은 기껏해야 특이한 것일 뿐이다. 특별히 모든 유대인들이 자신들을 잡혀간 상태에 처해있는 것으로 인식했다는 중심명제는 이의가 있을 수 있다. 이 사상은 바울과 신약의 다른 저자들에게 그리스도의 죽으심과 부활하심이 이스라엘의 잡혀간 상태가 진행되는 것에 대한 해결책으로 받아들여졌다는 라이트의 이해에서 중요하다.

모든 유대인들과 초기 그리스도인들은 자신이 잡혀간 상태에 처해 있으며 회복을 기다린다고 이해했다는 견해에는 세 가지 특별한 반대가 있을 수 있다.

첫째, 라이트가 주장하는 자신의 모델(신 27-32장)을 강조하는 성경

---

4. Ibid., 543.
5. Ibid., 544, 545.

의 장들을 연구해 보면, 제2성전 문헌에 다양한 해석들이 있다. 이 문헌들이 이 성경의 장들과 맞물리면, 라이트가 제안하는 "죄-잡혀감-회복"이라는 적절한 모델이 나오지 않는다.[6]

둘째, 바울이 이 모델로 일했다는 분명한 지시는 없다. 앞에서 비평한 것을 보면 바울이 유대인이라는 것 때문에 이러한 모델을 물려받았다는 점을 분명하게 확증할 수 없다. 바울이 유대교로부터 물려받은 그러한 모델은 없다. 바울이 유대인으로서 자신의 경험을 말할 때 또는 "육체를 따라" 이스라엘의 경험에 대하여 말할 때 그는 결코 잡혀감이라는 범주를 지시하지 않는다. 마크 싸이프리드(Mark Seifrid)가 옳게 주장한 것처럼 바울은 "그리스도라는 안경으로 구속사를 해석하지 그 반대로 하지 않는다." 그리스도는 이스라엘 안에서 느끼는 문제에 대한 해결책이라기보다는 이스라엘에게 문제를 일으켰다. 즉 믿는 사람들도 있고 믿지 않는 사람들도 있다(롬 9-11장).[7]

셋째, 신약에서는 사도들이 이를 그리스도의 의도된 잡혀감에 대한 해결책으로 믿지 않았다는 지적이 있다. 그리스도인들은 베드로전서 1:1("예수 그리스도의 사도 베드로는 **본도, 갈라디아, 갑바도기아, 아시아와 비두니아에 흩어진 나그네**")과 야고보서 1:1("하나님과 주 예수 그리스도의 종 야고보는 **흩어져 있는 열두 지파**에게 문안하노라")에서 여전히 잡혀간 상태에 있다고 한다.[8]

---

6. 더 자세한 것을 알려면, Guy Prentiss Waters, "'Rejoice, O Nations, With His People': Deuteronomy 27-30, 32 in the Epistles of the Apostle Paul" (Ph.D. diss., Duke University, 2002)의 2장을 보라.

7. Mark A. Seifred, "Blind Alleys in the Controversy over the Paul of History," *Tyndale Bulletin* 45 (1994): 91, cf. 89.

8. Robert H. Gundry, "Reconstruction Jesus," *Christianity Today*, April 27, 1998, 78.

2) 학문적 재구성에 대한 잘못된 의존

새 관점은 바울의 해석이 유대교에 대한 학문적 재구성으로 통제될 수 있다는 잘못된 원리에서 작동한다. 바울을 고대 유대교와 관련시킬 때 많은 새 관점 지지자들의 논리는 다음과 같이 요약할 수 있다. 바울은 유대교가 행위종교라고 해서 반대하지 않았다고 알고 있으며, 유대교는 행위의 종교가 아니라 은혜의 종교라고 알고 있다. 그러므로 유대교에 대한 바울의 반대는 다른 것에 근거했어야 한다. 이러한 일로 인하여 새 관점의 지지자들은 다음과 같이 주석적으로 이의가 있는 해결책에 묶이게 되었다. (1) 바울이 유대교를 반대한 것은 유대교가 기독교가 아니기 때문이다(샌더스). (2) 바울이 유대교를 반대한 것은 그 경계표지가 충분하게 총괄적이지 않기 때문이다(던, 라이트). (3) 바울은 일부러 유대교를 행위종교로 거짓 설명하였고, 우리가 이 사실을 아는 것은 바울이 유대교 구원론의 부차적인 재구성을 반대하기 때문이다(레이제넨).

이러한 다양한 설명 뒤에 있는 중요한 논리의 세 가지 문제를 부각시킬 수 있다. 첫 번째 문제는 이러한 접근방법의 진실성을 인정한다고 하더라도, 문제의 고대 유대교 본문에 대하여 극복할 수 없는 많은 문제가 여전히 존재한다. 바울이 접근한 제2성전 문헌들을 확실히 안다는 것은 정말로 불가능하다. 주어진 본문이나 그 외 본문들이 유대교에서 끼쳤던 영향의 범위를 분간하는 것은 (전부는 아니라고 할지라도) 많은 경우에 불가능하다. 예를 들면 쿰란 본문들은 그들 자체 공동체를 넘어서서는 거의 영향력을 끼치지 못했을 것이라 말할 수 있다. 한 가지 예를 들어서 요셉과 아세넷(*Joseph and Aseneth*)과 같은 본문은 어떠한가? 그 공동체나 개인이 이 본문을 만들어 내었는가? 이 본문은 무슨 목적으로 만들어졌는가? 이 본문은 무슨 목적으로 나중에 인용되었는가? 이 본문에 어떤 권위가 부여되었는가? 그 특별한 공동체를 넘어서 어느 공동체가 그것을 수용하였는가? 그 자체 공동체의 다음 세대들도 그 문서를 받아들였는가? 어떻게? 그 해석은 공동체들과 세대들을 넘어서서 영속적인가? 간단히 말하면 제2성전 시기의 유대교 본문들은 종종 사실상 문맥이 없이 우리에게 온다. 이 본문들은 많은 점에서 말이 없는 문서들이다.

이 문제는 두 번째 문제를 제기한다. 제2성전 문헌들은 해석될 필요가 있다. 학문적 문헌들을 읽어보면 (바울과 관련하여) 제2성전 문헌들은 해석적 어려움으로 인한 문제는 겪지 않았으며, 그 본문들이 어려움 없이 바울서신들과 동반했다는 인상을 종종 얻게 된다. 그러나 이러한 유대 본문들은 해석이 필요하다. 이 본문들은 순수하거나 순박하거나 해석의 어려움이 없는 것이 아니다. 상기할 수 있는 것처럼 이러한 것은 종교개혁자들과 그들의 후예들이 성경을 바로 해석하기 위한 전통의 필요성이라는 로마교회의 교리에 반대하여 제기한 반대이다. 전통 자체는 해석되어야 한다.

이 논리를 통해 알 수 있는 세 번째 문제는 일련의 본문들을 2차적으로 재구성한 것이 일련의 다른 원본문들을 읽는 데 영향을 끼칠 수 있다는 생각에 결함이 있다는 점이다. 그리스도인은 성경이 성경을 해석한다는 성경적 원리에 근거하여서 이러한 제안을 반대할 수 있다. 어떤 저자가 자신의 언급과 자기 언어의 의미에 따라서 가장 잘 이해할 수 있다고 말한다면, 독자들은 일반적으로 반대할 것이다. 바울의 말을 들어보고 그가 남겨놓은 언급과 논증을 공개적으로 그리고 객관적으로 들어보라. 바울이 무엇이 가르치도록 허락받았고 그렇지 않았는가를 미리 정하지 말고, 바울이 우리에게 전하려는 것을 놓치지 말라.

3) 학자들의 제사장직?

새 관점은 학자들의 제사장직이 교회 안에 세워져야 한다고 제안한다. 일반 성도는 영혼의 구원을 위하여 성경을 해석할 수 없다는 로마교회의 주장에 종교개혁자들이 반대한 것은 옳은 일이다. 로마교회는 가르치길, 일반성도가 이러한 해석을 구체화하기 위해서는 교회의 도움이 요구된다고 한다. 새 관점의 지지자들은 제2성전 유대교를 올바로 이해할 때, 바울을 이해할 수 있다고 말한다. 그러나 원어를 알고 현대책과는 전혀 다른 본문을 해석하는 적당한 방법을 알고 있는 학자들만이 이러한 제2성전 문헌에 접근하여 읽을 수 있다. 이러한 특별한 훈련의 혜택이 없이 성경을 연구하는 자들은 바울이 가르친 것을 이해하려 할 때 학문적 엘리트들에 의해 좌지우지된다. 더욱 무한해지고 폐쇄성을 거부하고 전통을 뛰어넘어서 혁신을 높이 평가하는 것은 학문적 담론의 본질에 관한 것이다. 바울을 이해하는 것은 그 시기에 학문적 합일성이 견지하는 것에 대하여 볼모로 잡힐 수 있을 뿐만 아니라 필연적으로 가변적이 될 것이다.

바울을 연구하는 데 이러한 모델은 바울이 자기 독자들에게 기대하는 것에 미치지 못한다. 첫째, 바울은 독자들의 개인 판단이라는 권리를 인지하고 있다("너희는 스스로 판단하라"[고전 11:13]). 인간의 제도는 과학과 과학의 주님을 중재할 수 없다("**우리가 너희 믿음을 주관하려는 것이 아니요** 오직 너희 기쁨을 돕는 자가 되려 함이니"[고후 1:24]). 둘째, 바울은 자신의 가르침이 권위 있는 것으로 제시한다(만일 누구든지 자기를 선지자나 혹은 신령한 자로 생각하거든 내가 너희에게 편지하는 이 글이 주의 명령인 줄 알라[고전 14:37]). 사도적 지도에 계속 불순종하면 출회된다("누가 이 편지에 한 우리 말을 순종하지 아니하거든 그 사람을 지목하여 사귀지 말고 그로 하여금 부끄럽게 하라"(살후 3:14)). 만일 바울이 자신의 가르침에 지속적으로 불순종하는 자를 출회한다면, 회중이 바울의 서신서들을 이해할 수 있다는 것을 그가 가정했다고 말할 수 있다! 바울은 많은 학자들이 오늘날 적용하는 것과 동일한 해석원리로 일하지 않았다.

4) 구약 vs 제2성전 문헌?

기능적으로 말하면 대부분 신약학자들은 구약과 제2성전 시대의 문헌들을 구분하지 않는다. 이것으로 인하여 필연적으로 신약을 이해하는 데 혼란을 초래한다.

많은 학자들에게 정경은 제2성전 시기에(주전 515년-주후 70년) 구성된 가변적이고 폐매지 않은 문헌에 독단적으로 부과된 것이다. 이러한 문헌에서 구약, 위경, 외경과 같은 구별의 기능적 부재는 특별히 라이트의 유대교에 대한 구성에서 부상된다. 제2성전 문헌들은 바울의 세계관, 즉 바울이 그리스도를 따라서 틀을 바꾼 세계관을 획일적인 방법으로 형성하고 구성하였다. 이 문헌에 대한 이러한 개념은 이 문헌에 대하여 말하기 위하여 바울 자신이 빌려온 구분을 판단하지 못한다. 바울은 구약성경에만 권위를 인정하였다(딤후 3:16). 바울이 외경이 비교할 수 있거나 내재적인 권위를 갖은 것으로 인정했다는 암시가 없다. 더욱이 바울은 과거에 "유대교"에 있을 때 조상들에게서 중요한 것으로 받은 "조상의 유전"에 대하여 말한다(갈 1:14). 성경과 전통에 대하여 이렇게 중요한 바울의 구별을 인식하지 못하면 필연적으로 바울에 대한 해석이 비틀어지게 된다.

더욱이 신약은 유대인 가운데 신실하게 남은 자(예를 들면, 엘리사벳, 스가랴, 시몬, 마리아와 요셉)들이 있었음에도 대다수 유대인들(지도자이거나 평민이거나)은 예수님과 사도들의 가르침을 거부한 점을 분명히 한 다. (이야기가 틀림없다면) 바울 시대의 유대교와 바울이 다메섹 도상에 서 주님을 만난 이후에 바울이 받아들여서 발전시킨 종교 사이에 실 질적으로 꿰매지 않은 연속성이 있다는 것은 확실한 사실이 아니다.[9] 그러한 연속성을 유지하려면 신약성경이 기독교와 유대교의 관계에 대하여 알려주는 역사적이고 신학적인 증거를 (기껏해야) 뒤틀리게 하 거나 (잘못하면) 지나치게 한다. 이 새로운 해석학에 대한 통제를 연구 하면 전후 에큐메니칼 정신 그리고 학문의 홀로코스트 이후 시대라 고 불리는 신약연구가들에게서 생긴 단죄 둘 다를 지적할 수 있다. 많은 비평적인 학자들에게 지난 2천년 동안 유대인을 대상으로 범해 진 기독교의 폭력은 20세기의 홀로코스트에서 절정에 달하고서 곧 바로 신약을 좌우하였다. 그러한 믿음은 분명히 새 관점의 각 지지자 들과 논증의 결과로 돌려질 수 없는 반면에, 그런 믿음은 이러한 "연 속성을 믿는" 지지자들이 성경연구의 주류에서 받아들여진 열정적인 수용을 설명하는 데 도움을 주었다.

2. 주석적 문제

궁극적으로 새 관점은 바울의 주장을 만족스러운 방법으로 해석할 수 있는 능력에 따라서 좌우된다. 새 관점을 주석적으로 다룰 때 다 음과 같은 중요한 본문의 네 범주, 즉 율법의 행위, 칭의와 믿음, 그리 스도의 죽으심, 인간의 보편적 범죄와 바울의 양심을 접할 것이다.

---

9. Richard B. Gaffin, "Paul the Theologian," *Westminster Theological Journal* 62 (2000): 134.

1) "율법의 행위": 유대교의 구원론과 인간의 무능

율법의 행위에 대하여 연구한 견해가 다양함을 간략히 상기해 본다. 샌더스는 "율법의 행위"를 토라나 유대교를 언급하는 바울의 방법으로 본다. 이 말은 "'의롭게' 되기 위하여 유대인이 될 필요가 없다"라는 바울의 단언이다. 샌더스에 따르면 강조는 행위에 있는 것이 아니라 율법, 즉 모세의 율법에 있다.[10] 던은 율법의 행위라는 것이 율법 지키기라는 모든 형태를 나타내는 이러한 신분표지(할례, 안식일, 음식법)를 주로 한정하는 것으로 본다. 라이트는 율법의 행위라는 것이 "하나님이 마지막으로 행하셔서 자신의 의, 즉 언약적 의무를 성취하실 때 정확하게 누가 판단을 받을지 현재 말할 수 있다"라고 지시한다.[11] 그는 로마서 3:28을 주석하면서 "율법의 행위"라는 말을 "민족적 이스라엘을 한정하는 토라의 행위"로 의미를 취한다.[12] 다양함이 있음에도 불구하고 앞에서 살펴본 지지자들 각각은 율법의 행위가 율법의 순종이라는 행위로 의의 상태를 얻으려는 유대인의 노력을 가리킬 수 없다는 사실에 동의한다.

마크 싸이프리드가 주장한 것처럼 쿰란의 "율법의 행위"라는 말의 사용은 신분표지로만 배타적으로 사용될 수 없다고 주장한다. 이것은 윤리적 개념을 내포한다.[13]

---

10. E. P. Sanders, *Paul, the Law, and the Jewish People* (Philadelphia: Fortress, 1983), 46.
11. N. T. Wright, *What Saint Paul Really Said: Was Paul of Tarsus the Real Founder of Christianity?* (Grand Rapids: Eerdmans, 1997), 99.
12. N. T. Wright, "Romans," in *New Interpreter's Bible: ActsFirst Corinthians*, vol. 10, ed. Leander E. Keck (Nashville: Abingdon, 2002), 482.
13. Seifrid, "Blind Alleys," 77-85. Mark A. Seifrid, "Righteousness Language in the Hebrew Scriptures and Early Judaism," in *Justification and Variegated Nomism*, 415-42.

나는 어떤 유대인들이 다른 유대인들을 할라카에 근거하여 택함 받은 공동체 밖에 있는 자들로 간주한다고 인정하는 던과 라이트의 독특한 관습을, 즉 내적으로는 의미 없는 경계들을 단순히 "배타적인 것"으로 간주하는 것에 적잖이 당황한다고 말할 수밖에 없다. 공동체 안에 있는 자들은 자신들을 공동체 가치, 특별히 토라와 언약의 신실함의 상징으로 보았다.[14]

싸이프리드는 율법의 행위에 대한 던과 라이트의 제안이 자신들의 업적에 근거하여 지나치게 다듬어졌다고 언급했다. 두 학자 모두 유대인들이 실제로 거의 할 수 없거나 하지 않았던 방법으로 신분과 행함을 구분하려고 시도한다.

바울의 "율법의 행위"가 어떤 면에서 신분이나 정체성의 문제를 포함하게 한다 하더라도 율법의 행위는 주로 인간의 행위를 포함한다. 앞 장에서 다루었던 본문 몇 개를 살펴보면서 이 점을 논증하겠다.

(1) 로마서 11:5-6

바울은 선택의 근거를 논의하면서("그런즉 이와 같이 지금도 은혜로 택하심을 따라 남은 자가 있느니라"[롬 11:5]) 은혜와 행위를 대조시키는데 상호 배타적인 방법으로 한다("만일 은혜로 된 것이면 행위로 말미암지 않음이니 그렇지 않으면 은혜가 은혜 되지 못하느니라"[롬 11:6]). 던과 라이트는 둘 다 이 본문에 있는 "행위"를 민족적 의미에서의 "율법의 행위"를 의미하는 것으로 본다.[15] 하지만 이러한 해석은 바울의 주된 의미가 아니다. 이

---

14. Seifrid, "Blind Alleys," 80-81.
15. "토라를 순종하는 점에서, '그들의 의를 얻은 점에서'(롬 10:3), 그들이 아브라함의 육신적 가족에 속한 것에 근거한 언약 일원의 신분을 세워서 그 신분의 독특한 외적 표지를 유지하는 점에서 성공한 유대인들이 있는가? 없다. 이 두 구절[즉, 롬 11:5-6]이 분명히 하는 것은 이러한

구절은 "인간이 하는 어떤 것"을 의미해야 한다.[16]

첫째, 은혜와 율법의 대조(롬 11:7)는 계속해서 다음 절까지 간다(롬 11:7). 여기에서 병렬적 대조는 "택함을 받은 자들"과 "이스라엘"/"남은 자"이다. 따라서 로마서 11:7의 대조는 로마서 11:6의 대조를 더 자세히 설명하는 것으로 보아야 한다. 둘째, 로마서 11:7("그런즉 어떠하냐 이스라엘이 구하는 그것을 얻지 못하고 오직 택하심을 입은 자가 얻었고 그 남은 자들은 우둔하여졌느니라")에서 바울은 이스라엘의 잘못을 지적할 때 배타적으로 인간의 노력을 확인하지, 신분을 확인하지 않는다. 달리 말하면, 대조는 공로의 관점에서 분명하게 이루어졌지 정체성의 관점에서 이루어지지 않았다. 로마서 11:7에 있는 이러한 대조의 본질은 앞 절에 있는 대조를 특징짓는다. 그러므로 "행위"는 인간의 노력이나 수고로 이해되어야 한다. 셋째, 만일 바울이 특별히 언약적 정체성이나 행위의 문제를 경계표지로 언급하지 않으면 이스라엘이 왜 언급이 되는가? 바울이 그렇게 하는 이유는 이스라엘이 **인간**문제의 실례이기 때문이다. 즉 이것은 자신의 선택을 인간의 행위에 놓으려는 경향인데, 이 증거들을 샌더스의 유대교 평가에 대하여 앞의 논의에서 살펴본 바 있다.[17]

(2) 로마서 3:20

샌더스는 바울이 율법의 행위에 대하여 말할 때 강조점이 **모세의 율법**에 있어야지 행위에 있지 않아야 한다고 (일반적으로) 논증했다.

'남은 자들'이 이스라엘 나라 신분의 방법이 실제로 작동하는 경우로써 작은 소수가 아니라는 점이다…아니다. 현재 '남은 자들'은 '은혜로 택함을 받았다.'" Wright, "Romans," 676.

16. Douglas Moo, *The Epistle to the Romans*, New International Commentary of the New Testament (Grand Rapids: Eerdmand, 1996), 678.

17. Ibid.

바울은 "의롭게 되기 위해서 유대인이 될 필요가 없다"고 말할 뿐이다.[18] 던은 로마서 3:20에 있는 "율법의 행위"가 로마서 2장에서 "언급된 행위, 특별히 할례를 의미해야 한다"라고 논증했다.[19] 율법의 행위는 "율법을 행하는 것"(롬 2:13-14에서처럼)이나 "율법을 성취하는 것"(롬 2:27에서처럼)과 다르다. 또한 "마음에 새긴 율법의 행위"(롬 2:15)와도 다르다. 율법의 행위는 "의문의 수준에서(롬 2:27, 29) 더 피상적인 것, 즉 민족적 결속을 의미하는 외적인 표지(롬 2:28)…"[20]이다. 이 구문에서 "중간에 숨겨진 용어", 즉 "율법의 행위"는 "하나님이 개인을 선택하셨고 판단하실 백성과 **동일시하는 방법**과 그 백성 **안에서 자기 신분을 유지하는 방법**"이 있다고 던은 말한다.[21]

던은 로마서 2:1-3:8을 통하여 결론 내리기를 "율법의 행위"는 "언약백성 안에 있는데 (또는 있게 되거나 머물게 되는데) 필요한 것을 행하는 것"을 의미하지 "의와 사함을 **얻는 수단을**" 의미하지 않는다고 한다.[22] 라이트는 던의 해석에 본질적으로 동의한다. 라이트에게는 "율법의 행위"는 "유대인들을 이방의 이웃 사람들과 구분해 주는 행위들"이다.[23] 유대인들은 "율법을 하나님의 특별한 백성이 된 표식으로 소유한다"라고 주장하는 것에 대하여 비난을 받는다.[24] 따라서 바울의 믿음/행위 이분법은 "토라를 소유한 것에 기초하여 언약적 신분을 합법화하려는 사람들이 토라가 자기들의 죄를 고소했던 점을 알게

---

18. Sanders, *Paul, the Law, and the Jewish People*, 46.
19. J. D. G. Dunn, *Romans 1-8, 9-16*, Word Biblical Commentary 38A-B (Waco, Tex.: Word, 1988), 1:158.
20. Ibid.
21. Ibid., 1:159.
22. Ibid.
23. Wright, "Romans," 649.
24. Ibid., 461.

될 것이라는" 바울의 관점을 설명해 주고 있다.²⁵

샌더스, 던, 라이트의 주장은 옳은가? 바울은 오직 신분의 문제만을 마음에 두고 있는가? 이 구절과 그 문맥을 연구하면서 바울은 주로 신분에 마음을 두고 있지 않다는 것을 알 수 있다. 바울이 유대인과 이방인을 이해하는 논의를 막 끝냈음을 상기해보라. 로마서 2장의 논증은 본질적으로 유대인을 다루는 반면에 로마서 1:18-32의 논증은 이방인들을 포함하고 있다. 바울은 로마서 3:1에서 관심을 돌려 유대인을 간단히 고려해 보고 나서, 로마서 3:9에서 "유대인이나 헬라인이나 다 죄 아래 있다고 우리가 이미 선언하였느니라"고 결론을 내린다(로마서 3:10-18의 지지하는 설명이 뒤따른다).

로마서 3:19-20에서 결론에 이르는데, 바울은 여기서 율법이 정죄하는 것을 상기시키고(그는 이미 로마서 2:14-15에서 유대인이나 헬라인 모두에게 이 문제를 확인시켰다), 이 절에서("율법의 행위로 그의 앞에 의롭다 하심을 얻을 육체가 없나니") 자기 논증의 결론을 내리고 있다. 그러므로 바울의 관심을 단지 유대인에게만 제한하는 것은 정당하지 못하다. 바울이 유대인과 헬라인을 포함시킨 사실은 로마서 3:20 상에 있는 "율법의 행위"는 단순히 유대인이 되는 것 그 이상을 포함해야 한다는 사실을 의미한다.²⁶ 던이 중간에 숨긴 것은 전혀 숨겨져 있지 않다. 존재하지 않는다. 이 구절을 새 관점으로 읽으면 바울의 의미에 도달하지 못한다.

---

25. Ibid.
26. Robert Smith, "A Critique of the 'New Perspective' on Justification," *Reformed Theological Review* 58 (1999): 106.

(3) 로마서 4:4-5

이 구절("일하는 자에게는 그 삯이 은혜로 여겨지지 아니하고 보수로 여겨지거니와 일을 아니할지라도 경건하지 아니한 자를 의롭다 하시는 이를 믿는 자에게는 그의 믿음을 의로 여기시나니")은 던이 바울을 새 관점으로 읽을 때 가장 그럴듯하게 반대하는 구절들 가운데 하나로 앞서 살펴보았다. 던은 샌더스를 따라서 "여기에서 사용된 언어(일하는 자, 여긴다, 삯)는 바울 시대 유대교에 대한 묘사로 받아들여서는 안 된다고 말한다. 특히 바울은 당대 유대교를 (자신이 이루는) 공로나 삯의 신학으로 수정하고 있지 않는다"라고 주장한다.

> [바울의 요점은 창세기 15:6의 경우에 "빚"이라는 전체 용어는 적합하지 않다는 점이다…그는 일 → 여김 → 빚/믿음 → 여김 → 은혜라는 대안이 결론에 이르려는 주석을 제안하는 방법이고, 유대인을 흔들어서 아브라함의 믿음이 언약의 충성과 같다는 것에서 빠져나오게 하는 방법이라고 주장한다. (아브라함의) 믿음에 관하여는 의가 은혜의 관점에서 여겨지지 빚의 관점에서 여겨지지 않는다.[27]

우리는 이러한 설명이 바울 논증의 핵심을 빗나간다고 주장했다. 라이트는 부기의 메타포가 사실은 로마서 4:4-5에 있다고 동의한다. 그러나 그는 바울이 일과 임금이라는 용어를 사용함으로써 이 구절을 해석하거나 바울의 모든 체계가 문제가 되는 방식을 인정하지는 않는 것 같다. 이 구절은 새 관점의 가정에 대하여 극복할 수 없는 문제점을 제기하는 것으로 보인다. 첫째, 바울은 은혜와 행위를 대조하고(롬 11:5-6에서처럼), 분명하게 "일하는 것"을 신분으로가 아니라 행위

---

27. Dunn, *Romans*, 1:204.

로 규정한다("일하는 자에게는 그 삯이 은혜로 여겨지지 아니하고 보수로 여겨지거니와"[롬 4:4]).[28] 둘째, 이 구절이 "일하는 것"에 매우 반대하며 규정하기 때문에 바울은 믿음을 변호하는 것이다("일을 아니할지라도 경건하지 아니한 자를 의롭다 하시는 이를 믿는 자에게는 그의 믿음을 의로 여기시나니"[롬 4:5]). 셋째, 스테판 웨스트홀름(Stephen Westholm)이 지적한 것처럼 바울이 아브라함을 이러한 원리의 사례로 지적한 점은 새 관점 지지자들에게 치명적이다. 즉 물론 아브라함에게는 모세의 법이 없었다. 아브라함의 경우에서 아브라함이 죽고 나서 수백 년 뒤에 주어진 법의 시행에 관한 신분의 문제를 바울이 염두에 둘 수 있다는 것은 불가능한 일이다.[29]

(4) 로마서 9:30-32a

이 구절("그런즉 우리가 무슨 말을 하리요 의를 따르지 아니한 이방인들이 의를 얻었으니 곧 믿음에서 난 의요 의의 법을 따라간 이스라엘은 율법에 이르지 못하였으니 어찌 그러하냐 이는 그들이 믿음을 의지하지 않고 행위를 의지함이라")에 관하여 샌더스는 "바울이 말하려는 것을 정확하게 말하지 않았다"라고 결론을 내린다. 즉 로마서 9:31은 "…**믿음으로 그 의에** 이르지 못했다"고 읽혀져야 했다.[30] 샌더스는 자기 주장에 문제를 제기하는 이 구절을 수정하여 설명하려고 한다. 던은 31b절("법에 이르지 못하였으니")을 그들이 율법을 너무나도 협소하게 이해하고 있어서 "그들은 책임 있는 언약의 일원이 되지 못했다"라고 풀어쓴다.[31] 라이트는 또한 여

---

28. Stephen Westerholm, *Israel's Lsw and the Church's Faith: Paul and His Recent Interpreters* (Grand Rapids: Eerdmans, 1988), 113.
29. Ibid., 119.
30. Sanders, *Paul, the Law, and the Jewish People*, 42.
31. Dunn, *Romans*, 2:582.

기에서 "행위"가 의미하는 것은 하나님 백성으로서 정체성을 토라로부터 세우려는 이스라엘의 시도이다.

이러한 시도들은 어떤 것도 바울의 말을 적합하게 설명하지 못하고 있다. 첫째, 바울이 만일 정체성의 관점에서 엄격하게 말하고 있다면 바울은 왜 (이 문맥에서) 율법을 "의의 율법"이라고 말하고 있는가? 달리 말하면 이 논쟁이 만일 본질상 근본적으로 윤리적이거나 도덕적이지 않다면 바울은 왜 율법을 윤리적이거나 도적적인 관점에서 말하고 있는가? 이 구절이 "의를 약속하고, 의를 요구하고, 의에 이르는 율법이거나 의의 수단으로 또는 의를 위하여(즉 하나님과 올바른 관계를 얻기 위하여) 거짓되게 이해한 율법이거나"[32] 요점은 같다. 즉 윤리적인 의미에서 율법과 의가 어느 정도 연관이 있다는 점이다.

둘째, 주석자들이 주장하는 것처럼 바울은 이 구절에서 민족이라는 메타포를 사용한다.[33] 이것은 "추구한다"와 "도달한다"는 바울의 용어에서 분명해진다. 이스라엘이 율법에 이르지 못했다는 것은 특별한 목적, 즉 율법의 윤리적 표준이나 율법을 지키는 자들에게 율법이 주지 못하는 의에 이르지 못했다는 결론을 피하는 것은 불가능하다.

셋째, 던의 논증(그들은 책임 있는 언약의 일원되지 못했다)은 바울이 이 구절에서 이 용어들을 사용하는 방법을 설명하지 못한다. 로마서 9:30을 주석하면서 던은 주장한다. "바울이 '의'를 언약적인 용어로 이해하고 이것은 궁극적으로 하나님을 의지하는 것, 즉 하나님이 사람으로 하여금 창조주를 의지하게 하며 그 관계를 통하여 살 수 있게

---

32. 이 선택과 그 관련된 장점들에 대하여는 Thomas Schreiner, *Romans*, Exegetical Commentary on the New Testament (Grand Rapids: Baker, 1998), 537; Moo, *Romans*, 622을 보라.

33. Schreiner, *Romans*, 536, 536 n. 8을 보라.

하는 능력이다." 바울이 이스라엘을 책망하는 이유는 이스라엘이 그 경계를 줄임으로써 율법의 의를 두루뭉술하게 했기 때문이다. 그러나 바울은 이스라엘이 두루뭉술해진 표준, 즉 이 구절에서 이방인들이 "얻은"(롬 9:31) 표준과는 다른 표준을 효과적으로 따랐다고 말하지 않는다. 던이 한 것과 같이 로마서 9:30-31에서 "의"를 다중적 의미로 이해한 증거가 없다. 바울은 유대인과 이방인의 차이점을 목적을 이루기 위한 **방법**, 즉 믿음/행위에 둔다(롬 9:32a). 믿음/행위 구분이 던이 말하는 것을 의미한다면, 로마서 9:30-31에서 바울이 의를 쓰는 용법이 다양하다고 기대할 수 있다. 그러나 이 구절에서 의미가 일관성이 있다는 것 외에 다른 것이 있다고 단정할 이유는 없다.

넷째, 이 결론은 바로 다음 절에서 이스라엘을 "하나님께 열심이 있으나 지식을 좇은 것이 아니라"(롬 10:2)고 설명하는 데에서 나온다. 이러한 열심을 단순히 신분으로 제한하는 것은 특별한 주장이다. 사람의 행위를 (그 행위가 신분과 관련이 있을지라도) 로마서 10:2의 "열심"에서 합당하게 제외시킬 방법이 없다.

그 다음 절에서 이스라엘이 "자기 의를 세우려"(롬 10:3) 한다고 말한다. 다시 말하지만 바울이 이스라엘의 유일한 국가 정체성이 추구하는 것이라고 말하길 원했다면 추구나 노력이라는 용어보다 더 이 의도에 맞게 적합하면서 자신이 쓸 수 있는 용어를 사용했을 것이다. 오히려 바울은 이스라엘이 토라의 준수로 "자기 의를 세우려" 하면서 "하나님의 의에 복종하지 않았다." 즉 "그들은 의가 하나님의 은혜의 선물이었다는 사실을 몰랐고, 토라를 행함으로 자기 의를 지킬 수 있을 것이라고 잘못 생각했다"라고 말하고 있다.[34]

---

34. Ibid., 544.

다섯째, 결론적으로 이 구절에서 세 가지 중요한 것을 알 수 있다. (a) 바울은 율법이 윤리적 표준, 즉 의를 제시하고 있다고 주장한다. (b) 바울은 이 표준을 얻는 방법이 추구함이 아니라 믿음이라고 주장한다(즉, 롬 9:30). (c) 바울은 이스라엘이 이 표준을 얻는 데 실패했을 뿐만 아니라 이 표준을 추구했고, 이스라엘의 실패는 추구하는 방법, 즉 행위, 애쓰고 힘쓰는 행위에 있었다고 주장한다.

(5) 로마서 10:5

이 구절("모세가 기록하되 율법으로 말미암는 의를 행하는 사람은 그 의로 살리라 하였거니와")에 나타난 대조(믿음과 행위, 믿음과 율법, 자기 의와 하나님의 의)는 로마서 9:30까지 이어진다. 샌더스는 로마서 10:5과 10:6-8 사이에 대조가 있음을 인식한다. 그는 바울이 성경끼리 싸움을 붙인다고 주장한다. 샌더스는 로마서 10:6 이하의 논증을 다음과 같이 쉽게 풀어 말한다. "율법을 성취하는 모든 사람이 '살 것'이라고 쓴 것은 옳지 못했다. 율법에 근거하여 차별이 없이 모든 사람에게 가능한 또 다른 의가 있고 그것은 구원하는 의이다."[35]

또한 던이 로마서 10:5과 10:6-8의 대조를 보는 반면에, 바울이 성경을 성경에 대립시킨다고는 믿지 않는다. 그는 주장하기를 (레위기 18:5 인용하면서 "행함"이라는 동사를 생각하면) 우리가 "여기에서 '의를 이룬다'고 생각하지도 않고" 레위기 18:5에서부터 율법의 "불성취성"(unfulfillability)을 단정하지도 않는다.[36] "의는 언약의 백성에게 독특한 하나님과의 관계를 명백하게 만드는 것으로 이해하고, 열방 가운데서 독특함을 주는 조상의 관습에 충실함으로써 증명하고 정당화되는

---

35. Sanders, *Paul, the Law, and the Jewish People*, 41.
36. Dunn, *Romans*, 2:601.

것"이라고 바울로 하여금 말하게 한다.[37] 바울은 대조의 방법으로 로마서 10:6에서 믿음으로 인한 의라는 참된 방법을 제시한다. 믿음으로 의롭게 되는 방법은 이 새 시대에 분명한 사실이지만 물론 옛 시대에는 없는 것이다.[38]

라이트는 로마서 10:5과 로마서 10:6-8에 있는 의에서 추론한 대조가 있지 않다고 주장한다. 로마서 10:6-8에서 바울이 신명기를 인용한 구절들의 장 배경은 이스라엘이 잡혀간 상태에서 돌아오거나 회복하는 것에 집중하기 때문이다. 따라서 로마서 10:6-8은 로마서 10:5을 더 자세히 설명하고 있다. 여기에서 바울은 "잡혀감과 귀환이라고 하더라도 '율법을 행하여 산다'는 것이 실제로 무엇을 의미하는지 참신한 설명을 한다."[39] 이러한 재정의는 "불가능한 요구의 관점이 아니라 하나님 자신의 말씀이라는 하나님의 선물에 그 관점에 있다. 그리고 이 '말씀은 믿음의 말씀, 즉 예수님이 주님이시오 하나님이 그를 죽은 자들 가운데서 일으키셨다는 믿음이다.'"[40] 샌더스와 던과 라이트 사이에는 세 가지 다른 해석이 있다. 둘(샌더스와 던)은 대조라고 단정하고, 라이트는 로마서 10:5과 10:6-8의 연속성이라고 단정한다. 하지만 그들이 동의하는 것은 10:5의 의의 의미가 전통적인 개신교가 의미하는 것으로 보았던 것이 아니라는 점이다.

이에 대한 응답으로 다음과 같이 주장할 수 있다. 첫째, 라이트에 대한 반응으로 로마서 10:6의 서두에 나오는 헬라어 불변화사(데[del])가 "그러나" 보다는 "그리고"로 번역할 수 있지만 문맥은 대조가 더

---

37. Ibid., 2:612.
38. Ibid.
39. Wright, "Romans," 660.
40. Ibid., 662.

맞다.⁴¹ (a) 로마서 9:30 이하에서부터 바울은 두 가지 개념, 즉 믿음과 그 믿음과 연관된 개념들(행위, 율법, 자기 의)을 어떻게 대조하고 있는지 알 수 있다.⁴² 로마서 9:33 이하의 논증에서 일부분이라고 보편적으로 인정하는 구절에서 계속 진행되고 있는 대조를 바울이 보류시켰다고 주장하는 것은 특별한 변명이다. (b) 학자들은 로마서 10:5과 빌립보서 3:9("내가 가진 의는 율법에서 난 것이 아니요")의 유사성을 주장했다. 후자에서 바울은 그 의를 예수님을 믿음으로 말미암는 의와 분명하게 **대조시킨다**.⁴³ (c) 바울은 또한 레위기 18:5(롬 10:5)을 갈라디아서 3:12에서 인용한다. 그 문맥에서 바울은 율법의 의에 대하여 부정적으로 말하고 있다.⁴⁴ 바울이 기어를 변환시켜서 이 중요한 구약성경 구절의 해석을 갈라디아서에서 로마서로 바꾼다는 것이 근본적으로 가능한가?

둘째, 만일 대조가 분명하면 무엇 때문에 던의 견해를 받아들이지 못하는가? 던은 레위기 18:5에서 인용하면서 "행한다"("의를 행하는 사람")의 동사를 쓴다는 사실에 주저한다. 바울이 그 문제가 정체성이나 지위의 문제든지 둔감해진 율법 순종의 문제이든지 확증하기를 원했다면 그는 충분히 말할 수 있는 기회가 있었다. 바울이 앞서 로마서 9:30-32과 로마서 10:3에서 했던 것처럼 행위와 관련된 동사를 쓰고 있는 사실을 보면 이러한 대안적인 설명들에 오히려 불리하다.

셋째, 바울이 참으로 무엇을 말하고 있는가? 어떤 비평가들이 말하는 것처럼 바울은 성경끼리 싸움을 붙이는가? 바울은 모세가 바울의

---

41. 다음 논증은 Schreiner, *Romans*, 551-55에 도움을 얻었다.
42. Ibid., 552.
43. Ibid., 553.
44. Ibid., 554.

율법적 반대자들의 그 입장을 옹호해 주고 있다고 믿는가? 두 질문에 부정적으로 답한다. 바울은 칭의 안에 있는 의가 율법의 순종에서 나온다고 주장하는 반대자들을 염두에 두고 있다. 로마서 10:5에서 바울이 레위기 18:5에 관심을 가진 것은 순종과 복(대안적으로 말하면 불순종과 저주)의 연관성을 단순히 세우려는 것 뿐이다.[45] 이러한 의미에서 바울의 말을 다음과 같이 풀어 설명할 수 있다. "칭의를 위하여 율법을 의지하는 자여, 율법이 말하는 바를 들어라. 복을 찾을 수 있는 유일한 방법은 순종이다. 만일 순종함으로 율법의 표준을 만족시키지 못한다면 복을 찾지 못할 것이다." 바울이 반대자들의 입장(**칭의**의 문맥에서 표현된 입장)이 불가능하다고 생각한 것은 로마서 10:6-8에서 볼 수 있다. 로마서 10:6-8에서 다시 다음과 같이 풀어 말할 수 있다. "칭의를 위해 해야 할 모든 것은 듣고 믿는 것이다. 하늘을 측량하거나 깊은 곳을 헤아릴 필요도 없다."[46]

(6) 빌립보서 3:2-11

샌더스는 바울이 "율법에 있는 의"에 대하여 본래부터 문제가 있다고 보지 않는다고 주장한다. 이 의는 그가 지금 그리스도 안에서 얻은 의와 비교해 볼 때 문제가 된다. 던과 라이트는 모두 바울의 유대교에서의 삶에 대한 반성을 설명하면서 주장하기를 바울이 유대교에서 흠 없는 삶이 죄 없는 완전함을 일으킨다고 결코 믿지 않았다고 한다. 오히려 던은 바울이 성장하면서 익숙해졌고 유대교에서 붙잡으려 하는 분리주의의 삶에서 자신을 멀리하려고 했다고 주장한다.

---

45. Moo, *Romans*, 648.
46. Charles Hodge, *Commentary on the Epistle to the Romans* (New York: A. C. Armstrong and Son, 1896), 531.

하지만 던과 라이트는 이 구절에서 바울의 의에 대한 이해 가운데 한 가지 요소의 중요성을 간과한 것 같다. 바울이 유대교에서 살았던 자기 삶을 거부할 때는 신분뿐만 아니라 행위("열심으로는 교회를 핍박하고")도 거부했다. 던이 지적한 열심은 바울이 갈라디아서와 로마서에서 싸운 일종의 분리주의자 사고로서 제2성전 시대의 일반적인 표현이다. 그러나 그는 이상한 유대인으로부터 분리된 정체성을 증진시키려는 그 열정을 반성하는 것 같다거나 그가 얻으려고 했던 정체성의 관심과 관련하여 박해의 행위를 생각했어야 한다는 것이 더 자연스러운가? 후자는 확실히 가능성이 더 있다. 결과적으로 바울이 이 말에 뒤이어 "율법의 의로는 흠이 없는 자로라"고 말할 때 바울이 "율법에서 난 의"를 지적함으로써 단순히 정체성의 문제가 아니라 행위의 문제를 다루려고 하는 것은 자연스럽다.

바울이 이 의에 대하여 본래부터 거부하지 않는다고 하는 샌더스의 주석은 어떠한가? 바울이 만일 수고나 행위에 따라서 두 가지 의를 대조하면 바울은 내재적인 근거에 의해서 "율법에 있는 의"를 거부해야만 한다. 바울의 반대는 "그리스도 안에 있는 의"에 비하면 "율법에 있는 의"가 상대적으로 열등하다는 점에서만 세워질 수 없다.

(7) 논쟁이 있는 서신들

던은 디도서 3:5("우리가 행한 바 의로운 행위로 말미암지 아니하고"), 에베소서 2:9("행위에서 난 것이 아니니 이는 누구든지 자랑하지 못하게 함이라"), 디모데후서 1:9("하나님이 우리를 구원하사 거룩하신 소명으로 부르심은 우리의 행위대로 하심이 아니요 오직 자기의 뜻과 영원 전부터 그리스도 예수 안에서 우리에게 주신 은혜대로 하심이라")과 같은 본문들이 전통적인 견해를 정당화시킨다고 인정한 것을 앞에서 살펴보았다. 샌더스는 에베소서 2:9이 전통적인 견해를 가르친다는 점에서 나와 동의한다. 그러나 물론 대부분 새 관점 지지자들에게 이 본문은 바울 이후 본문이다. 이 본문은 자신들의 논증에 영향을 끼치지 않는다.

이러한 현상은 두 가지 문제를 일으킨다. 첫째, 열세 서신의 저자가 바울이라고 하는 성경연구가들은 행위라는 두 가지 상반되는 바울의 가르침에 직면하든지(하나는 논쟁적이지 않은 서신들에 있고 다른 하나는 논쟁적인 서신에 있다), 디도서, 에베소서, 디모데후서에 나타난 견해가 갈라디아서, 로마서, 빌립보서에서 논의되는 본문의 견해를 배제한다는 인식에 직면한다. 둘째, 새 관점의 지지자들에게 또한 문제가 있다. 이러한 바울 이후에 쓰였다고 생각하는 서신들이 어떻게 그렇게 빨리 새 관점의 지지자들이 주장하는 대로 로마서뿐만 아니라 바울 사상 전체의 근본적이고 조직적인 교리를 오해하게 되었나? 이러한 오해를 설명하는 것이 필요하지만 이 설명은 제시되지 않았다.

(8) 갈라디아서 5:3-4, 3:10-13

더욱이 바울은 반대자들이 신분의 교리가 아니라 인간행위의 교리를 가르치고 있었다고 믿었다. 갈라디아서 5:4에서 "율법 안에서 의롭다 하심"에 대하여 말하면서 바울은 만일 이것을 행하려고 하는 사람은 "율법 전체를 행할 의무를 가진 자"(갈 5:3)라고 주장한다. 던은 바울의 반대자들이 율법을 경계표지 장치로써 이해하게 한 율법의 두루뭉술한 견해를 공격하고 있다고 주장한다. 우리는 던에 대하여 "율법 전체를 행한다"는 것은 율법 전체를 포괄적으로 행한다기보다는(즉, 율법을 구체적으로 개인적으로 준수할 때 어떤 영역도 생략하지 않는 것) 율법의 각 계명을 행함을 의미한다는 것이 가장 자연스럽게 보인다고 주장한다. 이러한 이해가 정당한 것은 바울이 계속해서 율법을 행하는 자와 믿는 자의 대조를 상기할 때이다.

　여기에서 전자는 칭의의 문맥에서 결코 기독교인으로 확증을 받지 못한다(만일 로마서 2:13-14의 주제를 기독교인으로 여기지 않는다면 말이다). 더욱이 율법 아래 있는 자들에게 확증적이다.[47] 바울은 모든 믿는 자가 따라야 할(율법 전체를 포괄적으로 지키는) 원리를 명백하게 하지 않는다. 오히려 바울은 일관성 있게 대적자들이 지켜야 하지만 지킬 수 없는 원리를 명백하게 한다. 이것을 통해 갈라디아서 5:3은 행위를 생각할 뿐만 아니라 행위를 부정적인 관점에서 생각하는 구절들의 덩어리에 속해있다고 할 수 있다. 특별히 논의에서 논쟁 중인 질문이 칭의의 수단이라는 것을 알고 있을 때 말이다.

　이러한 관점에서 갈라디아서 3:10-13은 몇 가지 연구할 만한 것이 있다. 첫째, 만일 함의된 전제라는 견해(즉 갈 3:10에서 사람은 보편적으로 율법을 지킬 수 없다고 언급되지 않은 전제)를 받아들이지 않으면 이 본문을 알지 못한다. 함의된 전제라는 견해가 옳다면 행위는 분명히 율법의 행위를 바울이 지시하고 있는 데에서 드러난다.

　둘째, 이 본문에 대한 샌더스의 견해는 바울이 성경을 인용하는 **단어변환** 방법은 "온갖"에 강조점을 두는 것이 아니라 "저주"와 "율법"이라는 단어에 둔다는 점이다. 그러나 몇 절 뒤에서 바울이 자기 해석의 모든 것을 창세기에서 온 한 단어에 걸고 있다는 점을 고려한다면("이 약속들은 아브라함과 그 자손에게 말씀하신 것인데 여럿을 가리켜 그 자손들이라 하지 아니하시고 오직 한 사람을 가리켜 네 자손이라 하셨으니 곧 그리스도라"[갈 3:16]), 이것은 성경을 인용하고 읽는 그럴듯한 방식이 될 것인가? 셋째, 샌더스는 말하기를 바울 당시 유대인은(에스라 4서의 저자를

---

[47]. Westerholm, *Israel's Law and the Church' Faith*, 203-4, 로마서 10:5; 갈라디아서 3:10, 12; 5:3에서 인용.

제외하고는) 율법이 완전한 순종을 요구하는 것으로 이해하지 않았고, 또 다른 곳에서 자신을 유대인이라고 말하고 그리스도인들이 흠이 없다고 부르짖으면서, 바울은 율법을 지킬 수 있는 것이라고 간주하였다고 한다.

유대교의 한 본문(에스라 4서)이 율법을 완전한 순종을 요구하는 것으로 이해한다면 바울이 율법을 똑같이 이해했을 것이라고 분명히 받아들일 수 있다. 하지만 더욱 중요한 것은 바울이 현존하는 유대교 성경해석에 묶여야만 하는지, 아니면 바울이 자신에 대하여 말할 수 있는지 하는 것이다. 샌더스가 인용하는 "흠이 없음"이라는 바울의 용어는 그리스도께서 나타나신 그때에 믿는 자들에 대하여 말하기 위하여 일관성 있게 사용되었다(고전 1:8; 살전 3:13; 5:23). 만일 이 구절들이 죄 없는 완전한 상태에 대하여 말하는 것으로 이해하면 바울의 의미는 그리스도께서 나타나시기 전에 나무랄 데 없이 흠이 없는 상태를 믿는 자들이 성취하는 것이 아니고, 그 날에 믿는 자들이 흠 없이 될 것이라는 말이다(cf. 빌 3:21). 그러나 이 구절들이 구약과 신약의 성도들(욥, 사가랴, 엘리사벳과 같이)에 대하여 자주 확인되는 흠 없는 상태에 대하여 말하는 것으로 이해될 수 있다. 이러한 상태는 앞으로 논의하겠지만 율법은 완전한 순종을 요구하고 아무도 그렇게 순종할 수 없다는 갈라디아서 3:10에 있는 견해와 온전하게 일치한다.

넷째, 던은 갈라디아서 3:10-13의 논쟁에서 인간이 율법을 지킬 수 있는지의 문제가 아니라고 말한다. 바울의 대적자들이 "복음에 반대하여 이스라엘의 특권을 주장함"으로써 율법을 불충분하게 이해했다. 던은 이 논증이 "율법의 행위"가 신분이라는 해석에 달려있다는 점에 동의한다.⁴⁸ 이 구절에서 행위의 언어가 있다는 점("지킨다", "행한다"[3:10], "이를 행한다"[3:12])을 고려하면 바울이 1차적으로 신분의 문제를 염두에 두고 있지 않은 것 같다.

요약하면, 앞에서 살펴본 이 구절들은 일반적으로 인간의 무능력 위에 있는 율법의 행위라는 문제에 초점을 맞추고 있다. 이러한 용어를 가지고 바울의 마음에 신분만이 있다고 하는 것은 불가능한 일이다. 율법의 행위에 대한 이러한 이해는 해석사에서 전적으로 선례가 없는 것이 아니다. 투레틴(Turrentin)은 율법의 행위를 특별하게 의식적인(즉 유대교의) 토라의 규정,⁴⁹ 즉 토마스 아퀴나스가 다루다가 버린 견해로 제한하는 자들에게 말한다. 이렇게 더 오래되고 겹치는 견해에 대하여 던과 라이트의 혁신은 이러한 율법의 행위들에 대하여 신분과 행위 사이에 쐐기를 박는 것이고, 율법의 행위를 모세의 규정이라고 하는 의식법에 제한하는 것을 거부하는 것이다. 13세기든 21세기든 해석사에서 바울의 율법행위를 제한하려는 시도가 이따금씩 일어나지만 교회사를 통하여 보면 해석자들은 앞에서 설명하고 변호한 전통적인 견해를 일반적으로 지지해 왔다.

2) 칭의와 믿음

새 관점 지지자들 가운데 바울의 칭의에 관하여 차이가 있음을 살펴보았다. 샌더스는 "칭의"가 이동용어이지만, "그리스도 안에 있음"

---

48. J. D. G. Dunn, *The Theology of Paul the Apostle* (Grand Rapids: Eerdmans, 1998), 362, 261.

49. Francis Turretin, *Institutes of Elenctic Theology*, trans. G. M. Giger, ed. James T. Dennison Jr., 3 vols. (Phillipsburg, N.J.: P&R Publishing, 1992-1997), 2:641 (=L.16.2.11).

이라고 하는 바울 사상의 중심에서 떨어져 있는 부차적인 사상으로 본다. 그는 "칭의"의 예들이 참여언어의 예보다 더 작고, 바울은 법정용어를 사용하여서 참여 개념을 전달한다고 주장한다. 따라서 칭의는 근본적으로 본질상 변화하는 경향이 있다. 샌더스는 바울에게 "이신칭의와 그리스도 안에서의 참여는 궁극적으로 같다"라고 결론 내린다.[50]

던은 샌더스와 다르다. 던은 "칭의"가 이동용어가 아니고, 바울이 수신자들에게 하나님의 언약적인 신실함을 상기시키려는 단어라고 본다. 칭의라는 행위는 언약의 상대방이 비록 전에는 타락했더라도 신실하다고 여긴다는 점에서 하나님의 행위이다. 얼른 보기에는 던이 그 용어를 선포적인 방법으로 규정하는 점에서 종교개혁자들에 동의한다고 생각할 수 있다. 하지만 던은 칭의가 일련의 행위이기 때문에 믿는 자의 생활에서 처음 단계에만 있는 것이 아니고, 심판의 날까지 그의 존재를 통하여 있는 것이라고 주장한다. 더욱이 하나님이 보시고 언약의 상대방이 신실하면 그를 의롭다 하신다고 주장한다. 이것은 던이 로마서 2:13이 가르치는 것을 이해한 것처럼 믿는 자의 언약적인 순종을 포함하는 (그러나 믿는 자의 언약적인 순종 때문에 없어지지 않는) 선포이다. 던은 로마서 4:25이 "하나님의 의롭다 하시는 은혜는 시종일관 창조적이며 생명을 주는 능력이 있다"라고 가르치는 것으로 이해한다.[51]

라이트는 원칙적으로 던에 동의한다. "칭의"는 이동용어가 아니고 (칭의는 이미 하나님의 백성이 되었다고 하는 선언이다) 본질상 법정용어이다. 하지만 라이트는 현재칭의와 미래칭의를 구분한다. 현재칭의와 미래

---

50. Sanders, *Paul and Palestinian Judaism*, 506.
51. Dunn, *Romans*, 1:241.

칭의가 둘 다 시간으로 구분이 되지만 각 행위에서 중심요소인 믿음을 공유한다. 하지만 믿음은 현재칭의와 미래칭의에서 다른 역할을 한다. 현재칭의에서 믿음은 경계표지 장치로써 역할을 한다. 미래칭의에서 믿음은 그 선언의 근거인 언약적인 신실함과 같은 말이다.

이 세 학자들 모두 다음의 말에 동의한다. 첫째, 칭의가 논쟁적인 교리이기는 하지만 바울이 유대교 그 자체를 구원론적으로 거부한 것은 아니다. 샌더스에게 칭의는 (바울이 "율법의 행위"를 의미하는) 유대교가 "기독교가 아니다"라는 바울의 확신을 반영하려는 논쟁적인 시도이다. 던과 라이트에게 그 교리는 더욱 본질적이며 덜 인신공격적이다. 이러한 것은 하나님 백성의 적합한 경계표지에 대하여 일치하지 않음을 나타내어서 바울은 조상들이 가진 믿음의 진정한 원리를 다시 말하거나(던), 그리스도의 이야기를 잡혀감이라는 이스라엘의 문제에 대한 해결책으로써 말할 수 있었다(라이트).

둘째, 칭의는 믿는 자가 믿음으로만 그리스도의 전가된 의를 얻을 수 있다는 것이 포함되어 있지 않다. 라이트와 던이 칭의라는 용어가 선포적인 측면이 있다는 것을 인식하였지만, 믿는 자가 하나님에게 받아들여지는 근거를 믿는 자의 언약적인 신실함으로 보았다. 이 근거는 아마 주입되었으나 전가되지 않은 은혜이다. 이것은 라이트의 미래칭의에 대하여서도 마찬가지다. 라이트는 "칭의가 결국 실행의 기초가 되지 소유의 기초가 되지 않고"[52] "미래칭의, 즉 최후 심판에서 무죄는 전체 삶에 근거하여 항상 일어난다(즉 롬 14:11f.; 고후 5:10)."[53] 샌더스는 믿는 자가 주입된 은혜 외에는 결코 의롭다 하심

---

52. Wright, "Romans," 440.
53. N. T. Wright, "The Law in Romans 2," in *Paul and the Mosaic Law: The Third Durban-Tübingen Research Symposium on Earliest Christianity and Judaism*, ed. J. D. G. Dunn

을 얻지 못한다는 점에서 로마교회에 동의한다. 칭의와 참여는 근본적으로 같다고 그는 주장한다. 셋째, 칭의에서 믿음은 그리스도 안에 있는 하나님의 의를 받는 수단이 아니다. 믿음은 칭의에서 전적으로 받아들이는 것이 아니다. 칭의에서 믿음은 바울서신 여러 곳에서 "신실함"으로 번역될 수 있다.

바울의 칭의를 이렇게 말하는 데 대하여 몇 가지 주장을 할 수 있다. 첫째, 바울은 믿음 **때문에** 의롭다 하심을 얻는다고 결코 한 번도 말하지 않는다. 믿음은 본질상 항상 **수단**이다. 신학적인 용어로 믿음은 칭의의 유일한 수단적 원인이다. 이러한 설명은 전적으로 바울이 말한 것이다. **디아 피스테오스**(*dia pisteōs*, 믿음으로 말미암아), **에크 피스테오스**(*ek pisteōs*, 믿음으로), 또는 **페스테이**(*pistei*, 믿음으로) 의롭다 하심을 받았다고들 한다.[54] 바울은 믿는 자들이 "**디아 피스틴**(*dia pistin*, 믿음 때문에) 의롭다 하심을 얻는다"고 결코 말하지 않는다.[55] 이러한 고찰은 믿음이 바울서신 곳곳에서 죄인의 수고나 행위와 대조되어 있다고 앞에서 했던 논의로 판명된다. 칭의의 행위에서 바울의 믿음은 일관성 있게 본질상 받는 것이다.

두 번째 주장은 믿음이 받는 것과 관련되어 있다. 바울은 그리스도의 의가 칭의의 유일한 **공로상의** 원인이라고 곳곳에서 단언한다. 이러한 사실은 우리의 의는 바로 그리스도라는 바울서신의 일관성 있는 주장으로부터 알 수 있다.

(1) 고린도후서 5:21("우리를 너희와 함께 그리스도 안에서 굳건하게 하시고

(Tübingen, Germany: MohrSiebeck, 1996/Grand Rapids: Eerdmans, 2001), 144.

54. Robert L. Dabney, *Syllabus and Notes of the Course of Systematic and Polemic Theology Taught in Union Theological Seminary*, Virginia, 5th ed. (Richmond: Presbyterian Committee of Publication, 1927), 639.

55. Ibid.

우리에게 기름을 부으신 이는 하나님이시니")에서 그리스도의 의가 믿는 자에게 전가된다는 사실을 읽을 수 있다. 이러한 의는 믿는 자에게 주입된다고 말할 수 없다. 이것이 사실이라면 이 구절의 병행구조에서는 믿는 자의 죄가 그리스도에게 주입된다고 하는 것을 바울이 분명히 거부한다는 점("죄를 알지도 못하신 자")을 단언하고 있다.

(2) 고린도전서 1:30에서 그리스도는 "우리에게…의로움이 되셨다"라고 분명하게 말한다. 이러한 단언에 이어서 바울은 "[그리스도는] 하나님께로서 나와서 우리에게 지혜가…되셨다"라고 바로 주장한다. "하나님께로서 나와서"라는 구절을 적용시켜서 "우리 의"에 적용시킨다. 달리 말하면 바울은 "그리스도께서 하나님으로부터 나온 우리 의"라고 단언한다. 이와 비슷하게 바울은 다른 곳에서 믿는 자의 의가 "하나님께로서" 나왔지 우리에게서 나오지 않았다고 주장한다(빌 3:9; 롬 10:3).[56] 사도가 진정으로 하려는 대조는 배타적인 우리 의와 포괄적인 우리 의에 대한 것이 아니고 사람에게서 나온 의와 "하나님께로서" 나온 의에 대한 것이다.

(3) 로마서 4:6("일한 것이 없이 하나님께 의로 여기심을 받는 사람의 복에 대하여 다윗이 말한 바")에서 바울은 전가의 원리를 설명한다. 하나님은 죄인을 행위와는 상관없이 의롭다고 여기신다. 칭의에서 죄인의 행위는 하나님의 은혜를 힘입어서 했든 하지 않았든 심사의 대상이 되지 않는다. 더욱이 받은 것은 죄의 용서뿐만 아니라 바로 그리스도의 "의"이다.

---

56. 그렇게 유사한 표현은 고린도전서 1:30에 있는 "전가된 의"가 "전가된 지혜"를 그리고 "전가된 성화"를 요구한다는 라이트의 귀류법적 논증의 오류를 증명한다. 바울은 한 차례 이상 전가된 의에 대하여 말하지만, "전가된 지혜"와 "전가된 성화"에 대해서는 결론적으로 한 번도 말하지 않는다. John Piper, *Counted Righteous in Christ: Should We Abandon the Imputation of Christ's Righteousness?* (Wheaton, Ill.: Crossway, 2002), 86 and n. 32을 보라.

(4) 로마서 5:18-19에서 바울은 "의의 한 행동으로 말미암아 많은 사람이 의롭다 하심을 받아 생명에 이르렀느니라" 그리고 "한 사람의 순종하심으로 많은 사람이 의인이 되리라"고 말한다. 그리스도의 사역과 그가 대표한 자들의 관계에 대한 그림은 아담의 한 죄와 그의 후손의 관계("한 범죄로 많은 사람이 정죄에 이른 것 같이"[롬 5:18], "한 사람의 순종치 아니함으로 많은 사람이 죄인 된 것같이"[롬 5:19])와 비슷하다. 바울은 이 관계를 로마서 5:16("한 사람의 범죄를 인하여 많은 사람이 죽었은즉 더욱 하나님의 은혜와 또한 한 사람 예수 그리스도의 은혜로 말미암은 선물은 많은 사람에게 넘쳤느니라")에서 분명하게 한다. 전가교리에 관하여 이 구절에 있는 바울의 가르침을 앞으로 살펴볼 것이다. 현재는 바울이 믿는 자의 칭의 근거를 그리스도의 의에만 분명하게 묶어두고 있다는 점을 지적한다. 그리스도의 의는 이러한 의미에서 인간의 정죄에 근거를 제공한 아담의 "한" 행동과 비슷하고, 우리의 "많은 범죄"와 대조적으로 "값없는 선물"이라고 말한다(롬 5:16). 이 구절은 믿는 자의 반응("신자의 신실함")이 칭의의 행동에 포함되도록 결코 허용하지 않는다. 칭의의 근거는 전적으로 믿는 자의 밖에서 온 것이다.[57]

(5) 바울은 믿는 자들이 그리스도의 "구속으로 말미암아"(롬 3:24) "그의 피로"(롬 5:9) 의롭다 하심을 받았고, "그 아들의 죽으심으로 말미암아" 화목되었다고(롬 5:10) 몇 군데에서 단언한다. 칭의는 그리스도의 죽으심에 근거하는 것이지 믿는 자의 어떠한 행동에 근거한 것이 아니라고 바울은 일관성 있게 주장한다.

로마서 3:24, 5:9, 5:10에서 구속, 피 그리고 죽음이 단순히 수단이 아니고 믿음과 상관있음을 어떻게 알 수 있는가?[58] 첫째, 바울은 믿음

---

57. Ibid., 105-6.
58. 이 논증은 웨슬리 알미니안들이 제기했다. Dabney, *Syllabus and Notes*, 637-38.

이 칭의의 **유일한** 수단이라고 다른 곳에서 규정하며 설명한다.[59] 둘째, 바울은 하나님 앞에 우리가 받아들여질 유일한 근거로 그리스도의 사역을 정의한다(즉 고후 5:21; 고전 1:30; 롬 5:18-19).[60] 셋째, 바울은 로마서 5:9("그의 피를 인하여 의롭다 하심을 얻었은즉")과 5:10("그 아들의 죽으심으로 말미암아 하나님으로 더불어 화목되었은즉")에서 이러한 방법을 말하였고 로마서 5:12에서 "죄로 말미암아 사망"에 대하여 말한다. 로마서 5:12에서 바울은 "이와 같이 모든 사람이 죄를 지었으므로 사망이 모든 사람에게 이르렀느니라"고 더 자세히 설명한다. 로마서 5:9-10에 있는 바울의 단언이 로마서 5:12에 있는 단언과 문법적으로 유사하기 때문에 그리스도의 피와 죽으심을 칭의와 화해의 근거로 보아야 한다.

이제 칭의에 대한 셋째 주장을 살펴보자. 새 관점이 칭의에 대하여 말한 것(칭의가 본질적으로 변형적이거나[샌더스], 어느 정도 믿는 자의 언약적인 신실함을 고려하는 일련의 선언[던, 라이트]이다)을 생각하면 로마서 5:1("우리가 믿음으로 의롭다 하심을 받았으니 우리 주 예수 그리스도로 말미암아 하나님과 화평을 누리자")에서 바울의 단언은 필연적으로 두루뭉술해진 것처럼 보인다. 칭의는 진행 중이며 어느 정도 믿는 자의 순종에 명시적으로나(샌더스), 기능적으로(던과 라이트) 근거를 두고 있으며, 평화는 단순히 믿는 자의 지속적인 소유가 될 수 없다. 평화는 어느 때이건 믿는 자가 소유한 변형적 은혜의 정도나 분량에 따라서 흔들릴 것이다.

넷째, 새 관점의 교훈은 칭의교리가 "은혜"교리이며(롬 4:4-5; 11:6) "자랑"을 배제한다는(엡 2:9) 바울의 반복적인 단언을 약화시킨다. 앞에서 보았던 것처럼 바울이 행위와 은혜를 대치시켜 놓고 행위와 자

---

59. Ibid., 637.
60. Ibid., 638.

랑을 짝으로 놓는다면 새 관점의 가르침(칭의에서 믿음을 사실상 신실함으로 만든다)은 결점이 있다. 달리 말하면 바울과 새 관점은 은혜를 전혀 다른 방법으로 규정하고 있다. 바울에게 있어 은혜가 되는 칭의에 대하여 말한다면, 칭의는 인간의 행위(심지어 보상의 행위마저도)를 조금도 포함해서는 안 된다. 새 관점에 있어서는, 칭의는 은혜의 도움으로 인한 믿는 자의 수고를 고려한다고 할지라도 여전히 은혜가 된다. 시대를 상관하지 않고 말한다면, 바울은 어거스틴이라고 하거나 새 관점 해석자들은 반펠라기우스라고 할 수 있다. 이러한 차이점을 인정한다고 하더라도 바울과 새 관점 지지자들의 신학적 분리는 여전히 있다.

다섯째, 새 관점 교리는 하나님이 "경건치 아니한 자를 의롭다 하신다"(롬 4:5)라는 바울의 선언을 반대한다. 앞서 살펴본 바와 같이 던은 "경건하지 아니한 자"라는 표현이 언약 밖에 있는 자를 의미하지 하나님 앞에 죄인을 의미하지 않는다고 주장한다. 라이트는 그 선언이 "분명한 불순종의 때"를 경험한 신실한 신자를 지시한다고 여기는 것 같다.[61] 새 관점 지지자는 종종 의롭게 된 주체를 **이미** 언약적으로 신실한 자로 간주하는 것 같다.

로마서 4:4-5을 보면 바울이 정확하게 그 반대로 주장하고 있음을 알 수 있다. 바울의 요점은 개인의 고결함을 전혀 언급하지 않고서도 칭의의 주체가 받아들여지거나 의롭게 되었다는 점이다. 행위가 있는 믿는 자에게 은혜가 주입되는 것을 허용하는 칭의교리가 이 구절에서는 없다. 어떤 의미에서도 바울의 이 선언은 개인의 도덕적인 고결함에 근거하지 않는다. 특별한 행위 또는 (완전하지는 않지만) 신실하

---

61. Wright, "Romans," 492.

게 감당하려는 의지를 언약의 짐으로 간주하든 말이다. 의롭다 하심을 받은 주체가 경건하지 않다. 이 용어가 도덕적 의미 외에 다른 의미가 있다고 확증할 수 없다. 바울이 로마서 1:18("하나님의 진노가 불의로 진리를 막는 사람들의 모든 경건하지 않음과 불의에 대하여 하늘로부터 나타나나니")에서 이 용어를 쓰고 있는 것처럼 말이다. 이것이 바로 바울이 로마서 4:4-5에 있는 단언 뒤에 로마서 4:7-8에서 시편 32편의 인용을 부인하는 이유이다. "일한 것이 없이 하나님께서 의로 여기신다"(롬 4:6)라는 인용구를 소개하며 바울은 이 때가 바로 칭의가 일어나는 때라고 말한다. 칭의의 행위에는 죄인의 인격을 지칭하지 않고, 그리스도께서 하신 것만을 지칭한다.

여섯째, 새 관점 지지자들은 믿는 자들이 "그[예수]의 **피**를 인하여 의롭다 하심을 얻었다"(롬 5:9)고 바울이 왜 단언하는지 적합하게 설명하지 못한다.

던과 라이트는 둘 다 칭의는 **교회론 교리**, 즉 **이미** 하나님의 백성 가운데 있다는 하나님의 선언이라고 둘 다 주장한다. 칭의는 구원론이 아니다. 던과 라이트가 그리스도의 죽으심으로 말미암아 하나님의 백성이 죄(특별히 능력으로 생각할 수 있음)에서 자유를 얻었다고 주장하지만, 일반적으로 말해서 "칭의"를 그러한 관점에서 정의하려고 하지 않는 것 같다. 그러나 바울은 로마서 5:9에서 칭의의 행위나 선언은 예수님의 희생적이며 구속적인 죽으심에 정확하게 그리고 유일하게 근거하고 있다고 생각한다.

칭의의 새 관점에 대한 일곱째이자 마지막 주장은 새 관점이 또 로마서 2:1-29을 잘못 해석하고 있다는 점이다. 샌더스와 던과 라이트는 모두 로마서 2:13-16에 있는 바울의 선언을 가지고서 칭의가 율법에 대한 순종에 근거하고 있는 바울 가르침의 증거라고 본다. 샌더스는 이것을 바울의 일관성 없는 증거라고 주장한다. 샌더스는(롬 2:15-16에서) "어떤 이는 행위로 구원받을 수 있다는 가능성을 생각한다."[62] 던과 라이트는 이 구절에서 믿는 자가 드러난다고 주장한다. 최후 심판에서 밝혀질 칭의에서 믿는 자의 행위는 분명하게 조사될 것이다. 로마서 2:10-16과 관련하여 그들은 로마서 2:25-29을 바울이 로마서 2장에서 이방 그리스도인들을 마음에 두고 있다는 증거라 할 것이다.

세 학자 모두 로마서 2:13의 두 가지 전통적인 설명을 거부한다. 첫째, 바울은 (가설적으로 말해서) 하나님이 심판하실 것에 따라서 기준을 세우신다는 것이고, 행위로 칭의를 구하는 자는 설 수 없다는 것이다. 찰스 핫지(Charles Hodge)는 이러한 입장을 다음과 같이 잘 요약하고 있다. "그는 복음서에 계시된 것처럼 죄인들에게 가능한 칭의의 방법에 대하여 말하고 있지 않고 칭의를 위해 율법에 의지하는 자들에게 적용될 칭의의 원리에 대하여 말하고 있다. 만일 사람들이 행위에 의존한다면 행해야 한다. 율법을 행하는 자가 되어야 한다. 만일 사람이 율법으로 의롭다 하심을 얻으려고 하면 율법의 요구를 만족시켜야 한다."[63] 이 구절의 둘째 설명은 덜 그럴듯하게 보이지만 야고보가 "의롭게 한다"는 용어를 야고보서 2:24에서 사용하는 의미에서 바울이 그 용어를 사용하고 있다는 점이다. 달리 말하면 행위에는 자신의 칭의에 대하여 **선언적인** 역할이 있다. 행위는 의롭다 하심을 받은 증거이지 그 선언의 근거를 이루는 것이 아니다.

샌더스의 견해는 아마도 우리의 비평에 매우 가까이 접근해 있는 것 같다. 바울이 만일 율법의 행위가 의롭게 한다고 가르치면 로마

---

62. Sanders, *Paul, the Law, and the Jewish People*, 124.
63. Hodge, *Commentary on the Epistle to the Romans*, 82.

서 다른 곳에서(롬 3장, 5장, *et passim*) 이 교리에 대한 바울의 가르침과 실제로 모순되는 점이 있다. 로마서 2장에서 이방 그리스도인들이 나타난다는 견해에 대하여 어떻게 반응해야 하는가? 로마서 2:1-16에서 바울이 그리스도인들을 염두에 두고 있다고 시사하지는 않는다. 바울의 과제는 "하나님 심판의 공평성"을 세우려는 것 같다. 모든 사람(유대인이나 이방인)은 같은 "판단 기준"으로 공정하게 평가되어야 한다.[64]

바울이 로마서 2장에서 세우려는 기준("하나님께서 각 사람에게 그 행한 대로 보응하시되"[롬 2:6])은 하나님의 율법이 요구하는 모든 것에 순종해야 하는 것이다. 로마서 이 부분에서 했던 인간의 무능력에 대한 논증을 생각해 보면 주입된 은혜의 도움으로 행하여진 행위마저도 바울의 생각에는 여기에 있는 것처럼 보이지 않는다.[65] 바울은 로마서 뒤에서 "율법의 행위로 그의 앞에서 의롭다 하심을 얻을 육체가 없나니"(롬 3:20)라고 말한다. 이 구가 중요한 장(롬 3:1-20)뿐만 아니라 전체 부분(롬 1:18-3:20)을 요약하고 있다는 점을 고려해 볼 때, 바울의 결론은 기독교의 가설을 용인한다는 것 그 이상이다.[66] 바울은 행위가 칭의에서 법적인 역할이 있는 것은 범주적으로 배제한다.

바울이 로마서 2:25-29에서 이방 그리스도인들을 마음에 두고 있는 것 같지는 않다. 이것이 사실이라면 여기에서 바울의 논증은 하나님의 율법에 "온전한 순종"이라는 기준, 즉 로마서 앞부분에서 세운 기준을 느슨하게 한다.[67] 만일 옛 언약에 속한 믿는 자들과 새 언약에

---

64. E.g., Moo, *Romans*, 142.
65. Ibid.
66. Ibid., 147-48.
67. Ibid., 168.

속한 믿는 자들을 대조하려는 것이 아니라면, 바울은 왜 이 구절에서 육체/영의 대조를 하고 있는가? 바울은 대조를 하고 있지만 이방 그리스도인들이 율법을 지켜야 하고, 그래서 이러한 순종으로 의롭다 하심을 받을 수 있다고 말하지 않는다.[68] 그것은 앞에서 세워진 엄격한 기준(롬 2:6, 13)이 외적인 행위(롬 2:28)뿐만 아니라 마음의 태도(롬 2:29)도 역시 심사숙고하고 있다는 점을 단언하는 바울의 방식이다.

3) 그리스도의 죽으심(고전 5:21; 롬 3:24-26)

그리스도의 죽으심에 대하여 새 관점이 다양하게 설명하는 것을 살펴보았다. 샌더스는 그리스도의 죽으심에 대한 바울의 근본적인 개념은 믿는 자가 그리스도에 참여함에 영향을 준 그 행위라고 본다. 그리스도의 죽으심과 용서의 관계가 바울에게 온 것은 주로 초기 기독교 가르침에서부터 온 유업에 의해서이다. 달리 말하면 바울 사상에서 용서와 그리스도의 죽으심과는 필연적인 관계가 없다. 그리스도의 죽으심에 대한 샌더스의 주된 관심은 (그리스도 안에 참여하는 자들에게) 그 죽으심으로 인하여 죄의 권능을 깨뜨리게 되었고 주권이 변할 수 있게 되었다는 점이다.

던은 그리스도의 죽으심이 사실에 뿌리내리지 않고 조화되지 않은 메타포의 다양성을 통하여 의사소통되는 것이라고 이해한다. 그러나 그는 바울에게서 그리스도 죽으심의 견해가 근본적인 것으로 본다. (최소한 믿는 자들에게, 아마도 모든 사람들에게) 죄의 권능을 깨뜨리는 것이

---

68. 쉬라이너(Schreiner)에 반대함. 쉬라이너는 로마서 2:13을 주석하면서 "하지만 2:25-29에 있는 논의를 기대하여 바울이 어떻게 의롭다고 하는 순종을 바울이 어떻게 생각하는지 이해해야 한다"고 주장한다. *Romans*, 119.

근본적인 것만큼 말이다. 라이트는 그리스도의 죽으심을 속죄적이며 화목적이라고 말하지만, 바울이 그리스도 의의 전가교리를 가르친다는 점은 부정한다. 그리스도의 죽으심과 믿는 자의 경험과 관련하여 라이트는 분명하게 말하지 않는다. 라이트가 가장 분명하게 하려는 것은 그리스도께서(범죄로써 죄가 아니라) 죄의 권능을 해결하셨다고 주장한다. 세 학자의 견해에 있어 공통점은 바울이 그리스도의 죽으심을 주로 죄의 권능을 물리치셨다는 점으로 이해한다는 점이고 주되심의 변화에, 즉 믿는 자가 죄의 영역에서 순종의 영역으로 이동함에 필연적으로 영향을 끼쳤다는 점이다.

이러한 견해는 칭의에서 그리스도의 의가 믿는 자에게 전가된다는 바울의 교리를, 또는 믿는 자의 의가 그리스도의 희생적 죽으심에 근거하고 있다는 점을 바로 판단하지 못한다. 이러한 교리를 볼 수 있는 본문은 고린도후서 5:21("하나님이 죄를 알지도 못하신 이를 우리를 대신하여 죄로 삼으신 것은 우리로 하여금 그 안에서 하나님의 의가 되게 하려 하심이라")이다. 샌더스는 이 구절이 "주로 참여적이다"라는 화이틀리(D. E. H. Whiteley)의 판단을 인정한다.[69] 라이트는 이 구절들이 기독교 사역자들의 수고만을 가리키는 것으로 본다.[70] 던은 이 구절에 나타난 두 가지 변화를 인식하지만[71] 어떻게 "그 안에서 하나님의 의"가 되는지 적절하게 설명하지 않는다. 던은 그리스도 죽으심의 희생적 구성요소를 더 강조한다.

이 구절에서 바울은 무엇을 가르치는가? 첫째, 상반절과 하반절을

---

69. Sanders, *Paul and Palestinian Judaism*, 466, D. E. H. Whiteley, *Theology of St. Paul* (Oxford: Oxford University Press, 1964), 134-37에서 인용.
70. N. T. Wright, "On Becoming the Righteousness of God: 2 Corinthians 5:21," in *Pauline Theology*, vol. 2, ed. David M. Hay (Minneapolis: Augsburg Fortress, 1993), 200-208.
71. Dunn, *The Theology of Paul the Apostle*, 221-22.

병행으로 받아들여야 한다. 상반절이 무엇을 단언하고 있는가? 우리가 알 수 있는 것은 그리스도를 죄로 삼으셨다 함이 "죄를 알지 못하신 자"와 연결된다는 점을 여기서 바울이 강조하고 있다는 것이다. 더욱이 이러한 행위는 "우리를 대신하여" 이루어졌다고 말한다. 이것은 전가 행위의 원자료이다. 개인적으로 의로운 자의 장부로 우리 죄를 돌려서 그가 죄가 있다고 인정하는 것은 옳다. 둘째, 상반절은 하반절의 이해를 구축하고 하반절은 상반절의 세 가지 단언과 병행이 된다.[72] 믿는 자들이 죄에 머무를지라도(5:21a에서 그렇게 가정하지만 5:21b에서 "그 안에서"라는 바울의 말로 증명된다) "하나님의 의"가 된다. 믿는 자들은 "그 안에서 하나님의 의"가 된다고 한다. 그러므로 믿는 자들이 의롭다고 인정되는 것은 은혜의 주입이 아니라 그리스도 의의 전가로 된다. 그래서 믿는 자들은 "그 안에서 하나님의 의가 된다"라고 하는 것은 옳다. 바울의 가르침에 대한 핫지(Hodge)의 요약은 매우 잘 되었다.

> 칭의교리가 있는 본문 가운데 [고린도후서 5:21]보다 더 정확하게 더 분명하게 언급된 본문은 아마도 없을 것이다. 우리 죄가 그리스도에게 전가되었고 그의 의가 우리에게 전가되었다. 그는 우리 죄를 담당하셨고 우리는 그의 의로 옷 입었다…우리 죄를 담당하신 그리스도께서 자신을 도덕적으로 죄인이 되게 하신 것도 아니고, 그리스도의 의가 주관적으로 우리 의가 되지도 않는다. 그리스도의 의는 우리 영혼의 도덕적인 질이 아니다…우리 죄는 그리스도의 고난에 대한 법적인 근거이어서 그리스도의 고난은 정의로운 희생이다. 그의 의는 우리를 하나님이 받아주시는 법적인 근거여서 우리를 용서하심은 정의로운

---

72. 죄를 알다/죄를 모르다, 죄로 삼다/하나님의 의가 되다, 우리를 위하여/그 안에서.

행위이다…단순한 용서가 아니라 칭의로 하나님과 평화하게 되었다.[73]

그리스도의 죽으심에 대한 새 관점의 부족한 것을 보여주는 둘째 본문은 로마서 3:24-26("그리스도 예수 안에 있는 속량으로 말미암아 하나님의 은혜로 값없이 의롭다 하심을 얻은 자 되었느니라 이 예수를 하나님이 그의 피로써 믿음으로 말미암는 화목제물로 세우셨으니 이는 하나님께서 길이 참으시는 중에 전에 지은 죄를 간과하심으로 자기의 의로우심을 나타내려 하심이니 또는 그의 피를 믿음으로 말미암는 화목제물로 세우셨으니 곧 이 때에 자기의 의로우심을 나타내사 자기도 의로우시며 또한 예수 믿는 자를 의롭다 하려 하심이라")이다. 이 구절에서 바울은 믿는 자의 의가 되신 그 의를, 그리스도께서 어떻게 얻으셨는지 그리고 믿는 자가 어떻게 의롭게 되었다고 말하는지를 구체화한다.

첫째, 많은 신약학자들이 이 구절을 바울 이전의 것이어서 바울 사상의 진정한 표현이 아닌 것으로 결론짓는다는 점을 먼저 말하고 싶다. 그 구절이 바울 이전의 것이라는 점은 결코 분명하지 않다. 이 구절이 바울 이전의 것이라고 하더라도 저자가 인용하거나 번안하는 단어들에 온전히 책임이 없다고 말하는 것은 해석의 의심스러운 원칙이라고 우리는 주장한다.

둘째, 칭의는 "예수 그리스도 안에 있는 구속으로 말미암아"(cf. "그의 피로 말미암아 구속 곧 죄 사함"[엡 1:7]) 온다고 바울은 강조한다. 믿는 자들은 그리스도의 고난으로 **말미암아** "하나님의 진노"**로부터** 구속을 받는다.[74]

셋째, 바울은 하나님이 그리스도를 "믿음을 통하여 그의 피로 인한

---

73. John Piper, *Counted Righteous in Christ*, 82-83에서 인용.
74. Hodge, *Commentary on the Epistle to the Romans*, 142.

화목제물"로 단언함으로써 그리스도의 죽으심의 본질과 의미를 계속해서 밝힌다. 핫지(Hodge)는 이 구절의 의미를 다음과 같이 옳게 요약한다.

> 그러므로 이 중요한 본문의 분명한 의미는 하나님이 지적인 세계의 관점에서 주 예수 그리스도를 사람의 죄를 위한 화목제물로써 공개적으로 드러내셨다는 점이다. 이것이 그런 희생의 본질적인 생각이다. 즉 이것은 정의를 만족시킨다. 이것은 하나님에게서 끝이 났다. 주된 의도는 제사하는 자에게 주관적인 변화를 일으키는 것이 아니고 하나님을 기쁘시게 하는 것이다.[75]

넷째, 바울은 그리스도의 구속적이고 화목적인 죽으심이 "그의 의로우심을 나타냈다"(롬 3:25), 즉 "이 때에 자기의 의로우심을"(3:26) 나타냈다고 강조한다. 이 문맥에서 하나님의 "본유적인 정의"를 지시하는 하나님의 의를 드러내심으로 무엇이 일어났는가?[76] 그것은 "전에 지은 죄를 간과하시는 것"이다(롬 3:25).[77]

다섯째, 이러한 준비의 결과는 하나님이 "의로우시며 또한 예수 믿는 자를 의롭다" 하시는 분이라는 점이다(롬 3:26). 달리 말하면 그리스도의 죽으심이 구속적이며 화목적인 것은 믿는 자의 칭의에 절대적으로 필요했다는 점을 바울이 강조하는 것을 볼 수 있다. 그 준비는 "선물"이고 "은혜"라고 한다. 사람의 역할은 그리스도께서 하신 것을 "그리스도를 믿음으로" 받아들이는 것 뿐이다(롬 3:24, 26). 이러한 일들은

---

75. Ibid., 144.
76. John Murray, *The Epistle to the Romans*, 2 vols. (Grand Rapids: Eerdmans, 1968), 1:118-20.
77. E.g., ibid., 1:119-20; Piper, *Counted Righteous in Christ*, 74.

전적으로 "자랑"을 제외한다고 바울은 로마서 3:27에서 말한다.

여섯째, 바울의 논증을 살펴보고서 알 수 있는 점은 의라고 하는 바울의 언어가 제2의 출애굽을 소망하고 따라서 의를 하나님이 자기 백성에게 언약적으로 신실하심이라고 정의하는 제2성전 문헌에서 나왔다고 하는 새 관점의 모델은 너무나도 멀리 갔다는 점이다. 이것은 이방의 성경신학적 모델을 바울의 본문에 씌우는 것이다.[78] 더 건전하며 더 본문에 충실한 과정의 방법은 "의"라는 말이 나오는 곳에서 의의 사례를 연구하고 그 문맥이 그 용어를 정의하도록 하는 것이다. 로마서 3:25-26(cf. 3:5)에서 "의"는 하나님의 본유적인 정의를 의미한다. 로마서 1:17, 3:21-22, 5:17, 10:3에서 그 용어는 "하나님이 주시는 것 그리고 하나님이 인정하시는 것"을 의미한다.[79]

이 구절들을 연구한 것에서부터 다음과 같은 결론을 도출할 수 있다. (1) 칭의는 본질적으로 구원론적인 행위이지 본질상 주로 교회론적인 행위가 아니다. (2) 칭의는 법정적 거래이고, 그 자체로는 이러한 거래에서 온전히 용납되었다고 생각되는 죄인의 주관적인 조건에 절대로 관련되어 있지 않다. (3) 이러한 법정적 거래의 근거는 그가 대표하는 사람들을 대신한 자로서 예수 그리스도의 죽으심이다. 그렇게 함으로써 용서가 되었고, 믿는 자가 하나님의 진노에서 자유로워졌고 하나님 보시기에 의롭다고 받아졌고, 하나님의 본유적인 의(그의 의)가 세상에 드러났다.

---

78. E.g., Piper, *Counted Righteous in Christ*, 74. (내 판단으로는 성공하지 못한) 무(Moo), *Romans*, 74가 제시한 타협안을 주목하라.

79. Hodge, *Commentary on the Epistle to the Romans*, 44.

4) 보편적 범죄(롬 5:12-21) 그리고 바울의 양심

(1) 인간의 보편적 범죄

대부분 새 관점 저서들에서 안타깝게도 무시되는 것은 아담의 죄라는 범죄가 그의 후손들에게 전가되었다는 것과 그리스도의 의(능동적 또는 수동적)가 택함을 받은 자들에게 전가되었다는 바울의 가르침이다. 샌더스에게는 전가가 바울의 구원론을 연구하는 데 있어서 중요하지 않은 것이다. 원죄라는 질문은 (랍비들로 하여금 그 질문을 받아들이게 했다) 정확하게 언약적 신율주의의 범위 밖에 있다. 따라서 샌더스는 전가에 대하여 말하기를, 그 교리는 바울과 랍비들의 배교 연구 영역 안에 있지 않거나 또는 "바울이 좋은 유대인이어서 이 문제에 대하여 그의 견해가 랍비들의 견해와 다르다고 생각할 이유가 없다"라고 한다.

던은 바울이 전가교리를 가르쳤다는 사실을 분명히 부정한다. "그럼에도 불구하고 범죄가 개인의 범죄와 함께 계산에 들어간다. 인간은 태어난 상태에 대하여 책임이 없다. 그것이 개인 책임의 출발점이다. 그들은 그 출발점에 책임이 없다."[80]

로마서 5장에 대한 라이트의 주석은 주로 전가라는 질문을 비켜가면서 로마서 5:12-21에서 아담에 대한 언급은 이스라엘 이야기를 다시 들려주는 것이라고 주장한다.

> 이스라엘의 순종/신실함은 아담의 문제, 즉 전체 인간의 문제를 푸는 수단이 되었어야 했다…그리스도의 죽으심(이것은 분명히 이 문단의

---

80. Dunn, *The Theology of Paul the Apostle*, 97.

주제이다)은 이 목적이 성취되는 이스라엘의 참된 순종/신실함으로 작용한다. 따라서 로마서 5:12-21은 로마서 3:21-26에서 논의되는 것을 다중적으로 그리고 부분적으로 반복해서 말하고 있다.[81]

라이트는 로마서 5장에서 그리스도의 능동적 또는 수동적 순종이 믿는 자에게 전가되었다고 말하고 있다는 것 또한 부정한다. 예상대로 새 관점에 없는 것은 아담으로 말미암은 인간의 보편적 범죄에 대한 언급이다.

이에 대하여 로마서 5:12-21에 있는 바울의 논증으로 돌아가 몇 가지를 지적한다.[82] 주석자들은 바울이 로마서 5:12("한 사람으로 말미암아 죄가 세상에 들어오고 죄로 말미암아 사망이 들어왔나니 이와 같이 모든 사람이 죄를 지었으므로 사망이 모든 사람에게 이르렀느니라")에서 주제를 벗어나 로마서 5:18까지 주된 논증으로 돌아가지 않음을 인정한다. 이렇게 논증을 중단한 일부 이유는 어떤 오해를 피하기 위함이다. 즉 "모든 사람이 죄를 지었다"(롬 5:12)라는 말에 대해 바울이 의미하는 바는 아담의 범죄와 같은 죄를 따른 개인의 범죄이다.[83] 첫째, 이것은 "아담으로부터 모세까지 아담의 범죄와 같은 죄를 짓지 아니한 자들까지도 사망이 왕노릇하였나니"(롬 5:14)라는 바울의 논증으로 증명이 된다. 더욱이 죽음의 이러한 상태는 좋든 싫든 다가오지 않았다. 바울은 "죄는 율법이 없을 때 전가되지 않는다"(롬 5:13b)라는 원리를 말한다. 이 말은 "죄가 전가되는 것을 고려하면 죄가 있었고 범죄가 있었다"("죄

---

81. N. T. Wright, "Romans and the Theology of Paul," in *Pauline Theology*, vol. 3, ed. David M. Hay and E. Elizabeth Johnson (Minneapolis: Augsburg Fortress, 1991), 46.
82. 이 구절을 좀 더 자세히 살펴보려면 Piper, *Counted Righteous in Christ*, 90-114; John Murray, *The Imputation of Adams Sin* (Grand Rapids: Eerdmans, 1959), 64-95을 보라.
83. Piper, *Counted Righteous in Christ*, 94-100.

가 율법 있기 전에도 세상에 있었나니"[롬 5:13b])라는 것이다.[84] 그러면 죄와 죽음의 관계는 무엇인가? 이것은 아담 후손의 개인적인 죄로 일어나는 것이 아니고 "한 사람"의 죄로 일어난다(롬 5:12). 둘째, 이것은 18절 결론에서 볼 수 있다. "한 범죄로 많은 사람이 정죄에 이른 것 같이 한 의로운 행위로 말미암아 많은 사람이 의롭다 하심을 받아 생명에 이르렀느니라." 바울은 이 본문 전체에서 이 진리를 주장한다. 아담의 한 가지 죄에서부터 "사망"(롬 5:15, 17), "정죄"(롬 5:16, 18), 후손의 죄인 됨(롬 5:19)이 왔다. 이러한 일은 아담의 후손의 행위를 고려하는 것과 전적으로 상관없다고 바울은 주장한다.[85]

- "한 사람의 범죄를 인하여 많은 사람이 죽었다"(롬 5:15).
- "심판은 한 사람을 인하여 정죄에 이르렀으나"(롬 5:16).
- "한 사람의 범죄를 인하여 사망이 그 한 사람으로 말미암아 왕 노릇 하였은즉"(롬 5:17).
- "한 범죄로 많은 사람이 정죄에 이른 것같이"(롬 5:18).
- "한 사람의 순종치 아니함으로 많은 사람이 죄인 된 것[지명 된 것] 같이"(롬 5:19).

이렇게 로마서 5장을 이해하는 것이 바울에 대한 새 관점을 비평하는데 왜 중요한가? 첫째, 로마서 5장을 이해하면 라이트가 5장을 해석할 때 제2성전 문헌에서 상상하여 추론하고 강요된 성경신학적 격자를 통하여 바울을 보도록 무리하고 있다는 것이 다시 한 번 분명해진다. 둘째, 로마서 5:12-21에서 바울이 논증함으로써 로마서 1-3장

---

84. Ibid., 100을 보라.
85. 다음 항목은 ibid., 100에서 가져왔다.

에서 유대인과 이방인을 경험적으로 논증한 정죄가 더 잘 이해되도록 한다. "로마서 1:18-3:20에서 바울이 언급한 것처럼 어떻게 분명하게 언급할 수 있는가?" 바울은 모든 사람이 "죄 아래 있는 것"(롬 3:9)은 경험적인 관찰뿐만 아니라(롬 1:18-3:8) 사람이 아담과 맺은 관계를 통해서(롬 5:12-21)라고 말한다.

셋째, 바울의 논증은 사람의 **문제**가 죄라는 범죄의 논쟁에 초점을 맞추는 것같이 그리스도의 죽으심과 부활하심에서 **해결책**은 그 범죄의 해결책에 초점을 맞추고 있다는 것을 알게 하는 데 도움이 된다. 바울은 그리스도 죽으심의 의미가 하나님의 백성을 죄의 권능에서 자유롭게 하는 데만 관련 있는 것으로 축소하지 않는다. 넷째, 바울의 논증은 자기 백성에 대한 그리스도의 대표성, 즉 칭의라는 행위에서 그의 의의 전가라는 전통적인 교리가 이해되도록 한다. 아담과 그리스도는 차이가 있기는 하지만 이 교리에 관하여 바울에게 중요한 유사성을 제공한다(롬 5:14c-19).

(2) 바울의 양심

앞에서 살펴본 것을 고려하고서 바울이 건전한 양심이 있었다고 주장하는 크리스터 스텐달과 다른 이들에게 어떻게 반응할 것인가? 첫째, 스텐달과 다른 이들에게 범죄는 현저하게 주관적인 감각으로 이해되었다(즉, "나는 죄의식을 느낀다"). 하지만 이 주제에 대한 바울의 가르침 대부분은 범죄를 객관적으로 다룬다(즉 나는 정죄 받은 상태에 있다. 나는 정의에 대한 의무와 책임이 있다). 바울이 서신서에서 인간범죄의 문제를 다룬 것은 주로 이러한 의미에서이다(즉 롬 3장, 5장).

둘째, 바울이 로마서 7장에서 단지 율법을 죄의 책임에서 변호하려 하고 자기 자아를 무죄로 하려 한다는 스텐달의 견해는 논점에서 꽤

빗나가 있다. 스텐달과는 반대로 바울은 율법과 관련하여 자기 범죄를 매우 분명하게 인정한다. 첫째, 그는 "곤궁해서", "이 사망의 몸"에서 자유가 필요하다고 결론을 내린다. 둘째, 로마서 7:24에 있는 이러한 단언은 바울이 로마서 8:1에서 그가 하는 방식("예수를 죽은 자 가운데서 살리신 이의 영이 너희 안에 거하시면 그리스도 예수를 죽은 자 가운데서 살리신 이가 너희 안에 거하시는 그의 영으로 말미암아 너희 죽을 몸도 살리시리라"[롬 8:1])으로 왜 그 난제를 해결하는지 설명한다. 핫지는 이 두 절 사이의 전환을 다음과 같이 잘 설명하고 있다.

> 그리스도 안에 있는 자들은 정죄를 받지 않으며 완전하지 않은 성화에 견디지 못하는 이유는 그리스도께서 우리 죄를 위하여 제물로써 죽으셨기 때문이다…인간은 죄인이어서 행위로는 의롭다 하심을 받을 수 없기 때문에, 한 사람, 즉 예수 그리스도의 순종으로 많은 사람이 의인이 되었기 때문에, 율법이 아니라 그로 말미암아 죄의 주관적 권능으로부터 구원이 효과가 있기 때문에, 그 안에 있는 자에게는 결코 정죄함이 없다고 결론지을 수 있다.[86]

달리 말하면 바울이 성화의 불완전함을 묵상하는 로마서 7장은 근본적으로 범죄, 즉 정죄라는 논쟁에 관한 것이다.[87] 바울이 진실한 믿는 자라는 증거로써 자신의 진실함을 내세워 주장하지만(cf. 롬 7:15, 17, 19, 20, 22) 내재하는 죄 또는 그 죄로 인한 유죄를 변명하는 것이 그의 의도가 아니다.

셋째 주장은 빌립보서 3:6("열심으로는 교회를 핍박하고 율법의 의로는 흠

---

86. Hodge, *Commentary on the Epistle to the Romans*, 391.
87. Ibid.

이 없는 자로라")이 (스텐달과 다른 이들이 주장하는 것과 달리) 바울의 유대교에서 삶에 대한 **현재 긍정적인** 평가를 지시해서는 안 된다는 점이다. 바울은 유대인으로서 이전의 자아인식에 대해 들여다 볼 창문을 준다. 이 구절을 그렇게 이해하면 그가 왜 많은 특권을 열거해서 거부하는 지(빌 3:4-7) 설명이 된다. 바울은 한 때 보았던 유대교에서 삶을 어떻게 이해했는지 말하고 있다.

종종 새 관점 해석자들은 종교개혁의 주석이라는 전통으로 인하여 바울이 빌립보서 3:6에서 유대교는 죄가 없는 완전한 삶을 주장한다고 이해하게 되었다고 제안한다. 새 관점 해석자들의 견해에 대한 유일하고 진정한 전통적인 대안으로서 이 견해를 제기하고서는, 다시 이 견해를 무시하고 자신들의 견해를 주장한다.

하지만 바울은 죄 없는 완전한 상태를 주장하지 않는다. 그는 흠 없음과 의라는 구약언어를 사용하는데, 이 용어는 명령으로 주어졌고(창 17:1) 단언된 것이다(창 6:9; 욥 1:1; 눅 1:6). 존 칼빈(John Calvin)은 올바로 주장하기를, 바울이 "흠이 없다"는 것은 "인류의 공통된 의견을 만족시키는 의"인데, 그 의로 바울은 "거룩하고 모든 비난에서 자유로운 사람을 판단하고 있다."[88] 달리 말하면 바울은 언약적으로 신실했고 동료 유대인들도 그를 그렇게 인정했다. 그러나 바울은 지금 의가 충분하지 않다고 결론을 내렸다. 그리스도를 고려해 볼 때 바울의 순종과 의는 율법이 요구하는 충분한 의, 즉 "하나님과 이웃에 대한 온전한 사랑"이 없다.[89]

---

88. John Calvin, *Commentaries on the Epistles of Paul the Apostle to the Philippians, Colossians, and Thessalonians*, trans. and ed. John Pringle (Edinburgh: Calvin Theological Society, 1851), 92.

89. Ibid.

바울은 왜 이전의 의의 문제를 비난했는가? 그가 그렇게 한 이유는 그의 "율법에서 난 의"와는 달리, 그의 의는 "그리스도를 믿음으로 말미암아…하나님께로서 났기" 때문이다(빌 3:9). 달리 말하면 그의 진정한 의는 그 기원이 하나님이시고, 믿음으로 받았으며, 자신이 가진 신분으로나 할 수 있는 행위로 이루어진 것이 아니다. 놀랍지도 않게 바울은 유대교에서 자신의 삶에 대하여 "모든 배설물과 모든 가치 있는 것은 그리스도 안에서 찾았다"라고 말한다.

3. 신학적 문제

1) 은혜, 율법주의, 공로를 혼동함

제2성전 유대교에 대하여 새 관점이 최근에 이룬 구성은 은혜, 율법주의, 공로에 대한 논쟁을 혼란시켰다. 우리는 종교개혁자들이 바울을 해석할 때 중세후기 가톨릭주의와의 싸움을 반영한, 그 피곤한 싸움에서 나온 외침에 익숙해져 있다. 라이트는 특별히 이 문제에 관하여 터무니없는 발언을 한다.

> "바울을 연구하는" 그리스도인이라고 여기는 사람들을 포함하여 많은 사람들은 바울 가르침의 핵심이 "이신칭의"라고 즉시 말한다. 그렇게도 많은 사람들이 이 구절의 의미를 이와 같이 이해한다. 사람들은 자신의 도덕적인 힘으로 똑바로 일어서기 위해 항상 노력한다. 그들은 자신의 수고로 자신을 구원하려고 한다. 하나님에게나 천국에 충분할 만큼 선하게 되려고 노력한다. 그러나 이러한 방법은 통하지

않는다. 사람이 구원받을 수 있는 것은 공로가 없는 하나님의 순전한 은혜뿐이다. 선행으로가 아닌 오직 믿음으로만 가능하다. 칭의에 대한 이러한 설명은 5세기 초 펠라기우스와 어거스틴의 논쟁과 16세기 초 에라스무스와 루터의 논쟁에 힘입은 바가 크다.[90]

아이러니하게도 라이트와 다른 학자들이 역사신학을 **무시해서** 이렇게 확신하게 되었다. 중세후기 가톨릭주의는 펠라기우스적 종교가 아니다. 그것은 본질상 반펠라기우스적 종교이다.[91] 즉 구원의 문제에서 중세후기 가톨릭주의는 물러가고 하나님의 은혜가 나타났다. 동시에 반펠라기우스는 사람이 타락으로 인하여 약하게 되었지만 죽지는 않았다고 주장한다. 따라서 사람은 하나님의 은혜, 즉 "도덕적이고 설득적"으로 이해되고 "하나님의 창조적인 힘이 직접적이고 효과적으로 행사되는 것"으로 이해되지 않는 은혜와 협력할 수 있는 능력이 있다. "죄인"과 "성도"를 구분하는 것은 개인에게 주어진 "은혜의 사용이나 오용"이라고 이 종교는 주장한다.[92]

새 관점 학자들은 논하기를 "유대교는 펠라기우스적 종교가 아니다. 바울은 펠라기우스주의와 싸우지 말았어야 했다. 그는 유대교와 다른 근거들에 동의하지 않았어야 했다"라고 한다. 샌더스는 잘못 전제하기를 만일 유대교가 그 언어를 사용하고 심지어 은혜의 개념을 가끔씩 받아들이면 그 종교는 은혜의 종교였다고 한다. 그러므로 그는 그 종교에서 율법주의의 가능성을 필연적으로 배제했다. 하지만 샌더스 자신의 증거를 살펴보면(이 책 4장), 바울 당시 랍비 유대교의

---

90. Wright, *What Saint Paul Really Said*, 113.
91. 다음 주석들은 Archibald Alexander Hodge, *Outlines of Theology* (New York: Robert Carter, 1879), 108의 분석에서 크게 도움을 받았다.
92. Ibid.

두드러진 형식은 성격상 철저하게 반펠라기우스적이다. 그들은 하나님의 은혜라는 용어를 빌어 왔지만 본질상 전반적으로 은혜적이지는 않았다.

이것과 관련하여 세 가지를 언급할 수 있다. (1) 종교개혁자들은 중세후기 가톨릭주의를 바울 당시의 유대교와 비교한 점에서 오류를 범하지 않았다. 두 개가 다르지만 중세후기 가톨릭주의와 유대교는 둘 다 성격상 반펠라기우스적이어서 이 둘을 비교할만하다. (2) 이미 주장한 것과 같이 바울은 반펠라기우스적이 아니지만 새 관점 지지자들은 바울신학을 반펠라기우스적이라고 지속적으로 주장한다. 새 관점 지지자들의 해석 가운데 두드러진 반펠라기우스주의는 새 관점의 해석에 편견을 가지게 했다. 시대를 상관없이 말하면 바울은 철저하게 어거스틴적이다. (3) 많은 새 관점 지지자들에게는 바울이 펠라기우스적이지 않다는 것을 증명하는 것만으로도 역사적인 어거스틴과 펠라기우스 논쟁을 충분히 뛰어넘을 수 있고 그러므로 역사신학과 바울신학의 관련성을 무시할 수 있다. 반펠라기우스주의를 바울과 그의 반대자들과 그의 해석자들을 연구하는 데 필요한 신학적 범주로써 새 관점 지지자들이 인식하지 못하는 것은 이러한 무시가 근시안적임을 증명하는 셈이다.

2) 전가를 무시함

새 관점은 바울의 전가교리를 조직적으로 거부하거나 무시한다. 바울의 교리 가운데 아담의 죄가 후손에게 전가되었다는 교리보다 수세기를 거쳐서 결렬하게 공격받거나 조직적으로 간과된 것은 거의 없다. 새 관점을 비평하는 많은 이들 가운데에서 어떤 저자도 이 교리를 논쟁의 중심교리로서 집중하지 않는다.[93] 하지만 바울 사상에서 전가교리를 제외한 결과는 비참하다. (1) 인간에 대한 바울의 보편적인 정죄는 인간이 아담과 결속되어 있다는 점에 근거를 두지 않은 것이다. 로마서 1-5장에서 보편적 죄성에 대한 바울의 단언을 위하여 다른 설명을 알아봐야 할 것이다. 바울은 해결에서 곤궁으로 추론한다. 그럼으로써 인간 상태에 대한 몇 가지 모순적인 설명을 하고(샌더스), 바울은 개인의 범죄와는 별개로 죄 없음에 대하여 생각하고(던), 둘째 아담만이 했던 것을 이스라엘이 행하는 데 실패했다는 이야기를 아담이 시작했다(라이트). 이 각각의 설명에 없는 것은 아담이 자기 죄를 후손에게 전가함으로써 가져왔던 피해에 대한 분명한 언급이다. 이렇게 설명함으로써 인간 상태에 대한 바울의 평가가 일반적으로 사소하게 되도록 하거나 가볍게 되고, 바울이 가르친 은혜의 근본적인 성격이 두루뭉술하게 된다.

(2) 앞에서 살펴본 모든 새 관점 지지자들에게 칭의의 근거가 (분명히 하나님의 주입된 은혜를 힘입어 주어진) 믿는 자의 언약적인 순종이라는 점은 전혀 놀랄 일이 아니다. 어느 쪽이든 다 인정하듯이 구원론의 이 점은 바울을 당시 유대인들과 차이가 없게 한다. 바울의 해결책에 대한 이러한 개념은 앞에서 살펴본 인간 곤궁이라는 개념에서 자연스럽게 나온다. 하나님을 영적으로 기쁘시게 하는 능력이 타락한 인간에게 있다면 의롭게 된 근거를 만들기 위하여 하나님의 은혜와 협력하는 그 능력의 사용을 제거하는 것은 무엇인가?

목회적으로 말해서 이러한 견해가 복음에 주는 함의는 엄청나다. 사람은 자기 죄의 상태에 대한 충분한 깊이를 잊는 반면에 복음이라

---

93. 주목할 만한 예외는 Gaffin, "Paul the Theologian," 121-41이다.

는 좋은 소식(외부에서 오는 의)은 동등하게 사람으로부터 멀어져 있다. 궁극적인 의미에서 자신의 구원은 자신의 행위에 있다고 들어왔다. 우리에게는 근본적으로 수정된 행위언약에 해당하는 종교, "이것을 행하라 그러면 산다"(하나님의 도움이 약간 필요하지만)라는 종교가 있다.

3) 법정적 은혜와 변형적 은혜의 균형을 뒤엎음

새 관점은 법정적 은혜와 변형적인 은혜에 대한 바울의 가르침을 균형 있게 이해한 종교개혁의 업적을 무효화시킨다.

비평적인 전통에 있는 성경학자들은 19세기에 잃은 균형을 20세기에 회복하려는 데 조금 관심을 보였다. 이러한 경향은 칭의와 성화에서 새 관점 지지자들이 믿음의 역할을 혼동하고 있다는 것보다 더 분명하지 않을 수 없다. 던은 기능적으로 칭의와 관련하여 바울의 "믿음"을 언약적인 신실성으로 규정한다. 라이트는 어느 정도 동의한다. "의"와 "칭의"는 법정용어이지만 믿는 자가 마지막에 받아들여지는 것의 근거는 그의 언약적인 신실함이라고 라이트는 말한다. 믿는 자의 현재칭의는 마지막 칭의 전에, 마지막 칭의의 보증으로 되기 때문에, 라이트에게 현재칭의는 언약적인 신실성에 있다고 분명하게 결론지을 수 있다. 라이트는 바울의 칭의가 성격상 법정적이라고 주장하는 반면에, 그에게는 바울의 칭의가 본질상 변형적이다. 하지만 이런 방법으로 논한다면 엄연한 종교개혁자들이 성경의 독특성을 보존하려고 가져온 필수적인 특징이 꺾이는 것이다.

개혁파 그리스도인들은 믿음에 항상 선행이 동반된다고 언제나 주장했다. 이러한 선행은 구원하는 믿음을 증거하며 이 믿음은 역사적 믿음이나 일시적 믿음과 구분된다. 하지만 믿음이라는 행위는 칭의에서 의를 이루지도 않고 칭의에 있는 믿음과 신실함을 혼동해서도 안 된다. 바울은 그리스도의 공로라는 것을 근거로 의롭다 하심을 얻는다고 일관성 있게 주장한다. 믿음은 단지 그리스도의 의가 활용되는 수단이다. 믿음은 칭의의 역할에서 전적으로 수용적이다. 이 논쟁을 해결하면서 투레틴(Turretin)은 다음과 같이 잘 설명한다.

> 질문은 믿음 하나(즉 다른 덕과는 분리되어서)가 의롭게 하는지(그것은 참되고 살아 있는 믿음이 아니기 때문에 여기에서 가정하고 말하는 믿음은 어쩌면 사실이 아닐 수 있다)가 아니라 "오직" 믿음이 칭의라는 행위에 작용하는 지(우리는 이것을 주장한다)이다. 이것은 마치 "오직" 눈이 볼 수 있으나 눈이 몸에서 떨어져 나가서는 볼 수 없는 것과 같다. 따라서 "오직"이라는 불변화사는 주어에 영향을 끼치는 것이 아니고 술어에 영향을 끼친다(믿음만이 의롭다 하는 것이 아니고 믿음이 의롭다고만 한다). 의롭다 하심을 얻은 자 안에 사랑이 공존하는 것은 부정하지 않는다. 칭의 안에 사랑이 협력하거나 협동하는 것은 부정한다. [더욱이] 그 질문은 "의롭다 하는" 믿음이 사랑으로 역사하는 지가 아니고(왜냐하면 그렇지 않을 경우 그 믿음은 살아 있지 않고 죽은 것이기 때문이다) 그 문제는 "사랑이 정당화되는" 또는 칭의라는 행위에 있는 믿음이 그러한 관계에서 고려되어야 하는지이다(이것을 부정한다).[94]

투레틴은 행위가 믿음에 필수적으로 따르는 "부산물"이지만 그것으로써 행위가 "믿음과 함께 칭의의 원인이라고 생각하거나 또는 이 문제에서 믿음이 하는 바로 그 역할을 하는 것은" 아니라고 옳게 결론을 내린다.[95] 새 관점의 많은 학문적 지지자들은 역사신학자들이

---

94. Turretin, *Institutes*, 2:677 (L.16,8,6, 7).
95. Ibid., 2:680(L.16,8,13).

아니지만 그들이 논쟁하는 입장에 관련된 뉘앙스나 특징에 대한 인식과 이유를 보여주기를 꽤나 기대한다. 종교개혁자들과 그 후예들은 특별한 목적을 위하여, 즉 성경의 중요한 특징을 보존하기 위하여 이 신학적 어휘를 받아들였다. 이 용어를 바꾸는 것은 바울 사상 연구에서 발전이 아니라 퇴보이다.

4) 칭의를 재정의 함

새 관점은 칭의를 구원론 교리가 아니라 교회론 교리로 잘못 해석하고 있다. 바울의 칭의가 교회론적이지 구원론적이 아니라는 교리는 바울을 가장 현저하게 도치시키는 것 가운데 하나다. 바울의 정통 해석자는 칭의교리에 교회론적인 함의가 있다고 논쟁한 적이 없다. 바울 자신도 이 함의들은 로마서 9-11장과 로마서 15장에서 분명히 했다. 개혁파와 루터파 주석자들이 이 함의에 민감한 것을 이해하기 위해 핫지(Hodge)와 마틴 루터의 주석을 비교한다.

> 그리스도는 가장 위대한 겸손과 친절을 보이서서 유대인들에게 주님이나 통치자가 아니라 낮아지신 봉사자로 오셔서 하나님의 은혜로운 약속들을 성취하셨다. 이러한 친절은 유대인들에게만 한정되지 않았고 이방인들 역시 그리스도의 나라에 받아들여졌고 **동일한 조건으로 유대인들과 연합되었으므로** 그리스도의 이러한 예는 상호 애착과 연합을 구축하는 가장 강력한 동기를 부여한다.[96]
>
> 이 모든 것(롬 15:8-12에 대한 주석을 요약하면서)으로 바울은 (기독교) 유대인과 이방인의 차이를 제거하셨으므로 서로 적대하지 않고

---

96. Hodge, *Commentary on the Epistle to the Romans*, 685, emphasis mine.

그리스도께서 그들을 받아주신 것처럼 서로 받아주어야 한다. 왜냐하면 순전한 자비로부터 그리스도께서 유대인들(그러므로 그들은 스스로 높여서는 안 된다)뿐만 아니라 이방인도 역시 받으셨다. 그러므로 둘 다 하나님을 영광스럽게 하고 서로 다투지 않아야 할 이유는 충분하다.[97]

하지만 바울의 칭의교리가 오직 교회론이지 전혀 구원론이 아님을 단언하는 것은 바울(과 그의 정통 해석자들)이 보지 못했던 곳에서 억지로 이분법을 강요한 것 뿐이다. 이신칭의 교리가 개신교 운동의 존재 이유라는 점을 고려하면 새 관점의 교회론적 지지자들이 로마교회와 화해를 허락하기 위하여 이러한 이분법을 강요한 것에 의아해 할 것이다.[98]

---

97. Martin Luther, *Commentary on Romans*, trans. J. Theodore Mueller (Grand Rapids: Zondervan, 1954), 214.

98. Wright, *What Saint Paul Really Said*, 158-59.

CHAPTER 9

개혁파 기독교에서 무엇이 문제가 되는가?

연구를 마치면서 현저한 논쟁을 규정하고 현재 개혁파 기독교 안에서 특히 미국장로교회(PCA)와 그 자매 교단인 개혁파 교회들 등에서 일어나고 있는 일에 대한 연구의 중요성을 철저하게 짚고 넘어갈 필요가 있다. 그렇게 하기 위해서 세 가지 질문을 제기하고 답할 것이다. (1) 이 논쟁에서는 어떤 교리가 문제 되는가? (2) 새 관점의 학문은 왜 개혁파 기독교 안에서 그렇게도 열정적으로 받아들여지는가? (3) 새 관점을 수용하면 개혁파 기독교에서 신학적이고 실제적인 어떤 결과가 벌어지는가?

1. 논쟁 중인 교리들

지난 사반세기를 거치면서 질문을 하거나 수정된 몇 가지 교리들을 연구하였다. 그 교리들을 간략히 부분적으로 요약하고 문제가 되는 것이 교회의 웰빙(bene esse)뿐만 아니라, 어느 경우에는 교회 자체의 목숨과 건강(esse)을 공격한다는 점을 상기시키려 한다. 아홉 가지 교리들이 관심을 끌 만하다.

1) 신학적 방법

논의에서 문제가 되는 것은 바로 계시와 그 해석의 본질이다. 샌더스와 레이제넨은 모두 바울이 여러 면에서 일관성이 없다고 이해했다. 물론 이들의 견해에 의하면 전형적인 그리스도인들의 성경은 무오하고 무위하다는 이해와 조화를 꾀하는 것은 불가능하다. 두 학자들의 견해는 성경(또는 성경의 일부분)을 계시로 이해하는 방법을 문제시한다. 던은 바울이 명제적 기초를 제거하는 방식으로 메타포라는 범주를 사용한다고 본다. 더욱이 경험에서 (불완전한) 명제적 표현이 나오지, 그 반대가 아님을 보았다.

라이트는 비평적 실재주의라는 인식론적 원리를 받아들여서, 세계관은 신학적 담론과 표현의 배경에 있다고 주장한다.

> 로마서를 바울의 가정적 요약이나 백과사전 안에 있는 주제의 주머니로 연구해서는 안 되고, 로마서가 바울의 상징적 세상, 무반성적 실천, 가정된 내러티브 틀, 주요 질문에 대한 근본적인 답들 안에 속해

있으면서 또한 이러한 것들 위에 창문으로서 역할하는 것을 보여주기 위해서 연구해야 한다.[1]

성경을 읽는다는 것은 내용과 그 시적인 배열(편지의 실제적 논증)에 시선을 두는 것이 아니고 편지의 언어 밑으로 파고 들어가서 편지의 내러티브 배열(바울이 이끄는 넓은 세계관과 신념체계)까지 닿는다는 것이다.[2] 로마서를 전통적으로 읽는 방식은 로마서를 더 중요하게 한다는 의도된 세계관을 의지함으로 수정되거나 버릴 수 있다. 바울에게서 명제는 기껏해야 내러티브나 세계관의 단순한 사례이다. 명제는 잘못하면 이 유대인의 사상가를 서구식으로 곡해하게 한다. 라이트는 교회가 고전적으로 신학을 이해하는 방식으로 신학을 하는 데 반감을 갖는다. 라이트에게는 신학에 대하여 비고전적이며 자신을 인식하여 형성된 방법론이 있을 뿐만 아니라 고전적 기독교의 계시와 반대되는 계시에 대한 방법론이 있다.

또한 이 논의에서 문제가 되는 것은 관련된 여러 질문들이다. 성경을 어떤 영원한 진리들을 가리키며, 시간과 역사를 통해 하나님이 계시하신 이러한 진리들을 가리키는 책으로 해석할 것인가? 또는 하나님의 말씀을 "수평적"이 되도록 두루뭉술하게 할 것인가? 그래서 내세에 대하여 뚜렷한 관심이 없이 주로 지금 여기에만, 즉 기초적인 세계관 질문에 대한 설명에만 관심을 갖는 것을 말할 것인가? 역사와 마음을 분리시키고서 바울은 세계관 관심이나 경험적인 범주에 관심이 있어야 한다고 말할 것인가?

---

1. N. T. Wright, "Romans and the Theology of Paul," in *Pauline Theology*, vol. 3, ed. David M. Hay and E. Elizabeth Johnson (Minneapolis: Augsburg Fortress, 1991), 32.
2. Ibid.

2) 성경교리

새 관점은 제2성전의 지적인 구조가 바울에게 성경을 읽고 해석하는 신학적 유형을 남기고 있음을 볼 수 있고, 그 신학적 유형으로부터 한 가지나 두 가지 요점으로 갈린다고 일반적으로 주장한다. 샌더스는 이러한 구성을 "언약적 신율주의"라고 부르고, 랍비의 글들, 쿰란 문서, 외경과 위경을 통하여 볼 수 있다고 한다. 라이트에게 이러한 구성은 모든 유대인들에게 공통되는 내러티브, 즉 이스라엘은 잡혀간 이후 포로 상태에 놓여 있고 그 상태로부터 하나님의 구원을 기다린다는 것이다. 이러한 구성은 구약성경의 규범적인 권위와 뒤에 나타난 유대교의 문헌을 바울에게서 구별하는 것과 구약성경의 신적인 권위만을 바울이 충분히 인정한다는 것을 기능적으로 불가능하게 한다.

또한 새 관점으로 읽으면 고대 유대교의 부차적인 구성이 바울 해석의 질문을 결정한다는 점을 살펴보았다. 예를 들면, 샌더스는 앞에서 이 수준에서 끌어냈던 결론 때문에 바울에 대하여 물을 수 있는 질문들(예를 들면, 원죄와 구원론적인 불일치에 관하여)을 배제시킨다. 라이트는 로마서 5-8장 전체가 아담과 이스라엘의 내러티브를 다른 형식으로 바꾸어 말하는 것을 중심으로 구성되었다고 주장한다.[3] 결국 로마서 5-8장에서 나오는 전통적인 구원론 교리는 침묵하거나 논박적이다. 이러한 접근방법들은 성경을 올바로 읽기 위하여 로마교회 교도권의 멍에를 내어버린 개신교들로 하여금 성경을 올바로 읽기 위하여 학문적 교도권에 묶고 있다고 주장했다. 이러한 방법은 사도 바

---

3. 이미 살펴본 것처럼, 던은 로마서의 구분들이 같다고 주장한다.

울의 언급이 바울의 다른 언급의 도움으로 그리고 더 분명히 말하고 있는 성경의 다른 본문으로 해석되어야 한다는 해석의 건전한 원리를 타협하게 하고 어느 경우에는 부정하게 한다.

3) 복음이란 무엇인가?

라이트에게 복음은 "예수님에 대한 선언"인데, 이 선언에는 그리스도의 죽으심, 그리스도의 부활, 그리스도의 메시아직, 그리스도의 우주적 주되심을 포함한다고 주장한다.[4] 다른 한편으로 던은 구원이 바울의 복음전파와 사상에서 중심적인 개념이라고 인정하지만, 구원에 규범적인 내용을 부여하거나 구원을 예수 그리스도의 인격에 필수적으로 그리고 독특하게 연결시키길 거부한다. 전통적으로 개신교는 복음이란 하나님이시며 사람이신 예수님이 죽으셨고, 부활하셨고, 다스리시며, 자기 백성을 위하여 구원을 이루셨다는 선언으로 이해해왔다. 사실상 그리스도의 인격과 사역 사이에 라이트와 던이 박은 쐐기를 정통 개신교는 결코 인정하지 않는다.

4) 칭의는 무엇인가?

바울이 말하는 "칭의"는 무엇을 의미하는가? 칭의는 과정인가? 칭의는 샌더스가 주장하는 것과 같이 본질적으로 어떤 이가 그리스도 안에 참여하는 것을 따르는 변형과 같은 실재인가? 던이 주장하는 것과 같이 칭의라는 행위는 언약의 대상자가 여전히 언약 안에 있다고

---

4. N. T. Wright, *What Saint Paul Really Said: Was Paul of Tarsus the Real Founder of Christianity?* (Grand Rapids: Eerdmans, 1997), 60.

여기는 점에서 하나님의 행위인가? 칭의는 정확히 언약을 지키는 자의 삶의 과정에 계속되는 **일련의 행위**인가? 라이트가 주장하는 것처럼 바울의 칭의는 하나님이 미래에, 즉 최후 심판에서 자기 백성에 관하여 하신 칭의에 주로 초점을 두고 있는가? 믿는 자의 현재칭의는 미래적 선언에서 파생한 것인가? 칭의는 "[예수님의 주되심을 믿는] 믿음이 있는 자들이 다른 어떤 것이 아니라 바로 이것에 기초하여 가족의 온전한 일원에 속해 있다고 주장하는 칭의"인가?[5] 즉 칭의는 주로 교회론 교리인가?

또는 개혁파인들이 일관성 있게 주장하는 것처럼 칭의는 주로 **구원론**과 관련이 있는가? 즉 죄인이 거룩하신 하나님 앞에서 (단지 용서만 받는 것이 아니라) 거룩하다고 선언을 받는가? 칭의와 관련하여 로마 가톨릭교회가 옳고 개신교는 잘못되었다는 인식을 샌더스에게서 찾아 보았다. 칭의는 믿는 자가 점진적으로 변화해가는 과정이다. 던과 라이트는 칭의에서 구원론과 교회론 사이에 박힌 쐐기를 본다. 이 쐐기는 두 저자들이 로마 가톨릭교회 가르침에 동조하고 전통적인 개신교 가르침에 반대하는 바울의 칭의에 대한 이해를 수용하는 데 효과가 있었다.

이와 관련하여 새 관점 지지자들 사이에 유행하고 있는 "'율법의 행위'가 무엇인지" 연구했다. 샌더스는 그 용어의 초점이 유대인을 다른 민족과 구별해 주는 용어인 율법이었다고 주장했다. 던과 라이트는 율법의 행위가 현저하게 하나님 백성의 신분표지이거나 경계표지이고 그 자체로는 **정체성**과 관련이 있지 **행위**와는 전혀 관계가 없다고 주장했다. 하지만 전통적으로 바울에게 율법의 행위는 최후 심판에서 하나님 앞에 받아들여지기 위해 죄인이 의지하는 (하나님의 율법

---

5. Ibid., 133.

과 어울리어) 죄인들의 행위로 이해되었다.

5) 칭의에서 믿음의 역할은 무엇인가?

새 언약 지지자들은 칭의에서 믿음이 신실함과 같다고 종종 이해하였다. 따라서 칭의의 선언은 그 주체의 신실함이 언약을 지키는 것으로 보았다. 특별히 라이트에게서 현재칭의는 믿음이 어떤 사람을 이미 하나님의 백성이라고 선언하는 경계표지이다. 미래칭의에서 믿음은 언약적인 신실함을 최후 심판에서 어떤 이를 받아주는 근거로 받아들인다. 전통적으로 믿음은 칭의의 역할에서 전적으로 수용적이라고 보아왔다. 달리 말하면 (물론 이 믿음**만은 아니지만** 즉 이 믿음은 믿음의 열매인 행위가 동반하지 않을지라도) 믿음은 **의롭다 하기만 한다**. 더욱이 라이트는 믿는 자의 의를(빌립보서 3:9에서처럼) 하나님 백성 가운데 (옳게 받아들여진) 일원이 되는 것으로 정의한다.⁶ 하지만 바울에게 믿음은 예수 그리스도와 그 의를 붙잡아 거룩하신 하나님에게 받아들여지도록 외부의 의만을 의지한다고 강조해 왔다. 이러한 의미에서 믿는 자는 "믿음으로 하나님께로서 난 의"(빌 3:9)가 있다고 한다.

6) 예수 그리스도는 왜 죽으셨는가?

던은 그리스도의 죽으심에 대한 성경의 (긴장하게 하는) 가르침을 분해하여 실제로 드러나지 않은 것에 특별히 관계가 있어서 만질 수 없거나 시적인 일련의 메타포가 되었다고 던은 주장했다. 라이트는 그

---

6. Ibid., 124.

리스도께서 권능이라는 죄를 다루고 신실하게 언약을 지키는 예를 제공할 수 있는 정도로 그리스도의 죽으심과 자기 백성에 관련성이 있다고 주장했다. 라이트는 그리스도의 죽으심의 특별한 수혜자가 누구인지 단언하는 데 특별한 관심이 없다. 즉 죄의 권능이 죄가 믿는 자에게만 또는 모든 사람에게 취소되었는가? 새 관점의 글에서는 (부분적으로는 바울 사상에서 전가의 역할을 부정함으로써) 그리스도의 죽으심을 속죄적이고 화목적으로 단언하는 데 바울의 용어를 일반적으로 경시하는 경향이 있다. 그리스도 죽으심의 의미를 말할 때 믿는 자가 자신을 억압하는 죄라는 전 주인에게서 자유로워졌으므로 하나님에게 순종할 수 있는 것으로 강조하는 부수적인 경향이 있다. 전통주의자들이 바울을 따른 것은 속죄적이고 화목적인 측면에서, 그리스도의 죽으심에 대한 바울의 사상에서, 적절한 위치를 주는 점에서 그리고 그리스도의 죽으심을 실제적인 (명목적이 아니라) 의미에서 믿는 자의 칭의의 유일한 근거됨을 단언하는 점에서이다.

7) 중생교리

던과 라이트가 칭의는 우리의 언약적 신실성에 대한 하나님의 선언이거나 포괄적인 하나님의 백성에 들어간 것으로 간주될 수 있는지에 대한 하나님의 선언이라고 강조하는 것을 살펴보았다. 언약적인 신실함은 주로 그리스도의 주되심에 따르는 삶을 사는 것으로 그리고 언약의 조건에 순종하는 것으로 이해한다.

라이트가 정의하는 것처럼 복음은 공동체에 소속하는 것과 그리스도의 주되심이지 구원이 아니다. 필연적으로 경시되는 것은 중생교리(새 생명)이다. 복음적인 종교에 따르면 죄인은 어두움에서 빛으로,

사망에서 생명으로 결정적인 이동을 경험한다.

라이트의 글에서 자주 논쟁이 되는 것은 종교개혁이 생명을 주었다고 생각하는 경건주의이다. 즉 "'복음'은 사람이 어떻게 구원을 얻게 되는지에 대하여, 어떤 이의 용어로는 그리스도께서 우리 죄를 짊어지고 우리는 그의 의를 짊어지고, 다른 이의 용어로는 예수님이 개인의 구세주가 되시고, 다른 이의 용어로는 내 죄를 인정하고 그가 나를 위해 죽으셨음을 믿고 내 삶을 그에게 헌신하는 신학적 기계주의에 대하여 설명해야 한다."[7] 라이트는 이것은 바울이 "뜻한" "복음"이 아니라고 강조한다.[8] 복음은 "그 중심에 참되신 하나님이 거짓 신을 반대하신다는 선언"[9] "가이사로부터 아래로 로마사회의 정사와 권세를 직접 겨냥하는" 메시지이다.[10] 이 교리가 복음적인 교회와 개혁파 교회에서 쓰일 때 중생교리가 이상 없을지 기대할 수는 없다. 라이트는 바울, 복음, 구원에 대한 전통적인 이해가 전적으로 잘못되었다고 알려준다. 따라서 그러한 이해뿐만 아니라 우리 설교와 교육도 틀을 바꿀 필요가 있다.

8) 믿는 자는 어떻게 구원의 확신을 가질 수 있는가?

라이트의 확신교리를 구성하려고 한다면 자료가 거의 없고 정리가 되지 않았다. 믿는 자의 확신은 근본적으로 예수님이 주님이시며 믿는 자는 언약의 조건에서 순종하며 사는 것에 달려있다. 달리 말하면

---

7. Ibid., 41.
8. Ibid.
9. Ibid., 59.
10. Ibid., 57.

믿는 자의 확신은 본질적으로 언약적인 신실함에 근거한다. 확신에 대한 이러한 이해는 믿는 자가 순종해야 한다는 필요성을 인정하면서 근본적으로는 믿는 자의 확신을 그리스도 안에 있는 믿는 자에게 하나님이 구원을 약속하신 것에 근거했던 전통적인 개혁신앙의 단언과는 근본적으로 다르다. 이러한 약속은 예수 그리스도에게서 나올 뿐만 아니라 그가 이루신 것에서도 나온다. 라이트는 그리스도의 사역과 인격을 분리함으로써 믿는 자의 확신에서 그리스도 사역의 역할을 두루뭉술하게 한다고 결론지을 수 있다.

9) 그리스도인의 삶에서 세례의 역할은 무엇인가?

참여모델(최소한 알버트 슈바이처의 것을 말하지 샌더스의 것을 말하는 것이 아니다)은 믿는 자의 삶에서 성례에 과도한 역할을 부여할 수 있음을 보아왔다. 앞에서 살펴보았듯이 슈바이처는 바울이 세례적 중생교리를 받아들였다고 주장했다. 종교사학파는 세례와 헬라의 신비 종교 단체 입회에서 병행을 찾는 데 관심을 드러냈다. 최소한 이러한 상황에서 개혁파 기독교에 한 가지 질문이 생긴다. 참여를 강조하면서 법정용어를 경시하면(없애는 것이 아니라) 새 관점의 견해가 사용될 때, 세례교리에 어떠한 영향을 끼치게 되는가?

라이트를 연구하면서 세례라는 성례에 많은 관심이 모아지고 있음을 보았다. 또한 라이트가 성례의 효과에 대한 전통개신교의 개념을 거부하는 것을 보았다. 그럼에도 불구하고 세례받은 많은 자들이 배교하는 사실을 설명하려는 문맥에서 라이트는 믿는 자들로 하여금 "우리가 공유하는 그리스도의 죽으심과 부활하심이 우리 자신의 삶에 힘과 길이 되기를 허락하라"고 요구한다.¹¹ 달리 말해서 우리가 참여하는 그리스도와 함께 단지 협력한다면, 그의 변형하는 능력이 삶에 변화를 일으킬 것이다. 라이트에게는 최소한 바울에게서 그리스도에 참여함에 대한 이해와 많은 전통적인 가르침을 뛰어넘어 향상된 세례의 이해 사이에 확실한 관계가 있을 것이다.

2. 개혁파 기독교 안에서 새 관점

지난 수년간 개혁파 기독교 안에서 새 관점의 가르침과 입장은 점점 더 개방되고 있다. 특별히 개혁주의 기독교 안에서 새 관점이 매력적인 이유 일곱 가지를 제시한다. 그렇게 하면서 특별히 라이트, 즉 개혁파 기독교에 이 견해들을 소개하는 데, 가장 큰 책임이 있는 유일한 새 관점 지지자에게 관심을 집중시키려 한다.

첫째, 라이트는 복음기록의 일반적 역사성을, 예수님과 바울의 역사적, 신학적 연속성을 그리고 신약학이라는 과제의 정당성을 방어하는 데 현저하고 뛰어난 역할을 했다. 그는 그런 방어를 (옳다고) 환영하는 젊은 복음주의자들을 많이 끌어들였다. 하지만 라이트의 글들이 교회에게 트로이 목마임이 증명된 것은 그의 학문을 많은 복음주의자들이 무비평적으로 가져다 쓴 것을 인정함에서였다.

둘째, 라이트는 샌더스의 모델을 그리고 그 모델과 함께 오는 학문적 신뢰를 (분명하게) 상실하지 않고서도 샌더스가 가져온 난제로부터 빠져나가는 길을 제시하려고 한다. 샌더스는 바울이 확신 있게 해결

---

11. Wright, "Romans," in *New Interpreter's Bible: Acts-First Corinthians*, vol. 10, ed. Leander E. Keck (Nashville: Abingdon, 2002), 548.

에서 곤궁으로 추론한다고 강조한다. 비록 전통적으로는 로마서에서 바울이 곤궁에서 해결로 추론하는 것으로 이해하고 있지만 말이다. 샌더스는 그 논증을 많은 학문적 동료들에게 설득력 있게 보이는 유대교 본문과 바울의 해석 위에 세웠다.

하지만 라이트는 샌더스의 모델에 그럴듯한 반응을 보인다. 더욱이 라이트는 학문적 동료로서이지 "종교개혁 동조자"가 되었다고 비난받을 수 있는 자로서 그렇게 하지 않는다. 라이트는 바울이 곤궁에서 해결로 추론했고 이런 사고의 흐름은 바울 사상의 배경을 이루는 유대교 문헌으로부터 세워질 수 있다고 주장한다. 바울은 내러티브 모델(죄-잡혀감-회복)을 주변의 유대교로부터 물려받았다. 그 모델이 바울서신들에서 펼쳐진 것처럼 그의 사상이 보여주는 것은 그 모델의 기본적인 흐름이 흐트러지지 않고서도 그 모델이 연이어 수정되었다는 것이다.

라이트의 종합은 보수적인 학자들에게 매력있는 세 가지 요점을 준다. 라이트는 (샌더스와 레이제넨에 반대하여서) 어떤 이가 바울 사상에서 연관성과 일관성뿐만 아니라 바울 사상의 시적이고 수사학적인 수준에서 곤궁에서 해결로 형식적인 집착을 유지하도록 한다. 라이트는 "근본주의자"라는 딱지를 피하고 학문적 신뢰성을 유지하는 방식으로 앞의 두 가지를 정리하였다. 샌더스의 해결에서 곤궁이라는 가정에 동의하지 않지만 그럼에도 유대교, 유대교와 바울의 관계에 대한 샌더스의 이해를 인정한다.

셋째, 언약에 대한 새 관점의 관심과 언약교리에 대한 개혁파의 관심에는 형식적인 병행이 있다. 많은 새 관점 지지자들은 홀로코스트 이후 상황에서 일하면서 유대교와 화해를 추구했다. 그들은 유대교와 신약의 연속성을 강조하고 초기 학자들이 인정하거나 강조한 불

연속성을 경시하거나 제거하였다. 에른스트 케제만과 데이비스의 제안 사이에 차이점이 있음에도 불구하고 두 사람의 학문은 제2차 세계대전 동안 유대인을 반대한 나치가 범한 공포와 흉악으로 더 크게 이루어졌다. 전후 시기에는 신약의 연속성에 대한 엄청난 압력이 있었다. 전반적으로 연속성을 강조하였지만 물론 많은 차이점도 있었다. 그런데도 샌더스, 던, 라이트는 모두 형식적 수준에서 바울 사상에는 언약이, 특별히 유대교적 배경에서 물려받은 언약이 중심임을 인식한다. 개혁파 공동체에 속한 사람들은 자연히 이러한 강조를 매력적으로 보았다. 미국 복음주의에서 주도하는 세대주의에 반응하여 개혁파 학생들은 이 평판 좋은 학자들을 주목하였을 것이다. 이 학자들의 언약에 대한 성찰이 더 일어나서 성경의 통일성을 지지하게 될 수 있었다.

넷째, 새 관점 지지자들은 언약을 드러낼 때 바울과 유대교에게 언약의 조건에 대한 순종이 각각의 체계에서 중심적이고 규정하는 역할을 강조했다. 새 관점 지지자들은 일관성 있게 바울과 그의 당대 사람들과의 차이점이 구원에서 율법의 역할에 대한 다른 관점에 초점이 있는 것이 아니라고 주장했다. 율법의 범위에 대하여 차이점(즉 "경계표지가 어디까지인가?", "율법을 얼마나 많이 지켜야 하는가?")이 있음에도 두 당사자들(유대인과 그리스도인)은 구원의 경륜에서 율법 순종의 필요성이나 순종의 위치에 대하여 차이점이 없다. 반율법주의가 주도하고, 교회에서 "주되심" 구원이 열렬하게 토론되고, 많은 사람들이 바울서신들(특별히 갈라디아서)에 근거하여 반율법주의를 지지하는 미국 복음주의의 분위기에서 개혁주의자는 바울 사상에서 순종이 중심임을 강조하는 명망 있고 실력 있는 학자들에게 관심을 두게 된다.

논쟁적으로 말해서 이것은 강력한 무기이다. 반율법주의적 반대자에게 다음과 같이 말할 수 있다. "바울은 순종이라는 논쟁에 대하여 자기 반대자들과 다르지 않았다는 점을 당신도 안다. 즉 바울을 반율법주의적 오류의 아버지로 주장하는 근거라도 있는가?" 특별히 개혁파 공동체 안에 있는 사람들에게 라이트가 매력적임을 알 수 있다. 라이트는 복음은 예수님의 주되심에 대한 선포라고 주장했다. "율법주의"나 복음의 부정, 축소나 타협으로 종종 정통신자들에게 짐을 지우는 반율법주의자들에게 "이것이 바로 바울이 말하려는 것이라면 복음을 바로 이해하지 못하고 있는 것이다. 라이트가 주장한 것처럼 복음은 그리스도의 주되심이다"라고 다시 말할 수 있다.

다섯째, 새 관점 사상은 불편할 정도로 개혁파 기독교에 있는 경험적인 종교와 잘 어울린다. 신복음주의(제2차 세계대전 이후에 시작된 복음주의의 사회 인식을 자극시킨 운동)의 발흥과 더불어[12] 개혁파인들 가운데서 아브라함 카이퍼(Abraham Kuyper)와 헤르만 도예빌트(Herman Dooyeweerd)와 같은 이들의 신학에 대한 관심이 일었다. 이 신학은 근본주의가 그리고 개혁주의 개신교의 지나친 경건주의로 인식되는 어떤 주의가 이른바 경건주의적으로 후퇴한 것에 대항하여 논쟁적으로 연합한다. 이 신학들은 창조와 그리스도의 통치를 강조했고, 지나치게도 "이 세상적" 초점을 기독교에 주었다. 이 운동의 하부에는 기독교 재건주의가 있다(신율적 표현을 포함하여 말이다). 이 재건주의는 지난 45년 간 북미 개혁파 내에서 유행하게 되어 북미 문화에서 시민, 종교, 법조, 정치가 극적으로 변하는 시간이 수반되었다.

좌파적 표현의 관점(기독교학문연구소[Institute of Christian Studies]/칼빈신학교[Calvin Theological Seminary])에서 보든 우파적 표현의 관점(신율주의,

---

12. Cf. Carl Henry, *The Uneasy Conscience of Moern Fundamentalism* (Grand Rapids: Eerdmans, 1947).

재건주의)에서 보든 이러한 신학들과 함께 세계관을 그리고 당장은 신중히 고려해 볼 만한 역사에 대한 어떤 개념을 강조하게 되었다. 리차드 니버(H. Richard Niebuhr)를 따르는 이 신학을 다르게 말하면, 그리스도인들이 역사에 한 번에 한 사람에게가 아니라 한 번에 기관과 구조에 영향을 끼쳐야 한다고 주장한다. 역사에서 그리스도인의 역할이 이렇게 인식되면 경건주의는 (최악의 경우) 역사를 거부하는 것으로 보이고 (최선의 경우) 그리스도인과 세상의 상호작용을 타협하는 힘으로 보인다.

이러한 신학을 지지하는 개인은 라이트에게서 가장 매력적인 네 가지 항목을 발견하게 될 것이다. (1) 라이트는 그리스도의 주되심과 통치를 강조하되 이 교리를 복음으로 정의하기까지 한다. (2) 이와 비슷하게 라이트는 바울의 신학적 반성으로부터 구원론적인 범주를 추방한다. 바울은 역사의 흐름에 관심이 있다고 한다. 그리스도의 죽으심과 부활하심에 대한 그의 관심은 이러한 사건이 역사의 흐름에 어떻게 영향을 끼쳤는지에 있되 특별히 하나님의 백성의 일원이 되는 곳에서 이루어진 제도적 변화에 주로 있다.

(3) 라이트는 바울의 교리로부터 관조적인 범주와 관심을 제거하는 방식으로 바울의 기독교를 규정한다. "나는 구원받기 위해 무엇을 해야 하는가?" 그리고 "내가 구원받았는지 어떻게 아는가?"라는 질문은 바울연구에 가져올 적합한 질문으로 더 이상 생각하지 않는다. (4) 라이트는 능동적인 삶을 현저하게 강조하는 방식으로 바울의 기독교를 생각한다. 라이트는 이러한 능동적인 삶이 교회일치운동을 추구함, 그리스도의 주되심을 삶에 적용함, 거룩을 추구함에 있다고 이해한다. 라이트는 일반적으로 거룩을 관조적으로(묵상, 기도, 자기점검) 이해하지 않고 능동적으로(도덕성) 이해한다. 이러한 것은 기호나 창작의

행위가 아니다. 라이트는 그의 책 『신약성서와 하나님의 백성』(New Testament and the People of God)을 복음주의 기독교 세계관 사상에 대하여 뛰어난 개론적인 책의 저자인 브라이언 왈쉬(Brian Walsh)에게 헌정한다.[13] 왈쉬는 또한 (역사적으로 헤르만 도예빌트의) 기독교학문연구소의 강사로도 일한다. 라이트는 현재 이 연구소 명예회원으로 등록되어 있다.

여섯째, 라이트는 개혁주의 사람들 가운데서 성경신학을 조직신학과 싸움 붙이려는 경향이 있다. 게할더스 보스(Geerhardus Vos)는 (워필드[B. B. Warfield]보다 더 작지 않은 빛이라는 인정과 함께) 20세기를 맞이하면서 개혁파인들에게 신학적으로 열의가 있는 성경신학을 개별학과목으로 시작한 이후로 성경신학은 개혁파의 설교와 교육의 주제가 되었다. 20세기에 성경신학과 조직신학의 관계를 묶어보려는 시도가 있었다. 워필드, 보스 그리고 존 머레이(John Murray)는 성경신학이 당연히 조직신학의 몸종이었다는 점에 동의하였다. 이 세 사람들은 역사비평 사상을 잘 배웠고, 가블러(J. P. Gabler)의 전통에 있는 성경신학이 성경의 자료를 정리하는 원리이자 교회 안에서 힘이 있는 조직신학을 어떻게 죽였는지 기억하고 있다. 개혁파 세계에서 논리와 체계에 대한 반란을, 신학 학과들의 연구와 전문성 안에서 일어나는 이원론을(비복음주의적 성경비평가들이 복음주의적 학자들을 점점 더 받아들이는 것과 연결하여), 학과로써 성서학의 커지는 신뢰성을 동반하게 함으로써 예상하지 않은 것은 아니지만 조직신학에 대한 반동이 생겼다.

조직신학에 대하여 커지는 의혹을 공유하며 성경신학을 열심히 공부하는 자에게 라이트는 최소한 세 가지 매력을 제시한다. (1) 그는

---

13. Brian Walsh and Richard Middleton, *The Transforming Vision: Shaping a Christian World View* (Downers Grove, Ill.: InterVarsity, 1984).

철학적인 칭의를 주어서 내러티브와 명제가 서로 싸우게 해서 성경신학에 (주석적으로 그리고 신학적으로) 우선권을 준다. 달리 말하면 그는 아마도 무슨 소리인지 알아들을 수 없고 철학적으로 노예가 되는 조직신학이라고 하는 범주에 의존하지 않으며 신학하는 방법을 제시하려고 한다. 라이트는 신선하고, 무슨 소리인지 알아들을 수 있고, 성경적인 신학을 하는 방법을 제안한다.

(2) 라이트의 성경주의("나는 종교개혁에 매이지 않는다. 나는 바울을 읽을 뿐이다")는 개혁파 성경신학 운동 속에서 많은 사람들의 성경주의에 호소한다. 비록 주석이 어떤 해석적인 전통 밖으로 나간다고 할지라도 그리고 비록 논리가 인간사상에 내재하는 것이 아니고 서방문화를 본문에 씌운 것이라고 할지라도 말이다. 교의적이고 철학적인 구성을 본문 속에 넣어 읽는 의무에 민감하고 신학적 체계가 반드시 성경의 본문을 비틀거나 억압한다는 견해를 종종 공유하는 보수적인 사람들에게 이러한 논증은 매력이 있다. (3) 라이트는 포괄적이고 광범위하며, 분명하게 동기를 부여하며, 필요한 학문적 요구를 만족시키는 것으로 보이는 성경신학적 구성을 제공한다. 달리 말하면 단지 조직체계의 자리뿐만 아니라 조직체계의 모든 접근방법도 버리면 성경의 통일성을 표현할 방법을 찾아낼 필요가 있다. 라이트는 단지 그런 구성을 주려고 한다.

이러한 방법론에는 두 가지 문제가 있다. 첫째, 라이트의 성경주의는 조직체계의 자리가 서구문화의 부산물이 아니라 성경이 주는 중요한 주제라는 사실을 무시한다. 이러한 주제들을 논리적이고 조직적인 범주로 관련시키지 않을 수는 없다. 둘째, 라이트의 성경주의는 마틴 루터, 존 칼빈, 그 후예들만큼이나 자신이 해석학적 전통의 결실이라는 사실을 감춘다. 그가 슈바이처, 데이비스, 샌더스, 다른 이들에게 진 빚이 명백하다는 사실에 주목하기를 바란다. 질문은 "본문을 정확하게 이해하기 위해 해석학적 전통 안에 또는 밖에 서 있어야 하는가?"가 아니라, "이미 해석학적 전통에 서 있음을 고려하고서 (1) 내가 의식적으로 그렇게 하고 있으며, 내 자신의 입장과 경쟁자의 입장을 모두 잘 알고 있는가?" 그리고 (2) "내 해석학적 전통이 내 앞에 있는 본문의 모든 증거들을 최고로 만족시키는가?"이다.

라이트는 외부적인 격자를 바울의 본문에 뒤집어씌운다고 비난하는 종교개혁 모델만큼 똑같은 것을 행하는 위험에 처해 있다. "의"라는 성경신학적 구성을 로마서 3장의 본문에 가져옴으로써 라이트가 의라는 바울용어의 뉘앙스를 무의미하게 하였음을 살펴보았다. 그 결과는 로마서 3장을 뒤틀리게 읽는 것이다. 순수한 주석이라는 라이트의 약속은 근거가 약해졌다. 라이트를 능가하는 종교개혁적 모델의 장점은 종교개혁 모델이 항상 신학적 체계가 실수하기 쉽다는 것과 교리의 발전이 가능하고 실제적인 것을 잘 알고 있었다는 것이다. 개혁교회는 항상 개혁되어야 한다(semper reformanda reformata est)는 모토는 성경에 대한 교회의 이해에 관하여 종교개혁의 정신을 잘 잡아내고 있다. 하지만 라이트의 성경주의는 그의 결과가 이러한 종류의 연구에 둔감하게 한다. 아이러니하게도 라이트의 체계 속에 들어가 있는 근본주의가 있다. 종교개혁자들은 이 근본주의를 지혜롭게도 회피하였지만 말이다.

일곱째, 라이트가 개혁파에게 끌린 것으로 보이는 이유는 그들이 역사신학과 조직신학을 무시하기 때문이다. 새 관점은 그 반대를 가르치는 신앙고백표준서를 지지하겠다고 맹세한 많은 목사들과 교사들에게 환영을 받았다. 그런 이들은 새 관점 성과물들을 이 표준서의 받아들일 수 있는 표현이나 이 표준서의 향상된 표현으로 받아들였다. 이러한 현상은 표준서들이 가르치는 것을 무시한 데서 나온 것임에 틀림없다. 왜냐하면 사랑은 이러한 실패를 악의가 있는 이중성으로 돌리지 못하게 하기 때문이다. 새 관점에 열정적인 개혁파의 글을 읽을 때, 새 관점 학문을 선택적으로 간과하지 못한 상태에서 읽으며, 개혁파 교리가 성경, 속죄, 칭의, 전가 등의 다른 교리들에 대하여 가르친 것에 대하여 비난받을 만큼 무시하는 것을 볼 수 있다. 예를 들면, 이러한 사람들은 그리스도의 죽으심과 그 죽으심을 믿는 자에게 적용하는 라이트의 입장에 만족할 것이다(비록 그들이 개혁파 교리를 증명하는 데 충분하였다). 하지만 이들은 라이트의 언급을 형성하는 의도적인 일반화를 놓친다. 그 논쟁이 많은 목사들, 장로들, 강도사들, 전도사들이 자신들이 선전하고 변호하기로 서약하였거나 서약하게 될 교리를 충분히 이해하고 있지 못한다는 점을 증명한다는 점에서 당황스럽다.

3. 개혁파 기독교에게 준 결과

개혁주의 기독교 안에서 새 관점을 받아들임으로 인하여 어떠한 신학적이고 실천적인 결과가 생기는가? 안타깝게도 이것은 이론적인 질문이 아니다. 노만 쉐퍼드(Norman Shepherd)의 글과 루이지애나(Louisiana)주 몬로(Monroe)시에 있는 어번에비뉴장로교회(Auburn Avenue Presbyterian Church[AAPC], 미국장로교회[PCA]소속)의 당회가 2002년 9월 26일에 통과한 결의안을 집고 넘어가려 한다.[14] 이 두 당사자들을

---

14. "Summary Statement of AAPC'S Position on Covenant, Baptism, and Salvation."

함께 연구하려는 것은 그들 사이에 충분한 교리적 동의가 있다는 것을 보이려고 하는 것이 아니다. 이 두 당사자들이 새 관점의 관심 있는 연구를 통하여 결론에 도달하였거나 그 결론을 지지한다는 점을 말하려는 것도 아니다. 예를 들면, 쉐퍼드는 1세기 유대교에 대하여 전통적이며 새 관점이 아닌 견해를 주장하려는 것 같다. 이 당사자들이 새 관점 학문의 모든 측면을 똑같이 또는 반드시 지지한다고 말하려는 것도 아니다.[15]

무엇을 말하려는가? 첫째, 새 관점을 연구할 때 제기했던 어떤 논쟁들은 앞에서 언급한 개인들의 글에서 병행을 찾을 수 있다. 둘째, 새 관점에 관심이 있는 개인들은, 예를 들면, 그들 사이에 실제적인 유사성이 있으므로 쉐퍼드와 어번에비뉴장로교회 신학에 관심이 있을 수 있고 또한 있다(그 반대는 아니다). 최소한 새 관점과 어번에비뉴장로교회 선언문과 쉐퍼드의 글에는 세 가지 유사성이 있다. 어번에비뉴장로교회 결의안과 쉐퍼드의 글에 관심을 모으는 이유는 전자가 교회치리회의 판결이고 후자가 거의 20년간 개혁파 신학교의 본산에서 조직신학을 가르친 이가 썼기 때문이다.[16]

---

[15] 이 주석들은 "새 관점"이라는 말을 노만 쉐퍼드와 언약비전신학(Federal Vision)의 가르침에 적용하기 위해 교회 안에서 종종 일어나는 상황을 고려해 볼 때 더욱 중요하다. 쉐퍼드와 언약비전신학은 새 관점이 표명한 관심 가운데 몇 가지를 공유하지만, 그 세 가지를 단일적인 운동으로 범주화하는 것은 잘못된 일이다.

[16] 언약비전신학을 향상시키고 비평하는 실질적인 문헌이 지난 20년 동안 나타났다. 언약비전의 관심과 견해를 철저하게 연구하는 것은 이 과제의 범위를 뛰어넘게 된다. 이 문헌을 읽고 나서 단언할 수 있는 것은 다음의 논의가 어번에비뉴장로교회의 당회가 표명한 견해를 완전하지는 않지만 공정하게 나타내고 있다는 점이다.

1) 하나님과 개인구원의 수직적 논쟁

쉐퍼드와 어번에비뉴장로교회는 각각 라이트의 전통적인 바울 해석에서 강조해 온 하나님과 개인구원에 관한 수직적인 논쟁들에 대한 "알레르기"와 마음과 역사라는 이원론의 형식을 공유하고 있다. 근본적인 수준에서 보면 이러한 알레르기에는 성경신학과 조직신학의 이원론이 있다. 어번에비뉴장로교회는 이점을 분명하게 말한다. "성경은 구원을 형이상학적 범주에서 보다는 더욱 관계적이고 언약적인 범주로 더 자주 말하는 것 같다." "관계성은 정적이나 변화하지 않는 것이 아니라 동적이며 역동적이다."[17] 쉐퍼드는 "개혁파의 복음적인 방법론은 의식적으로 선택교리보다는 은혜언약으로 지향해야"[18]하며, "선지자들과 사도들은 선택을 은혜언약의 관점에서 보았던 반면에 후대의 개혁주의 신학자들은 은혜언약을 선택교리의 관점에서 보려는 경향이 있다"라고 직접 주장한다.[19] 이러한 자세는 구원을 이해하는 방법에 영향을 끼친다. 이것을 역동적으로 설명하기 위해서는 쉐퍼드의 글과 어번에비뉴장로교회 선언문에 있는 두 가지 중요한 교리인 선택과 중생에 대한 설명에 관심을 돌려보자.

(1) 선택

쉐퍼드는 "언약이 선택을 결정하지 선택이 언약을 결정하지 않는다"고 거듭 강조한다. 그는 전통적인 개혁파 교리를 비난하되 개혁파

---

17. "Summary Statement," § 12.
18. Norman Shepherd, "The Covenant Context for Evangelism," in *The New Testament Student and Theology*, ed. John H. Skilton (Nutley, N.J.: P&R Presbyterian and Reformed, 1976), 57.
19. Ibid., 60.

복음주의를 언약교리로 향하게 하지 않고 선택교리로 향하게 한다고 말한다.[20] 결과적으로 설교자는 나누려는 관점을 가지고 "사람들을 선택과 유기로 혼합된 무리라고 불러서는 안 된다. 복음주의는 사람들을 하나님에게 반역함으로 언약을 깨뜨린 자로 부르고 그들에게 하나님과 연합하고 교제하는 언약적인 삶을 깨닫게 한다."[21] 쉐퍼드의 독특한 견해가 분명한 한 가지 예는 다음의 권면에 있다. "개혁파 복음주의자는 요한복음 3:16에 근거하여 다음과 같이 말할 수 있고 해야만 한다. 그리스도께서 당신을 구하기 위해 죽으셨다…그리스도께서 무생물이나 초자연적인 존재를 위해 죽지 않으셨고 추상적인 개념을 위하여 죽지도 않으셨다. 그는 사람들을 위하여, 당신과 나를 위하여 죽으셨다."[22]

요한복음 3:16이 그리스도께서 모든 사람을 위하여 죽으셨음을 실제로 단언하는지는 차치하고서(이 구절은 그렇지 않다), 쉐퍼드가 "선택의 관점"에서 이 선언은 "참일 가능성이 있고 거짓일 수도 있으나" 요한복음 3:16은 "신약의 언약서에 끼어 있기" 때문에, "하나님이 선택교리를 보시는 것처럼 선택교리에 대한 연구나 절대적인 의미에서 속죄의 범위에 대한 주석이" 아니고, 단지 "언약의 진리"만 있다는 점에 동의하는 것을 볼 수 있다.[23] 어번에비뉴장로교회가 쉐퍼드보다 선택교리를 더 귀하게 여기지만 선택교리에 대한 지식은 효과적으로 언약의 표지를 받아들이게 되고 언약적인 순종에 인내하게 된다고 주장한다.

---

20. Norman Shepherd, *The Call of Grace* (Phillipsburg, N.J.: P&R Publishing, 2000), 91.
21. Ibid., 84; cf. Shepherd, "Covenant Context," 61.
22. Shepherd, "Covenant Context," 61.
23. Ibid., 61, 62.

모든 언약의 일원은 하나님의 영원한 선민이라는 충분하고 건강한 확신으로 청함을 받았다. 그들은 세례와 함께 하나님이 그들을 사랑하시고 영원한 구원을 소원하심을 믿을만한 모든 이유가 있다. 세례는 그들이 하나님의 선민, 즉 그들이 믿음에 인내하는 동안 그들이 유지하는 신분이라고 표시한다.[24]

어번에비뉴장로교회 선언문에서 선택은 세례로 "표시가 되고" "인내"의 역할인 "신분"으로 이해될 수 있음을 주장한다.

(2) 중생

쉐퍼드는 요한복음 15:1-8에 있는 예수님의 말씀을 해석하면서 "외적으로" 그리스도와 연합한 가지와 "'내적으로' 또는 구원론적으로" 그리스도에게 [참으로] 연합한 자의 특징을 부정한다.[25] 이러한 전통적인 이해는 언약을 "언약의 관점에서 선택을 이해한 것이 아니라 선택의 관점에서" 언약을 이해한 결과라고 그는 말한다.[26] 이러한 설명은 쉐퍼드의 사상에서 중생교리의 문제를 제기한다.

쉐퍼드는 "중생-복음주의"라고 명명한 것을 웃음거리가 되게 한다. 이 모델에 근거하여 중생의 표지를 분별하려 하면 회의론에 빠질 것이라고 그는 말한다.

이제 [중생-복음주의자]의 강단에서부터 순종은 종종 매우 극미한 것으로 그려지고, 죄는 회심자의 삶에 널리 퍼져있는 것으로 그려져서 중생한 자와 중생하지 않은 자의 큰 차이가 있는지 질문을 하게 한다.

---

24. "Summary Statement," Summary, emphasis mine.
25. Shepherd, "Covenant Context," 65.
26. Ibid.

은혜 역사가 일어났고 죄인은 새로운 마음을 얻었으나 그 은혜의 넘침은 죽을 때만 나타날 것이고, 그때 그는 완전하게 성화될 것이다.[27]

쉐퍼드는 이렇게 전통적으로 개혁파 모델이라고 하는 것의 결함을 피하는 방법을 어떻게 제안하는가? 그는 그리스도인의 표지를 다시 이해해야 한다고 말한다. "중생은 하나님에게 속하여 비밀한 것들 가운데 하나이기 때문에 성경의 전도자들은 개인의 경우에 중생을 아는 데 접근할 수 있는 것처럼 가정하지 않는다. 그들은 모두에게 공개되고 공공연하고 분명한 것의 관점에서 교회를 치리한다. 그리스도인들은 세례를 받은 자들이다. 불신자들은 세례를 받지 않은 자들이다."[28]

만일 "언약-복음주의"를 받아들이면 "중생"을 "언약의 관점"에서 이해할 것이고 "세례를 언약의 표로…죽음에서 생명으로 옮긴 것을 표시한 것을" 볼 것이라고 쉐퍼드는 말한다.[29] 이 모델에 근거하여 "세례를 받고 믿음으로 하나님의 뜻을 행하려는 자들은 그리스도인 형제와 자매로 간주될 수 있다."[30] 이 모델의 문제는 세례와 구원의 절대적인 동일시가 아니라(그는 "간주한다"는 말을 쓴다) 심지어 그 문제는 중생이라는 전통적인 용어를 절대적으로 거부하지도 않는다("세례에 대한 언약적인 초점은 중생이 무시된다는 것을 의미하지 않는다"[31]).

---

27. Shepherd, *Call of Grace*, 99.
28. Ibid., 101.
29. Ibid., 102. 쉐퍼드는 "세례보다는 **중생이 보다** 죽음에서 구원으로 이동하는 시점이다"라고 앞서 말했다("Covenant Context," 66, 강조는 내가 함). 그는 Sinclair Ferguson으로부터 계속되는 비평의 관점에서 그 말을 바꾸었다("More on Covenant Evangelism: A Relay from Norman Shepherd," in *The Banner of Truth* 170 [November 1977]: 25을 보라).
30. Shepherd, *Call of Grace*, 104.
31. Shepherd, "Covenant Context," 72.

쉐퍼드 모델의 문제는 중생교리를 세례라는 성례로 대신하는 데 있다("중생이 언약의 관점에서 이해될 때 언약의 표인 세례가 죽음에서 생명으로 이동을 표시해야 하는 것은 분명하고 자연스럽다").[32] 쉐퍼드 연구의 문제점은 마음, 종교적 감정에 대한 우선적인 관심이 없다는 점이다. 유대인인 바울이 그러한 것처럼(빌 3:6) 쉐퍼드는 "껍데기"(언약적 신실성)를 "알맹이"(하나님의 은혜로 새롭게 된 마음)로 혼동하였을 것이다. 쉐퍼드는 언약의 피상적 중생을 얻으려는 열심으로 인하여 지금 고려 중인 언약적인 신실함의 본질이라는 질문을 무시하게 한다. 이 문제에 대하여 개혁파 정통주의로부터 놀랄만하게 분리되었다. 쉐퍼드의 모델은 사도 바울이 초대교회에서 매우 열렬히 반대했던 외식주의를 증진시키는 꼴이 된다.

어번에비뉴장로교회는 구원하는 은혜사역과 구원하지 않는 은혜사역의 전통적인 특징은 최선의 경우 과장되었고, 최악의 경우 허구라고 주장한다.

> [히브리서 6장에 나타난] 문제는 과거에 받은 은혜의 본질에 관심이 있지 않고(즉 진짜 중생 vs 성령의 지극히 일반적인 역사) 이 은혜를 받은 자가 보존될 것인지 아닌지에 관심이 있다. 따라서 히브리서 6장의 해결책은 회심의 두 가지 심리, 즉 하나는 "진정한 중생"에 대한 것이고 다른 하나는 미래의 배도에 대한 것을 발전시켜서 어떤 종류의 은혜를 받았는지 알기 위하여 성찰하는 것이 아니다. 이것은 우리의 능력을 벗어나는 일이다. 해결책은 우리 자신에서 벗어나서 믿음의 주요 온전케 하시는 이인 예수님에게 시선을 고정하는 것이다(히 12:1ff.).[33]

---

32. Ibid.
33. "Summary Statement," n.1.

그리스도인 삶의 진보나 배도의 실제를 어떻게 설명할 수 있는가? 어번에비뉴장로교회는 전통적인 범주보다 언약적인 범주를 더 좋아한다.

> 하나님은 궁극적인 의미에서는 선택받은 자가 아닌, 마지막 구원을 받기로 정해지지 않은 언약공동체로 많은 자들을 이끄시기로 신비롭게 정하셨다. 이러한 선택받지 못한 언약 일원들은 그리스도에게로 참으로 이끌리어 교회에서 세례로 그와 연합하였고 성령의 다양하고 은혜로운 역사를 받는다…어떤 의미에서 그들은 참으로 선택된 백성들에게 연합되었고, 참으로 그리스도의 피로 거룩해졌고, 성령이 주시는 새 생명의 수혜자들이다. 하지만 하나님은 그들에게서 인내의 은사를 제하시고 잃어버리게 하셨다. 그들은 세례 속에 들어가게 한 은혜로운 새 언약을 깬다.[34]

이러한 언어의 희미한 성격으로("참으로 이끌린다"는 말은 무슨 뜻인가? "성령의 다양하고 은혜로운 역사"는 무슨 뜻인가? "어떤 의미에서" 일원들이 어떻게 해야 "참으로 성령이 주시는 새 생명의 수혜자들"이 되는가?) 진짜 오류가 가릴 수 있다는(아마도 가린다는) 점만을 지적한다. 쉐퍼드의 경우에서처럼 어번에비뉴장로교회는 외적(언약적)이고 내적인(구원하는) 범주를 사용함으로써 믿음을 고백하는 자들에 대하여 말하는 전통적인 설명과는 단절한다. 그들은 세례를 전환점으로 지적할 뿐이다.

요약하면, 쉐퍼드와 어번에비뉴장로교회에서는 선택과 중생이라는 전통적인(수직적인) 교리를 기능적 거부와 관련한 재구성된 언약적인(수평적인) 범주에 대하여 명백히 규정된 우선권이 있다. 수평적인

---

34. Ibid., Summay.

범주와 수직적인 범주의 갈등은 위에서 라이트를 연구할 때 드러난 주장들과 병행한다.

2) 본유적인 의

새 관점과의 둘째 접촉점은 쉐퍼드와 어번에비뉴장로교회 둘 다에 있는 본유적인 의에 대한 기능적 집착이다. 즉 칭의의 역할에서 믿음은 실제적으로 언약적 신실성으로 인식된다. 쉐퍼드가 1978년에 정통장로회(OPC)에 제출한 논지들로부터 서론의 방식으로 선택한 논지들을 주목한다. 다음에 인용한 각 논지들은 이신칭의 교리라는 전통적인 개신교의 글로부터 일정 부분 떠나 있다.

> 논지 20: 로마서 2:13에서 바울의 단언인 "율법을 행하는 자라야 의롭다 하심을 얻으리니"는 그 부류에 빠진 사람들이 없다는 의미에서가 아니라 우리 주 예수 그리스도의 신실한 제자들이 의롭다 하심을 얻는다는 의미에서 가정적으로 이해되어야 한다(눅 8:21과 약 1:22-25을 비교하라).

> 논지 21: 칭의의 상태에서 믿는 자의 칭의에 대한 배타적인 근거는 예수 그리스도의 의이다. 그러나 진리와 의의 길에서 믿는 자들의 견인인 그의 순종은 칭의의 상태에서 필수적으로 계속되어야 한다(히 3:6, 14).

> 논지 22: 예수 그리스도의 의는 믿는 자의 칭의에 대한 배타적인 근거로 쭉 남는다. 그러나 믿는 자의 개인적인 선함은 또한 마지막 날 심판에서 그의 칭의를 위해 꼭 필요하다(마 7:21-23; 25:31-46; 히 12:14).

논지 23: 선행, 즉 진리에 의한 행위는 믿는 자의 칭의의 근거가 아닐지라도 영원한 정죄로부터 구원을 위해서 그리고 칭의를 위해서 꼭 필요하다(롬 6:16, 22; 갈 6:7-9).

이 논지들로부터 다섯 가지 주장을 꺼낼 수 있다. (1) 칭의에 대한 쉐퍼드의 교리는 본질적으로 두 단계이다. 로마서 2:13은 가정적인 선언이 아니다(논지 20). 따라서 믿는 자에게 독특한 현재칭의와 미래 칭의가 있다. (2) 믿는 자들은 칭의의 상태가 계속되게 할 의무가 있다(논지 21). 칭의는 단일 행동이 아니라(미래선언은 현재선언을 공적으로 말하고 공적이 되게 한다) 정확하게 말하면 과정이다. (3) 쉐퍼드는 하나님의 칭의 선언에서 고려 대상으로부터 선행(믿음의 열매)을 배제하는 것을 범주적으로 거부한다. 몇몇 경우에서 쉐퍼드는 그런 선행이 칭의에 필수적이라고 한다(논지 21, 22, 23). 확실하게 말해서 그는 믿는 자의 칭의에 대한 배타적인 근거는 바로 그리스도와 그의 의이고, 이러한 행위들은 공로가 아니나 쉐퍼드의 주석을 액면 그대로 받아들이면 칭의에서 믿음은 그 열매와 별도로 생각할 수 없기 때문에 믿는 자에게 주입된 하나님의 의만이 바로 믿는 자의 칭의의 근거를 제공한다고 단언할 것이다.

(4) 쉐퍼드는 칭의와 구원을 한 가지로 정리한 것 같다. 반율법주의가 범하는 오류를 범하면서, 반율법주의적 방법으로는 오류를 범하지 않고 말이다. 이제 이러한 특색을 웨스트민스터 표준문서가 주의 깊게 한 것으로 볼 수 있다. 웨스트민스터 대요리문답 32번에서 "거룩한 순종"은 구원에서 "구원에 이르도록 정하신 길"이지 "칭의에 이르는 길"이 아니다. 믿음만이, 즉 행위가 전적으로 배제된 방법으로

믿음만이 칭의에서 그러한 역할이 있다고 여긴다.[35] (5) 쉐퍼드는 개혁주의가 항상 단언했던 두 가지 명제를 구별하지 못한다. (a) 칭의에 대한 요구는 계속되는 의에 부수적이다. (b) 칭의 자체는 계속되는 의에 부수적이지 않다. 행위를 생각할 때 문제가 되는 것은 우리의 칭의가 아니라 우리 고백의 타당성이다.

결론적으로 쉐퍼드의 단언으로 전통적인 견해, 즉 칭의는 그리스도인이 하는 경험의 초기 단계들에서 결정적이고 최종적인 행위인데 그리스도의 의(다른 것이 아니라)가 믿는 자에게 전가되고, 믿음으로만 받아들인다는 것과 마지막 칭의(그렇게 부를 수 있다면)는 믿는 자에 대한 하나님의 현재칭의로 분명해지고 대체할 수 없다는 것을 불가능하게 한다.

어번에비뉴장로교회의 선언문은 칭의교리에 분명하게 머물러 있지 않다. 그런데도 믿는 자의 삶의 시작에 하나님의 은혜라는 돌이킬 수 없는 행위인 칭의가 선택교리에 대한 어번에비뉴장로교회의 주석과도 어떻게 일치할 수 있는지 보는 것은 불가능하다. 칭의라는 결정적이고 완전한 행위가 선택을 과정으로 보는 견해와 어떻게 일치할 수 있는가? 쉐퍼드에게서 발견한 것처럼 이 선언문에서 정확히 같은 문제를 발견한다. 은혜라는 실재를 받고 나서 그 은혜를 잃을 수 있는가? 내 선행이 그 실재를 유지하는가 아니면 그 실재가 내 선행을 유지하는가?

3) 세례교리

새 관점과 쉐퍼드와 어번에비뉴장로교회의 셋째 접촉점은 세례교

---

35. Westminster Larger Catechism Q&A 70, 71, 72, 73.

리와 관련이 있다. 간단히 말해서 세례적 중생에 대한 슈바이처의 견해, 즉 그리스도 안에 신비적으로 참여한다는 그의 견해에서 바로 나오는 견해, 쉐퍼드 사상과 어번에비뉴장로교회 사상에서 세례에 놓인 높은 프리미엄에 있는 병행을 주목한다. 슈바이처와 매우 비슷한 용어로 어번에비뉴장로교회는 다음과 같이 강조한다. "세례로 그리스도의 몸에 들어가고 언약적으로 그리스도와 연합하고 그리스도 사역의 모든 복과 혜택이 주어진다(갈 3:27; 롬 6:1ff.; 웨스트민스터 대요리문답 94번). 하지만 이것은 세례받은 자들에게 마지막 구원을 부여하지는 않는다. 그것은 그로 하여금 언약의 조건을 성취한 의무를 지운다…."[36] 슈바이처와 어번에비뉴장로교회는 둘 다 세례적 중생의 형식을 단언한다. 쉐퍼드는 성례의 견해를 매우 높여 말하지는 않지만 세례가 중생과 그 증거를 단순하게 대체할 수 있는 것이 아니라, 믿는 자가 하나님과 관계의 진리와 실재를 분별하는 주요한 수단이라고 말한다. 그런 논증은 웨스트민스터 표준문서에 표현된 것을 넘어서 세례 역할의 고양으로 이루어져 있다.

4. 결론

우리는 다수의 옛 개혁파 저자들이 교회에게 경고한 것들로 결론을 내릴 수 있을 것이다. 기독교의 모든 표현들은 두 목적지, 로마나 제네바 가운데 하나를 향하여 가는 길에 있다. 새 관점이 주는 것은 결정적으로 "제네바적"이 아니다. 어느 개혁파 세계에서는 언약과 칭

---

36. "Summary Statement," §7.

의라는 재정의에 있어서 세례에 대한 새로운 강조와 중생(그리고 정의)에 대한 축소의 결과로 이어졌는데 이것은 조짐이 좋지 않다. "더 개혁주의적"이어야 한다는 미명으로 교회를 인도하여 세례적 종교로 이끌기 원하는 개혁파 교회에 적극적인 요소들이 있는 것 같다. 만일 그들의 논증을 주의깊게 확인해 보면, 그들이 참으로 그리고 더 강하게 말하는 것은 루터와 칼빈이 실수했고 트렌트공의회가 옳았다라고 말하는 것을 알게 될 것이다. 하나님이 우리에게 종교개혁자들과 역사적 영국 칼빈주의와 미국 장로교주의의 풍성한 신학적 유산을 낭비하지 않는 은혜를 주시길 바란다. 선조들이 신실하게 지켜온 "가르침의 유형"을 우리가 영에서 그리고 가르침에서 따르기를 원한다.

참고문헌

1. 개론서

특별히 최근 학문을 개관하는 데 집중한 다른 책들이다. 이 책들은 책의 출판 날짜의 연대기순이 아니라, 책들이 다루는 주제의 연대기순으로 나열하였다.

Reventlow, H. Graf. *The Authority of the Bible and the Rise of the Modern World*. Philadelphia: Fortress, 1985.

새 관점 연구나 질문 그 자체를 다루고 있지는 않지만, 레벤틀로우(Reventlow)는 더 앞선(그러나 덜 중요하지 않는) 질문을 다루고 있다. 즉 종교개혁에서부터 바우어(F. C. Baur)까지 어떻게 지나갔는가? 16세기와 18세기에 많은 개신교도들이 어떻게 성경과 성경의 권위에 대한 견해를 바꾸었는지 유익하게 개관한다.

Kümmel, W. G. *The New Testament: The History of the Investigation of Its Problem*. Nashville: Abingdon, 1972.

    학문적 신약연구의 질문에 대한 비평적인 견해들의 표준적인 20세기 중반 개론서다. 큄멜(Kümmel)은 19세기와 20세기 초 학자들의 연구를 간추려서 큰 도움을 준다. 이 학자들의 많은 연구물들은 독일어에서 영어로 번역되기 전에 접할 수 없다.

Schweitzer, Albert. *Paul and His Interpretation: A Critical History*. Translated by William Montgomery. London: Adam & Charles Black, 1956.

    이 책은 슈바이처(Schweitzer)의 *The Quest for the Historical Jesus*와 유사한 책으로써 1912년에 처음 출판되었는데 (주로 유럽대륙에서) 그로티우스(Grotius)로부터 슈바이처까지 바울에 대한 비평적 연구를 개괄하고 있다. 이 기간 동안의 슈바이처에 대한 평가는 분명히 바울신학에 대한 자신의 특별한 관점으로 왜곡되었다. 엘리스(Ellis), 해프먼(Hafemann), 웨스터홀름(Westerholm)과 함께 읽어야 유용하게 될 것이다.

Ellis, E. E. *Paul and His Recent Interpreters*. Grand Rapids: Eerdmans, 1961.

    슈바이처(Schweitzer)의 책 *Paul and His Interpreters*을 갱신한 책이다. 이 주목할 만한 복음주의 성경신학자가 슈바이처에서부터 20세기 중반을 거쳐서 바울에 대한 연구를 살펴본다. 오래되었고 간결하지만 엘리스(Ellis)의 책은 바울 사상의 기원(유대적 또는 헬라적)에 대한 질문에 관심을 두기 때문에 새 관점을 연구하는 자들에게 도움이 된다.

Neill, Stephen, and N. T. Wright. *The Interpretation of the New Testament*, 1861-1986. 2d ed. Oxford: Oxford University Press, 1988.

학문적 신약연구의 질문에 대한 비평적 견해들의 또 다른 표준적인 개괄서다. 큄멜(Kümmel)과는 달리 닐(Neill)은 주로 영어권 학자들에게 초점을 둔다. 새 관점의 중요한 지지자인 라이트는 1961-1986년에 관련된 부분을 썼다. 본질적으로 8장과 9장("구원은 유대인에게서"와 "역사와 신학")은 새 관점 연구가 신약비평연구의 다양한 영역에 끼친 영향에 대한 라이트의 평가이다.

Moo, Douglas. "Paul and the Law in the Last Ten Years." *Scottish Journal of Theology* 40 (1987): 287-307.

새 관점 학자들이 제기한 바울 율법의 쟁점들에 대한 그리고 그 쟁점들을 제기한 학자들에 대한 좋은 (그러나 지금은 오래된) 개괄논문이다. 이 책은 훌륭한 복음주의 학자인 새 관점의 비평가가 썼다. 이 책은 웨스터홀름(Westerholm)과 더불어 잘된 참고용 도서이다.

Westerholm, Stephen. *Israel's Law and the Church's Faith: Paul and His Recent Interpreters*. Grand Rapids: Eerdmans, 1988.

지난 반세기 동안 출판된 책 중, 특별히 새 언약 연구에 대해 매우 유용한 개론서다. 웨스터홀름이 초점을 두고 있는 것은 이 학자들이 바울의 "율법"을 해석하는 방법이다. 웨스터홀름은 이 책의 전반부를 비평적 견해에 대한 설명에 할애하고, 후반부를 전통적인 루터식 율법 읽기의 변호에 할애한다. 개혁파 사람들은 웨스터홀름이 율법의 "제3용도"에 대한 루터파 견해들을 공유하고 설명한다는 점에 관심을 갖고 알아야 한다. 이 책은 개정되었고 증보되었다. 뒤에 있는

*Perspectives Old and New on Paul*을 보라.

O'Brien, P. T. "Justification in Paul and Some Crucial Issues of the Last Two Decades." In *Right with God: Justification in the Bible and the World*, edited by D. A. Carson, 69-95. London: World Evangelical Fellowship, 1992.

    오브라이언(O'Brien)은 약 1970년과 약 1990년 사이에 있었던 칭의 논의(개신교와 로마 가톨릭)에 대하여 간결하게 개괄한다. 그는 칭의 교리에 대한 케제만(Käsemann)의 글의 영향과 그 글에 대한 반응을 탐구한다. 그는 또한 샌더스에 대해 간단히 개괄하고 비판한다.

Hafemann, Scott J. "Paul and His Interpreters." In *Dictionary of Paul and His Letters*, edited by Gerald Hawthorne and Ralph Martin, 666-79. Downers Grove, Ill.: InterVarsity Press, 1993.

    바우어(Baur) 이후의 바울연구를 살펴본 것으로 뛰어난 논문인데, 이 논문은 바우어의 연구가 후대 비평적 연구에 남긴 질문에 집중한다. 학문적 새 관점 논의에 있는 주요 인물들을 개괄하는데, 이 쟁점을 분명하게 그리고 다듬어서 다루는 데 참고해 볼 만한 가치가 있다.

Kruse, Colin G. *Paul, the Law, and Justification*. Peabody, Mass.: Hendrickson, 1997.

    이 책에는 새 관점 이전과 새 관점 학자들의 책을 선택적으로 살펴보고 있다. 이 책은 또한 새 관점에 대한 비평가들의 저서들에 초점을 둔다. 이 책이 지금은 비록 오래되었지만 개괄이 간결해서(약 25페이지) 초보자들에게 서론으로 추천할 만하다.

Witherington, Ben. *The Paul Quest: The Renewed Search for the Jew of Tarsus.* Downers, Ill.: InterVarsity, 1998.

다작한 복음주의 성경학자가 바울에 대한 연구를 최근에 살펴본 책이다. 이 책은 전반적으로 단순히 새 관점 쟁점보다는 훨씬 더 종합적이다. 2장("바울의 정체성인 삼위일체")과 8장("윤리학자 바울과 신학자 바울")은 새 관점 연구와 관련된 쟁점에 특별히 초점을 둔다. 위터링톤은 새 관점 연구들을 적절하게 비평한다. 위터링톤(Witherington)이 샌더스(Sanders)와 던(Dunn)을 더 자세히 다룬 것을 살펴보려면 그의 책 *Grace in Galatia* (Edinburgh: T & T Clark, 1998), 341-55을 보라.

Westerholm, Stephen. "The 'New Perpective' at TwentyFive." In *Justification and Variegated Nomism.* Vol. 1, *The Paradoxes of Paul*, edited by D. A. Carson, Peter T. O'Brien, and Mark A. Seifeid, 1-38. Grand Rapids: Baker, 2004.

이 논문은 고대 유대교와 바울에 대한 샌더스의 연구로 인하여 일어난 최근의 바울연구를 충분하게 살펴본다. 이 글은 웨스터홀름의 *Perspectives Old and New on Paul*에 있는 연구들에 대한 개괄을 간단하게 하고 덧붙이기도 한다. 이 논문과 Perspectives에서 웨스터홀름은 현대바울연구학파의 글들을 공감이나 유사한 접근방법이라는 "가계"로 분류시킨 점에서 특별히 유용하다.

Westerholm, Stephe. *Perspectives Old and New on Paul: The "Lutheran" Paul and His Critics.* Grand Rapids: Eerdmans, 2004.

웨스터홀름의 1988년도 책 *Israel's Law and the Church's Faith*(앞

서 설명한 책)의 수정판은 새 관점을 가장 최근에 종합적이고 예리하게 다룬 책이다. 제1부에서는 유익하게 독자들에게 바울의 가르침을 요약하여 준다. 마치 어거스틴, 루터, 칼빈 그리고 웨슬리가 바울을 읽은 것처럼 말이다. 제2부에서는 웨스터홀름이 1988년에 바울에 대한 최근 연구의 개괄을 새롭게 하였다. 제3부에서는 "의", "율법" 그리고 "이신칭의"에 대한 바울의 이해에 관해서 웨스터홀름이 1988년에 한 주석적 논의를 증보하고 개정했다.

2. 역사비평 관련 논의

1) 유대교

새 관점은 신약학자들 가운데 있었던 고대 유대교 개념의 혁명으로부터 적지 않은 자극을 가져왔다. 샌더스의 저서들은 주로 바울에 대한 비평적 연구의 혁명을 불러들인 반면에 1세기 유대교에 대한 태도는 샌더스 이전 100년 동안 연구에서 결코 선례가 없었던 것은 아니다.

Bousset, Wilhelm. *Die Religion des Judentums in Neutestame-ntlichen Zeitalter*. Belin, 1903. [=The Religion of Judaism in the Time of the New Testament]

신약시대 유대교라는 종교에 대해 영향력 있는 (그러나 번역되지 않은) 저서다. 유대교에 대한 웨버(F. Weber)의 초기 중요한 저서에서 영향을 받은 부세(Bousset)는 20세기를 거치면서 그의 뛰어난 학생,

루돌프 불트만(Rudolf Bultmann)을 통하여 신약학자들 가운데 주가 된 유대교의 모델에 영향을 끼쳤다.

Montefiore, Claude. *Judaism and St. Paul*. London: Max Goshen, 1914.

바울과 바울 동시대의 유대교와의 관계를 유대인 학자가 고려해서 기록한 초기의 중요한(무시되기도 하지만) 책이다. 몬테피오레(Montefiore)는 유대교에 대한 바울의 개념이 행위 중심적이며 정확하다는 학문적 동의를 받아들인다. 하지만 그는 바울이 팔레스타인(즉 랍비) 유대교가 아니라 헬라 유대교에 정통했고 관여했다고 주장한다. 몬테피오레는 랍비 유대교가 바울서신에 반영된 유대인의 구원론을 반영하지 못했다고 주장한다.

Schürer, Emil. *The History of the Jewish People in the Time of Jesus Christ*. 3 vols. Revised and edited by Geza Vermes, Fergus Millar, and Martin Goodman. Edinburgh: T & T Clark, 1973-1987.

에밀 쉬러(Emil Schürer)가 20세기 초에 유대교에 대하여 살펴본 것을 표준적으로 그리고 포괄적으로 각색하고 새롭게 한 책이다. 이 책은 유대교에 대하여 전통적인(즉 새 관점이 아닌) 견해를 반영하고 고대 유대교의 역사와 신학에 대해 표준화한 개론적 교과서이다.

Jeremias, Jocahim. 『예수시대의 예루살렘』(*Jerusalem in the Time of Jesus*), 한국신학연구소번역실 역(서울: 한국신학연구소, 1998).

예레미아스(Jeremias)는 오늘날까지 학자들과 목사들에게 영향력 있게 유대교를 개괄했다. 그는 후대 랍비 문헌(즉 주후 4세기 이후)을 크게 의존한다. 제이콥 누스너(Jacob Neusner)를 따라서 유대교 학자들이 주전 70년 이전 유대교 재구성을 위해 이러한 증거의 가치에 질문하기도 전에 말이다.

Moore, George Foote. *Judaism in the First Centuries of the Christian Era.* 2 vols. Cambridge, Mass.: Harvard, 1927.

    이 책은 유대교를 다루고 있는데 샌더스는 유대교를 다루면 가까운 장래에 호의적으로 고대 유대교를 유도하게 될 것이라고 생각했다. 따라서 웨버(Weber)의 모델에 동의하지 않는다. 무어(Moore)는 타나임 유대교를 긍정적으로 그리고 그 진가로 제시하는 것보다는 유대교와 신약의 비교 연구에 관심이 덜하다.

Sanders, E. P. *Judaism: Practice and Belief 63 B.C.E.-66 C.E.* London: S.C.M. Press/Philadelphia: Trinity Press International, 1992.

    신약과 동시대의 고대 유대교에 대하여 샌더스가 긍정적으로 재구성한 책이다. 개론적인 참고서인 이 책은 예레미아스 이래로 고대 유대교의 연구에 있는 발전을 반영한다. 샌더스는 신약의 이해를 위해 유대교를 적용하는 관점에서 유대교를 다루는 것에는 여기에서 관심이 덜하다. 제이콥 누스너와 장기간 쟁점의 흔적들이 이 책을 통하여 분명히 드러난다.

Neusner, Jacob. Review of E. P. Sanders, *Judaism: Practice and Belief.* Journal of Studies in Judaims 24 (1993): 317-23.

    유대교 연구로 인정받은 학자가 샌더스의 책을 철저하게 비평한 책이다. 누스너가 샌더스의 책을 비판하는 것은 유대교를 인위적으로 "단일의 그리고 동일하게 일치된" 유대를 만들려 "조화를 꾀하고 있다"는 점이다. 고대 유대교를 구성하는 데 네 가지 정도의 연구방법을 제시한다고 주장하는 누스너는 고대 유대교의 연구로 발생한 복잡한 감각을 독자들에게 최소한으로 간결하게 제공한다.

Neusner, Jacob. *Judaism in the Beginning of Christianity*. Philadelphia: Fortress, 2003. *Judaism When Christianity Began: A Survey of Belief and Practice*. Louisville: Westminster John Knox Press, 2002.

전자는 누스너가 쓴 수십 권이나 편집한 수백 권의 책들 가운데 하나를 재출판한 것이다. 후자는 최근 연구이다. 이 책들은 고대 유대교에 대한 누스너의 재구성을 간결하게 조망한다. 신약학자들에게 유대교 저작에 대하여 가장 존경받는 두 학자들이 오늘날 어떻게 다르고 같은지 이해하기 위해서는 샌더스(1992)와 함께 읽어야 한다.

2) 바울

다음의 저자들은 바울을 연구하는데 역사비평의 전통에 서 있다. 새 관점의 첫째 지지자는 크리스터 스텐달(Krister Stendahl)이다. 비록 스텐달보다 앞선 저자들이 새 관점 운동에 중요한 선구자이기는 하지만 말이다. 샌더스의 글은 바울에 대한 비평연구의 분수령이다. 이제 학자들은 바울에 대한 "샌더스 이전"과 "샌더스 이후" 연구에 대하여 자주 말한다. 다음에서 1977년 이래 나열된 저자들은 모든 점에서 결코 서로 동의하지 않지만 모든 사람들은 어느 정도 새 관점의 영향을 반영하고 있다.

Baur, F. C. "The Christparty in the Corinthian Church, Conflict Between Petrine and Pauline Christianity in the Early Church, the Apostle Peter in Rome," *Tübinger Zeitschrift für Theologie* 4 (1831): 61-206.

> 많은 점에서 바울에 대한 현대비평적 논의는 이 논문과 함께 시작한다. 해프먼(Hafemann)에 따르면 바우어(Baur)는 바울연구에 대하여 다음 두 세기를 장악하게 될 세 가지 질문을 다음과 같이 규정한다. (1) 바울 대적자들의 교리와 정체, (2) 모세 율법에 대한 바울의 이해, (3) 바울 사상의 핵심.

Baur, F. C. *Paul, the Aposlte of Jesus Christ, His Life and Work, His Epistles and His Doctrine.* (1845) 2 vols. Translated by E. Zeller andA. Menzies. London & Edinburgh: Williams and Norgate, 1875.

> 이 책은 바울에 대한 바우어의 관점을 가장 충분하게 가장 성숙한 표현으로 설명하고 있다.

Lightfoot, J. B. "St. Paul and the Three." In *St. Paul's Epistle to the Galatians: A Revised Text With Introduction, Notes, and Dissertations*, 292-374. 9th ed. London: Macmillan, 1887.

> 이 책은 유명한 케임브리지 삼총사(라이트푸트[Lightfoot], 웨스트코트[Westcott], 홀트[Hort]) 가운데 한 명이 "튀빙겐학파"(즉 바우어)에 대하여 그리고 그 학파가 초기 기독교에 대한 구성에 대하여 한 비평이다. 이 영향력 있는 논문은 현대 독자들에게 여전히 유용하여 튀빙겐의 영향력을 20세기로 이어지는 영국의 담에 멈추게 하는 데 큰 도움이 되었다.

Bousset, Wilhelm. *Kyrios Christos: A History of the Belief in Christ from the Beginning of Christianity to Irenaeus.* Translated by John E. Steely. Nashville Abingdon, 1970.

    *Kyrios Christos*는 1913년에 처음 출판된 것으로써 20세기 초 "종교사"학파의 대표적인 저서이다. 부세는 19세기 구 "자유주의"와 결별을 하고서 바울 사상은 바울이 살았던 헬라 세계의 신비주의 종교에 근거하고 있다고 주장한다. 이 책에서 부세는 예수님에 대한 교회의 견해의 발전에 대한 견해를 팔레스타인으로부터 바울을 거쳐서 AD 2세기까지 추적한다.

Reitzenstein, Richard. *Hellenistic MysteryReligions: Their Basic Ideas and Significance.* Translated form the 3d German ed. by John E. Steely. Pittsburgh: Pickwick Press, 1978.

    이 고전적인 책은 처음에 1910년에 출판되었다(3차 개정은 1927년). 고대 헬라 종교의 비교적 고찰을 보여주기 위한 문맥에서 바울을 "헬라 신비주의자와 영지주의자"로 보려 하는 종교사학파의 관점에서 쓰였다.

Schweitzer, Albert. *The Mysticism of Paul the Apostle.* Translated by William Montgomery. New York: Holt, 1931.

    예수님에 대한 그의 책에서처럼 슈바이처는 종교사학파에 대한 반응으로 이 책을 쓴다. 슈바이처는 "칭의"가 바울 사상의 중심이 아니며, "그리스도 안에 참여"가 바울 사상의 중심이라는 점에서 종교사학파에 동의하지만, 바울 사상은 유대교의 뿌리에 근거하고 있지 헬라의 뿌리에 근거하고 있지 않다고 주장한다. 바울에 대한 샌더스의 구성이 본질적으로 슈바이처의 구성이기 때문에 새 관점의 지지자들은 이 책에 관심을 두고 있다.

Bultmann, Rudolf. 『신약성서신학』(*Theology of the New Testament*), 허혁 역(서울: 성광문화사, 2004).

마르부르크(Marburg)대학교 신약학 교수인 불트만(Bultmann)은 신앙고백적인 루터교 용어와 실존주의 철학자 마틴 하이데거(Martin Heidegger) 사상을 결합시켰다. 불트만의 대표작(처음에는 1948년과 1953년에 출판했다)은 이 책이다. 비록 그가 바울신학의 쟁점에 대하여 말한 몇 가지 논문을 썼지만 말이다. 바울에 대한 비평적인 논의에서 불트만의 일부 영향력은 개혁주의의 학문적 비평가들이 바울에 대한 "전통적인"(즉 루터파) 견해에 대하여 말할 때 마음에 두고 있는 자는 바로 불트만이다! 슈바이처와는 달리 불트만은 (그의 선생인 부세와 함께) 바울 사상의 기원은 본질상 헬라적이라고 주장한다.

Davies, W. D. *Paul and Rabbinic Judaism: Some Rabbinic Elements in Pauline Theology*. 4th ed. Philadelphia: Fortress, 1980.

개신교도와 유대인에게서 공부한 웨일스인인 데이비스(Davies)는 바울과 당시 유대교의 관계를 동정적으로 연구하려는 첫 번째 의미 있는 시도를 하였다. 그는 바울은 바리새파 유대교에 도움을 얻었고 보여주려 하는데 데이비스의 방법론은 기본적으로 본질상 비교하는 방법이다. 샌더스가 자신의 견해와 데이비스의 견해를 비교한 것을 보려면 뒤에 나오는 샌더스의 5판 개정판(4판의 재인쇄)의 머리말을 보라.

Käsemann, Ernst. "The Righteousness of God in Paul." In *New Testament Questions of Today*, 169-93. Philadelphia: Fortress, 1969.

불트만의 무서운 제자인 케제만(Käsemann)은 "하나님의 의"가 "능력의 선물"과 함께 "그 선물의 독특한 내용으로 인정되는 그리스도의 주되심"이라고 주장함으로써 불트만의 철저한 인간중심주의와 (최소한 형식적으로) 칭의의 법적인 말에 동의하지 않았다. 1961년에 처음 출판된 이 논문에서 그는 바울의 칭의용어를 성격상 법정적이라고 하길 거부하고 그 용어를 성격상 집단적이거나 상호적으로 이해하는 경향이 새 관점 가운데 있을 것을 예견한다.

Käsemann, Ernst. "Justification and Salvation History in the Epistle to the Romans." In *Perspective on Paul*, 60-78. Philadelphia: Fortress, 1971.

이 책에서 칭의는 바울 사상의 중심이 아니라는 스텐달의 제안에 대한 케제만의 반응이 나타나 있다. 케제만은 그렇게 주장하고서 자신이 여러 가지 면에서 새 관점을 시작하게 한 자기 스승인 불트만과 스텐달 사이에 서 있다고 보여준다.

Stendahl, Krister. "The Apostle Paul and the Introspective Conscience of the West." In *Paul Among Jews and Gentiles and Other Essays*, 78-96. Philadelphia: Fortress, 1976.

이 책은 스텐달이 미국 심리학회에서 1961년에 한 유명한 연설을 개정한 것이다. 거기에서 그는 (어거스틴을 따르는) 개혁주의가 바울을 오해했다고 주장했다. 그가 계속해서 바울에 대한 서구의 해석을 비난한 이유는 서구가 "죄"와 "악"이라는 말에 지나치게 빠져있고 서구의 지나친 "의식적인 양심"이라는 것 때문이다. 스텐달은 바울이 율법에 대하여 그리고 하나님 백성의 경계에 대하여 메시아 오심의 함의에 대한 질문에 진실로 관심이 있었다고 주장한다. 새 관점이 이 연설로 시작했다고 말하는 것은 옳다.

Stendahl, Krister. "Paul Among Jews and Gentiles." In *Paul Among Jews and Gentiles and Other Essays*, 1-77. Philadephia: Fortress, 1976.

이 글은 스텐달이 그의 유명한 양극화를 말한 몇 년 뒤(1963)의 논문이다. 바울은 "회심"을 경험하지 않고 "소명"을 경험했으며, "용서"를 가르치지 않았고 "칭의"를 가르쳤으며, "죄"가 아니라 "약함"을 가르쳤으며, "순수함"이 아니라 "사랑"을 가르쳤으며, 기독교가 "유일한" 것이 아니라 "보편적"임을 가르쳤다. 여기에서 스텐달은 바울이 율법에 대하여 그리고 하나님의 백성에 대하여 메시아의 오심의 함의에 대하여 주로 관심이 있었지 개인구원의 문제에 관심이 없었다는 스텐달의 주장을 더 자세하게 펼치고 있다.

Sanders, Ed Parrish. *Paul and Palestinian Judaism: A Comparison of Patterns of Religion*. Philadelphia: Fortress, 1977.

이 글은 새 관점의 학문을 바울연구의 주류에 공식적으로 뛰어들게 한 책이다. 이 두꺼운 책에서 샌더스는 많은 신약학자들로 하여금 유대교가 "은혜의 종교"이지 "행위의 종교"가 아님을 확신시켰다. 더 나아가 그는 유대교와 구원론적으로 일치하지 않는 것을 제외한 다른 관점에서 바울을 이해하려는 바울 해석의 작업을 시작했다. 앞서 제시한 슈바이처의 *The Mysticism of Paul the Apostle*에 관한 설명을 보라.

Neusner, Jacob. Review of E. P. Sanders, *Paul and Palestinian Judaism*. *History of Religions* 18 (1978): 177-91.

비평적 학문이 시도했던 것보다 더욱 긍정적인 관점으로 고대 유대교를 제시하려는 샌더스(Sanders)의 노력에 대하여 알고 있으면서 누스너(Neusner)는 샌더스가 유대교를 "부분적으로나 전체적으로 그 공로와 조건에 근거한 온전한 종교"로 설명하는 데 실패했다고 주장한다(179). 누스너는 샌더스가 "바울연구와 바울의 쟁점"을 랍비 유대교에 일으켰고 따라서 랍비 유대교를 왜곡시켰다고 주장한다(Ibid). 더 나아가 누스너는 샌더스가 랍비 자료들을 "증빙자료로 읽었다"고, 즉 샌더스는 인용되는 각각 본문의 차이와 특성을 조심하지 않고 읽었다고 비평한다. 더 실제적인 비평을 보려면 그의 책 *Judaic Law from Jesus to the Mishnah: A Systematic Reply to Professor E. P. Sanders* (South Florida Studies in the History of Judaism 84 [Atlanta, Scholars, 1993])을 보라.

Sanders, E. P. 『바울, 율법, 유대인』(*Paul, the Law, and the Jewish People*), 김진영 역(서울: 크리스챤다이제스트, 1995).

샌더스는 이 책을 통하여 바울의 "율법"을 다루려고 했다. 이 쟁점은 그의 책 *Paul and Palestinian Judaism*에서 철저하게 다루어지지 않았다. 샌더스는 바울이 "해결"에서 "곤궁"으로 추론한다는 논지와 그리스도와 바울 사도의 소명에 대하여 바울의 중심적이고 연관적인 확신을 고려하여 볼 때 바울은 율법에 관하여 그리고 율법과 관련한 인간의 곤궁에 관하여 체계적이지 않는 반성을 남겼다는 논지를 주석적으로 변호한다. 마지막 부분은 바울의 정체성의 문제와 유대인들과 관계의 문제를 다룬다.

Sanders, E. P. 『바울』(*Paul*), 이영립 역(서울: 시공사, 1999).

이 작은 책은 바울 사상에 대한 샌더스의 이해를 뛰어나게 소개하고 있다. 샌더스의 다른 책 *Paul and Palestinian Judaism*이 길거나 복잡해서 부담스러운 목회자나 학생들에게 이 책은 이상적이다.

Sanders, E. P. *Preface to Paul and Rabbinic Judaism*, by W. D. Davies. 5th ed. Mifflintown, Pa.: Sigler Press, 1998.

이 글은 샌더스 사상을 가장 간결하게 그리고 가장 예리하게 설명한 글 가운데 하나이다. 샌더스의 머리말은 샌더스의 멘토이자 동료인 데이비스의 획기적인 책을 최근에 편집한 것을 소개하기 위하여 쓰였으며, 바울과 유대교에 대하여 샌더스와 데이비스를 비교하고 대조한다. 또한 이 머리말은 바울에 대한 샌더스의 제안 가운데서 가장 두드러진 부분을 간결하게 요약한다.

Baker, Johann Christiaan. *Paul the Apostle: The Triumph of God in Life and Thought*. Philadelphia: Fortress, 1980.

베이커(Baker)가 새 관점의 독특한 견해를 수용하지 않지만, 샌더스의 성과물을 본떠서 바울의 "연관성"을 말하며 바울의 "일관성"을 말하지 않는 많은 바울 학자들의 선봉에 서 있다. 베이커에게 "바울 복음의 연관성 있는 중심은 그리스도 사건으로 수정된 묵시사상 중심이다." 이 "중심"은 "묵시사상적 이미지라는 조정된 영역", 즉 "기본적으로 상호의존적인 두 개의 요소들로써 다메섹 도상에서 바울의 소명이라는 경험적 실제, 그가 바리새파 유대인으로서 살았고 생각했던 세상이라는 전통적으로 '시간 안에 있는' 묵시사상적인 언어이다"(xvii, xviii).

Boyarin, Daniel. *A Radical Jew: Paul and the Politics of Identity*. Berkeley: University of California, 1994.

    이 책은 이 시대의 저명한 유대학자가 새 관점 이후의 관점으로 바울을 읽어낸 책이다. 보야린(Boyarin)은 바울에게 "복음"이 "새로운 이스라엘로서 세계 만인의 헌법"이라고 주장한다(112). 바울 사상을 규정하는 것은 교회론적 관심이지 구원론적인 관점이 아니다. 보야린의 책은 새 관점이 바울을 현대유대연구에 더욱 입맛이 맞게 하는 방법을 증명해 보인다.

Dunn, J. D. G. "The New Perspective on Paul," *Bulletin of the John Rylands University Library of Manchester* 65 (1983): 95-122. Repr. pages 299-308 in *The Romans Debate*. Edited by Karl P. Donfried. Rev. and enl. ed. Peabody, Mass.: Hendrickson, 1991. 또한 repr. pages 183-214 in *Jesus, Paul, and the Law: Studies in Mark and Galatians*. Louisville, Ky.: Westminster John Knox Press, 1990.

    이 글은 획기적인 논문이다(던의 맨슨기념강의[Manson Memorial Lecture]를 1982년에 출판한 것이다). 이 논문에서 던은 이 운동이 받아들이게 될 이름을 지었다. 던은 바울에 대한 종교개혁의 범주와 결론으로부터 샌더스가 분리된 것에 대하여 감사하고 있다. 하지만 그는 샌더스의 바울은 너무나도 인간중심적이라고 주장한다. 이 논문에서 던은 "율법의 행위"를 새롭게 정의함으로써 그리고 바울과 바울 시대 유대교의 관계에 대한 그 정의의 함의를 말함으로써 바울에 대하여 사회학적인 접근방법을(즉 사회적 "경계표지"로) 펼쳐보인다.

Dunn, J. D. G. "Works of the Law and the Curse of the Law (Galatians 3.10-14)," *New Testament Studies* 31 (1985): 523-42. Repr. pages 215-41 in

Jesus, Paul, and the Law: Studies in Mark and Galathians. Louisville, Ky.: Westminster John Knox Press, 1990.

이 논문에서 던은 1983년 논문에서 먼저 보인 "율법의 행위"의 입장을 재진술하고 확장하고 변호한다. 그리그 던은 자신의 주장을 특별히 갈라디아서 3:10-14에 적용한다(뒤에서 던의 갈라디아서 주석을 또한 보라). 앞의 표제어와 관련하여서 찾아보면 매우 유익하다. 이 논문 비평에 대한 던의 이어지는 반응은 "Yet Once More-'The Work of the Law': A Response," *Journal for the Study of the New Testament* 46 (1992): 99-117과 *Theology of Paul the Apostle*, 354-71에서 찾을 수 있다.

Dunn, J. D. G. 『로마서(상) 1-8, WBC 성경주석 38』(*Romans* 1-8, 9-16),김천, 채천석 역(서울: 도서출판솔로몬, 2003).

이 책은 "새 관점"에서 로마서를 웅장하고 광범위하게 읽은 주석이다. 이 광대한(lxxii + 976 pp.) 작품은 "율법", "율법의 행위", "믿음", "칭의" 그리고 그리스도의 죽으심을 다루는 본문들에 대하여 새 관점 입장으로 읽는 것을 연구해 볼 기회를 독자들에게 제공한다. 체계가 좀 불편하지만("주석"과 "설명"으로 된 별개의 부분들이 서로 반복된다), 이 책을 조심스럽게 읽으면 새 관점에 흥미있는 연구가에게 도움이 될 것이다. 그러나 WBC가 비록 복음적 성경학문의 저장소로 자신을 홍보하지만 던은 많은 경우 복음적이지 않은 결론에 이른다는 것에 주의해야 한다.

Dunn, J. D. G. *Jesus, Paul, and the Law: Studies in Mark and Galatians.* Louisville, Ky.: Westminster John Knox Press, 1990.

갱신하고 개정한 앞에 출판한 논문들을 모아서 던은 예수님과 율법에 관한 질문(1-3장)과 바울과 율법에 관한 질문(4-9장)을 다룬다. 특별한 관심은 4장("'이방의 빛이냐' 또는 '율법의 마침이냐': 다메섹 도상에서 바울에게 나타난 그리스도의 현현의 의미")에 있다. 4장에서 김세윤이 쓴 책(뒤에 있음)의 적합한 배경을 독자들에게 제시한다. 6장은 안디옥의 변론(갈 2장)에 대한 던의 분석을 보여주는 반면에, 7장과 8장은 "새 관점"과 "율법의 행위"라는 논문들(앞에 있음)을 재판한 것이다.

Dunn, J. D. G. *A Commentary on the Epistle to the Galatians*. Black's New Testament Commentary. London: A. C. Black/Peabody, Mass.: Hendrickson, 1993.

이 책은 새 관점의 성숙한 지지자 가운데 한 명이 새 관점에서 갈라디아서를 포괄적으로 읽은 주석 가운데 하나다. 독자들은 새 관점이 "율법의 행위"뿐만 아니라 사람이 율법을 지킬 수 있는 능력에 대한 질문을 어떻게 다루는지 볼 수 있다(cf. 3:10-13; 5:3; 6:13). 로마서 주석만큼 철저하지는 않지만 이 책이 큰 도움이 될 것이 분명하다.

Dunn, J. D. G. 『바울신학』(*The Theology of Paul the Apostle*), 박문재 역(서울: 크리스챤다이제스트사, 2003).

이 책은 던의 또 다른 두꺼운 책(xxxvi + 808 pp.)이다. 여기에서 던은 바울 사상을 몇 가지 주제로 종합한다. 이 책에서 나타나는 던의 장점은 앞선 연구들을 완전하고 분명하게 이해하고서 매력적인 스타일로 글을 쓰는 능력이다. 독자들은 바울의 "율법", "구원" 그리고 "그리스도의 죽으심"에 대한 던의 사상을 살펴볼 수 있다. 약점과 비평을 보려면 개핀(Gaffin)이 던을 중요하고 통찰력 있게 비평한 것(뒤에 있음)을 보아야 한다. 또한 뒤에 나오는 슈라이너(Schreiner)와 틸만(Thielman)의 비평도 주의하여 보라.

Hays, Richard B. *Echoes of Scripture in the Letters of Paul*. New Haven: Yale, 1989.

이 책은 바울서신에서 성경의 인용과 "되풀이"를 읽고 또한 바울이 구약을 읽는 해석학을 밝히고 있다. 제2장에서는 새 관점에 동조하는 관점에서 로마서에 나오는 "의"라는 용어를 중요하게 읽어내고 있다.

Räisänen, Heikki. *Paul and the Law. Wissenschaftliche Untersuchungen zum Neuen Testament 29*. Tübingen, Germany: MohrSiebeck, 1983.

바울을 종교개혁적으로 읽으려는 것을 격렬하게 비판하는 이인 레이제넨(Räisänen)은 샌더스가 했던 것보다 더 일관성 있게 샌더스의 논지를 따랐다고 주장한다(던이 추구했던 것보다는 다른 방향으로 갔지만 말이다). 바울은 전혀 "일관성"이 없고, 일부러 유대의 구원론을 법정적으로 잘못 드러냈다고 그는 주장한다. 레이제넨은 바울을 따분하게 그리고 가차 없이 읽는데, 이러한 독서법을 따른 이는 거의 없으나 레이제넨은 새 관점의 중요한 인물로 여전히 남아있다. 대표적인 비평을 보려면 웨스터홀름(Westerholm, 앞에 있음), 슈라이너(Schreiner, 뒤에 있음), 틸만(Thielman, 뒤에 있음), 무(Moo, 뒤에 있음)가 쓴 글들을 보라.

Wright, N. T. *The Climax of the Covenant: Christ and the Law in Pauline Theology*. Philadelphia: Fortress, 1991.

이 글은 주로 "그리스도"와 "율법"을 중심으로 하여 바울의 여러 본문에 대하여 라이트가 쓴 서로 연관이 없는 논문들을 모은 책이다. 라이트(Wright)의 초기 작품에 관심이 있는 이들은 이 책에도 관심이 있을 것이다. (그의 로마서 주석에서) **페리 하마르티아**(롬 8:3)가 "속죄제로"라고 번역되야 한다고 라이트의 논증에 대해 증보된 곳은 이 책의 11장이다. 독자들은 갈라디아서 3:10-14(7장)과 로마서 7장 (10장), 로마서 9-11장의 이전 개관, "바울신학의 본질"에 대한 라이트의 견해(14장)를 어떻게 다루는지 볼 수 있다.

Wright, N. T. "Romans and the Theology of Paul." In *Pauline Theology*, vol. 3, edited by David M. Hady and E. Elizabeth Johnson, 30-67. Minneapolis: Augsburg Fortress, 1991.

이 글은 라이트가 전에 로마서의 전반적인 개요를 보여주려고 쓴 논문이다. 이 논문은 독자에게 이 편지의 중심주제와 관심에 대한 라이트의 이해를 유익하고 간결하게 제시한다. 라이트가 "죄-잡혀감-회복"이라는 내러티브를 로마서의 흐름으로 활용한 것을 보면 바울 사상을 설명하는 "내러티브 순차"를 이후에 더 상세하고 분명하게 하려는 노력을 예상할 수 있다. 이 책은 리차드 헤이스(Richard Hays)의 비판력이 없지 않고 가치 있는 반응을 포함하고 있다.

Wright, N. T. "On Becoming the Righteousness of God: 2 Corinthians 5:21." In *Pauline Theology*, vol. 2, edited by David M. Hay, 200-208. Minneapolis: Augsburg Fortress, 1993.

이 글은 칭의의 두 가지 의미 때문에 고전적인 구절이라고 역사적으로 이해된 한 구절에 대한 논문이다. 이 구절의 하반절을 살펴보고서 라이트는 이 구절이 의미하는 바가 바울 사도가 "성령으로 하나님의 언약적 신실성의 화신이 되었다"는 것이라고 결론을 내린다 (206). 이 견해는 *What Saint Paul Really Said*(뒤에 있음)에서 다시 논의된다.

Wright, N. T. "The Law in Romans 2." In *Paul and the Mosaic Law: The Third DurbanTübingen Research Symposium on Earlist Christianity and Judaism*, edited by J. D. G. Dunn, 130-50. Tübingen, Germany: MohrSiebeck, 1996/Grand Rapids: Eerdmans, 2001.

이 글은 로마서 2장에 대한 새 관점의 중요한 연구이다. 거기에서 라이트는 다음과 같이 주장한다. (1) 로마서 2:25-29과 2:13-14의 개인은 이방 그리스도인이다. (2) 로마서 2:25-29에서 "율법을 행하는 것"은 "업적"이나 "윤리"를 가리키지 않고 "신분"을 가리킨다. (3) 로마서 2:17-24에서 바울은 이스라엘을 국가로써 고발하지 개인적인 이스라엘인을 고발하지 않는다. (4) 죄-잡혀감-회복이라는 내러티브가 로마서 2장의 근저에 깔려 있다고 이해해야 한다.

Wright, N. T. 『신약성서와 하나님 백성』(*The New Testament and the People of God: Christian Origins and the Question of God*), 박문재 역(서울: 크리스챤다이제스트사, 2003).

이 책은 라이트가 기획한 여러 권으로 된 신약신학의 첫 번째 책이다. 그는 "과격한 실재론"을, 즉 내러티브(명제가 아니라)가 인간사고에 근본적이라는 인식론을 위하여 주장한다. 여기에서 라이트는 초대 그리스도인들이 예수님의 인격과 사역을 중심으로 바꾸어진 내러티브와 세계관을 제2성전 유대교로부터 받았다고 길게 주장한다.

Wright, N. T. 『바울의 복음을 말하다』(*What Saint Paul Really Said: Was Paul of Tarsus the Real Founder of Christianty?*), 최현만 역(서울: 에클레시아북스, 2011).

    이 책은 지금까지 라이트가 독서계에 바울이라는 주제를 가지고 가장 충분히 다룬 책이다. 이 책은 비록 대중을 대상으로 쓰였지만 "의", "하나님의 의" 그리고 "칭의"와 같은 쟁점들을 다루고 있다. 여기에서 독자는 라이트의 기획과 종교개혁의 성취의 대조를 잘 분별하며, 라이트가 바울을 읽는 실제적인 성과물이 무엇인지 배울 수 있을 것이다.

Wright, N. T. "New Exodus, New Inheritance: The Narrative Structure of Romans 3-8." In *Romans and the People of God: Essays in Honor of Gordon D. Fee on the Occasion of His 65th Birthday*, edited by Sven K. Soderlund and N. T. Wright, 26-35. Grand Rapids: Eerdmans, 1999.

    이 논문은 로마서 중요한 부분의 내러티브 구조와 응집에 대한 라이트의 개념을 설명하려는 또 다른 시도이다. 여기에서 라이트는 바울이 받아들이고 변형시킨 출애굽 내러티브가 로마서 5:12-21(여기에서 바울은 "새 이스라엘", 즉 그리스도에 대한 이야기를 말함으로써 아담과 이스라엘의 문제를 푼다)과 로마서 6장(여기에서 "세례"가 홍해바다를 건너는 이라고 말한다)과 로마서 7:1-8:11(이 본문은 시내산에서 율법 수여가 중심이다)과 같은 곳에서 분명하다고 주장한다. 따라서 이 논문은 *The New Testament and the People of God*에서 말한 프로그램의 좋은 예를 보여준다.

Wright, N. T. "Romans." In *New Interpreter's Bible: Acts-First Corinthians*, vol. 10, edited by Leander E. Keck. Nashville: Abingdon, 2002.

이 글은 지금까지 라이트의 가장 긴 주석 작품이다. 던의 로마서 주석보다는 더 간결하지만, 이 책은 새 관점으로 로마서를 읽은 것으로서 던의 로마서만큼 평가된다. 독자들은 던의 주석적 결론과 라이트의 주석적 결론의 유사성이 많은 것을 발견할 수 있을 것이다. 라이트는 "율법", "율법의 행위", "믿음", "칭의" 그리고 그리스도의 죽으심이라는 주제들이 로마서에서 부상하기 때문에 이 주제들에 대한 자신의 견해들을 살펴볼 기회를 준다. 또한 라이트는 로마서의 수정적인 독서로 인해 교회에게 주는 실천적이고 목회적인 함의를 다루는데 분명하게 관심이 있다.

3. 바울에 관한 새 관점 비평

다음 문헌들은 새 관점에 대하여 비평적인 출판물들이다(나는 일부러 출판된 문헌들만으로 국한했지만 인터넷에 이용할 만한 좋은 비평글들이 없다는 것을 결코 암시하려는 의도는 없다). 나는 이 글들을 연대기적으로 나열하였다. 같은 해의 목록은 알파벳순으로 하였다. 다음에 나열된 모든 글들이 새 관점을 비평하는 데 같은 입장을 취하지는 않는다. 어떤 글은 다른 글보다 더욱 새 관점을 잘 이해한다. 이 모든 글들이 중요한 종교개혁의 모든 구원론 교리를 지지하지는 않는다. 나는 이 글들이 새 관점을 비평하고 신앙고백적인 개신교를 지지하는 범위가 어디까지 적절한지 설명하려고 한다.

Moo, D. J. "Law,' 'Works of the Law, and Legalism in Paul," *Westminster Theological Journal* 45 (1983): 90-100.

바울에게 "율법"은 보통 유대의 토라를 의미한다는 점에 (웨스트홀름[Westerholm]에게) 동의하면서, 무(Moo)는 이 논문에서 "율법의 행위"는 분명히 인간의 활동을, 즉 모세 율법이 요구하는 활동을 포함한다는 점을 (또한 웨스트홀름에게) 지지한다. 이 문제에 대한 무의 더 철저한 최근의 언급을 보려면 그의 주석 *Romans*(뒤에 있음)를 살펴보라.

Moo, D. J. Reviews of Heikki Räisänen, *Paul and the Law and E. P. Sanders, Paul, the Law, and the Jewish People*. Trinity Journal 5 (1984): 92-99.

이 서평은 새 관점 논의에서 레이제넨(Räisänen)의 위치에 대한 인식뿐만 아니라 그의 작업에 대한 유용하면서 간결한 비평을 독자에게 준다.

Schreiner, Thomas. "Is Perfect Obedience to the Law Possible? A ReExamination of Gal 3:10," *Journal of the Evangelical Theological Society* 27 (1984): 151-60.

(샌더스[Sanders]와 다양한 본문에 초점을 맞춘) 1985년 논문과는 달리 슈라이너(Schreiner)는 여기에서 갈라디아서 3:10과 최근 학자들의 연구(유명한 사람으로는 다니엘 풀러[Daniel Fuller])에 관심을 집중하고서 갈라디아서 3:10의 상반절과 하반절 사이에 있는 함의된 전제("아무도 율법을 온전하게 지킬 수는 없다")를 주어서는 안 된다고 주장한다. 슈라이너는 여기에서 "함의된 전제"라는 관점을 변호한다. 또한 『바울과 율법』(뒤에 있음) 2장("율법의 행위로 왜 구원을 얻을 수 없는가?")을 비교하라.

Gundry, Robert H. "Grace, Works, and Staying Saved in Paul," *Biblica* 66 (1985): 1-38.

    이 논문은 샌더스의 *Paul and Palestinian Judaism*과 *Paul, the Law, and the Jewish People*에 대한 중요하고 초기에 한 비평이다. 건드리(Gundry)는 바울과 유대교는 은혜와 행위교리가 같다는 샌더스의 논지를 성공적으로 물리치고, "팔레스타인 유대교는 행위-의가 중심이었고…바울신학은 은혜 중심이었다"는 전통적인 견해를 성공적으로 변호한다(6). 이 논문을 주의 깊게 읽어보면 얻는 것이 많을 것이다.

Schreiner, Thomas. "Paul and Perfect Obedience to the Law: An Evaluation of the View of E. P. Sanders," *Westminster Theological Journal* (1985): 245-78.

    슈라이너는 "바울이 율법을 온전하게 지키는 것이 불가능하다고 가르치지 않았다"라는 샌더스의 견해를 설명도 하고(246), 샌더스를 주석적으로 광범위하게 비평도 한다. 슈라이너의 서평은 『바울과 율법』(뒤에 나옴) 2장("Why the Works of the Law Cannot Save?")을 따라 읽어보면 유용하게 읽혀진다.

Thielman, Frank. *From Plight to Solution: A Jewish Framework to Understanding Paul's View of the Law in Galatians and Romans*. Supplements to *Novum Testamentum* 61. Leiden: Brill, 1989.

    이 책은 저자의 박사학위 논문을 개정한 것이다. 이 책에서는 바울이 "해결에서 곤궁으로" 추론한다는 샌더스의 논증을 반박한다. 틸만(Thielman)은 바울이 "곤궁에서 해결로" 추론하고, 이러한 추론은 외국 통치자와 율법의 범함으로부터 구원을 기대하는 유대교의 더 넓은 유형과 유사하다고 주장한다. 그의 더 광범위한 책 *Paul and the Law*(뒤에 있음)을 또한 보라.

Schreiner, Thomas. "Works of the Law in Paul," *Novum Testamentum* 33 (1991): 217-44.

바울의 말("율법의 행위")에 대한 새 관점 이후 평가는 새 관점 학계 안에서 더 논쟁적이 되었다. 이 논문은 최근 학계에서 연관된 본문과 그 본문의 논의를 모아놓고 있는 점에서 유용하다. 독자들은 『바울과 율법』(뒤에 있음)에서 상당한 논의를 볼 수 있을 것이다.

Schreiner, Thomas. "Israel's Failure to Attain Righteousness in Romans 9:30-10:3," *Trinity Journal* 12 (1991): 209-20.

새 관점의 비평가들은 이 본문이 율법준수를 통해 의를 이루려는 이스라엘을 바울이 비판하지 않았다는 견해에 대한 문제를 제시한다고 오랫동안 주장했다. 독자들은 이 본문을 슈라이너가 어떻게 다루는지 (그리고 슈라이너와 T. 데이비드 고드[David Gordon], "Why Israel Did Not Obtain Torah-Righteousness: A Translation Note on Rom 9:32," *WTJ* 54 [1992]: 163-66의 상호관계를) 『바울과 율법』에서 찾을 수 있을 것이다.

Silva, Moisés. "The Law and Christianity: Dunn's New Synthesis," *Westminster Theological Journal* 53 (1991): 339-53.

이 논문은 바울과 율법의 관계에 대한 던의 출판된 견해(1990년대를 통하여)를 비평적으로 개관한다. 이 비평논문의 두 번째 부분에서 (347-53) 실바(Silva)는 샌더스와 던의 논지를 간절하면서도 유용하게 분석하고 비평한다. 이 논문은 논쟁 중인 주요 쟁점에 대하여 분명하게 그리고 정제하여 소개한다.

Schreiner, Thomas. "Did Paul Believe in Justification by Works? An other Look at Romans 2," *Bulletin of Biblical Research* 3 (1993): 131-55.

    로마서 2장은 바울의 율법관에 대한 새 관점의 주석에서 중요한 역할을 한다. 바울이 율법에 대하여 모순된 견해가 있음을 "증명"하든지(샌더스, 레이제넨), 바울이 사람들의 순종에 근거한 일종의 칭의를 믿었음을 증명하든지(던, 라이트) 말이다. 여기에서 슈라이너는 주석적으로 선택할 수 있는 것들을 살펴보고, 로마서 2장에 있는 율법과 칭의에 관한 바울의 언급이 칭의에 대한 종교개혁 교리와 상충되지 않는다고 결론을 내린다. 『바울과 율법』의 7장("Did Paul Teach Justification by Works?")에 있는 논의를 보라.

Schreiner, Thomas R. "Paul's View of the Law in Romans 10:4-5," *Westminster Theological Journal* 55 (1993): 113-35.

    로마서 10:4-5은 바울과 율법에 관한 논의에서 중요한 역할을 했다. 무슨 의미에서 그리스도는 율법의 마침(헬라어로 **텔로스**)이 되시는가? "모세"가 말한 "율법에 근거한 의"는 무엇인가? 또한 슈라이너(Schreiner)가 이 본문을 어떻게 다루는지는 『바울과 율법』에서 보라.

Schreiner, Thomas R. 『바울과 율법』(*The Law and Its Fulfillment: A Pauline Theology of Law*), 배용덕 역(서울: CLC, 2007).

    율법에 관하여 슈라이너가 십여 년간의 연구를 종합한 (그러나 결코 단순하게 되풀이 하지 않은) 책이다. 새 관점 집단이 제기한 쟁점을 유용하게 개관한다. 많은 전통적인 입장들을 주석적으로 변호하고 대표적인 새 관점 저서들과 비평적으로 교류하면서 말이다. 이 책은 틸만(Thielman)의 책 *Paul and the Law*을 보충해주고 있다. 개혁파 개신교도들은 바울이 율법의 "제3용도"라고 알려진 것을 가르친 것을 슈라이너가 믿지 않는다고 주장할 것이다.

Seifrid, Mark A. "Blind Alleys in the Controversy over the Paul of History," *Tyndale Bulletin* 45 (1994): 73-95.

새 관점 비평에 대한 싸이프리드(Seifrid)의 초기 글 가운데 하나이다. 싸이프리드는 이 글에서 (1) 바울의 "율법의 행위"에 대한 던의 독특한 견해, (2) 바울(과 다른 초대 그리스도인들)이 "죄-잡혀감-회복"이라는 유대교의 내러티브를 물려받았다는 라이트의 논증을 비평한다. 후자 쟁점에 초점을 맞춘 비평들이 극소수인 것을 감안할 때 이 논문은 특별한 가치가 있다.

Thielman, Frank. *Paul and the Law: A Contextual Approach*. Downers Grove, Ill: InterVarsity, 1994.

바울의 율법이라는 주제에 대하여 (새 관점 지지자들의 공헌에 초점을 맞추어서) 최근 바울연구를 개관한다. 제1장은 아퀴나스(Aquinas)에서부터 웨스트홀름(Westerholm)을 거치는 바울연구를 간결하게 개관한다. 제2장은 바울이 글을 쓰는 유대교의 문맥을 다룬다(여기에서 독자는 유대교에 대한 라이트의 묘사에 일정 부분 공감할 것이다). 나머지 장들은 율법문제에 관한 바울서신의 본문을 차례대로 다룬다. 틸만(Thielman)은 능력 있는 학자여서 새 관점 연구의 결과물들에 반대하여 중요한 이의를 많이(모두가 아님) 제기한다. 이 책은 현재 논쟁 중에 있는 것들을 잘 소개하고 있다.

Moo, Douglas. 『NICNT 로마서』(*The Epistle to the Romans*), 손주철 역(서울: 도서출판솔로몬, 2011).

새 관점 자체를 "비평"하지 않지만 무(Moo)의 최근 로마서 주석은 새 관점으로 로마서를 읽은 것과 더 주석적으로 확대하여 교류한 것을 독자들에게 보여줄 뿐만 아니라 로마서의 전통적 읽기를 일반적으로 변호한다. 이 책의 크기(xvii + 1,012페이지)와 참고문헌의 철저함은 관심있는 자들에게 이 책의 중요함을 소개할 것이다.

Schreiner, Thomas. *Romans*. Exegetical Commentary on the New Testament. Grand Rapids: Baker, 1998.

이 방대한(xxi + 919페이지) 주석은 새 관점으로 바울 읽기에 (일반적으로) 전통적인 주석으로 반응함으로써 무(Moo)의 로마서 주석을 보충해 준다(비록 무의 책이 참고문헌상으로 볼 때 더 방대하지만 말이다). 독자들이 알아야 할 것은 그의 책 *Paul, Apostle of God's Glory in Christ* (p. 192 n.2)에 있는 슈라이너(Schreiner)의 각주이다. 여기에서 그는 바울의 "의"가 변형적이라고 이 주석에 드러난 그의 견해와 나중에 결별한다(63-71). 무와 함께 읽어보면 원하는 만큼 새 관점에 대한 (로마서로부터) 주석적인 반응을 철저하게 갖게 될 것이다.

Thielman, Frank. "Paul as Jewish Christian Theologian: The Theology of Paul in the Magnum Opus of James D. G. Dunn," *Perspectives in Religious Studies* 25 (1998): 381-87.

이 책은 *From Plight to Solution*과 *Paul and Law*의 저자가 던(Dunn)의 두꺼운 바울신학을 비평한 책이다. 틸만(Thielman)은 여러 면에서 새 관점을 비판하지만, 다른 복음적 비평가들보다 새 관점 학문을 더 잘 이해한다.

Schreiner, Thomas. *Review of James D. G Dunn, The Theology of Paul the Apostle. Trinity Journal* 20 (1999): 95-100.

이 책은 지금까지 던이 바울을 가장 철저하게 다룬 것을 잘 이해하고 비판적으로 개관한다. 슈라이너 비평의 요점에는 바울의 기독론 "율법의 행위", 바울의 칭의, 바울의 그리스도의 죽으심, 바울의 교회론과 성례의 개념에 대한 던의 개념이 포함되어 있다.

Smith, Robert. "Justification in 'the New Perspective on Paul,'" *Reformed Theological Review* 58 (1999): 16-30.

스미스(Smith)는 새 관점 지지자들(샌더스, 던, 라이트)이 바울의 칭의에 대하여 가르친 것을 간략하게 살펴본다. 또한 스미스는 종교개혁교리에 공감하고서 "종교개혁 패러다임"과 새 관점의 주요한 차이점을 개관한다.

Smith, Robert. "A Critique of the 'New Perspective' on Justification," *Reformed Theological Review* 58 (1999): 98-113.

앞에 있는 논문과 함께 논문집에 실린 글이다. 스미스는 장점을 나열하고 새 관점의 비판을 작은 공간에 내가 읽은 책 중에 가장 통찰력 있고 철저하게 비판하며 보여준다. 관심 있는 독자들은 이러한 논문 연구를 먼저 하길 촉구한다.

Carson, D. A., Peter T. O'Brien, and Mark A. Seifrid, eds. *Justification and Vareigated Nomism*. Vol. 1, *The Complexities of Second Temple Judaism*. Grand Rapids: Baker, 2001.

이 책은 샌더스 이후 제2성전 문헌을 살펴보면서 샌더스의 "언약적 신율주의"라는 논지의 가능성을 고려한다. 샌더스가 *Paul and Palestinian Judaism*에서 보여준 것보다 더욱 증거를 전문적으로 연구함에도 불구하고 말이다. 다양한 학문적 신학적 전통을 대표하는 저자들이 다른 결론에 도달한다. 즉 카슨(Carson)이 이 책의 결론에서 유용하게 요약한 결론을 말한다. 공평하게 하자면 카슨의 결론을 이 책의 각각 저자들의 연구가 지지하지 않는다고 어떤 비평가들이 주장했다는 점을 언급해야 한다. 그렇지만 카슨은 이 책에서 학자들의 연구결과는 대체로 샌더스의 논지를 인정하지 않는다고 그 장에서 강력하게 주장한다.

Gaffin, Richard B. "Paul the Theologian," *Westminster Theological Journal* 62 (2000): 121-41.

이 글은 웨스트민스터신학교(Westminster Theological Seminary, Philadelphia)에서 성경신학과 조직신학을 오랫동안 가르친 교수가 쓴 논문이다. 라이트의 *What Saint Paul Really Said*(앞에 있음)와 던의 *Theology of Paul the Apostle*(앞에 있음)에 대한 이 비평 논문은 두 책을 잘 이해하여 간략하게 개관한다. 이 비평 논문의 또 다른 강점은 두 저자에 대한 비평이 정확하고 심도가 있다는 점이다. 개핀(Gaffin)은 새 관점에 대한 다른 비평가들을 거의 출판물로 끄집어내지 않았지만, 꼭 필요한 신학적 쟁점(예를 들면, 계시, 아담의 전가, 기독론)을 다룬다.

Seifrid, Mark A. *Christ Our Righteousness: Paul's Theology of Justification.* Leicester: Apollos/Downers Grove, Ill.: InterVarsity, 2000.

"회심", "하나님의 의", "율법", "이신칭의"와 같이 다양한 주제들에 대하여 새 관점을 비평적으로 주석함으로 만난 실제적인 책이다. 싸이프리드(Seifrid)는 최소한 두 가지 입장에서 신앙고백적인 개신교를 실망시킬 것이다. 그것은 (1) 믿음은 칭의라는 행위에서 오로지 수동적이지 않다는 점과 (2) 칭의에 관해서 전가라는 용어의 적합성에 대한 의심이다. 이것과 관련해서 싸이프리드의 중요한 글이 있다. "'The Gift of Salvation': Its Failure to Address the Crux of Justification," *Journal of the Evangelical Theological Society* 42 (1999): 679-88.

Seifrid, Mark A. "The New Perspective on Paul and Its Problems," *Themelios* 25 (2000): 4-18.

짧지만 설명을 잘하는 이 논문에서 싸이프리드는 새 관점에 관련하여 몇 가지 비평을 독자들에게 제시한다. 그는 샌더스의 "언약적 신율주의"가 1세기 유대교의 묘사적 용어라는 점에 대하여 문제를 제기하고, 새 관점에 대한 공동체적 읽기에 반대하여 전통적으로 바울에 대한 구원론적인 읽기를 대조하고 변호하고, 1세기 유대교 사상에 "계속해서 잡혀간 상태에 있는 중"이라는 라이트의 논지에 대해 의문을 일으킨다. 독자들은 싸이프리드 칭의관을 접하게 될 것이다. 이 문제는 그의 책 *Christ Our Righteousness*(앞에 있음)에서 길게 논의되어 있다.

Stuhlmacher, Peter. *Revisiting Paul's Doctrine of Justification-With and Essay by Donald A. Hagner.* Downers Grove, III.: InterVarstiy: 2001.

이 간략한 책은 알라바마(Alabama)주, 버밍엄(Birmingham)에 있는 비슨신학대학원(Beeson Divinity School)에서의 스툴마허 2000년 성서학 강의(Stuhlmacher's 2000 Biblical Studies Lectures)를 수록하고, 해그너(Hagner)의 논문("Paul and Judaism: Testing the New Perspective")을 부록으로 담고 있다. 스툴마허는 새 관점이 바울의 칭의교리와 "율법의 행위"를 잘못 읽어서 짧고 불완전하게 비평한다고 주장한다. 하지만 스툴마허의 "칭의"에 대한 적극적인 설명에는 케제만의 영향력이 나타나고, 개혁주의 개신교도들이 찾으려 했던 예리함은 없다. 해그너의 결론에 동의하지 않을 수 있지만, 해그너의 부록 논문은 관련된 논쟁에 대한 설명과 최신 참고문헌에 있어 뛰어나다.

Talbert, Charles H. "Paul, Judaism, and the Revisionists," *Catholic Biblical Quarterly* 63 (2001): 1-22.

이 논문은 가톨릭성경협회의 2000년 대회장연설(the 2000 Presidential Address of the Catholic Biblical Association)로써 바울 그리고 바울과 유대교의 관계에 대한 학문적이고 비평적인 새 관점 이후 평가를 대변한다. 탈버트(Talbert)는 종교개혁자도 새 관점도 이 관계를 적절하게 이해하지 못했다고 결론을 내리지만 "바울신학의 고민은 하나님의 은혜와 인간의 자기충족성의 관계이고", "일부 고대유대인들이 율법주의자들이었다"라는 점에 동의한다(15). 안되었지만 탈버트의 바울 구원론은 로마 가톨릭으로 바울 읽기에 결정적으로 동조하고 있다. 신앙고백적인 개신교도들에게는 바울과 고대 유대교의 차이에 대한 개념을 타협하려는 것으로 보인다.

Gathercole, Simon. *Where is Boasting? Early Jewish Soteriology and Paul's Response in Romans 1-5*. Grand Rapids: Eerdmans, 2002.

　　이 책은 제2성전 문헌에 대한 샌더스의 평가를 젊은 학자가 평가한 것이다. 개더콜(Gathercole)은 바울서신에 있는 랍비 문헌의 "자랑"이라는 용어에 초점을 맞춘다. 바울과 랍비 유대교가 사람이 율법에 순종할 수 있는 능력이 있는지에 대한 질문에 관하여 현저하게 다르다는 점을 일단의 증거들이 밝혀준다고 그는 결론을 내린다.

김세윤. 『바울신학과 새 관점』(*Paul and the New Perspective: Second Thoughts on the Origins of Paul's Gospel*, 서울: 도서출판두란노, 2002).

　　이 책은 *The Origin of Paul's Gospel*의 저자가 새 관점을 최근에 비평한 글이다. 이 책이 독자들에게 가치 있는 것은 던의 바울 읽기에 초점을 맞추었다는 점이다. 던에 반대하여서 김세윤은 다메섹 도상에서 바울과 예수님의 만남은 바울 복음의 기원뿐만 아니라 칭의교리의 기원이라고 주장한다. 또한 김세윤은 "율법의 행위"라는 새 관점의 성과물은 잘못되었고, 유대교의 새 관점 구성에 반대하여 바울이 율법의 행위라는 말로써 1세기 유대교가 "행위-의의 요소가 있는 언약적 신율주의라고 단언한다고 주장한다(83-84).

Piper, John. 『칭의 교리를 사수하라』(*Counted Righteous in Christ: Should We Abandon the Imputation of Christ's Righteousness?*), 장호익 역(서울: 부흥과개혁사, 2007).

　　아담의 전가 그리고 그리스도의 의가 칭의를 믿는 자에게 전가, 이 두 교리를 모두 매우 가치 있게 주석적으로 신학적으로 변호한다

(로버트 건드리에 반대하여). 후자에 문제가 있다는 일부 새 관점의 비평가들에 뒤를 이어서(스툴마허, 싸이프리드, 초기 슈라이너), 파이퍼가 이 중요한 교리의 친구들이자 변호자들에게 공헌을 돌리는 것은 환영할만한 일이다.

Schreiner, Thomas. *Paul, Apostle of God's Glory in Christ: A Pauline Theology*. Downers Grove, Ill.: InterVarsity/Leicester: Apollos, 2002.

복음주의 학자가 최근에 쓴 몇 안 되는 바울신학 가운데 하나이다. 슈라이너의 두꺼운(504페이지) 책은 바울 사상을 긍정적으로 제시하는 상황에서 독자들에게 새 관점과 계속 교류하도록 한다. 이 책에서 슈라이너는 바울의 "의"는 본질상 법정적이라고(앞에 있는 그의 로마서 주석에 대한 평가를 보라) 주장하지만 바울이 율법의 "제3용도"라고 알려진 것을 가르치지 않았다는 점을 여전히 고수하고 있다. 또한 믿음이 칭의에서 전적으로 수동적인 것으로 슈라이너가 이해하지 않는 것 같고(pp. 209-11을 보라), 아담의 전가에 대한 전통적인 개혁주의 견해를 수용하지 않는 것 같은 점(p. 146ff.을 보라)을 독자들은 볼 수 있다. 이러한 평가에도 불구하고 이 책은 새 관점에 관심 있게 연구하려는 자들에게 가치가 있을 것이다.

Carson, D. A. "Atonement in Romans 3:21-26." In *The Glory of the Atonement: Biblical, Historical, and Practical Perspectives. Essays in Honor of Roger Nicole*, edited by Charles E. Hill and Frank A. James III, 119-39. Downers Grove, Ill.: InterVarsity, 2004.

카슨(Carson)은 새 관점 논의에 중요한 본문에 대하여 이해하기 쉽고 잘 간추린 논의를 독자에게 보여준다. 로마서 3:21-26의 새 관점

읽기와 교류하면서 카슨은 "의", "믿음", "화목"에 대한 전통적 읽기를 간결하게 변호한다. 또한 그는 로마서 3:21-26의 읽기를 로마서 1-3장의 큰 논증 안에서 설득력 있게 설명한다.

Carson, D. A. "The Vindication of Imputation: On Fields of Discourse and Semantic Fields." In *Justification: What's at Stake in the Current Debates*, edited by Mark Husbands and Daniel J. Treier, 46-78. Downers Grove, Ill.: InterVarsity, 2004.

이 논문은 그리스도의 의가 믿는 자에게 이루어지는 전가를 다루는 성경적이고 신학적인 쟁점을 주의 깊고 신중하게 개관한다. 이 논문에서 카슨이 비록 새 관점으로 읽는 것을 주로 다루지는 않지만, 그가 고려하는 본문은 새 관점 논의에서 중요한 역할을 했다. 카슨은 로마서 3:27-31, 4:4-5, 6-8, 고린도전서 1:30, 고린도후서 5:19-21을 읽어가면서 전가라는 전통적인 교리가 바울의 가르침이라고 변호한다.

Carson, D. A., Peter T. O'Brien, and Mark A. Seifrid, eds. *Justification and Variegated Nomism*. Vol. 2, *The Paradoxes of Paul*. Grand Rapids: Baker, 2004.

제2성전을 다루었던 2001년도에 출판된 자매서를 이어서 이 책은 새 관점이 바울 해석에 관하여 제기했던 쟁점을 다루는 성경적이고 신학적인 쟁점에 집중한다. 이 책에는 좋은 논문들이 많이 있는데 그 가운데 몇 논문들은 로마서 1:18-3:20(싸이프리드); 3:21-4:25(개더콜), 5-11장(무[Moo])에 대하여 주석적으로 철저하게 연구하고, 갈라디아서에 있는 믿음과 행위라는 바울의 용어(실바[Silva])를 다루고 있다. 오브라이언(O'Brien)은 바울이 언약적 신율주의자가 아니라는 점과 바울은 다메섹 도상에서 부름 받고 회심했다는 점을 두 개의 별개 논문에서 주장한다. 야브로(Yarbrough)와 카슨은 바울과 옛 언약의 관계를 긍정적으로 규정하려고 했다. 조지(T. George)는 사도 바울의 종교개혁으로 (그리고 특별히 루터로) 읽기에 대한 현대적 방어를 보여준다. 새 관점을 연구하는 자는 먼저 이 책을 주의 깊게 읽어 보아야 한다.

주제 및 인명 색인

[ㄱ]

가블러(Gabler, J. P.) 320
갈라디아서 164
개더콜(Gathercole, Simon) 370
개인, 바울을 중심으로 44, 51
개인 판단 254
개핀(Gaffin, Richard) 367
개혁파 신학 17
거룩함 58, 68, 130
건드리(Gundry, Robert H.) 361
경건주의 313, 318-319
경계표지 182, 197, 252, 259, 271, 276
경험적인 종교 318
계명 113
계몽주의 201, 238
고갱(Gauguin, Paul) 33

고난 95, 99, 105
고린도교회 27
곤궁 본문 192
공동체 68-70, 240, 245
공로 43-44, 81-82, 98, 166, 168, 180, 248, 259, 262, 277, 297, 302
공의 99, 219
과격한 실재론 243, 357
교도권, 학문적 308
교부들의 보물 43
교회론 215
구원
    메타포로서 구원, 193-195
    언약의 일원이 됨으로서 구원, 92, 99
    온당한 확실성, 102, 106
    한 가지 종교적 행위로 구원 89
구원론 75

구원서정(*ordo Salutis*) 218, 239
구학파와 신학파의 논쟁, 20
그리스도 안에 있음 36, 38, 110, 131, 274
그리스도와 연합 113, 327, 334
그리스도인의 삶 234, 238, 314
근본주의 243, 316, 322
근원으로(*ad fonters*) 23, 73
기독교와 유대교 59, 178, 206, 256
기독교 재건주의 318
기독교학문연구소 318, 320
기독론 48
김세윤 370

[ㄴ]

나치 독일 50, 317
낭만주의 238
내러티브 306-307, 316, 321
누가복음과 사도행전 27-28
누스너(Neusner, Jacob) 343, 350
니버(Niebuhr, H. Richard) 319
닐(Neil, Stephen) 338

[ㄷ]

다드(Dodd, C. H.) 158
다메섹 도상
    경험 61
    범죄로 인한 벌 87-88, 105

단일신론 202, 205
대다수 행위 84-87, 89, 90, 105
던(Dunn, James D. G.) 165-198, 252, 352-354
    그리스도의 죽으심에 대한 입장 285-290, 311-312
    메타포에 대한 입장 306
    범죄에 대한 입장 291-294
    복음에 대한 입장 309
    율법의 행위에 대한 입장 197
    의에 대한 입장 266
    칭의에 대한 입장, 274-285, 309-310
데이비스(Davies, W. D.) 41, 46, 110, 317, 321, 347
도덕법 159, 236
도브(Daube, David) 46
도예빌트(Dooyeweerd, Herman) 318
도예빌트주의 320
듀크대학교(Duke University) 46
드레인(Drane, John) 158

[ㄹ]

라이첸슈타인(Reitzenstein, Richard) 33, 346
라이트(Wright, N. T.) 250-252, 338
    개혁파 기독교 안에서 영향 315-323
    그리스도 죽으심에 대한 입장

229-234, 285-290, 312
그리스도의 주권에 대한 입장 18
라이트의 성경주의 321-322
믿음에 대한 입장 311
바울에 대한 입장 356-359
범죄에 대한 입장 291-293
복음에 대한 입장 309, 312-313
세계관에 대한 입장 306-307
세례에 대한 입장 314
신학에 대한 입장 201-202
와 스텐달 69
율법의 행위에 대한 입장 257-274, 310
의에 대한 입장 207-215, 266-267
전가에 대한 입장 234 주107, 278 주56
제2성전 유대교에 대한 입장 250-251, 255-256, 308
칭의에 대한 입장 215-224, 274-285, 311
확신에 대한 입장 313-314
라이트의 "신학" 201
라이트푸트(Lightfoot, J. B.) 29, 345
랍비유대교 73-107
    모은 것으로써 문헌 74-77
    반펠라기우스적으로써 랍비유대교, 106-107, 248, 281, 298-299
    펠라기우스적으로써 랍비유대교 103, 106, 249, 298

레이제넨(Räisänen, Keikki) 157-158, 199, 252, 306, 355
레벤틀로우(Reventlow, H. Graf) 336
로마 가톨릭교회 22, 27
    구원론 32
    중세후기 297-299
루터(Luther, Martin) 21-22, 55-57, 69, 107, 303, 321, 335
루터파 교회 22, 33
뤼데만(Lüdemann, Hermann) 35

[ㅁ]

마부르크(Marburg) 41
마카비왕조의 난국 167
맥그라스(McGrath, Alister) 216
머레이(Murray, John) 320
메시아 66, 71
메이어(Meyer, H. A. W.) 25
메타포 193-198, 229, 306
명제 321
모세율법 27, 29
몬테피오레(Montefiore, Claude G.) 342
몸을 분별함 68
무(Moo, Douglas) 338, 360, 365
무관심(*adiaphoron*) 160
무어(Moore, George Foote) 343
묵시사상 351
미국장로교회(Presbyterian Church in

America) 305
미드라심(midrashim) 77
미래칭의 182, 217, 220, 222, 229, 276
미쉬나(Mishnah) 77, 84-85, 94
민족 메타포 264
믿음 45-46, 70-71, 265-266
　과 세례 238-241
　과 칭의 227-229, 274-285, 301-302, 311
　과 행위 145-147
　신실한 것, 172, 227-229, 244, 277, 331
　에 대한 던의 입장 181-183
　에 대한 바울의 입장 138
　에 대한 샌더스의 입장 126-128
　일원이 되는 표지 218, 220
믿음의 순종 180, 187, 227

[ㅂ]

바리새인들 48, 76, 124
바벨론 탈무드 76, 86
바우어(Baur, F. C.) 24, 26, 29, 31, 39, 345
바울
　건전한 양심 59, 62, 69, 111, 294
　괴로워하는 양심 56, 69, 111, 234-235, 245
　논쟁이 있는 서신들 270-271

바울에 대한 데이비스의 입장 47-49
바울에 대한 참고문헌 344-359
바울에게 미친 헬라 영향 39, 42
바울의 객관적인 신학 32
바울의 반대자 28-31
바울의 비일관성 157-165,
바울의 양심 294-297
바울의 해석 252-253,
바울의 회심 60-61, 111, 178-179, 234, 241
십자가에 대한 바울의 입장 107
유대교에 대한 바울의 입장 36-37, 43-44, 47-49, 104, 106, 111, 152-154, 252, 255-256, 295-297
유대교와 연속성 69, 112-113, 115-116
유대인/이방인 문제에 대한 바울의 입장 27, 39, 56-58, 218-219
율법에 대한 바울의 입장 29, 117-120, 136-150, 155, 159-164
율법의 비판 49
이방인의 사도 112
조직적인 사상가로써 바울 150-151, 155
주관적인 경험 32
중심사상 29-30, 39, 56
바울서신의 진정성 28
바울에 관한 새 관점
　과 로마 가톨릭 18,

　　　　신학적 문제 297-304
　　　　은혜에 대한 입장 280-281
　　　　주석적 문제 256-297
　　　　해석학적 문제 248-256
반유대주의 33, 166
반율법주의 317-318, 332
반펠라기우스 106-107
반펠라기우스주의(semi-Pelagianism)
　　299
배도 329-330
벌거벗은 성경(nuda Scriptura) 24
벌점 43
범죄 291-295
법정 208-209, 241, 243-244
법정언어 35, 37-39, 52
베드로 27, 30
베이커(Beker, Johann Christiaan) 351
보른캄(Bornkamm, Guenther) 50
보상 80, 83-84, 96, 105, 189, 281
보스(Vos, Geerhardus) 320
보야린(Boyarin, Daniel) 352
복된 138
복음 309
복음주의와 언약 325-326
복음주의자들
　　라이트에 대한 존경, 199-200
　　복음주의자들 가운데 있는 반율
　　법주의 317-318
부세(Bousset Wilhelm) 33, 110, 341,
　　346

불경건한 242
불의 226
불트만(Bultmann, Rudolf) 21, 41-42,
　　110, 122, 150
　　에 대한 스텐달(Stendahl)의 입장
　　　56-58, 63-64
　　에 대한 캐제만(Käsemann)의
　　　입장 51
　　샌더스(Sanders)의 입장 118
　　유대교에 대한 입장 43-44
　　칭의에 대한 입장 44-46
브레데(Wrede, Wilhelm) 35, 38, 199

[ㅅ]

사도적 지도 254
사랑 68
사해사본 76
사후 75
상고주의 33
새 언약 112
새 출애굽 237
샌더스 199
　　그리스도의 죽으심에 대한 입장,
　　　285-290
　　바울에 대한 입장 63, 110-156,
　　　187, 252, 306, 348-351
　　범죄에 대한 입장, 290-294
　　불트만에 대한 입장 43
　　샌더스에 대한 던의 입장 165-167

샌더스에 대한 라이트의 입장 215
언약적 신율주의에 대한 입장 308
유대교에 대한 입장 17, 63, 73-107, 248-250, 343
율법의 행위에 대한 입장 257-274, 310
의에 대한 입장 266-267
칭의에 대한 입장 274-285, 309-310
샴마이학파(Shammai School) 91, 99
선지자 60-61
선택 167-168, 188, 205, 330
   과 언약 325-327
   선택에 대한 샌더스의 입장 78-82, 98
   선택에 대한 바울의 입장, 115-116
   선택의 이유 103
   유대교에서 163
선행 301, 332
성경
   교리 308-309
   무오성 306
   문자적, 문법적 의미 25
   통일성 317, 321
   해석 253, 306-307
성경신학 320, 325
성경주의 321-322
성령
   과 율법 113

성령에 대한 바울의 입장 27-29, 31, 40
성화 230, 295, 301
세계관 201-202, 306-307
   초대기독교의 세계관, 205-206
세대주의 317
세례 245, 314-315, 326-330, 333-334,
   구속에 끼친 영향 37
   세례에 대한 라이트의 견해 238-240
   언약에 들어감 112
세례 요한 37
세례적 중생 112, 314, 334
속죄 78, 93-98, 104-106, 155, 184, 232-234, 244, 286
속죄에 대한 그리스도의 승리라는 견해 233
속죄일 93-94, 96, 99, 195
속죄제 195, 231
순종 77-78, 88-89, 91, 98-99, 104, 168, 176, 300
   과 언약의 일원, 112-113
   과 칭의 281-285
   실행할 수 있는 것, 185-186
   언약에 317-318
   언약적 326
   에 대한 랍비유대교의 입장 105-106
   에 대한 샌더스의 입장 82-83
   완전한 91, 98, 100, 104, 144,

185-186, 273
율법에 43-44
의 질과 양 90-91, 98
순종의 질 91
쉐퍼드(Shepherd, Norman) 17, 323-325, 327-333
쉬러(Schürer, Emil) 342
슈라이너(Schreiner, Thomas) 355, 360-363, 365-366, 371
슈바이처(Schweitzer, Albert) 21, 29, 31, 36-38, 48, 65, 68, 109, 215, 314, 334, 337, 347, 349
스미스(Smith, Robert) 366
스텐달(Stendahl, Krister) 50, 55-56, 111, 148, 294, 344, 348-349
스툴마허(Stuhlmacher, Peter) 369, 371
스트라빈스키(Stravinsky, Igor) 33
신뢰 181, 183
신분 148, 188, 198, 209-210, 214, 218, 223, 258-260, 262, 265, 271, 273
신비적 110
신비주의 34, 36, 48
신실함 104
신인협력설, 랍비유대교에서 106
신학, 라이트의 입장 201-202
신학적 방법 306
실바(Silva, Moisés) 362
실존주의 44, 110, 236

심판 91-92, 104, 106
심판 날 92, 182
십자가 107
싸이프리드(Seifrid, Mark A.) 251, 257-258, 364, 368

[ㅇ]

아담(Adam)
　내러티브 192-193, 237
　죄의 전가 278-279, 291-293
아브라함(Abraham) 142-143, 190, 242, 263
아키바(Akiba) 86-87, 89-90, 248
안디옥 165
안식일 168, 197, 204-205, 244, 257
야고보서 27, 283
어거스틴(Augustine) 55, 69, 281
어번에비뉴(Auburn Avenue) 장로교회 17, 323-334, 324 주16
언약 77, 111
　과 구원 77, 99-100
　과 선택 330
　과 세례 112
　과 유대교 세계관 204
　과 의 170
　과 중생 327-328
　과 흠 없음 190
　머무는 105
　바울 사상의 중요 원리 115

수평적 330
　　에 대한 새관점 316
언약-복음주의 328
언약비전 324
언약의 신실함 208
언약의 일원 92, 99, 226
언약적 신실성 88, 214, 275, 280,
　　311, 357
언약적 신율주의 77, 112, 114, 116,
　　167, 180, 249-250, 291, 308, 367-
　　368
에스라 167
에큐메니즘 245
엘리스(Ellis, E. E.) 337
역사 319
역사비평 17, 19, 28, 31
연약함 67
열심 146, 179, 192, 265, 270
예레미야스(Jeremias, Joachim) 249,
　　342
예수 그리스도
　　공로 302
　　부활 183-184, 223-224
　　의 311, 331
　　주권, 주되심 153, 318-319
　　죽으심 151-153, 155, 173-174,
　　　　183-184, 195-196, 205-206,
　　　　212-213, 218, 221-223, 229-
　　　　234, 238, 224-245, 279-294,
　　　　311-312

오는 세대 48
오닐(O'Niell, J. C.) 158
오브라이언(O'Brien, P. T.) 19, 373
오직 성경 24
온전함 68
완전한 273
완전함 88, 185
왈쉬(Walsh, Brian) 320
외식주의 105, 329
요세푸스(Josephus) 204
요셉과 아세넷(Joseph and Aseneth)
　　252
요한 30
용서 63-64, 93-94, 103, 155
우상숭배 88
워필드(Warfield, B. B.) 320
원죄 75, 83, 103, 291
월터스토프(Wolterstorff, Nicholas)
　　201
웨스터홀름(Westerholm, Stephen 46,
　　338, 340
웨스트민스터 표준문서(Westminster
　　Standards) 17-18, 332, 334
위경 76, 255, 308
위선 104
위터링톤(Witherington, Ben) 340
유대(교)
　　공로와 보상의 체계 166
　　기독교 유대교와 화해 316
　　에 있는 보편적 전통 49

율법종교 44
의 구원론 162-164, 257
제2성전 유대교를 보라
하나님에 대한 두려움 43
학자들의 유대교 재구성 252-253
유대기독교 27, 32, 39
유대인 141-142, 164
유대인과 이방인 58-59
유대인/이방인 문제 65, 70
유월절 양 79
유지용어 130, 132, 154
육체 118, 149, 176, 284-285
윤리학 112
율법 43-44, 56, 75, 111, 155
    과 완전함 88, 185, 269
    과 죄 112-116
    에 대한 바울의 입장 29, 49, 113-115, 118, 120-129, 136-137, 149-150, 159-165, 171,
    윤리적 표준 264-265
    의 사회적 기능 165
    의 제2용법 57
    의의 율법 145, 225, 264
    인간의 능력에 맞는 율법 104
율법의 순종 122, 257, 269
율법의 의 46, 62, 149, 191, 224, 236, 265, 268, 270
율법의 행위
    에 대한 던의 입장 193, 257-284, 310

에 대한 라이트의 입장 209
율법주의 57, 111, 297, 298, 318
은혜 45-46, 98-100, 103-107, 116, 188-189, 297-299
    법정적 301
    변형적 280, 301
음식법 159, 168, 181, 197, 204, 257
의 64-65, 110, 331-332
    가입용어로서 의 154
    관계로서 의 170, 198
    믿음으로 134-135, 136-139, 143, 145-148
    법정적으로서 의 301
    와 언약 190-191
    유대교에서 162-164
    유지용어로서 의 130, 132, 154
    율법으로부터 온 의 128-129, 131, 136
    의에 대한 던의 입장 165
    의에 대한 샌더스의 입장 134
    이동용어로서 의 130
    주입으로서 의 332
의미 25-26
의인이면서 죄인(*simul justus et pecca-tor*) 62
이그나티우스(Ignatius) 37
이동용어 130, 132, 198, 274-275
이미지 193
이방인들 57, 60-61, 123, 126, 181
이야기 201-205, 243

유대인들의 이야기 203-204
　　　초대 그리스도인들의 이야기205
인간론 51-52, 64, 100
인간의 능력 100, 104, 106
인간의 본성, 랍비 문헌에서 83
인간중심주의 51, 63, 110, 348
임금 메타포 241, 262
잉글랜드 국교회 200

[ㅈ]

자기 속죄 63
자기 의 102, 117, 145-146, 148, 175, 209, 214, 265, 268
자랑 141-142
자부심 142, 187, 192
자비 90-92
자유주의 31, 51, 346
잠언 47
저스틴(Justin) 37
저주받은 138
저주받다 139
전가 208-209, 234, 244, 285-287
　　　그리스도 의의 전가 214, 217, 220, 223, 230-234, 291-295
　　　전가에 대한 새 관점의 입장 299-300
전도서 47
전통 253
점진주의 141

정통장로회(Orthodox Presbyterian Church) 331
제사장직, 학자들의 254
제2성전 유대교 157, 200, 203, 210, 250, 297
　　　와 구약 255-256
제2의 출애굽 290
제2차 세계대전 317-318
제이콥 누스너(Neusner, Jacob) 76, 157
조카난 자카이(Jochanan b. Zakkai) 100
조직신학 320, 322, 324
　　　랍비문헌에서 75, 86, 90, 103
족장 79, 98, 219
종교, 기능적 측면 103
종교개혁 21-23, 56, 57
종교사학파 31, 33, 36, 39, 41-42, 44, 314
종교적 경험, 랍비 교리에서 100
종교적 의무(*mitzvah*) 80, 83, 85-86
종말론 209, 216
주 42
주님의 만찬 37
주되심의 구원 317
주 서신 28, 30
주석신학과 조직신학 25
주입
　　　은혜의 주입 276-277, 281, 284, 287, 300

의의 주입 332
죽음, 속죄로써 96-97, 99, 105
중생 312, 314, 325, 327-330
중세후기 구원론 106
죄 66, 77, 299
    와 연약함 67
    와 율법 119-120
    불의로써 죄 227
    죄에 대한 바울의 입장 118, 119-120
지옥 86, 89, 92, 101, 106
징벌 95-96

[ㅊ]

참여 34, 36, 39, 110, 131, 133, 135, 155, 195, 314-315
처벌 83
천사 161
최후 심판 84, 87, 89
축소된 본질 75
출애굽 82
70인역(Septuagint) 42
칭의
    과정으로써 칭의 182, 309-310, 332-333
    교회론적으로써 칭의 67, 70, 215, 221, 244, 282, 290, 303-304
    구원론적으로써 칭의 276, 282, 290, 303-304

    논쟁적인 교리 70
    두 단계 사건 217, 220
    바울의 중심 27, 31, 39, 52
    법정적으로써 칭의 44, 52, 111, 290, 301
    변형적으로써 칭의 280
    성화와 관계 24
    에 대한 던의 입장 176, 182
    에 대한 데이비스의 입장 48
    에 대한 라이트의 입장 215-224
    에 대한 불트만의 입장 44-46
    에 대한 새 관점의 입장 306-308
    에 대한 샌더스의 입장 130
    에 대한 쉐퍼드의 입장 332-334
    에 대한 스텐달의 입장 63-66
    와 그리스도의 부활 223-224
    와 그리스도의 죽으심 221-222, 244-245
    와 믿음 274
    와 언약 242
    율법적 메타포 193
    이동용어 198
    종말론적으로써 칭의 209
    집단적 44, 51-53, 110
    참여 195
    행위로서 칭의 290, 310, 333

[ㅋ]

카슨(Carson, D. A.), 249, 367, 371-

373
카이퍼(Kuyper, Abraham) 318
칼빈(Calvin, John) 22, 107, 296, 321, 335
칼빈신학교(Calvin Theological Seminary) 318
케제만(Käsemann, Ernst) 41, 50-52, 110, 170, 317, 348
콘젤만(Conzelmann, Hans) 50, 158
쿰란(Qumran) 67, 180, 252, 257, 308
큄멜(Kümmel, W. G.) 58, 192, 337
크랜필드(Cranfield, C. E. B.) 145, 158
크루스(Kruse, Colin), 339

[ㅌ]

타나임문헌 76, 78, 94
탈무드문헌 76
탈버트(Talbert, Charles H) 369
토라 43, 57, 159, 162-163, 167, 203-204, 219-220, 223, 237, 257, 260
토마스 아퀴나스(Thomas Aquinas) 274
토세프타(Tosefta) 77, 85, 87
투레틴(Turretin) 302
튀빙겐(Tübingen) 24, 26
트렌트공의회 22, 335
틸만(Thielman, Frank) 361, 364, 366

[ㅍ]

파이퍼(Piper, John) 371
팔레스타인 탈무드(Palestinian Talmud) 76, 86-87
퍼거슨(Ferguson, Sinclair) 328 주29
펠라기우스주의(Pelagianism) 106, 298
평화 280, 288
포래냐(Polanyi, Michael) 201
포로 203-205
필로(Philo) 47

[ㅎ]

하나님,
　하나님의 거룩함 79-81, 91, 103
　하나님의 신실함 52, 169, 172, 207-214, 219, 221, 223-224, 228, 230-231, 275, 290
　하나님의 의 51-52, 207-208, 210-211, 212, 214-215, 219, 224, 243, 265, 287
하버드신학대학원(Harvard Divinity School) 55
하스몬왕가 203
하이데거(Heidegger, Martin) 44, 347
하지(Hodge, Charles) 287, 289, 295, 303
할라카 77, 258

할례 139, 141, 159, 168, 181, 186,
    197, 204-205, 224, 244, 257
해석사 23, 25, 274
해석학적 전통 321-322
해프먼(Hafemann) 26, 337, 345
행위
    칭의의 선포로서 행위 282-283
행위 언약 301
행위 의 226
헤겔(Hegel, G. W. F.) 26, 29
헤이스(Hays, Richard) 356
헬라신비종교 33-34
헬레니즘 178
현재 칭의 217-218, 220, 227-228,
    244, 275
홀로코스트 256, 316
홀츠만(Holtzmann, Heinrich J.) 32
화목 131, 279
화이틀리(Whiteley, D. E. H.) 286
화체설 37
확신 313
회개 86, 92-93, 95-96, 99, 105, 112,
    116, 132, 155, 191
회심 218, 234
휘브너(Hübner, Hans) 150, 158
흠 없음 235, 296
희생 105, 173-175, 184, 187, 195-196
힐렐학파 91-92

SALVATION BELONGS TO THE LORD
: AN INTRODUCTION TO SYSTEMATIC THEOLOGY

조직신학개론
구원은 주께 속한 것이다

존 M. 프레임 지음/ 김용준 옮김/ 신국판/ 504면

신학입문자를 위한 조직신학 강의 노트!

본서는 성경의 주요 진리를 모두 파헤쳤을 뿐만 아니라, 조직신학의 핵심용어를 상술하며, 그리스도의 주권 아래 이들이 갖는 함의와 연관성을 숙고한다.

No Other God
: A Response to Open Theism

열린 신학 논쟁
열린 신학에 대한 응답

존 M. 프레임 지음/ 홍성국 옮김/ 신국판/ 256면

본서는 오늘날 교회를 흔드는 열린 신학을 성경에 비추어
평가하고, 하나님의 영원한 계획과 우리의 삶에 관한
여러 사건, 결정과의 관계에 대해서 예리하게 지적한다.

THEOLOGY OF JAMES : WISDOM FOR GOD'S PEOPLE

성경신학으로의 여행 시리즈
야고보신학
하나님의 백성을 위한 지혜

크리스토퍼 W. 모건 지음/ 곽계일 옮김/ 신국판/ 358면

본서는 야고보서에 나타난 신론, 인간론, 기독론,
종말론 등의 조직신학적 주제 위에 면밀한 성경 주해를
통하여 조직신학과 성경신학을 연결할 뿐만 아니라,
실천적 적용까지도 제시한다.

DOMESTICATED JESUS

길들여진 예수님

해리 L. 크라우스 Jr. 지음/ 최요섭 옮김/ 신국판변형/ 304면

참된 복음 vs 길들여진 예수님 복음

본서는 우리 영혼의 깊은 곳에서 벌어지는 죄악 된 모습을 날카롭게 지적하며, 성경이 가르치는 예수님의 참 모습을 실제 삶 속에서 발견할 수 있도록 도전한다.

바울에 관한 새 관점: 기원·역사·비판
Justification and the New Perspectives on Paul: a review and response

2012년 5월 10일 초판 발행

지은이 | 가이 프렌티스 워터스
옮긴이 | 배 종 열

펴낸곳 | 개혁주의신학사
등록 | 제21-173호(1990. 7. 2)
주소 | 서울시 서초구 방배동 983-2
전화 | 02) 588-8546(본사) 031) 923-8762~3(영업부)
팩스 | 02) 597-1642(본사) 031) 923-8761(영업부)
홈페이지 | www.clcbook.com
이메일 | prpkor@gmail.com
온라인 | 기업은행 073-073466-01-010
           예금주: 개혁주의신학사

ISBN 978-89-7138-013-0(93230)

* 낙장·파본은 교환해 드립니다.

총판 | 사) 기독교문서선교회 clckor@gmail.com